Hanna Rheinz · Eine tierische Liebe

Hanna Rheinz

Eine tierische Liebe

*Zur Psychologie der Beziehung
zwischen Mensch und Tier*

Kösel

Dem Andenken meiner Mutter

ISBN 3-466-34306-2

© 1994 by Kösel-Verlag GmbH & Co., München.
Printed in Germany. Alle Rechte vorbehalten.
Druck und Bindung: Kösel, Kempten.
Umschlag: Kaselow Design, München.
Umschlagmotiv: Jószef Rippl-Rónai »Frau mit Käfig«,
Ungarische Nationalgalerie, Budapest.

1 2 3 4 5 6 · 99 98 97 96 95 94

*Gedruckt auf umweltfreundlich hergestelltem Werkdruckpapier
(säurefrei und chlorfrei gebleicht)*

Wenn Du mich zähmst, wird mein Leben voller Sonne sein. Ich werde den Klang deines Schrittes kennen, der sich von allen andern unterscheidet. Die anderen Schritte jagen mich unter die Erde. Der deine wird mich wie Musik aus dem Bau locken... Die Weizenfelder erinnern mich an nichts. Und das ist traurig. Aber du hast weizenblondes Haar. Oh, es wird wunderbar sein, wenn du mich einmal gezähmt hast! Das Gold der Weizenfelder wird mich an dich erinnern. Und ich werde das Rauschen des Windes im Getreide liebgewinnen.

Antoine de Saint-Exupéry
Der kleine Prinz

Inhalt

7

Anhang

Vorbemerkung

Jedes Buch hat seine Geschichte. Die Geschichte dieses Buches beginnt auf einer Insel. Eine Reisende steigt vom Boot. Sie ist ohne Begleitung. Sie befindet sich auf der anderen Seite der Erde. Von wo? Diese Frage kommt ihr gar nicht mehr in den Sinn. Sie weiß nur: Hier war sie noch nie und hier wird sie gewiß keinen Menschen kennen – und niemandem wird sie bekannt sein. Doch als sie die fremde Insel betritt, kommt unter all den Menschen, deren Gesicht wie immer teilnahmslos bleibt, ein Hund auf sie zugelaufen. Er begrüßt sie freudig, so als hätte er schon lange auf sie gewartet, als erinnere er sich an eine sehr alte Freundschaft. Sie hatte plötzlich das Gefühl, angekommen zu sein.

Meine Geschichte mit Tieren beginnt früher als dieses Erlebnis. Und sie ist vermutlich länger als jene, die mich mit Menschen verbinden. Daher möchte ich das Buch am liebsten diesem namenlosen Tier widmen, und all den anderen, die vorher und nachher und in Zukunft in meinem Leben eine Rolle spielen und sehr wohl einen Namen tragen.

Viele Menschen trugen an der Entstehung dieses Buches bei. Menschen, die wie ich mit Tieren leben und mehr über sie erfahren wollten. Andere, die mir, ohne es zu beabsichtigen, gerade in ihrem Unverständnis wichtige Hinweise gaben über die psychologischen Hintergründe dieser alten Bindung, die zu erhellen ich mir hier vorgenommen habe.

An dieser Stelle möchte ich allen danken, die an der empirischen Untersuchung teilnahmen, den umfangreichen Fragenkatalog zur Mensch-Tier-Beziehung beantworteten und sich die Zeit für Interview und Verhaltensbeobachtung nahmen. Aus datenschutzrechtlichen Gründen habe ich ihre Namen und Lebensdaten verändert.

Gedankt sei ferner James Serpell, Elizabeth Paul und Mitarbeitern von der Companion Animal Research Group der Universität Cambridge,

11

dem Institut zur Erforschung zur interdisziplinären Erforschung der Mensch-Tier-Beziehung in Wien, ferner Jürgen Unshelm vom Lehrstuhl für Verhaltenskunde an der Veterinärmedizinischen Fakultät der Universität München. Sie haben mir wertvolle Hinweise gegeben.

Gedankt sei an dieser Stelle Heike Denneler, die als Lektorin des Kösel-Verlags mein Projekt mit Rat und Tat förderte und die im März 1993 plötzlich aus ihrem Leben gerissen wurde.

I Verschwiegene Gefährten

*Die Liebe ist eine köstliche Blume, aber man
muß den Mut haben, sie vom Rande eines
schauerlichen Abgrunds zu pflücken.*

Stendhal

Übersehen, verleugnet, lächerlich gemacht: die Beziehung des Menschen zum Tier. Sie ist eigentlich nicht der Rede wert. Eine lächerliche Liebe, die unter dem Vorzeichen des »nur« steht. Ein Achselzucken, leichtes Unverständnis, eine selbstgefällige Lobrede, die jederzeit in mißbilligendes Kopfschütteln übergehen kann. Immer diese Tierliebhaber.

Schließlich gibt es Wichtigeres. Kaum eine Fußnote in den Geschichtsannalen und gewiß keine Zeile in den medizinischen oder psychologischen Lehrbüchern gilt der Geschichte der Tiere. Wer fragt schon nach den kriegsverstümmelten Pferden, nach den geblendeten Vögeln in den Minen, nach den Arbeits- und Lasttieren, die den Menschen in Krieg und Frieden begleiteten? Wer fragt nach den Legionen von Labortieren, an deren Reaktionen Naturgesetze erkannt, an deren Körpern neue Verfahren erprobt werden? Namenlose, über die allenfalls Statistiken zur Erfolgskontrolle geführt werden. Wer fragt nach den Hunderttausenden von Tieren, die erbärmlich in Fallen oder Käfigen zugrundegehen? Und wer fragt nach dem Schicksal der Tanzbären und Zirkuslöwen, wenn sie nicht im Scheinwerferlicht stehen, umjubelt vom Publikum? Viele fragten nach, zu allen Zeiten. Sonderlich ernst wurden sie allerdings nicht genommen.

Sicher gibt es Ausnahmen. Daß Alexander der Große auf seinen Feldzügen von seinem Pferd Bucephalus und seiner Molosserdogge Peritas begleitet wurde und über deren Tod trauerte wie über den Tod eines geliebten Menschen, steht in einigen Geschichtsbüchern. Caligula beförderte sein Pferd Incitas sogar zum Konsul. Auch wurden

Doktorarbeiten verfaßt über Hannibals Elefantentour über die Alpen. Napoleons Pferd Marengo steht in einer Ausstellungsvitrine; im Imperial War Museum in London staubt das Skelett still vor sich hin – Ziel unzähliger patriotischer Londoner Schulklassen, die sich am Anblick dieser legendären Pferdeknochen berauschen, trugen sie doch einst den Reiter, der nach dem Imperium griff und eine gigantische Niederlage erlebte.

An literarischen Hymnen auf das Tier ist kein Mangel: Odysseus' Hund Argos, der ihn als einziger nach seiner jahrelangen Wanderschaft wiedererkannte, wurde Vorbild der Treue des Tieres. Rosinante ging als Pferd des Don Quichotte in die Literaturgeschichte ein, und E.T.A. Hoffmann widmete sich den *Lebensansichten des Kater Murr*.

Doch Ausnahmen bestätigen die Regel. Tiergeschichten gehören ins Kinderzimmer oder haben den Stellenwert gepflegter Anekdoten. Vom Cognac und mächtigen Zigarren benebelt, die wichtigen Themen sind längst abgehandelt, kramen die Herren am Kamin ihre Jagderlebnisse hervor, um Eindruck bei der Damenwelt zu schinden. Kommt die Rede auf ein Tier, das seinem Halter besonders ans Herz gewachsen war, driftet der Blick in die Ferne. Kurze Trauer, schließlich ein Kommentar, der mehr verschweigt als er eingesteht: »Ja, das war ein Hund. So einen bekomm' ich nicht mehr.« Für die Gefühle zum geliebten Tier fehlen die Worte. Stereotype Redewendungen, Selbstrechtfertigungen: »Das können Sie bestimmt nicht verstehen, es war ja nur ein Tier.« Die Bindung an das Tier ist peinlich.

Mir klingt noch der Kommentar eines Bekannten im Ohr, dem ich meine Ideen eröffne: »Mit Randgruppen-Themen kann man sich viel verderben«. Stimmt. Aber wieso eigentlich Randgruppe? Für die Tiere trifft das wohl kaum zu, denn sie sind in der Überzahl. Und Tierhalter gehen in die zig Millionen.

Daß Debatten über Tiere Austragungsort heftigster Gefühle sind, weiß jeder, der die Talkrunden zu Themen wie »Schutz der Tiere oder Erhalt von Arbeitsplätzen in der Pharma-Industrie?« kennt. Hier soll keine neue Variante dieses unsäglichen Hickhacks präsentiert werden, der mit Tieren oft weniger zu tun hat als mit der Geltungssucht der Kombattanten.

Als frühere Mitarbeiterin einer am Tropf der Pharma-Industrie hängenden medizinischen Tageszeitung habe ich am eigenen Leib erfahren, was Lagerdenken heißt und wie schnell man »Feind« wird, wenn man sich in einer Ethikkommission gegen unnütze Tierversuche ausspricht. Ich begriff, daß der Toleranz keine gesellschaftliche Realität entspricht, es sei denn die, als Phrasen-Pool für Festredner und Gedenkveranstalter zu dienen.

Sich in die Nesseln zu setzen kann indessen recht belebend sein. Und nachdem ich die Klippe »Interessenkollision« genommen habe, bin ich nun wenigstens darauf vorbereitet, in Fettnäpfchen zu landen. Ich habe mich jedenfalls rechtschaffen darum bemüht, diesmal keinen mehr, weder Tierhalter noch Psychologen noch Experten anderer Couleur, ungeschoren davonkommen zu lassen – mit Ausnahme vielleicht jener, die wirklich Fell oder Federn zu verlieren haben. Auch in Zukunft wird das Thema »Mensch und Tier« die Meinungen polarisieren.

Wut und Feindseligkeit, die Erwartung blinden Gehorsams ebenso wie Sehnsucht nach Geborgenheit, nach bedingungsloser Liebe, die Enttäuschung darüber, sich nicht einmal auf das eigene Tier verlassen zu können, das eben gerade nicht Eigentum ist, sondern eigenen Wegen, eigenen Zielen folgt – ein Feuerwerk widerstreitender Gefühle und Motive flackert auf, sobald die Beziehung zum Tier hinterfragt wird. Tiere werden verhätschelt und aufs Podest gestellt, werden Stammbäumen entlang gedeckt, ihrer exotischen Schönheit wegen prämiert, nur um wenig später durch eine veränderte Interessen- oder Stimmungslage ihrem Menschen wertlos zu sein. Aus dem verwöhnten Mitbewohner wird einer, der lästig ist und einer freiheitlichen Lebensgestaltung im Weg steht. Man will sich nun so schnell wie möglich des Tieres entledigen, lieber gestern als morgen, und sei es um den Preis, es auszusetzen oder einschläfern zu lassen. Die gemeinsame Geschichte von Mensch und Tier ist eine Geschichte von Zuneigung und Grausamkeit, von Gefühlsübersteigerung und Gleichgültigkeit, vor allem jedoch von Macht und Machtmißbrauch.

»Tierliebe ist Luxus«, sagen die einen und rechnen vor, wie viele Milliarden jährlich für Haustiere aufgewendet werden und daß dieses Geld besser zur Ernährung der Hungernden in den Ländern der Dritten Welt verwendet werden sollte. Sammeltrupps von Tierhilfswerken ziehen von Tür zu Tür und führen das erbärmliche Schicksal untergewichtiger Zirkustiere und verwahrloster Fundtiere vor. »Tiere sind ehrlicher und beständiger als Menschen«, sagen die anderen und schlagen die Hände über dem Kopf zusammen angesichts der Abgründe des menschlichen Charakters. »Was den Tieren an Liebe zugute kommt, wird den Menschen entzogen«, warnen selbsternannte Experten. Und weil das Tier ja nur »Ersatz« für Menschen ist, darf man jene vermeintlich armseligen Existenzen bemitleiden, die »niemanden mehr haben als ihr Haustier«.

Ein anderes Kapitel: das Tier in der Wissenschaft. Seit Jahrzehnten bekriegen sich radikale Tierschützer und verbitterte Wissenschaftler. Die einen wollen Tierversuche abschaffen, die anderen sehen das Überleben ihrer Patienten und den Fortschritt der Wissenschaft gefährdet.

Das Geschäft mit exotischen Tieren gehört nach dem Drogen- und Waffenhandel zum umsatzstärksten illegalen Markt: Experten schätzen, daß jährlich über zehn Billionen Dollar durch Raub und Verkauf von Wildtieren erzielt werden. Die Käufer sitzen in den Industrieländern. Kunden und Händler nehmen in Kauf, daß Millionen von Tieren während des Transports sterben. Ungeachtet dieser mit Gleichmut hingenommenen gigantischen Vergewaltigung der Tierwelt mangelt es nicht an Rührseligkeit angesichts des Schicksals einzelner Tiere. Tierkatastrophen bewegen Millionen, man denke nur an Rettungsaktionen für gestrandete oder vom Eis eingeschlossene Wale.

Dagegen folgte eine Welle der Empörung als der Münchner Tierschutzverein zu Beginn der Jugoslawien-Krise eine Hilfsaktion für die in Not geratenen Tiere organisierte. In gehässigen Briefen fragten die Leser einer Boulevardzeitung, warum nicht gefälligst den Kindern geholfen werde. Der Fehlschluß »Kinder oder Tiere« mobilisierte einen archaisch anmutenden Futterneid, der aufflackert, sobald das Tier sich der Beute des Menschen nähert und dessen Besitzstand bedroht. Ähnliche Motive bewegen die deutschen Jäger, die Jahr für Jahr Hunderttausende durch Wälder und Wiesen »wildernde« Hunde oder Hauskatzen erschießen, oder die heimischen Bauern, die sich der Wiederansiedlung des Wolfes widersetzen und bereits angesiedelte Wildkatzen überfahren oder erschlagen.

Fast gelassen reagieren Fleischkonsumenten auf die grausamen Schlachtviehtransporte oder die Zustände bei der Fleisch- und Eierproduktion – Hohn jeglicher artgerechten Haltung.

Durch die Aufmerksamkeit, die das Tier in den Massenmedien erfährt, entsteht der Eindruck, als würde sich einiges bewegen. Tatsächlich hat sich das Los der Mehrheit der Tiere jedoch eher verschlechtert. Durch gestiegene Konsumbedürfnisse werden immer mehr Tierarten für den Verzehr importiert, man denke nur an den Hummer, der heute schon fast zum Standard-Menü gehört. Bei exzessiv betriebenem Freizeitsport bleibt das Tier auf der Strecke; viele Stadtbewohner betrachten Tiere nur noch als hungrige Sportgeräte oder Patentrezepte für körperliche Fitness und seelisches Gleichgewicht.

Die Statistik über den Tierverbrauch bei genehmigungspflichtigen Tierversuchen hat sich kaum verändert. Die Ethikkommissionen, die vom Gesetzgeber eingesetzt wurden, um den Schutz der Labortiere zu gewährleisten, um Versuchswiederholungen zu verhindern und Tierexperimente zu reduzieren, haben sich als reine Kosmetik erwiesen und erfüllen widerstandslos die ihnen zugewiesene Alibifunktion. Und wer denkt schon daran, daß die rasante technologische Innovation, die Entwicklung neuer medizinischer Geräte und Verfahren zu einem Anstieg der Tierversuche führt? Ganz zu schweigen vom Boom der Gentechnologie, die Tiere nun sogar mit menschlichem Erbgut ausstattet.

Daß es mit den öffentlich zur Schau gestellten Versicherungen, Mißbrauch schon verhindern zu können, so ernst nicht sein kann, beweisen nicht zuletzt jene Wissenschaftler, von denen ein Wandel initiiert werden könnte. Entgegen den üblichen Gepflogenheiten sei hier die Psychologie an erster Stelle genannt, denn es war schließlich die Tierpsychologie und nicht die traditionell eher züchterischen und medizinischen Interessen dienende Veterinärmedizin, die sich der Erforschung der Mensch-Tier- Interaktion annahm. Das war lange bevor sie von der Verhaltensforschung abgelöst wurde, weil sie wegen der »Vermenschlichung« des tierischen Verhaltens so in Mißkredit geraten ist, daß sie gleich ganz verstummte.

»Wir werden in letzter Zeit mit Tierbüchern etwas reichlich versorgt«, meinte Kurt Tucholsky bereits 1925. »Jeder Verlag, der etwas auf sich hält, hat mindestens einen Norweger oder Amerikaner oder Australier, der ihm einen rührenden Roman über das Seelenleben der Rentiere, über die Hochzeitsfeierlichkeiten bei den Küchenschaben liefert – und je übler es auf der Welt zugeht, desto bereitwilliger flüchtet sich das deutsche Gemüt in die Tierbücher.«[1] Die Erforschung der psychologischen Aspekte der Beziehung zwischen Mensch und Tier fristet freilich noch immer ein Mauerblümchen-Dasein. Psychologie und Psychoanalyse, die nach einem hoffnungsvollen Aufbruch die tierpsychologisch-orientierte vergleichende Psychoanalyse nicht weiterführten und die Beziehung zum Tier heute völlig ignorieren, erweisen sich als heimliche Verbündete dieser auf allen Ebenen der Gesellschaft wirkenden Abwertung des Tieres und seines Menschen.

Bis auf wenige Ausnahmen scheint sich die Untersuchung der Mensch-Tier-Interaktion noch nicht als seriöser Forschungsgegenstand an deutschsprachigen Universitäten etabliert zu haben. Auch in den Vereinigten Staaten und Großbritannien gilt: Wer eine Förderung erhalten will, tut gut daran, sein Forschungsinteresse den Fragen der Nützlichkeit zu widmen, d.h. wie das Tier noch billiger und produktiver werden

17

kann. Im Gegensatz zur medizinischen Grundlagenforschung, wo l'Art-pour-l'Art-Fragestellungen an der Tagesordnung sind, ist eine »unblutige« psychologische Grundlagenforschung kaum vermittelbar. Fragestellungen wie »Was passiert eigentlich von psychologischer Warte aus zwischen Mensch und Tier? Wie passiert es und warum passiert es so und nicht anders?«, die das Ziel haben, die Gefühlsstruktur ebenso wie die Organisation der Objektbeziehungen – die psychologische und emotionale Beziehung zwischen dem Subjekt und seiner Umwelt – zu verstehen, bleiben auf der Strecke. Dabei ist es für die Human- wie für die Tierpsychologie von eminenter Bedeutung zu erfahren, wie sich Haustiere auf die Persönlichkeitsentwicklung, auf Gefühle und Einstellungen auswirken, wie diese im Alltag bereits praktizierte artenübergreifende Kommunikation eigentlich »funktioniert«, welche Störungen sich hier manifestieren können und ob Tiere womöglich seelische und körperliche Heilungskräfte fördern.

Die Interaktion zwischen Menschen und ihren Haustieren ist nach wie vor eine terra incognita. Mensch und Tier bewohnen gemeinsam einen Gefühlsraum, der wie eine Wohnung zu eng werden kann oder in dem erst gar keine Behaglichkeit aufkommt. Ich wollte herausfinden, welche Gefühlsübertragungen vom Tierhalter auf das Tier stattfinden und welche Verhaltensweisen und Probleme des Tieres dadurch entstehen können. Für viele Tierhalter treten Schwierigkeiten mit dem Tier ja »aus heiterem Himmel« auf. Nur in den wenigsten Fällen gelingt es dem Menschen, einen »Sinn« im Verhalten seines Tieres zu erkennen. Dies führt zu einem nicht unerheblichen Leidensdruck: Viele Tiere zeigen Aggressivität oder Scheu, andere entlaufen wiederholt oder erleiden eine Serie von bedrohlichen Unfällen.

Eine Reihe von Verhaltensstörungen beruhen offensichtlich auf chronischen, ritualisierten Mißverständnissen zwischen Mensch und Tier oder sind das Ergebnis von Erziehungsfehlern, deren Folgen das Zusammenleben mit dem Tier unerträglich werden lassen. Sie könnten mit einer kleinen Portion Verhaltenstherapie und einer großen Portion Geduld behoben werden. Mein Ziel ist daher, die Sensibilität des Menschen dem Tier, aber auch sich selbst gegenüber zu erhöhen, um dem oft beobachteten Phänomen entgegenzuwirken, daß Tierhalter aus Unwissenheit ihre Tiere mißhandeln, weil sie deren Bedürfnisse nicht erkennen oder fehldeuten. Ich folge dabei der phänomenologischen Methode: »Nicht auf Grund von Analogien schließen wir aus äußeren Zeichen auf die besonderen Gefühle oder Strebungen oder Empfindungen eines Hundes oder eines Vogels, sondern dadurch, daß wir annehmen, wir seien das betreffende Tier, und daß wir uns vorstellen, welche unsere Empfindungen und Gefühle wären, wenn wir in der Lage des Tieres wären.«[2]

Interviews und gezielte Interaktionsbeobachtung von Tier und Halter in der häuslichen Umgebung bilden den empirischen Boden der vorliegenden Untersuchung, ebenso meine eigenen Erfahrungen als Tierhalterin und Psychotherapeutin. Einblick in tierbezogene Gruppenphantasien und Tierbilder erhielt ich im Katathymen Bilderleben und in Kursen, die ich an der Münchner Volkshochschule unter dem Titel »Mit dem Tier auf Du und Du« anbot.

Mir kam bei meinem Projekt entgegen, daß es für phänomenologisch-orientierte qualitative Untersuchungen in der vergleichenden Psychologie keines übermäßigen technischen Aufwands bedarf. Oft reicht schon Papier und Bleistift und ein klarer Kopf, auf Apparate konnte ich verzichten. Das Instrument des Psychologen ist der Psychologe selbst: seine Beobachtungsgabe, sein Wissen, seine Selbsterfahrung und seine Intuition. Und da dies meinem eigenen Bedürfnis nach leichtem Reisegepäck entgegenkommt, habe ich mich einfach daran gehalten.

II Das Bestiarium im Wohnzimmer

Wir wälzen und wälzen uns im Tierbauch,
im Mineralbauch, im Zeitbauch.
Den Ausgang finden: das Gedicht.
Octavio Paz
Auf das Gedicht zu

Ein markerschütterndes Heulen kommt über den Hinterhof. In den Vollmondnächten setzt sich der Huskie an das offene Fenster, um den fernen Planeten oder was immer er am Himmel ausmacht, von seiner Existenz in Kenntnis zu setzen. In diesen Nächten bricht die Steppe ein und im fahlen Mondlicht geistern wilde Gestalten durch die Gemäuer. Der Hund ist zweifellos ein Romantiker. Denn es ist der Mond, der ihn zu diesem Ständchen verleitet. Vielleicht macht er ihm Vorwürfe, daß er nicht mehr in der Wildnis umherstreifen kann, jammert nach einem Huskie-Lebenspartner oder sehnt sich, von homoerotischen Neigungen gepackt, nach einem Rudelkameraden. Vielleicht will er einige potentielle Beutetiere, die er in den anderen Häusern vermutet, aufscheuchen und seine mitternächtliche Heimsuchung ankündigen? Hat ihn die Begeisterung überwältigt angesichts der hinreißenden Schönheit dieser lauen Mondnächte? Oder ist das Gejaule ein Gebet an einen fernen Huskie-Gott? Der Hund hat ein dichtes, glänzendes Fell und wenn sein Frauchen ihn ausführt, bleibt er ihr dicht auf den Fersen. Daß er zuweilen Jaulkonzerte veranstaltet, ist ihr offensichtlich sehr unangenehm, denn schon bald stürzt sie hinzu, ermahnt ihn liebevoll, was er jedoch offensichtlich als Unterstützung versteht, denn er legt unter ihren Beschwichtigungsversuchen nochmals zu, die Stimmführung schliert eine Oktave nach oben und gewinnt an Eindringlichkeit. Energisch schließt Frauchen das Fenster. Hinter den Vorhängen klingt die Hundearie dumpfer, um schließlich ganz zu verebben. Vermutlich hat sie den mondtrunkenen Hund gerade in ein anderes Zimmer manövriert, wo er sich statt des Mondes zur Strafe das Fernsehprogramm ansehen muß.

Im Morgengrauen übernehmen die Vögel das Ruder. Im Sommer treibt ihr Geschnatter und Gekreische auch den hartnäckigsten Langschläfer aus den Federn. Da will auch der Nymphensittich in der Nachbarwohnung nicht abseits stehen und klinkt sich selbstbewußt in das Morgengejohle ein. Zum Leidwesen der Hausbewohner orientiert sich der einsame Vogel mit seinem ohrenbetäubenden Pfeifen am Klangraum eines Regenwaldes und nicht an den Proportionen der Zweizimmerwohnung, in der er gelandet ist. Seinem Gesang fehlt wirklich Maß. Doch auch dieses Solo geht kurz darauf unweigerlich im Lärm aufheulender Motoren, quietschender Straßenbahnen, plärrender Kinder und gewaltfreier Fernsehserien unter. Im Staccato der Fernbedienung dröhnen nun Panzerfahrzeuge und Maschinengewehrsalven durch die Wohnanlage. Zuweilen sieht man besorgte Katzenhalter durch die Höfe streichen, auf der Suche nach ihren Lieblingen, die über Nacht aushäusig waren. Was für die einen Gipfel der eigenen Liberalität (»Meine Katze geht so gern spazieren.«) ist, ist für die anderen eine riskante Unsitte (»Freilaufende Tiere sind Todeskandidaten.«). Suchplakate und »Hilfe-Katze-entlaufen«-Zettel sind an die Bäume der Nachbarschaft gespießt und zeugen von tragischen Verlusten.

Betritt man die Wohnung des Tierliebhabers, wird der Hauptmieter sogleich am typischen Geruch erkannt. Ein scharfer, je nach Witterung fauliger bis salpetriger Geruch empfängt den Besucher in der Hundewohnung, ein fischiges Parfum mit leichtem Ammoniak-Bouquet dagegen dominiert in der Katzenbehausung. Jeder Tierhalter freilich würde – unter dem Einfluß der eigenen olfaktorischen Abhärtung und der Werbung der Tierfutter-Konzerne stehend, die ihm vermeintlich »hundertprozentig geruchs-absorbierende« Streu und allerlei Deodorants und Geruchs-Killer für teures Geld angedreht haben – entrüstet leugnen, daß sein Tier irgendeinen animalischen Geruch verbreitet. Der Besucher läßt sich von der eindeutigen Losung nicht beirren und dringt, unter den argwöhnischen Blicken der vierbeinigen Wohnungsdespoten, deren lautstarkes Bellen unterdessen den ganzen Wohnblock alarmiert hat, weiter in die Wohnung ein. Allerlei Spielsachen für den vierbeinigen Hausbewohner liegen auf dem Boden verstreut, Teppich oder Teppichboden sind immer irgendwo lädiert, die Polstermöbel charakteristisch markiert: Der Bezug hängt an den Ecken in Fetzen herunter. Hundekörbchen stehen herum, Katzenklos okkupieren wichtigen Abstellraum, häßliche Katzenbäume, mit braunem Plüsch bezogen, verstellen, obwohl von Katzen heharrlich ignoriert, den Ausblick. Will sich der Gast setzen, wird er sogleich wieder aufgescheucht: »Nein, bitte nicht dahin.« Das ist der Lieblingsplatz von Fifi, Mimi oder Mausi. Die Kleiderschränke sind zum Bersten gefüllt mit karierten Hundecapes und selbstgestrickten Mützen für verschnupfte Vierbeiner. Im Bad: Maniküre-Sets für die Klauenpflege, Glanzshampoos und ein Arsenal tierhomöopathischer Stärkungspillen und Lotionen. Aus der Stereoanlage tönt, für das menschliche Ohr glücklicherweise nur in den unteren Lagen vernehmbar, Meditationsmusik für nervöse Katzen oder Oberkrainer-Marschmusik, der Hit für den rüstigen Dachshund.

Lebensgefährlich kann es bei einem Terrarien- und Echsenfan werden: Schon manche am Boden liegende Kordel hat sich dem Besucher begeistert an den Hals geworfen, um mit ihren nicht ausgelasteten Giftzähnchen endlich, endlich jemandem den Garaus machen zu können. In ihren Käfigen warten die Vögel auf das Futter und hadern miteinander. Nimmermüde zetern sie oder hacken mit ihren Schnäbeln trübsinnig gegen das metallene Gitter. Nur die Fische in ihren Aquarien geben Ruhe. Hin und wieder schwimmt der eine oder andere Fisch, Bauch nach oben, auf der Wasseroberfläche und wird vom Besitzer mit einem Fangnetz abgeschöpft. Er wurde von seinen Kameraden totgebissen oder – diese Todesursache ist die wahrscheinlichere – ist erstickt oder verhungert, weil der Mensch vergessen hat, den Wassertank zu reinigen oder die Tiere zu füttern. Vielleicht war auch der automatische Futterportionierer defekt. Macht nichts: Fische sind immer wieder mal im Angebot. Meerschweinchen und Hamster führen ebenfalls kein ungefährliches Leben: Werden sie nicht vom unachtsamen Besitzer oder seinen wild herumtobenden Kindern totgetreten, verlieren sie in Haushaltsmaschinen ihr Leben. Sofern unter »optimalen« Lebensbedingungen die gesamte Wohnung das Betätigungsfeld der Tiere ist, kann man sicher gehen, daß Bücher, Teppiche, Tapeten und andere Produkte des textil- oder papierverarbeitenden Gewerbes an Ecken und Kanten in eigenwilligem Zackenmuster angeknabbert sind.

Tagsüber gehen Tierhalter, in gewichtige Pelzmäntel gehüllt, mit Beuteln aus Tierhäuten behängt, zum Einkaufen. Während sie sich zum Eigenbedarf mit blutigen Tierleichen, portionsweise in Klarsichtfolien hygienisch verpackt, eindecken, wählen sie für ihre verwöhnten Vierbeiner Fertiggerichte, bei denen sie wenigstens nichts mehr verderben können. Sie stemmen überdimensionale Trockenfutterpackungen und versiegelte Großpackungen Dosenfutter. Gleichmütig trotten die Tiere hinter ihnen her und überwachen den Lebensmitteltransfer. Katzenhalter schleppen kiloweise Katzenstreu in ihre Wohnung, um es in den darauffolgenden Tagen portioniert wieder loszuwerden: Mit halbverschlossenen Müllbeuteln, denen ein bestialischer Geruch entströmt, warten sie schuldbewußt die Dunkelheit ab und schleichen, um von müllbewußten Nachbarn nicht denunziert zu werden, im Finstern zur Abfalltonne. Hamster-, Kaninchen- und Meerschweinchen-Menschen haben es da leichter. Nager sind im Streuverbrauch sparsamer, zumal sie es mit der Sauberkeit nicht immer so genau nehmen. Zu ihrer Entlastung sei allerdings gesagt, daß ihre Hinterlassenschaften von fester Konsistenz sind und sich im Regelfall von Hand bequem wieder einsammeln lassen.

Die Nahrung und ihre Folgen. Meine beiden Katzen fressen sich im Jahr durch eine 72 Meter hohe Weißblech-Säule. Diese bedrohliche Zahl errechnete ich kürzlich, als im Supermarkt eine »Müllsau« auftauchte, die mir unter wüsten Drohungen das Versprechen abnahm, endlich weniger Abfall zu produzieren. Bereits an der Litfaßsäule sprang sie den arglosen Stadtbewohner an. Rosagrell. Herzerweichend der Blick der gejagten Kreatur. Mit hängender Zunge, ungepökelt, galoppierte die Müllsau durch die Stadt. Von der erbarmungslosen Hatz war sie bald ganz aus der Facon geraten. Ausgemergelt, waberten ihr lockere Speckschwarten um den Wanst.

Ein Besucher von einem anderen Planeten, der die Mischsiedlungsweise »Mensch-Tier« begutachtet, könnte zu folgendem Ergebnis kommen: Die zweibeinigen Lebewesen sind oft abwesend und wirken bei allem, was sie tun, hektisch und unzufrieden. Sie verändern ihren Aufenthaltsort in festgelegten Zeitabständen mit einer lärmenden, mit Tierfellen ausgelegten Maschine, die nebenbei dazu eingesetzt wird, die Population zu reduzieren. Wenn sie ihren eigenen Bau aufsuchen, schleppen sie schwere Lasten und werden von vierbeinigen Lebewesen hinter der Tür erwartet. Unter den anfeuernden Rufen der Vierbeiner füllen die Zweibeiner deren Futternäpfe. Wehe, sie haben nicht die richtige Sorte erwischt! Sofort setzt das Tier einen nicht wiederzugebenden vorwurfsvollen Blick auf und baut sich, zu keinerlei Kompromiß bereit und ohne einen Bissen anzurühren, klagend vor seinem Zweibeiner auf, bis dieser aus dem Bau jagt, um das Lieblingsgericht seines hartnäckigen Mitbewohners herbeizuschaffen. Für solche Notfälle sind an wichtigen Verkehrsknotenpunkten auch nachts und am Wochenende Futtergeschäfte für verwöhnte Vierbeiner geöffnet. Den Rest des Abends befinden sich die Zweibeiner in liegender oder schräger Position, während der Vierbeiner auf ihrem Bauch liegt, beide gebannt auf einen lärmenden Kasten starrend. Wie würde sich der fremde Besucher dieses Zusammenleben zweier so unterschiedlicher Arten erklären? Vielleicht erkennt er die Topographie von Nähe und Distanz? Erkennt das daraus folgende Muster von Rastlosigkeit und kurzzeitigem Zur-Ruhe-Kommen? Das Hin und Her von Bewegungsstürmen und Traumzeiten? Oder jenes unerklärliche Schwanken zwischen Streicheln und Schlagen, Aufbauen und Vernichten? Ist es die übergroße Nähe, wird er sich fragen, die jene charakteristische Neigung zum Zerstören hervorruft?

Dem fremden Besucher wird in den Wohnungen der Stadtbewohner auffallen, daß die mit dem Menschen lebenden Vierbeiner nach schwer nachvollziehbaren Regeln aufgenommen werden, um über kurz oder lang und ohne Vorwarnung in einer Nacht- und Nebelaktion wieder verbannt zu werden. Nachdem sie eine Weile verwirrt auf den Straßen herumirren, werden viele überfahren. Doch auch für jene Vierbeiner, die ihre Aussiedlung zunächst überleben, werden die Lebensverhältnisse keineswegs besser: Entweder sie landen in einem großen Gebäude, wo sie eine Zeitlang neben anderen ausgesetzten Kreaturen aufbewahrt werden, oder sie werden von Männern in weißen Kitteln gefangen und in Käfige eingesperrt. Man sticht und schneidet dann so lange an ihnen herum, bis sie nicht mehr aufwachen. Schließlich werden sie in einen großen Müllbeutel gesteckt und verbrannt. Der außerirdische Beobachter wird dieses Treiben nicht nachvollziehen können.

Kaum eine Fußnote allerdings wird er über jene Tierpopulationen finden, die mit dem Menschen Wohn- und Lebensraum teilen, wenn er die Dokumentationen dieser Zivilisation studiert. Auf den Widerspruch hin angesprochen, wird der Befragte vermutlich mit nachsichtigem Lächeln entgegnen: »Ach, das sind ja nur Tiere.«

Die Anzahl der Tiere, mit denen sich die Menschen umgeben, ist indes beachtlich: Der Deutsche Tierschutzbund teilt mit, daß schätzungsweise 20 Millionen Heimtiere in Deutschland leben, darunter 4,8 Millionen Hunde, 5,2 Millionen Katzen, 7 Millionen Vögel, 3,1 Millionen Kleintiere und unzählige Fische in den 3 Millionen Aquarien. Die Heimtierindustrie setzt jährlich 3,5 Milliarden Mark um. Davon werden 2,6 Milliarden für Tierfertignahrung und 0,9 Milliarden für Bedarfsartikel ausgegeben.[1] Aber: Es werden auch jährlich 360.000 Katzen und 180.000 Hunde ausgesetzt, und mit dem Argument, streunende Haustiere seien blutrünstige Wilderer, werden mehr als 300.000 Katzen und 35.000 Hunde im Wald von deutschen Jägern erschossen.

In den USA leben 480 Millionen Haustiere. Doch was wie ein triumphaler Einzug des Tieres in die menschliche Gemeinschaft aussieht, entpuppt sich bei näherem Hinsehen als Alltagshorror: Zwischen Lebenserwartung und Lebensdauer der Tiere liegt eine Kluft. Während Hunde 10 bis 15 Jahre, Katzen * bis zu 25 Jahre, Hamster 5 Jahre, Kanarienvögel über 20 Jahre, Papageien bis zu 100 Jahre und der Methusalem unter den Tieren, die Schildkröte, bis zu 200 Jahre alt werden können[2], sieht die Wirklichkeit anders aus: Hunde erreichen in den USA gerade einmal ein Durchschnittsalter von 4,4 Jahren. Mehr als die Hälfte aller Hunde stirbt bereits vor Erreichen des dritten Lebensjahres. Mehr als ein Drittel der Hundepopulation in den USA beschließt ihr Leben im Tierheim – durch Euthanasie, die nach einer Woche angeordnet wird. In den zwei Jahren, in denen die Hunde durchschnittlich im amerikanischen Haushalt leben, investieren ihre Halter allerdings eine gigantische Summe in ihre Ausstattung. Vier Milliarden Dollar geben die Amerikaner jedes Jahr für Haustierfutter aus, 3,5 Milliarden entfallen zusätzlich für Tierarztkosten. Die Zahlen für Deutschland und Europa dürften vergleichbar sein.

Von einem »Siegeszug des Tieres« in die Großstadtwohnung kann also keine Rede sein. Im Gegenteil: Hinter der durch Konsumverhalten demonstrierten, geradezu exzessiven Tierliebe verbirgt sich der Mißbrauch des Tieres für narzißtische Interessen. Sobald das Tier erwachsen wird und die Geschlechtsreife erreicht und nicht mehr vorgezeigt und manipuliert werden kann, setzt Abwehr und Gleichgültigkeit ein. Der eben noch begeisterte Tierbesitzer will sich des Tieres so schnell wie möglich entledigen. Nach der Phase der trügerischen Harmonie, der Familienfotos und Videofilme mit Tier auf dem Schoß, verschwindet der Hausgenosse sang- und klanglos aus der Familienchronik. »Entlaufen«, »weggegeben«, »eingeschläfert« heißt es lapidar, und nach scheinheiligem Lamento wird nicht selten bald danach eine andere Tierart ausprobiert. Ein Blick in die Tageszeitungen genügt, um sich keinen Illusionen mehr hinzugeben: Das Schmusetier wird gewissermaßen über Nacht zum Wegwerfartikel. Und doch haben es Tiere, für die ein neues Heim gesucht wird (und natürlich kann es sich einmal um eine echte Tierhaarallergie handeln) noch gut im Vergleich zu ihren Artgenossen, die unbemerkt verschwinden, in Mülltonnen entsorgt, ausgesetzt, in Wohnungen vernachlässigt, mißhandelt und getötet werden oder irgendwann, ohne daß es irgendjemandem auffällt, in dunklen Verschlägen, im Urlaub »vergessen« und in der Wohnung eingesperrt werden, um durch fortgesetzte Deprivation einzugehen. Die Dunkelziffer der Tiere, die unbeklagt und unbeweint stumm sterben, ohne je von einem Tierarzt gesehen zu werden, dürfte in die Hunderttausende gehen – ganz zu schweigen von den Millionen von Nutztieren in den Massenzuchtanlagen.

Ein anderes Kapitel: die Vermenschlichung des Tieres im Dienst der Eitelkeit ihrer Besitzer. Tiermodellkleidung für den verwöhnten Spitz, Dauerwelle oder eine neue Haarfarbe für den Afghanischen Windhund. Modeschauen mit Pudel, Maniküre für den Pinscher oder der mit Stachelhalsband martialisch ausstaffierte Pit Bull Terrier neben seinem nicht minder angriffslustigen Halter. Oder jene unsäglichen Mode-züchtungen: Hunde mit chronischen Bindehautentzündungen oder Schnupfen; Fische, die wegen ihrer hervorquellenden Augen fast ma-növrierunfähig sind und sich verletzen; jene plattnasig aus ihrem Fell herauslurende Perser-Katze, der es allerdings immer noch besser geht als der sogenannten Nacktkatze, die, nur Haut und Knochen, konsti-tutionell zur Freßsucht gezwungen ist, um ihr Unterhautfettgewebe aufzupolstern und chronischer Unterkühlung zu entgehen – all das sind Modetorheiten, deren sadistische Motivierung auch vom Laien durch-schaut werden kann.

Dennoch wird allerorten der wohltuende Effekt der Tiere auf die Gemütslage des Menschen und im weiteren Sinne auf die Lebensqua-lität gepriesen. Wissenschaftliche Untersuchungen belegen die positi-ve Wirkung der Tierhaltung auf das seelische und leibliche Wohler-gehen der Tierhalter. Nicht zuletzt das ökologische Bewußtsein, die Hinwendung zur eigenen Natur, fördern tiergerechteren Umgang. Der Weg zum anderen führt nicht nur über den anderen Menschen, sondern auch über das Tier, das Teil der äußeren und der inneren Natur ist.

Tiere arbeiten als Blindenführhunde oder Diensthunde der Polizei, begleiten Behinderte im Rollstuhl und ersetzen Gehörlosen das Ohr. Als »soziales Gleitmittel« und um das Verantwortungsgefühl zu för-dern, werden sie in den USA in Haftanstalten und im Rahmen der Rehabilitation eingesetzt. Auch in Sanatorien und Rehabilitationsein-richtungen spielen Tiere eine Rolle, da sie erwiesenermaßen den Blut-druck senken und Infarktpatienten vor einem neuen Infarkt bewahren helfen. In der »tierunterstützten Psychotherapie« werden sie als »Eis-brecher«, als Gefühlsbrücke zu kontaktgestörten autistischen und psy-chotischen Patienten geschätzt. Behinderten vermitteln Tiere Sicher-heit und ein besseres Körpergefühl. Sie assistieren in der Therapie von verhaltensgestörten Kindern, senken Depressivität und erhöhen die Mobilität von Menschen in Altenheimen. Viele Hospize erlauben

Kranken und Sterbenden, den Besuch eines Hundes. Die Rolle der Tiere bei der Prävention von Krankheiten ist noch gar nicht abzuschätzen.

Boris M. Levinson beschreibt die ablehnenden Reaktionen auf ein Referat, das er im Jahr 1961 vor Kollegen hielt und in dem er erstmals die Rolle des »Hundes als Ko-Therapeuten« darstellte. Seine Kollegen hatten ihn hämisch gefragt, ob er sich nun mit dem Hund sein Honorar teile. In Fachkreisen wurde er nur noch unter dem Spitznamen, der »Hunde-Ko-Therapeut« gehandelt.[3] Erst 20 Jahre später hatte sich die schon seit Jahrtausenden bekannte Erfahrung, daß Tiere zum Wohlgefühl des Menschen beitragen, in Fachkreisen herumgesprochen. Speziell ausgewählte und ausgebildete Tiere werden inzwischen fast schon routinemäßig in vielen Therapien eingesetzt. Aaron H. Katcher[4] beschreibt die emotionale Bedeutung des Haustieres folgendermaßen: Durch die Anwesenheit des Tieres leidet der Besitzer weniger unter Einsamkeit, hat jemanden, um den er sich kümmern kann, erlebt Berührung und Zärtlichkeit, wird angeregt beim Betrachten des Tieres, erhält durch seine Anwesenheit ein Gefühl von emotionaler Sicherheit und wird durch Spiel und Bewegung aktiviert. Schon Jahrzehnte vor Entdeckung der tierunterstützten Therapie erkannte Max Scheler: »Es gibt gleichsam eine universale Grammatik, die für alle Sprachen des Ausdrucks gilt und oberste Verständigungsgrundlage für alle Arten von Mimik und Pantomimik ist.«[5]

Durch diese unmittelbare affektive Resonanz fühlen wir uns vom Heulen eines verlassenen Tieres angerührt. Wir können uns in den Zustand der Trauer, der Einsamkeit, der Angst und der Wut hineinversetzen. Und wir verstehen das Wiehern eines in der Sonne galoppierenden Pferdes. Freilich stößt Einfühlung an Grenzen: Von den hektischen, durch Geschwindigkeit und geringe Körpergröße unberechenbaren Verhaltensweisen der Insekten, für das optisch kaum auflösbare Geflatter der Fledermäuse, die ruckartigen, schnellen Bewegungen vieler Nagetiere, für die unüberschaubaren Bewegungsmuster der Spinnen, das Kriechen der Raupen, Schnecken oder Würmer wenden wir uns ab. Ideale Haustiere ähneln uns in Geschwindigkeit und Bewegung und bewohnen denselben Wahrnehmungsraum. Hier erkennen wir ihre Körpersprache, Furcht, Wut, Neugierde und Freude als unsere eigene.

III Zwischen Annäherung
und Unterwerfung

*So gibt es in den Tieren weder Verstand noch Bewußtsein in
dem Sinne, in dem man es gewöhnlich versteht. Sie essen ohne
Lust, sie schreien ohne Schmerz, sie wachsen ohne es zu wissen: sie begehren nichts, fürchten nichts, sie erkennen nichts;
und wenn sie in einer Weise handeln, die Verstand bekundet,
so kommt dies daher, daß Gott zum Zwecke der Selbsterhaltung
ihren Körper so eingerichtet hat, daß sie rein maschinenmäßig
und ohne Furcht alles meiden, was sie zu vernichten droht.*

Nicole Malebranche

Jagdtier, Tragtier, Opfertier, Schlachttier, Arbeitstier, Hirtentier, Nutztier, Labortier, Haustier, Gefühlstier und Tier als Partner bis hin zur
kühnen Perspektive des Tieres als Organbank, um das Weiterleben des
beschädigten Menschen zu ermöglichen – Etappen der Geschichte von
Tier und Mensch, die sich bei genauerem Hinsehen als eine Kette von
Verfügbarkeiten erweist. Das Tier wird vom Menschen in den Dienst
genommen. Für jede seiner Funktionen findet sich eine Begründung.
Die Geschichte des Tieres bildet die Entwicklungsgeschichte der Seele
ab. Parallel zur sich differenzierenden Architektur der Bedürfnisse und
Gefühle des Menschen wird das Tier als nicht-menschliches Du akzeptiert. Von seinen Anfängen als Beutetier, dem Sprung in die Domestikation, seiner Nutzung bei der Jagd, Feldarbeit und dem Hüten
der Herde, beim Schutz von Familie und Hof, bei der Vernichtung der
Parasiten, die dem Menschen die mühsam eingebrachte Ernte streitig
machen, wird das Tier zunehmend in die Gefühlswelt des Menschen
einbezogen. Das Tier, zunächst noch verschwiegen, benutzt und nicht
geachtet, wird zum Gefühlsanker in der Lebenswelt des Menschen.

Der Mensch jagte, fesselte und zerlegte, bändigte und dressierte das Tier. Schließlich entdeckte er das Tier als Bindungsfigur. Die Rolle, die der Mensch auf den verschiedenen Stufen seiner Kulturentwicklung dem Tier zuwies, gibt Aufschluß über seine eigene seelische Entwicklung. Die Geschichte des Tieres ist ein Schlüssel der Psychohistorie.

Diese Parallelität wurde zunächst auf der Ebene der Biologie erkannt. Das »biogenetische Gesetz« von Ernst Haeckel aus dem Jahr 1866 besagt nichts weniger, als daß »die Ontogenese [Individualentwicklung] eine kurze und schnelle Wiederholung der Phylogenese [Stammesentwicklung] ist«. In jeder individuellen Entwicklung der Art wiederholt sich demnach die Stammesgeschichte mit einer Kurzfassung der Lebensformen, die entwickelt wurden beim Weg des Einzellers zum Vielzeller, des Meeresbewohners zum Landbewohner. Die phylogenetischen Entwicklungsstadien wiederholen sich in der embryonalen Entwicklung (der menschliche Embryo zeigt Kiemenspalten). Im menschlichen Bewußtsein und den Vorstellungen, die es von seinen Wahrnehmungsobjekten entwickelt, können Schichten unterschiedlichster psychischer Differenzierung nebeneinander existieren. Beim Menschen und bei vielen Säugetierarten ist die älteste Hirnstruktur, das Stammhirn, Zentrum für die Regulierung der Reflexe, Affekte und die Hirnregion, in der das Riechzentrum lokalisiert ist. Die gemeinsame Wurzel von Mensch und Tier schlägt sich nicht nur in Anatomie und Entwicklungsphysiologie nieder, in der Geschichte des menschlichen Bewußtseins und seiner Symbolbildungen – jenen »kollektiven Archetypen« (C.G. Jung), wie sie sich noch heute im Unbewußten und in Träumen manifestieren –, sondern ebenfalls in der Kulturentwicklung selbst: In vielen Ursprungsmythen leiten die Völker ihre Herkunft von einem Tier oder der Verbindung eines Menschen mit einem Tier oder einem Mischwesen ab. Mythische Tiergestalten, denen schöpferische, aber auch vernichtende Kraft zugesprochen wurde, finden sich in antiken vorderasiatischen Mythologien ebenso wie im amerikanischen Kulturraum oder in Asien. Jedem Menschenbild einer Kultur entspricht ein Tierbild. Bewunderung für die Kraft des Tieres, die auf den Jäger, der es erlegt, überzugehen vermag, spiegelt sich bereits in den archaischen Höhlenmalereien.

Suchen wir nach den psychologischen Wurzeln der Beziehungsgeschichte zwischen Mensch und Tier, ist es nötig, in die Kellergewölbe der Kulturentwicklung hinabzusteigen – ein Abstieg, der unweigerlich zur Domestikation führt. Das erste Tier, das sich dem Menschen anschloß – und damit die Domestikation in Gang setzte, an deren Ende der ondulierte Yorkshire-Terrier mit lackierten Fußnägeln und Schleifchen in der Mähne auftritt –, war vermutlich ein Welpe eines Goldschakals oder des kleinwüchsigeren vorderindischen Wolfes. Vielleicht entdeckten Mensch und Tier in der Einsamkeit der Nächte, als der Sturm über die verlassene Steppe heulte und die Kälte das Blut in den Adern gefrieren ließ, daß beide in ihrer Verlassenheit, ihrer Angst, ihrem Wunsch nach Sicherheit und körperlicher Nähe, gefühlsmäßig mehr verband als sie durch Körperbau und Lebensweise trennte. Der Mensch lernte, die Klugheit und Kraft des Tieres zu schätzen und seine Geschicklichkeit bei der Jagd, die er nachzuahmen begann. Mensch und Tier verbindet, damals wie heute, der Zugang zur gemeinsamen Sprache der Gefühle, die in weiten Bereichen nonverbal, jenseits der Begriffssprache stattfindet. »Mitfühlen« findet über Gesten, Mimik, Körpersignale statt, ein Reservoir von Lauten und Zeichen, die von beiden gleichermaßen verstanden werden. Der Mensch, der das Tier zunächst als feindlich, als Beute betrachtete, das er erlegte und verzehrte, mit dessen Fell er sich bekleidete, dessen Hörner und Zähne er als Waffen benutzte, spürte in seiner Verlassenheit den Impuls, sich dem Tier als einem Gegenüber zuzuwenden: Er entdeckte in sich eine die Schranken der Angst, Gier und Sprachlosigkeit überschreitende Affinität zum Tier.

Viele Funde bestätigen, daß Caniden – als Rudeltiere mit ihrer festgefügten Rangordnung und ihrer fein differenzierten Affektsprache – als erste den Sprung in die menschliche Gemeinschaft wagten. Hunde sind bereit, sich unterzuordnen: Die Alpha-Position im Rudel kann vom Menschen eingenommen werden. Grabstätten des Menschen, in deren Nähe Skelette von domestizierten Wölfen gefunden wurden, geben Zeugnis von dieser frühen Begegnung von Mensch und Tier.

Mensch und Hund teilten ein gemeinsames Schicksal. Körperliche Hinfälligkeit und mangelnde Erfahrung, die Gefahren der langen Kindheit und Reifezeit, aber auch Krankheit, Verletzung und die Konfrontation mit einem kräftigeren Gegner bedeuteten für beide den sicheren Tod, sofern nicht ein »Muttertier« Schutz und Pflege übernahm. Dies galt ebenso für die Ruhezeit und den Schlaf, der den Schläfer angreifbar für Feinde und Naturkatastrophen macht. Das Tier ist bis auf den heutigen Tag Wächter des menschlichen Schlafes: Mit seiner Sinnesschärfe, seiner Aufmerksamkeit für Umweltgefahren warnt es vor Gefahren. Der Wunsch nach Schutz, die Furcht vor Verletzung, die Angst vor dem Tod, dessen Bedeutung vom Tier bereits geahnt wird, wenn es den Atem seines schlafenden Menschen kontrolliert, wenn es sich am Vorabend seines Todes von ihm »verabschiedet«, ließ beide, Mensch und Tier, näher zusammenrücken.

Der Hund ist das älteste Haustier. Der Beginn der Domestikation des Hundes wird bis in das Mesolithikum vor dem 12. Jahrtausend vor unserer Zeitrechnung verlegt. Eine materielle Erklärung der Bindung zwischen Mensch und Tier im Sinne eines Kosten-Nutzen-Kalküls, eines aus taktischen Erwägungen beschlossenen Gebens und Nehmens, um das eigene Überleben zu sichern, wie dies von Evolutionstheoretikern verbreitet wird, reicht nicht aus, um die Komplexität dieser artenübergreifenden Bindung zu erklären. Zum einen konnte sich der Hund ja problemlos selbst versorgen, die Hauskatze tut dies in ländlichen Regionen bis zum heutigen Tag, ohne daß dies ihrer Liebe zum Menschen einen Abbruch täte. Zum anderen kann die Domestikation wieder rückgängig gemacht werden, wenn die affektive Bindung an den Menschen fehlt. Dies wird am Beispiel der australischen Dingos deutlich, ursprünglich Haushunde, die entliefen, verwilderten und sich als Selbstversorger wieder an das Überleben in der Wildnis gewöhnten. Bereits nach einer Generation wurden sie wesensmäßig und in ihrem Sozialverhalten wieder Wildtiere. Daß dieser Vorgang genauso schnell umkehrbar ist, Wildtiere ihre Scheu und Aggressivität vor dem Menschen verlieren können, sobald sich der Mensch dem Tier als Bindungsfigur präsentiert, lehrt uns, wie flexibel das Tierverhalten ist. Nicht materielle Erwägungen, sondern vielmehr die in Mensch und Tier gleichermaßen wirksame Neigung, sich artenübergreifend affektiv zu binden, waren vermutlich Auslöser der Domestikation. Bei der Bindungsbereitschaft zwischen Mensch und Tier handelt es sich um ein qualitativ eigenständiges Beziehungsmuster.

Die Meinung, daß domestizierte Tiere infantilisiert und nicht vollwertige Tiere seien, daß sie lebenslang im Jugendlichenstadium verharrten, den Menschen als »Muttertier« akzeptierten, dabei emotional verkrüppeln und nur deswegen die Gemeinschaft mit dem Menschen ertragen würden, kann im Lichte neuer Erkenntnisse über die Entwicklung der Mensch-Tier-Beziehung zurückgewiesen werden. Dessen ungeachtet hat der Mensch durch Qualzüchtungen versucht, den Tierkörper so zu verändern, daß er lebenslang dem eines Welpen ähnelt und damit dem sogenannten Kindchenschema entspricht, das, wie die Entwicklungspsychologie zeigt, Pflege- und Schutzinstinkte hervorruft.

Die »Auswahl« der Tiere, die vom Menschen schließlich domestiziert wurden, läßt Rückschlüsse auf den Wunsch nach Bindung und auf

Gemeinsamkeiten bei der Struktur des Wahrnehmungs- und Gefühlsraumes zu. Rind oder Schaf, Katze oder Hund sehen und hören trotz sinnesphysiologischer Unterschiede im großen und ganzen das, was auch der Mensch sieht und hört, auch wenn die Nase des Hundes feiner, das Ohr der Katze schärfer, ihre Sinnesorgane damit differenzierter sind. Dagegen liegt eine Kluft zwischen dem Menschen und dem Nervensystem, Sozialverhalten, Körperbau, der Motorik und dem Bewegungsmuster anderer Tierarten – erwähnt seien nur die Fledermaus mit ihrer vom Menschen so verschiedenen Raumorientierung oder die Anatomie und Sozialstruktur der Ameise, deren »Kontaktwünsche« sich auf den Ameisenstaat beschränken.

Im Ausdrucks- und Kommunikationsverhalten fallen erstaunliche Parallelen zwischen dem Menschen und seinen Haustieren auf: Der Blickkontakt ist ein wichtiger Kanal für den Informationstransfer. Die Blickdauer teilt den sozialen Rang mit, kann Begrüßung, Angriffslust oder Drohgebärden auslösen. Der Mensch kann sich zum Tier hinwenden oder hinunterbeugen. Er kann dem Tier beschwichtigend »in die Augen sehen« und damit das Bedrohungspotential abbauen, das vom aufrechten Gang des Menschen ausgeht, ihn jedoch zugleich in die Alpha-Position katapultiert. Bei Tieren, die im Wasser oder in der Luft leben, ist eine artenübergreifende Kontaktaufnahme ungleich schwerer.

Obwohl die Wale und Delphine hinsichtlich ihrer Intelligenz dem Menschen näher stehen als die Haustiere, ist eine Kommunikation mit ihnen mühsam. Auf Grund ihrer Lebensweise in einem für den Menschen fremden Element haben sie keine Chance, je zu Haustieren zu werden. Dies gilt ebenfalls für die Menschenaffen. Im Unterschied zu Hund oder Katze verfügen sie über einen größeren Anteil von Großhirnrinde. Dennoch eignen sie sich für das Zusammenleben mit dem Menschen in der Regel nicht. Dies hängt nicht nur mit ihren Körperkräften und mit ihrer explosiven Aggressivität zusammen. Trotz der engeren Verwandtschaft zwischen Menschen und Affen zeigen Affen, vielleicht gerade als Folge ihrer differenzierteren kognitiven Fähigkeiten, wenig Neigung, sich an den Lebensrhythmus des Menschen anzupassen. Zudem haben Affen völlig andere Hygienevorstellungen. Sie scheinen ihr Leben lang in der analen Phase der Triebentwicklung zu verharren: Trotz ihrer Intelligenz gelingt ihre Sauberkeitserziehung nicht.

Kopfform, Physiognomie und die tolpatschige Verhaltensweise von Jungtieren lösen bei Mensch und Tier gleichermaßen den Wunsch nach

Bemutterung und Pflege aus. Durch das Kindchenschema werden Mensch und Tier instinktiv milder gestimmt. Haustiere differenzieren zwischen Erwachsenen und Kindern. In der Regel tolerieren sie es, wenn das Kind die kritische Distanz unterschreitet, und sie reagieren auf dessen Spielsignale. Vielleicht war es eine artenüberschreitende Aufforderung zum Spiel, die das vom Steinzeitmenschen gefangene Jungtier zunächst als »Spielzeug«, später als Jagdgefährte überleben ließ.

Sündenbock und Opfertier

Die frühesten Stellungnahmen zur Rolle des Tieres in der menschlichen Gesellschaft erhalten wir im Schöpfungsbericht. Die Tiere sind als Geschöpfe der Natur »jedes nach seiner Art« vollkommen. Nach ihrer Erschaffung heißt es: »Und Gott sah alles, was er gemacht hatte, und siehe, es war sehr gut.« (Erstes Buch Moses, Kapitel I, 32) Diese Bewertung fehlt für den Menschen.
Die Tiere sind dem Menschen als Gegenüber beigesellt. Die Aufgabe des Menschen wurde darin erkannt, den Geschöpfen ihre Namen zu geben. Tiere dürfen vom Menschen unter bestimmten Auflagen genutzt werden. Diese Gesetze, insbesondere die vom Propheten Moses formulierten Speisevorschriften, das Gebot der Schabbat-Ruhe, bei denen die Tiere ausdrücklich miteinbezogen sind, ebenso wie das Gebot des Brachjahrs (Schmitta) für Pflanzen und Ackerboden, gehören zum Kern des Judentums. Daß sich aus der jüdischen Tradition eine weitgehende Gleichstellung des tierischen und menschlichen Lebens ableiten läßt, kann durch das Tabu, Blut zu vergießen oder zu verzehren, belegt werden. Im Blut wird der Sitz der Seele vermutet. Des weiteren besteht ein Verbot, Fleisch von »unreinen« Tierarten und »zerrissenes«, durch Jagd gewonnenes Fleisch zu essen. In den Fünf Büchern Mose und den sich anschließenden Auslegungen und Kommentaren wird ein in der antiken Welt einmaliger Tierschutz als Teil eines umfassenderen Naturschutzes zum Gesetz erhoben. Das Verbot der Tierquälerei schließt zugleich ein Verbot der Jagd mit ein.
Diese genuin tier- und naturfreundliche Haltung, die sich durch eine erstaunliche Einfühlungsbereitschaft in die Empfindungen des Tieres auszeichnet, wurde durch die christliche Interpretation des Alten Te-

stamentes weitgehend verstellt. Bibelübersetzungen mit Formulierungen wie »Macht euch die Erde untertan« suggerieren eine Erlaubnis, die Natur auszubeuten. Das christliche Naturverständnis, geprägt von Herrschaft und Unterjochung, verkennt das in den Fünf Büchern Mose festgelegte dialektische Verständnis von Nutzung und Schonung der Natur.

Der Fleischverzehr wird im Alten Testament zwar erlaubt, einer vegetarischen Lebensweise allerdings eindeutig der Vorzug gegeben. Nur unter strengen Auflagen dürfen Tiere getötet und verzehrt werden, denn sie werden als Schmerz und Leiden empfindende Lebewesen erkannt. Mensch (Adam), Tier und Erde sind aus der gleichen Substanz erschaffen, beide bestehen aus »Blut« (dam) und »Erde« (adama). Daraus leitet die Bibel das Verbot des Blutvergießens und jeglicher zerstörerischer Handlungen an Mensch, Tier, Natur oder Erde ab. Zerstörung komme einer Selbstverletzung des Menschen und einer »Verletzung des Eigentums Gottes« gleich. I.A. Ben Yosef macht auf das schon in der Bibel enthaltene ökologische Bewußtsein aufmerksam, das im biblischen Verbot der Baumzerstörung etwa im Krieg, dem Verbot der Verschmutzung von Erde, Wasser und Luft zum Tragen komme.[1]

Eine Reihe von Bibelstellen beziehen sich auf die Leidensfähigkeit des Tieres und leiten daraus das Verbot ab, dem Tier Schmerzen und Leiden zuzufügen. Der Prophet Moses wurde nicht zuletzt wegen der Fürsorge, die er einem entlaufenen Böcklein zukommen ließ, von Gott erwählt, berichten Erzählungen aus dem Midrasch. Nachdem er es an einer Wasserstelle gefunden hatte, trug er das müde Tier auf seinen Schultern zurück. »Wer dem ihm anvertrauten Tier solche Liebe erweist, der ist auch würdig, der Hüter meines Volkes zu sein. Jetzt sollst du meine Schafe, Israel, weiden.« Auch David wurde wegen seiner Fürsorge für die Tiere ausgewählt. Er ließ die jungen Tiere zuerst auf die Weide, damit sie das zarte Gras aufnehmen konnten und für die älteren Tiere das härtere Gras übrig blieb. »Wer es so versteht, die Schafe zu weiden, ein jegliches nach seiner Kraft, der komme und weide mein Volk.«[2]

Der Arzt und Religionsphilosoph Moses ben Maimon (1135-1204) kommentiert den menschlichen Grundkonflikt, trotz seiner Fähigkeit, sich in das leidende Tier hineinzuversetzen, dessen Blut zu vergießen. Maimonides gibt eine rationalistische Begründung: Es sei notwendig, Tiere zu töten, um Nahrung für den Menschen zu gewinnen. Dies habe jedoch so schonend wie möglich und entlang festgelegter Regeln zu geschehen, damit das Tier neben dem körperlichen, nicht auch noch seelischem Leid ausgesetzt werde. Er schreibt: »Da nun aber die Notwendigkeit, die beste Nahrung zu erlangen, dazu geführt hat, Tiere zu töten, war das Gesetz darauf bedacht, die schmerzloseste Art der Tötung vorzuschreiben und verbot, die Tiere zu quälen, sei es, indem man sie in ungeeigneter Weise schlachtet oder sie absticht, oder, wie wir ausgeführt haben, ihnen ein Glied abschneidet. Und ebenso hat sie verboten, das Tier und sein Junges an einem Tage zu töten, damit man sich davor hüte und es verabscheue, das Junge vor den Augen der Mutter zu töten. Denn darin liegt eine sehr arge Tierquälerei, weil in dieser Hinsicht zwischen dem Schmerzgefühl des Menschen an sich und dem der anderen Tiere kein Unterschied liegt. Die Mutterliebe und das Erbarmen für ihr Junges hängt nicht von der Vernunft, sondern von der Wirkung der Einbildungskraft ab, die bei den meisten Tieren gerade so gut wie beim Menschen vorhanden ist.«[3]

Die Gebote zum Schutz der Schabbat-Ruhe schließen das Tier ausdrücklich mit ein: »Am Schabbat sollst du keine Arbeit tun, auch nicht … dein Rind, dein Esel und dein Vieh.« (Deuteronomium, 23,5) Wenn jedoch Leben in Gefahr ist, darf die Schabbat-Ruhe unterbrochen werden. Wenn ein Tier in Not ist, muß es sogar am Schabbat, und sollte dies auch Arbeit erfordern, gerettet werden. Kuh oder Ziege müssen am Schabbat gemolken werden, da sie andernfalls unter Schmerzen leiden. Der Mensch soll sein Tier zuerst versorgen, noch bevor er selbst Nahrung zu sich nimmt. Er muß die Zugtiere versorgen, wenn sie gefallen sind und hat die Pflicht »des Aufladen- und Abladenhelfens« (Exodus, 23,5). Um Schmerzen der Tiere zu verhindern, darf er selbst an den Halbfeiertagen seinen Reittieren Hufe und Nägel schneiden. Die Schrift verbietet, »dem Ochsen beim Dreschen das Maul zu verbinden« (Deuteronomium, 25,4) und »Ochse und Esel zusammen vor den Pflug zu spannen« (Deuteronomium, 22,10). Ferner heißt es im Talmud: »Man soll nicht ein Tier kaufen, ohne erst für seine Nahrung gesorgt zu haben« (Talmud Jeruschalmi, Traktat Ketubot, 4,8).

Mitfühlen und Rücksichtnahme auf die Bedürfnisse der Tiere hatten im Alten Testament nichts mit der selbstgefälligen, großzügig ausgelegten und damit letztlich nur dem Eigennutz der Menschen dienenden Ethik zu tun, wie sie in der heutigen Zeit praktiziert wird, durchdrungen von der Überzeugung, den höchsten Stand menschlicher Zivilisation erreicht zu haben. Die Achtung des Tieres als dem Menschen gleichgestelltes, empfindungsfähiges und beseeltes Lebewesen gehört zu den Grundgeboten menschlichen Verhaltens.

Dessen ungeachtet bringt das Alte Testament zum Ausdruck, daß Tiere ambivalente Gefühle auslösen. Dies zeigt sich an der Ablehnung einiger Tierarten, die von den Nachbarvölkern als Götzen verehrt wurden. In der Schöpfungsgeschichte etwa heißt es: »Feindschaft stifte ich zwischen dir [der Schlange] und der Frau, zwischen deinem Nachwuchs und ihrem Nachwuchs. Er triff dich am Kopf, und du triffst ihn an der Ferse.« (Bereschit, 3,15) Der Hund, in Homers Odyssee und später im gesamten Abendland zum Sinnbild von Treue und Beständigkeit erklärt, genießt im Vorderen Orient geringes Ansehen. Michael Landmann[4] bringt dies mit dem biblischen Verbot der Jagd in Zusammenhang: Der Hund wurde als Jagdgehilfe betrachtet. Die Katze, Kulttier und Tiergottheit in Ägypten, wird von den Israeliten leider mit keinem Wort erwähnt. Landmann führt dies darauf zurück, daß Israel sich von den politisch und kulturell mächtigen ägyptischen Hochkulturen und deren tierköpfigen Gottheiten – etwa der Katzengöttin Bastet – ebenso wie von der babylonischen Astralreligion, in deren Mittelpunkt die Tierkreiszeichen standen, abgrenzen mußte.

Die Verführung im Garten Eden, als die Schlange zum Katalysator der – weiblichen – Erkenntnis wurde, die Vertreibung aus dem Garten Eden, der Tanz um das Goldene Kalb und dessen Verdammung durch den Propheten Mose, all dies sind Hinweise für das Zurückweichen der animistischen Rituale, bei denen das Tier als Totemtier zur Inkarnation der Götter erklärt und angebetet wurde. An die Stelle des Totemismus tritt der Monotheismus. Der Mensch projiziert sich nun selbst ins Göttliche, das er als Ebenbild des Menschen begreift: »Indem er nicht mehr, wie bisher, die Tiere, sondern gleichsam sich selbst verehrt, wird nun der Mensch zugleich des Abstandes, der ihn von den Tieren trennt, wird er seines wahren Verhältnisses zu ihnen inne.«[5]

Die Tierverehrung wird zum Frevel, wird Götzendienst und lebt nur noch im Aberglauben fort. Aus der Tierverehrung wird die Tiermetapher. Gott selbst wird mit der Kraft der Tiere verglichen, er »wird brüllen wie ein Löwe«, »stolz sein wie ein Löwe« (Hosea, 13, 7 und 8). Gott schützt Jakob »wie ein Adler ausführet seine Jungen und über ihnen schwebt« (Deuteronomium, 32, 11). »Der Geist Gottes schwebte über den Wassern wie eine Taube, wenn sie über ihren Jungen schwebt.« (1. Könige, 19, 22)[6] Schließlich werden auch die Stämme selbst mit Tieren verglichen: Juda wird ein Löwe zugesellt, Issachar ein Esel, Dan eine Schlange, Naphtali ein Hirsch, Benjamin ein Wolf. Die Sprache des Alten Testaments gibt große Rätsel auf. Hinter den vordergründigen Angaben verbergen sich weitere Bedeutungsebenen.

Die Vielschichtigkeit des Verhältnisses zwischen Mensch und Gott manifestiert sich in der Beziehung zwischen Mensch und Tier.

Eine psychologische Deutung biblischer Tiermetaphern ermöglicht die Kabbala. Im Bild des Tieres verdichtet sich das Begehren des Menschen ebenso wie sein Wunsch nach seelischem Wachstum. Gerschom Scholem interpretiert das Gebot »Wenn jemand ein Mensch aus euch ein Opfer an Gott darbringt« (Leviticus, 1,2) mit folgenden Worten: »[Dies] kann auch bezogen werden auf den im Tier sich abbildenden seelischen Aspekt, ... der auch mit dem Menschen in Verbindung steht. Und dies nicht nur wegen der in ... Bereichen der jüdischen Mystik verbreiteten Vorstellung einer Seelenwanderung (Gilgul), die auch über die Stufen von Tierseelen geht, sondern gleichfalls die vier Eckpfeiler menschlicher Charakterbildungen [darstellen] ... die vier Grundformen des menschlichen Charakters ... Es gibt Seelen, die aus den Tieren stammen, aber nicht etwa aus irdischen Tieren hier unten. Vielmehr sind damit jene esoterischen Bezirke gemeint, die in der oberen Welt von Ezechiel als die vier Tiere, die den Thron Gottes tragen, beschrieben worden seien.«[7] Diese Seelenbezirke, die auch als Stufen der Evolution des Psychischen verstanden werden können, stellen sich am Thron Gottes dar, wie er im Sohar, der jüdischen Geheimlehre der Kabbala, beschrieben wird.

Der Thron Gottes wird, den vier Himmelsrichtungen gemäß, getragen vom Stier, dessen Kraft der des »unteren Menschen«, dem Stoffwechsel, der Geschlechtlichkeit entspricht, dem Löwen als »mittlerer Mensch«, dargestellt im Körperteil Brust, dem Sitz des Herzens und des Zentrum des Mutes, und dem Adler, dessen Energie den »oberen Menschen« beschreibt, das Haupt des Menschen. Das vierte »Tier«, das vierte Wesen jedoch ist »Nun«, eine Mischgestalt aus Männlichem und Weiblichem. Die Tiere erscheinen in dieser Beschreibung des göttlichen Thrones als Repräsentanten unterschiedlicher und potentiell auseinanderstrebender, in Konflikt miteinander stehender Entwicklungsstufen, die dennoch integriert sind im Willen, den Thron der Schöpfung gemeinsam zu tragen, um ihn, »jedes nach seiner Art«, gerade durch die Verschiedenartigkeit ihrer Wesensmerkmale zu bereichern.

Im Gegensatz zu dieser Deutung, welche das Tier als Gestalter von Integration und Synthese der Schöpfung ebenso wie der menschlichen Seele beschreibt, finden sich im Alten Testament noch weitere Aufgaben des Tieres: Ihm wird eine rituell-psychohygienische Funktion zuerkannt. Als Opfertier wird das Tier als Instrument für eine direkte

Kommunikation mit Gott betrachtet. Der Umgang mit dem Opfertier, die Frage, welches Tier sich für welches Opfer eigne – unterschieden wurde unter anderem zwischen Schuldopfer, Dankopfer, Friedensopfer, Sühneopfer, Feueropfer, Rauchopfer, Speiseopfer –, wie mit welchen Teilen des Tieres, mit dem Rauch, dem Fett, dem Blut des Opfertieres zu verfahren sei, all dies stellt einen Zeichensatz der Kommunikation zwischen dem Volk Israel und Gott, vertreten durch die Priester, dar. Die Opferungen werden in einer archaischen Sprache erläutert, die an die sachlich-neutrale Sprache von Gebrauchsanweisungen erinnert. Die Ebene des Erlebens, die an so vielen anderen Stellen der Fünf Bücher Mose angesprochen und sprachlich zum Ausdruck gebracht wird, um Mitgefühl dem Tier gegenüber darzustellen, fehlt hier; der Status des Tieres als beseeltes, leidensfähiges Wesen, der ihm an anderen Stellen gewährt wurde, scheint vergessen.

Aus heutiger Sicht wird die Darstellung eines Vorgangs, der emotional als belastend erlebt, aber dennoch in einer gefühlsneutralen Sprache dargestellt wird, als Teil eines Abwehrvorgangs verstanden: Die emotionalen, belastenden Komponenten sollen aus dem Bewußtsein verbannt werden. Das beschriebene Geschehen wird auf ein technisches Problem reduziert. Doch was soll hier abgewehrt werden? Ist es die Scheu vor dem Blut, das hier so reichlich vergossen wird? Eine Scheu, die nur der Priester überwindet, weil der Umgang mit Blut, das Töten des Opfertiers ihm als Pflicht und Privileg aufgetragen wurde? Die Nähe des Heiligen, Tempeldienst, das Vergießen von Blut, erregen Furcht und Abscheu. Furcht davor, das Verbot des Zerstörens zu übertreten, Grauen und Abscheu vor dem Blut der vergossenen Seele. Dies alles beschreibt einen hochambivalenten, konfliktbehafteten Vorgang, der vermutlich nur in dieser ritualisierten Form bewältigt werden konnte, einer Form, in der die Gefühle durch Vorschriften erstarrt und versteinert scheinen.

Die Verbindungstür zwischen der Welt des Menschen und dem Göttlichen ist das Opfertier, dessen Opferung als Besänftigungsritual verstanden werden kann. Dies spiegelt sich bereits in der Akeda, dem Anbinden Isaaks durch seinen Vater Abraham an den Opferaltar wider. Abraham ist bereit, seinen Sohn Gott zum Opfer darzubringen, um dessen Zorn zu besänftigen. Die Bereitschaft beider, Vater und Sohn, das Opfer zu bringen, wird erst im letzten Moment abgewendet, als Gott ein Tier, einen Widder, als Ersatz für die Opferung des Menschen akzeptiert. An die Opferung dieses Widders als Stellvertreter Isaaks und seiner Gottestreue erinnert noch heute die Asche, die Juden sich zu Fasttagen auf den Kopf streuen, Asche zum Gedenken an die Asche des verbrannten Opfertieres. Das Opfertier übernimmt die Schuld des Menschen. »Und wenn er dann an dem Heiligtum, dem Stiftszelt und dem Altar die Sühnebehandlung beendet hat, so bringe man den lebenden Bock heran. Und Aron stemme sich mit beiden Händen auf den Kopf des lebenden Bockes und bekenne, auf ihn gelehnt, alle Schuld der Kinder Israels, alle ihre Freveltaten, alle ihre Sünden, lege sie so auf den Kopf des Bockes und schicke ihn durch einen dazu bereit stehenden Mann in die Wüste. Der Bock nehme auf sich alle Schuld und trage sie in eine entlegene Gegend; und dort in der Wüste stoße er den Bock von sich.« (Leviticus, Kapitel 16) Das Tier wird hier stellvertretend in die Wüste hinaus geschickt, nachdem es die Schuld für die Freveltaten des Menschen auf sich genommen hat. Eine Erinnerung an diese Sitte ist der Sühne (Kappara)-Brauch, am Tag vor dem Versöhnungstag, dem Jom Kippur: Ein Huhn, das zuvor gleichsam die menschliche Schuld auf sich genommen hat, wird dreimal um den Kopf geschwungen und daraufhin geschlachtet.[8]

Die Sitte des »Sündenbocks« findet sich in vielen Gesellschaften des jüdisch-christlichen Kulturraums und läßt sich über das Mittelalter bis in das 20. Jahrhundert verfolgen. Der Ritus des Sündenbocks beschreibt einen psychischen Abwehrmechanismus: Es ist die primitivste und einfachste Form, mit unerwünschten Gefühlen fertig zu werden, nämlich sie loszuwerden, einem anderen »aufzuladen« und dann in die Wüste zu schicken, um sich nie mehr mit ihnen auseinandersetzen zu müssen.

In nachbiblischer Zeit, im Mittelalter und in der Moderne, wurde dieses Verfahren zunehmend auf Menschen übertragen, Menschen, die einer mit Mißtrauen beobachteten Minderheit angehörten, Menschen, die entweder physisch oder intellektuell aus der Reihe fielen, Menschen, die durch ihr Geschlecht und ihr Selbstbewußtsein den Zorn der Machthaber auf sich zogen: Juden, Zigeuner, Behinderte, Kranke, als Hexen gebrandmarkte Frauen. Sie alle wurden als Sündenböcke auf Scheiterhaufen verbrannt, ins Exil gejagt, wegen Brunnenvergiftung angeklagt, der Rassenschande verdächtigt. Projektion der eigenen, als negativ und »böse« erlebten Gefühle und Konflikte auf andere, die Minderheitenverfolgung und Völkermord zugrundeliegende Psychodynamik, ist noch heute virulent: Sie wird bei der Verfolgung mißliebiger Nachbarn ebenso eingesetzt wie bei machtpolitisch begründeten »ethnischen Säuberungen«.

Daneben gab und gibt es Riten, bei denen Tiere als Sündenböcke, stellvertretend für die Schuld einer Gemeinschaft, aus dem Ort vertrieben, erschlagen, gesteinigt oder verbrannt werden. Diese Rituale haben sich ungebrochen erhalten und werden heute sogar als Sport gefeiert. Genannt seien nur der Stierkampf, Hunde- oder Hahnenkämpfe. Der Abwehrmechanismus der Projektion, das Suchen nach einem geeigneten Sündenbock, der angeklagt, bestraft, ausgestoßen werden kann, ist ein unverändert aktueller, gesellschaftlicher wie seelischer Tatbestand.

Mit dem Verstehen von Spaltung und Projektion, dem Versuch sie als Ergebnis widersprüchlicher Motive zu verstehen, wollte die Psychologie dazu beitragen, diese Abwehrformen aufzulösen oder sie durchschaubar und damit überflüssig zu machen. Sie wollte verhindern, daß man auch heutzutage noch das im eigenen Selbst Gehaßte und Ungeliebte auf Tiere oder andere »Sündenböcke« projiziert, um sie mitsamt der eigenen Schuldenlast und Verantwortung loszuwerden. Doch es scheint, als sei die Psychologie bislang daran gescheitert, ihre Erklärungen auch gesellschaftlich und politisch zu vermitteln.

Die gefesselte Bestie

Hinter ihnen der Hafen, Schiffe, die Segel gesetzt zum Aufbruch in die Ferne, ein weiter, im Dunst des Sommers verschwimmender Himmel, an dem ein Vogelpaar durch die Freiheit fliegt. Zusammengekrümmt, mit trübsinnig zum Boden gerichtetem Blick, ein Gefangener, angekettet im Verließ, das den Blick freigibt in das Unerreichbare: Draußen. Neben ihm der andere, Genosse im Leid, das Weiße seiner Augen ist sichtbar, die, in Panik aufgerissen, die Unentrinnbarkeit der eigenen Gefangenschaft erkennen. Eine Totenklage für die Lebenden. Beide sind angekettet am rostigen Ring, der in die Erde gestoßen ist und keine Flucht, kaum Bewegung erlaubt. Das Eisenschloß ist tief in ihr Fleisch gebohrt, ihr Fell bereits stumpf geworden vom vergeblichen Aufbäumen gegen die Gefangennahme. Blutig gekratzte Nägel, in denen noch die Holzspäne der Kiste stecken, in der sie quer über den Ozean gezwungen wurden. Die rote Kopfhauben unter tief eingefallenen Wangen, die weiße Zeichnung der Wangen, Hohn der einstigen Schönheit. Am Boden die Reste ihrer kargen Henkersmahlzeit: zwei, drei zersplitterte, leergeschabte Nußschalen.

Die Rede ist von zwei Affen, angekettete in einem Turm der Gefangenschaft, einem Turm des Todes, der sie hier vor der Zeit mit sich reißen wird, den einen wie den anderen, in erregender Höhe über dem unerreichbar gewordenen Treiben des Lebens, der Freiheit. Pieter Breugel der Ältere hat diese beiden Mangaben-Affen 1562 in den Niederlanden gemalt. Noch heute vermitteln sie Trauer und Resignation über den nicht mehr umkehrbaren Verlust der Freiheit. Der Trübsinn, die Melancholie der Gefangennahme, erinnert an den deprimierenden Anblick unglücklicher Tiere, Tiere an Ketten oder hinter Gittern, in den Zoos, den Tierhandlungen, den Zirkuswagen, Tieren in engen Käfigen, in Zwingern und verlassenen Wohnungen.

Interessant ist die Interpretation, zu der sich Kunsthistoriker angesichts dieser unglücklichen Tiere hinreißen lassen, eine Interpretation, die wie so oft die Belehrung des Betrachters im Auge hat und die Tiere und deren Leiden lediglich als Metaphern für menschliche Torheit benutzt, ohne deren eigene Wirklichkeit, deren eigenes Recht in Erwägung zu ziehen: »Einer Haselnuß wegen einen Prozeß anstrengen wird durch ein flämisches Sprichwort als Torheit gekennzeichnet. Eine Haselnuß ist eine Bagatelle, und durch ihr Verlangen nach einer solchen … sind die Affen in die Falle gegangen. Dieses närrische Verhalten versinnbildlicht in treffender Weise die menschliche Torheit, für einen momentanen Genuß, der allzu willigen und schnellen Befriedigung menschlichen Verlangens, Freiheit und wahres Glück zu verschleudern.«[9]

Bereits im frühen 14. und 15. Jahrhundert bevölkern skurrile Fabelwesen die ersten Natur-Enzyklopädien und illuminierten Handschriften: Hundsköpfige, Chimären mit Löwenmähnen, Panthermenschen, Mischwesen mit Affenköpfen und Skorpionsschwänzen, Elefantenmenschen mit überdimensionalen Rüsseln, Einfüßler, aus fauligem Gebiß grinsende Nilpferde, Zentauren, Halbmenschen mit Pferdemähne und altklugen Menschenantlitzen, auf allen Vieren laufende Menschen mit dem Gesicht von Käfern und Heuschrecken, Bauchgesichtige, Rhinozerosse, die wie Einhörner aussehen – ein Irrtum, der noch heute zur Jagd auf das »Nashorn« und dessen Ausrottung führt, da seinem Horn magische Eigenschaften zugeschrieben werden. Monstrositäten der Natur, die zu allen Zeiten die Neugierde, die Lust am Schauen erregten.

Krönung eines jeden fürstlichen Triumphzuges war ein Löwe, der König der Wildnis – nun in Ketten. Der Mächtige der Natur war unter die Verfügungsgewalt eines noch Mächtigeren geraten. Gladiatorenkämpfe, Mensch gegen Mensch, Mensch gegen Tier, Tier gegen Tier – in den blutigen Schaukämpfen der wilden Bestien wurde Kriegslüsternheit wachgehalten. Tausende von Tieren wurden während der »Großjaden«, die von Kaiser Augustinus in der Arena veranstaltet worden waren, getötet – Tier- und Menschenopfer zum Zeitvertreib.

Das Tier war wie der verkrüppelte Hofnarr, wie der schwarze Sklave, wie die schöne Leibeigene Dekoration der Machthaber. Welche Macht mußte der Herrscher haben, wenn er sogar Tiere bezwang, Löwen bändigte, wenn exotische Ungeheuer sich vor ihm im Staub wälzten oder in blutigem Geschirr für ihn tanzten? Die Monarchen wollten als Tierbezwinger und Löwenbändiger gelten. Und wer unter ihren Untergebenen eine Bestie in die Knie zwang, zum Drachentöter, zum Herausforderer der Sphinx, zum Rätsellöser wurde, brachte den Thron in Gefahr, denn der Sieger durfte Anspruch auf die Krone erheben. In den großen Schaukämpfen wurde, stellvertretend für die Herrschaft, das Tier des Machthabers gequält, verletzt und hingemetzelt.

Die Sitte der »diplomatischen Tiergeschenke« wurde mit dem Geschenk des Kalifen Harun-al-Raschid an den römischen Kaiser Karl den Großen etabliert (der ihm am 20. Juli 802 in Aachen feierlich den Elefanten Aboul-Abaz überreichte). Üppige Menagerien entstanden nun an den Fürstenhöfen.

Die französischen Könige richteten Tierparks und Menagerien ein, die der Adel zu Treibjagden nutze. »Löwen, Affen, Kamele, Pfauen, Strauße, syrische Ziegen und indische Hühner dienten der Zierde italienischer Gärten und Höfe sowie dem Amüsement und der Schaulust seiner Bewohner. Falken, Geparde und Leoparden waren gefragte und hochbezahlte Luxustiere, die man zur höfischen Jagd abrichtete.«[10]

Und wer die exotischen Bestien nicht mit eigenen Augen betrachten konnte, malte sich sein Bild vom Hörensagen. Seemannsgarn fiel auf fruchtbaren Boden. Düstere Winterabende ließen die Phantasie überborden. Einige präparierte Spezies, die auf den Jahrmärkten ausgestellt wurden, taten das ihrige – eine terra incognita, die sich mit der inneren Traumwelt leidenschaftlich verband. Angekettete, vor Zorn und Hunger brüllende Bestien, eingepfercht in grob gezimmerte Käfige in den Laderäumen der Schiffe, die zurückkehrten aus Übersee. Ein Menschenauflauf, wenn sie ausgeladen wurden. Die Wirklichkeit zog in die Phantasie ein. Mischwesen jagten durch die Hafenstädte, wurden in Seemannsspelunken gesichtet, verfolgt, verloren. Skurrile Fantasmagorien, Höllenbrut, die sich nachts an der Brust festkrallte, Dämonen, wie sie an den Säulen der Kathedralen eingemeißelt waren und dort ihres Opfers harrten. Medusenhäupter, Gorgonen, Teufelsbeschwörer. Die Gärten der Versuchung. All der Reichtum der Fremde.

Sklave Mensch und Sklave Tier

Es war die Zeit der Eroberungen und Entdeckungen. Im Namen der Macht, der Kirche, des Herrschers, wurde das Fremde unterworfen. Wie den Tieren wurden auch Sklaven und Primitiven die Seele abgesprochen. Das Tier ist der ehrlichste Untertan; im Blick des untertänigen, demütigen Tieres, das sich vor dem Menschen und seinen Folterinstrumenten auf den Boden wirft, spiegelt sich die Angst der anderen Untertanen, jenseits der Gitter.

Gemeinsam mit den Sklaven wurden die Tiere entführt, an Eisen geschmiedet, eingekerkert und in den Menagerien ausgestellt. Trophäen der Mächtigen, geknebelt, nicht gezähmt. Die Zähmung des Wilden setzt das Wagnis der Nähe voraus; sie fand hier nicht statt. Die Kadaver wurden schließlich ausgestopft und zierten das Arbeitszimmer des Machthabers. Präparierte Löwenfelle, mächtige Geweihe, Raubtiergebisse in exzellentem Zustand ordneten sich ein in die Reihe der süßlichen Engels-Putten und Mariengestalten mit lustvoll gen Himmel gerichtetem erwartungsvollem Sehnen – Exotik und Unterwerfung steigerten die erotischen Phantasien. Lustvoll partizipierten die Daheimgebliebenen am fernen Gemetzel.

Das Animalische im Inneren wie im Äußeren verlangte Herr-schaft. Das Tier im Inneren wie das in der Natur barg stets das Risiko, außer Kontrolle zu geraten. Jene, die auszogen zu rauben und zu brandschatzen, verwiesen auf die Bestien, die es zu bändigen galt. Hier fand ihr Handeln seine Legitimität. Doch wie beim Sklaven fürchtete man die Rache des gequälten, eingesperrten Tieres; wie er war das Tier potentieller Verfolger: Sobald es seine Ketten zerbrach, würde es die Grausamkeiten heimzahlen. Um dies zu verhindern, verstümmelte man die Gefangenen. Der französische Philosoph Francois Marie Arouet de Voltaire (1694 – 1778) schilderte diese grausame Bestrafung der Sklaven, die ihr Schicksal erbärmlicher als das der Tiere empfanden: »Wenn wir in den Zuckerfabriken arbeiten und die Mühle uns am Finger erwischt, hackt man uns die Hand ab; wenn wir fliehen wollen, schneidet man uns das Bein ab. Bei mir war beides der Fall. Das ist der Preis für den Zucker, den ihr in Europa eßt ... Die Hunde, die Affen und die Papageien sind tausendmal glücklicher als wir.«[11] Allerdings bezeugte Voltaire ebenfalls, wie barbarisch Tiere behandelt wurden:»Es gibt Barbaren, die den Hund ergreifen, der dem Menschen an Freundschaft und Treue so sehr überlegen ist, ihn auf einen Tisch nageln und bei lebendigem Leib zerschneiden, um die mesaraischen

Venen zu zeigen! Du entdeckst in ihnen die gleichen Gefühlsorgane wie in dir selbst! Antworte mir, Mechanist, hat die Natur all die Quellen des Gefühls in diesem Tier eingerichtet, damit es nicht fühlen soll?«[12]

Die Erfindung des Zootiers

Venedig war der Umschlagplatz für den Handel mit exotischen Tieren. Exotische Tiere, wilde, gefährlich dreinblickende Bestien waren eine lukrative Einnahmequelle, nicht nur für die venezianischen Händler. Auch die großen Handelshäuser in Augsburg und Nürnberg, die Fugger und Paumgartner, beteiligten sich am Geschäft mit der Exotik. Aber erst Anfang des 19. Jahrhunderts wurden Zoologische Gärten eingerichtet. Neben exotischen Tieren wurden exotische Menschen zur Schau gestellt. Selbst die Irrenhäuser waren für Publikumsverkehr geöffnet: 96.000 Besucher strömten im 18. Jahrhundert jährlich allein in das Bethlehem Hospital in London, um sich die »gefährlichen Irren« anzusehen, grausame Spiele mit ihnen zu treiben, ihnen Gin einzuflößen und sich an den Reaktionen der Kranken zu ergötzen. Die Irren galten als unberechenbare, aber zugleich unterhaltsame Tiere. Da sie, wie Tiere, als kälteunempfindlich galten, gab man ihnen keine Kleidung, um ihre Blöße zu bedecken. Hier übten sich die Zuschauer in Verachtung – gegen Verkrüppelte, Geisteskranke, Untermenschen. Menschen wie Tiere wollte man durch grausame Bändigungsmethoden gefügig machen. Man ließ sie hungern, »ein Verfahren, das in Indien auch bei wilden Elefanten eingesetzt wurde, denen so lange Futter entzogen wurde, bis sie nur noch ein Schatten ihrer selbst waren. Der Arzt schlug bei den Geisteskranken die Methoden vor, die man auch beim Abrichten wilder Pferde einsetzte.«[13] Beobachtungen eines Zoobesuchers in Moskau: »Den ganzen Tag lang wälzte sich eine große, gereizte und rüpelhafte Menschenmasse zwischen den Käfigen hindurch. Jeder einzelne aus der Menge wäre starr vor Angst gewesen beim Anblick eines einzigen der eingesperrten Tiere, doch so triumphierte jeder darüber, die Tiere so wehrlos, gedemütigt und erniedrigt zu sehen. Der Mob rächte seine eigene Feigheit durch flegelhafte Gehässigkeiten und indem er an den Ketten der Tiere rüttelte und zerrte. Auf die Proteste der Wärter erwiderten die Leute: ›Wir haben schließlich dafür bezahlt.‹«[14]

44

Die Natur wurde als Schauplatz ungebrochenen Begehrens verstanden. Der Mensch mutierte zum Sklaven des Tieres, das in ihm gefangen war. Seine Begierde: die Gier nach dem Objekt. Gesetzesfern, bereit, alle Normen außer Kraft zu setzen. Die Zeit der Eroberungen kam dem entgegen. Fremde Kulturen erschütterten die Selbstverständlichkeit des Eigenen. Zwar war sich das Abendland seiner Mission sicher und dennoch: Die Weite verführte, die Grenzen wurden verschoben. Noch war keine Kontrolle da, welche die unermeßliche Gier eindämmte. Das Reich der Freiheit wurde das Reich der Unterworfenen und Ausgebeuteten. Das Ziel der Beutezüge war die Vernichtung der fremden Kultur. Das große Sterben der Natur und der Tiere nahm seinen Anfang: Die Außenwelt wurde zum Mittel der Befriedigung. Die Natur löste nicht mehr Staunen, Furcht oder Verehrung aus, sondern den Drang, sie in Besitz zu nehmen, sich dienstbar zu machen. Das Tier als reißende Bestie, als ein die Natur plünderndes Raubtier, tritt plötzlich als Rivale des Menschen in Erscheinung. Futterneid mehr noch als Furcht vor der Stärke des Tieres bestimmt die Haltung des Jägers. Der Jäger unterstellt dem Tier Bestialität, unkontrollierbare Gier, einen nicht steuerbaren, ungehemmten Tötungs- und Vernichtungswillen. Damit projiziert er die eigenen, bei sich freilich geleugneten Wünsche und Neigungen auf das Tier. Den Wunsch zu töten und zu zerstören will er als Pflege der Natur, als vernünftiges Ordnen und Dezimieren, Ausmerzen des Kranken und Schwachen verstanden wissen. Die Bestie wird zum Spiegel, wird Selbstrechtfertigung des Jägers.

Zwei Tierbilder bestimmen das 18. und 19. Jahrhundert: die wilde Bestie, die unterworfen und gefesselt auf dem Marktplatz oder in den Zoologischen Gärten ausgestellt wird – Inbegriff dämonischer Kraft und Gewalt – und der Automat, saft- und kraftlos sinnlose mechanische Muskelzuckungen ausübend – eine Marionette. So wird das Tier von den Philosophen Descartes und Malebranche beschrieben. Konträre Tierbilder, in einem Jahrhundert entstanden. Die entgegengesetzten Pole einer Abwehrhaltung. Das Bild des Automaten beruhigt. Eine um sich schlagende Bestie, ein gegen das Gitter springendes, in Verhaltenssterotypien (als Folge der Gefangenschaft) befangenes Tier – all dies konnte die Gewißheit vermitteln, trotz der im Tierkörper gebannten Kraft und Wildheit könne es sich doch um einen von Umgebung und Erfahrung unabhängigen Automatismus handeln: ein aufgezogenes, nicht zur Ruhe kommendes Uhrwerk, das stumpfsinnig seine sinnlosen Bewegungen ausführt.

45

Eine solche Sichtweise ließ Mitleid mit der sich in ihrem Gefängnis aufbäumenden Kreatur gar nicht erst aufkommen. Das Tier wurde zum Alibi für die »animalischen«, grausamen Neigungen des Menschen, jener sich in unterdrückerischer Erziehung aufgestauten Haß- und Rachetendenzen. Auf das wehrlose, der Sprache nicht mächtige Tier durfte man ungestraft, der Bewunderung sicher, eindreschen. Hier konnten stellvertretend Ängste gegen andere, die unangreifbar, unerreichbar waren, bezwungen werden. Und war es angesichts der plötzlich unterschrittenen Distanz zwischen Mensch und Tier nicht beruhigend zu behaupten, jenes näher gerückte Wesen sei der Empfindung nicht zugänglich, sei unbelebt? Daß Tiere unbeseelt seien behaupteten die Christen, die den Tieren allenfalls den Status verlorener Seelen zuerkannten.

Statt terra incognita betrat der Bürger einen unfruchtbaren Acker. Der Affekt, der angesichts dieser Nähe aufbrach, wurde im selben Augenblick neutralisiert. Die Einfühlung blieb stumpf, das Gefühl verkümmert. Die Angst war verstellt und mutierte zum Mitleid.

Szenen der Macht

Mit dem Bürgertum wurde das Stubentier geboren. Abenteuer fanden im Wohnzimmer und in den Schrebergärten statt; Szenen der Macht wurden entworfen, in denen das Tier wichtiger Akteur war. Die Macht über das Tier durchzieht den Alltag. Wir beherrschen es zunächst im Spiel. Es ist der Übungsplatz für wichtigere Kämpfe. Die miniaturisierte Bestie, Spielzeug für Damen und Kinder, belebte den Alltag. Die Liebe zum Haustier beruhte auf dem Wunsch, das Fremde nicht anders sein zu lassen, sondern es zu unterwerfen, sich einzuverleiben. Über das Tier wird verfügt.

Im Angesicht der Macht ducken die Menschen sich, küssen die Schuhe des über ihnen Stehenden. Mit Kunststückchen wollen sie gefallen, sich anschmiegen, besänftigen. Der Herrscher kann aufrecht sitzen, der Untergebene beugt sich, verrenkt sich wie das Tier, dem man Kunststücke beibringt. Wenn diese nicht gelingen, erhält es das Futter, das ihm zur Belohnung vor die Nase gehalten wird, nicht. Die Bestraften zittern vor Angst, schwitzen, erbleichen, sie erstarren vor Angst, rühren sich nicht mehr, fühlen sich wie paralysiert. Sie halten die Luft an, sie wagen nicht mehr zu atmen. So wenig ist ihr Leben wert. Sie können es nicht verteidigen. Sie sind ohnmächtig. Jemanden wie ein Tier behandeln heißt, ihn benutzen, ohne auf seine Bedürfnisse Rücksicht zu nehmen. Am Tier lebt sich der menschliche Egoismus am ungestörtesten aus.

»Zuneigung ist nicht das Gegenteil der Herrschaft, sie ist vielmehr ihr Medikament – sie ist Herrschaft mit einem menschlichen Gesicht. Herrschaft kann grausam und ausbeuterisch sein, ohne eine Spur von Zuneigung. Dies erzeugt das Opfer. Herrschaft kann auch mit Zuneigung einhergehen, und in diesem Fall erzeugt sie das Haustier.«[15] Das Tier tut gut daran, sich die Gunst des Machthabers zu erhalten.

IV Tabu-Tier und Tier-Tabu:
Das Tier in der Psychologie

Wissenschaftler staunen nicht. Man soll den Trieb auseinan-
derzunehmen, nicht mit dem Staunen vermengen, obwohl er
schon in frühen Jahren als Vermengung auftritt. Wissenschaft-
ler kommen zum Ziel, weil sie nicht enträtseln, sondern das
Rätsel umformen: ins Handlichere.

Ludwig Marcuse
Philosophie des Un-Glücks

»Tierpsychologie« definiert das Psychologische Wörterbuch als »nicht mehr gebräuchliche Bezeichnung für die Physiologie des Verhaltens bei Tieren.«[1] Die Tierpsychologie war im 19. Jahrhundert eine Domäne von Forschern, die das Tierverhalten in Analogie zu Persönlichkeitseigenschaften des Menschen zu erklären versuchten. Im Gegensatz zum beobachtenden Vorgehen, bei dem das Tier und sein Lebens- und Wahrnehmungsraum im Mittelpunkt steht, wurde das Tierverhalten zum Projektionsfeld von Einstellungen und Erwartungen, die nicht mit der Wirklichkeit des Tieres, sondern mit Werturteilen des Menschen zu tun hatten.

Die Schwierigkeit, etwas über das Seelenleben des anderen zu erfahren, ohne sich auf dessen Selbstauskunft zu stützen, ist das Methodenproblem der Humanpsychologie. Es potenziert sich, will man etwas über die Erlebenswelt der Tiere erfahren, ohne sich deren artspezifischer Kommunikationsweisen zu bedienen. Zwar erkennen wir die Reaktionen unseres Gegenüber, aber wie sie zustande kamen, ob die Antwort wirklich in einem Zusammenhang mit unserer Frage stand oder es sich um eine mit der Frage nicht zusammenhängende Äußerung handelt, was der andere wirklich fühlt, können wir nicht beurteilen. Die Psychologen waren sich der methodologischen Schwierigkeiten der sich ausschließlich auf Selbstbeobachtung und Erlebnisbeschreibung stützenden Daten bewußt. Sie verwarfen das »mentalistische Vorgehen« als zu spekulativ und unwissenschaftlich und wollten nur das empirisch Beobachtbare, im Experiment wiederholbare Ereignis als Grundlage einer naturwissenschaftlich definierten psychologischen Theorie gelten lassen. Daher nannten sie sich nach der vom amerikanischen Psychologen John Watson benannten Richtung »Behavioristen« und verbannten Denken, Fühlen und Meinen als »mentalistische Konstrukte« aus ihrem Forschungsansatz. An ihre Stelle traten physiologische Grundmuster, die im psychologischen Laboratorium jederzeit erzeugt werden konnten. Reiz-Reaktions-Ketten galten als die einzigen Triebfedern des Verhaltens. Die Vermenschlichung des Tierverhaltens war den Bahavioristen ein Greuel.

In den Anfangsjahren der empirischen Psychologie, als Mitte des 19. Jahrhunderts die ersten experimentalpsychologischen Laboratorien gegründet wurden, suchten die Wissenschaftler fieberhaft nach Methoden, um dieses subjektive Erleben des Menschen, seine Gefühle, Motive, Willensbekundungen, Entscheidungsabläufe, Konflikte, Schmerzen, Aggressionen, seine Angst zu objektivieren. Und dabei bediente man sich ausgerechnet der Tiere und ihrer Reaktionen auf verschiedene Reize! Trotz dieser am Tier gewonnenen Erkenntnisse über die Organisation und Funktionsweise von Gefühlen und Motiven wurden die Ergebnisse aus diesen Experimenten auf die Erklärung menschlichen Verhaltens bezogen. Beobachtungen am Tier wurden durch Analogieschluß auf den Menschen übertragen und Hypothesen formuliert über elementare Prozesse des menschlichen Denkens, Fühlens und Wollens. Von den Emotionen und dem Bewußtsein der Tiere wendet die Mehrheit der Psychologen ihren Blick bis zum heutigen Tage ab.

Menschmodell oder Reflex?
Die Fallgruben der Tierpsychologie

Killerbestien und Kuscheltiere

Der Name, den wir jemandem geben, sagt etwas über die Beziehung aus, die wir zu ihm eingehen wollen: Der Name enthält eine Mitteilung über den Platz, den wir dem Betreffenden in unserem Leben einzuräumen bereit sind, zugleich enthüllt er die Erwartungen an den anderen – im Negativen wie im Positiven. Dieses »nomen est omen« gilt nicht nur im Alltag, sondern ebenfalls für Kultur und Wissenschaft. Ein Name schafft Wirklichkeiten und legt fest. Er kann Wandel und Entwicklung verhindern. In den Bezeichnungen, die wir für Tiere bereithalten, zeichnet sich der Wunsch ab, die Welt in gut und böse, in wild und zahm, in berührbar und unberührbar aufzuteilen. Übergänge, Veränderungen, Zähmen, die Annäherung an das Wilde und umgekehrt, das Zurückweichen, fehlen.

Die Natur dämonisieren, Bestien, Ungeheuer, feuerspeiende Drachen zu erwarten, wo sich nur eine un-bekannte Existenzform verbirgt, blickt auf eine lange Geschichte zurück. Alles, was sich der Kontrolle entzieht, wird un-geheuer, un-heimlich. Das Unheimliche im Tier ist zugleich lustvoll. Furcht steigert die Lust zu unterwerfen und zu töten. Das Unheimliche erweckt Neugierde und stachelt den Jagdtrieb an. Wir wollen das Fremde besitzen, um die Furcht zu verlieren, um es uns einzuverleiben und loszuwerden, weil es nicht in unseren Lebensraum paßt. Gestalt, Geschwindigkeit, der Angriffsraum, die Konkurrenzsituation – all dies beschreiben die Namen, die wir für Tiere haben.

Wir sind umgeben von Raub-Tieren. Greif-Vögel patrollieren den Luftraum, jederzeit bereit, herunterzuschießen, um die Beutetiere, die wir für uns reservierten, zu ergreifen. Parasiten und Ungeziefer lauern in den Kellern und hinter den Schränken. Sie bleiben zumeist unsichtbar, leben im Dunkeln, in Abwasserkanälen, in den Ritzen und Nischen der Wohnung – verbotene Orte, in denen andere Gesetze gelten. Das beharrlich Zerstörende der Insektenkollektive, die an unserem Besitz nagen, ihn auflösen, in Erde zurückverwandeln, versetzt uns in Wut und Panik. Tiere zersetzen die Formen, die wir erschaffen. Die Welt besteht aus Schädlingen und Nutz-Tieren, Ordnungs-Polizei und Nest-Räubern, Killer-Bestien und Kuschel-Tieren, jenen, die wir vernichten und ausrotten, und anderen, derer wir uns bedienen, solange es möglich ist. Sie ist eingeteilt in Stuben-Hocker und andere Opportunisten, denen wir verzeihen und die wir zum Dank mästen, und Frei-Wild, das wir erlegen wollen.

Tiere sind gerissen, grausam, heimtückisch, gierig, blutrünstig, wutschäumend, sie sind mutig, verwegen oder feige, verschlagen oder dreist, sie haben neun Leben, oder man erschlägt zwei von ihnen mit nur einer Klappe. Sie werden verhätschelt oder bis ins letzte Glied ausgemerzt, verstümmelt, vergiftet und mit fremden Genen bestückt. Wir ersticken die Tiere mit den Bildern, die wir in unserem Inneren für sie erschaffen, um sie zu zerstören oder Maß anzulegen, um sie nach unseren Notwendigkeiten zu berechnen, in ihren Körper einzugreifen. Zwischen den beiden Polen Idealisierung und Verdammung, Aufzucht und Häuten, Zähmen und Töten, liegt oft nur ein kleiner Schritt.

Personifizierungen mit negativen und positiven Vorzeichen durchziehen unseren Alltag. Sie finden sich in den Darstellungen der Zoologie und Tierpsychologie ebenso wie in der Werbung und im Journalismus.[2] Die Fähigkeiten und Eigenschaften der Tiere werden übersteigert oder ignoriert, verteufelt oder verharmlost, in jedem Fall aber wird das Tier in seiner Lebenswirklichkeit verzerrt wahrgenommen.

Der Kluge Hans

Paradestück der Vermenschlichung in der Tierpsychologie ist das bizarre Geschehen um den »Klugen Hans« – tragisches Beispiel für eine undankbare Karriere: eben noch Wundertier und schon verdammenswerter Betrüger. Um die Jahrhundertwende gelang es einem Pferdeliebhaber endlich nachzuweisen, daß sein Pferd dem Menschen ebenbürtig und zu allerlei Kalkulationen und taktischen Manövern fähig ist. Daß der Absturz von dem im Galopp genommenen mathematischen Höhenflug gar so tief war, daß der Mensch im Gaul so erschütternde Schwächen und Winkelzüge wiederfand, lag freilich an den überzogenen Erwartungen, die der Beweis führende Reitersmann an die intellektuellen Fähigkeiten seines Vollbluts stellte.

Stets auf der Suche nach einem ebenbürtigen Geist, mit einer inneren Kompaßnadel ausgestattet, die streng an der Raisonnierfähigket des homo sapiens ausgerichtet war, vermochten auch die herbeizitierten Psychologen das tatsächlich präsentierte, jedoch etwas kleiner ausgefallene Wunder nicht so recht zu genießen. Das Pferd, als Rechengenie gefeiert, entpuppte sich zu guter Letzt von einer eher unterhalb des Durchschnitts anzusiedelnden mathematischen Begabung. Dafür besaß es eine phänomenale, keineswegs gewürdigte Beobachtungs- und Einfühlungsgabe. Letztere kann für das Zusammenleben von Mensch und Tier ebenfalls von einiger Nützlichkeit sein.

Doch wie kommt ein unbescholtener Hengst dazu, sich aufs Rechnen zu kaprizieren? Die Antwort ist denkbar simpel: Das Pferd hatte einen närrischen Besitzer. Herr von Osten, Reiter und begnadeter Sonderling, setzte es sich in den Kopf, dem Pferd partout Volksschulunterricht angedeihen zu lassen. Er unterrichtete das brave Tier tagein, tagaus in den Grundlagen des Addierens und Subtrahierens. Sogar mathematisch aufgelöste Rechtschreibübungen blieben dem bedauernswerten Roß nicht erspart. Im zweiten Schuljahr konnte der Lehrer voller Stolz verkünden, daß sein Pferd die Grundbegriffe des Rechnens beherrsche und auf dem besten Wege sei, ein gestandener Bildungsbürger zu werden. Da sein Schulmeister einen guten Leumund hatte, zudem über ein nicht unbeträchtliches Eigenkapital verfügte, wirkte die ganze Angelegenheit, die sogleich von einer eigens dazu eingesetzten Kommission geprüft und begutachtet wurde, überaus seriös.

Und in der Tat brachte das Pferd wunderliche Berechnungen zustande, die es mittels Kopfschütteln oder energischem Klopfen mit dem Vorderbein übermittelte. Fragte Herr von Osten, wieviel zwei mal zwei ergab, hatte der Kluge Hans eine Antwort parat, indem er mit seinem Vorderbein viermal in den Sand klopfte. Im Unterschied zu berüchtigten Taschenspielertricks stellten sich die Leistungen sogar ein, wenn andere Herren die Prüfungsfragen stellten, vorausgesetzt allerdings, der Prüfer wußte die Antwort selbst. Irrte er sich jedoch, wich das Pferd vom rechten Wege ab und schloß sich dem mathematischen Versager an.

Oskar Pfungst machte dem ganzen Spuk schließlich ein Ende. Pferde seien nicht auf dem Wege, den Menschen an mathematischer Genialität zu übertreffen, betonte er. Bei all dem Zauber um den Klugen Hans handele es sich vielmehr um eine Anpassungsleistung des Pferdes, ein Ergebnis seiner beachtlichen Einfühlungs- und Beobachtungsgabe, die freilich niemand mehr als das eigentliche »Wunder« zu schätzen vermochte. Die Leistungen des Klugen Hans erschöpften sich darin, mitzuzählen. Er beobachtete die für Menschen nicht wahrnehmbaren unterschwelligen Kopf- und Lippenbewegungen des Fragenden und unterstützte sie mit Klopfen oder Kopfnicken. Stoppte der Mensch, stoppte das Tier gleichfalls. Die richtige Antwort war nichts weiter als eine Reaktion auf den Menschen, der sein Mitzählen plötzlich abbrach. So begeistert sich die Psychologenschaft auf den Klugen Hans stürzte und die Intelligenz dieses Wundertieres unter psychologisch vergleichenden Gesichtspunkten lobte, so einig war man sich nach der Entlarvung der simplen Zählmethode, daß Pferde im allgemeinen und dieses im besonderen strohdumm waren. Das Unerklärte, die Kooperation und Einfühlungsfähigkeit des Tieres wurden nicht weiter hinterfragt.

Tierpsychologie ist, dies wird am Dialog zwischen dem klugen Hengst und dem schlauen Herrn von Osten, die vom Publikum gefeiert wurden, zunächst einmal Massenpsychologie. Der Kluge Hans, das Pferd mit Volksschulbildung, und sein kaum gescheiterer gescheiterter Meister, beides stramme Vertreter des Anthropomorphismus und Auslaufmodelle einer recht sympathischen und noblen Lebensart, wurden ausrangiert und abgeschafft. Methodenstrengen Schulpsychologen bleiben sie als eher peinliches Intermezzo in Erinnerung. Und kurz darauf wurde der wackere Gaul von Legionen sabbernder Hunde, geschockter Ratten und cleverer Katzen überholt.

Das Tier zwischen Gestell und Vexier-Käfig

Um die Jahrhundertwende begannen zwei Forscher, der Russe Iwan Pawlow und der Amerikaner Edward Thorndike mit Tierexperimenten, die in die Geschichte der Psychologie eingehen sollten: Mit diesen Untersuchungen am Tier wurden die Grundlagen der »objektiven Psychologie« gelegt.

Pawlow fixierte einen Hund, an dessen Hals er zuvor eine Kanüle anbrachte, in den von ihm entwickelten, noch heute in Tierversuchslabors benutzten »Pawlow-Stand«. Durch die mit den Speicheldrüsen verbundene Kanüle konnte er den Beginn und die Menge des Speichelflusses messen. Während der Hund gefüttert wurde und Speichel absetzte, ließ Pawlow einen Glockenton, den »neutralen Reiz«, erklingen. Bei Fütterung (unkonditionierter Reiz) wird Speichel freigesetzt (unkonditionierte Reaktion), gleichzeitig präsentierte Pawlow einen neutralen Reiz. Bereits nach wenigen Wiederholungen stellte er auch dann einen erhöhten Speichelfluß fest, wenn er nur den Glockenton erklingen ließ, ohne den Hund zu füttern. Pawlow nannte dieses Phänomen »psychische Erregung des Speichelflusses«. Aus dem neutralen Reiz (Glockenton) war ein »konditionierter Reiz« geworden, der eine »konditionierte Reaktion« auslöste. Dies war die Geburtsstunde der »klassischen Konditionierung« – Grundlage einer Vielzahl von Tierexperimenten, mit denen nicht nur die Frage untersucht wurde, wie Motivation, Lernen, Behalten oder Vergessen zustande kommt, sondern Modelle experimenteller Neurosen und Psychosen erzeugt wurden, die zur Erklärung psychopathologischer Symptome beim Menschen dienten.

Pawlows amerikanischer Kollege Thorndike bereicherte die Psychologie durch eine Apparatur, die er »Vexier-Käfig« nannte, weil die Käfigtür durch eine Hebelvorrichtung von innen geöffnet werden konnte.

Nun sperrte er einen Hund und eine Katze in den Käfig und wartete, was passierte. In der Anfangsphase notierte er »ziellose Bewegungen« bei den eingesperrten Tieren. Sobald die Tiere jedoch zufällig den Öffnungsmechanismus berührten und die Käfigtür aufsprang, änderte sich ihr Verhalten schlagartig. Thorndike stellte fest, daß die Tiere, wenn sie erneut in den Käfig eingeschlossen wurden, ein geordnetes, zielgerichtetes Verhalten zeigten: Unverzüglich bedienten sie den Hebel, um wieder ins Freie zu gelangen. Dieses für den heutigen Betrachter keineswegs revolutionäre Ergebnis brachte dem skeptischen Wissenschaftler, der im Tier wie im Menschen lediglich einen schwarzen Kasten voraussetzen mochte, einen wichtigen Hinweis darauf, daß offenbar ein vermittelnder Prozeß stattfand zwischen einer konkreten Umweltsituation und einem spezifischen Verhalten. Und da Thorndike den Tieren keine kognitive, mentale Aktivität unterstellen wollte, vom Tier demnach weder einen Denk- oder Lernvorgang noch ein »Begreifen« erwartete, beschrieb er dieses innere Geschehen als Verhalten entlang der Versuch-und-Irrtum-Achse.

Mit diesen klassischen Tierexperimenten versuchten die Wissenschaftler, die psychische Determiniertheit von Tierverhalten zu widerlegen. Einem Hund läuft nicht »das Wasser im Munde zusammen«, weil er Hunger hat und sein Futter sieht, sondern sein Speichelfluß wird physiologisch, als Teil einer Konditionierung ausgelöst, wobei Futter durch beliebige andere Stimuli, etwa einen Glockenton oder einen Befehl, ausgetauscht werden kann, die noch immer, »reflexhaft«, ja »automatenhaft« die nämliche Reaktion auslösen. Das Tierverhalten wurde auf der Grundlage des Instinkt-Modells beschrieben und bestand aus Reiz-Reaktions-Ketten, die durch klassische Konditionierung zustande kamen. Es galt als reflexhaft und schloß Denkprozesse und Bewußtsein, mit all seinen Folgen für das Sozialverhalten, weitgehend aus.

Das experimentell erzeugte ver-rückte Tier

Tiere waren Modell psychopathologischen Verhaltens. Im Tier konnten experimentell Neurosen, Psychosen, Depressionen erzeugt werden. Während die Verhaltensabnormitäten im Fall einer Neurose durch Gegenkonditierung noch gemildert werden konnte, blieben psychotische und lethargische Tiere trotz therapeutischer Interventionen irreversibel geschädigt.

Dem Tier die Möglichkeit nehmen, die im ersten Versuchsdurchgang erlernten Regeln weiterhin anzuwenden, es fortgesetzt nicht beeinflußbaren Strafreizen auszusetzen, obwohl es sich eigentlich »richtig« verhalten hat, führt zu Traumatisierung, Überforderung und schließlich zu neurotischen oder psychotischen Verhaltensstörungen. Das Tier winselt, zeigt motorische Unruhe, Aggressivität, Zittern und Schnappatmung. Wenn einmal gelernte Regeln umgestoßen werden oder die Reize für den Hund nicht mehr identifizierbar sind, wenn der Hund sich darüber hinaus in einer ausgweglosen Situation befindet, festgebunden, eingesperrt ist, nicht weglaufen kann, reagiert er mit einem »ausgeprägten Konflikt«. Ergebnis: Der Hund gerät bei Versuchswiederholungen immer mehr aus dem Konzept und resigniert schließlich. Er verzieht sich mit deutlichem Mißbehagen und gesträubtem Fell in die Ecke und verfällt zunehmend in Trübsinn – ein Zustand, den Psychologen auch beim überforderten Menschen beobachten. Eine andere Verarbeitungsweise von Überforderung und Zusammenbruch der gelernten Regeln, des etablierten Weltbildes, ist die Erregung mit allen Zeichen der Aggression: Zähnefletschen, Knurren, Heulen. Das entsprechende Symptom beim Menschen heißt »agitierte Depression«.

Pawlow und seine Mitarbeiter erzeugten experimentelle Psychosen. Die Versuchstiere waren irreversibel geschädigt: Der Hund war durch seine Unberechenbarkeit für ein Zusammenleben mit Menschen oder Artgenossen »unbrauchbar« geworden.

Diskriminationsexperimente, die mit einer Vielzahl von akustischen und visuellen Reizen und mit anderen Tierarten wie Affen, Tauben und Katzen durchgeführt wurden, zeigten den Forschern, daß es sogar innerhalb einer Tierart erhebliche, voneinander abweichende Verarbeitungsstile chronischer Belastungssituationen gibt. Bei den Tieren wurden individuelle und konstitutionelle Unterschiede festgestellt; sie reichten vom relativ leichten »Umlernen« bis zu massiven psychotischen Verhaltensstörungen, von körperlichen Beeinträchtigungen bis zur Entwicklung eines psychosomatisch bedingten Magenulcus.

Experimente, bei denen Tieren Schmerzreize, etwa Elektroschocks, verabreicht wurden, führten zu neurotischem oder psychotischem Verhalten, selbst wenn die Tiere lernten, den Schmerz zu vermeiden. Die ständige Angst, dem Schmerz nicht ausweichen zu können, und die Überforderung durch exzessive Konditionierungsübungen (die in den Tieren eine Erwartungsangst auslöste, die einsetze, sobald das Tier in das Labor geführt wurde oder einen Menschen im weißen Kittel sah) erzeugten eine Vielzahl von Störungen. Das Tier sträubte sich, schlug wild um sich und urinierte aus Panik. Seine Ängstlichkeit und Unruhe manifestierte sich sogar außerhalb des Versuchs: Die Phobie war generalisiert, hatte andere, zuvor neutrale Reize und Situationen erfaßt. Konnte das Tier dem Strafreiz nicht ausweichen, egal welche der in der Vergangenheit erfolgreichen Lösungsstrategien es anwandte, setzte massive Lethargie und Apathie ein. Es zeigte alle Anzeichen der Resignation und versuchte nicht länger, seine Situation zu verändern. In einer konfusen Umwelt gelang es dem Tier nicht mehr, sich zu orientieren. Diese Experimente unter künstlichen Laborbedingungen gaben wenig Aufschluß über die Intelligenz und Lernfähigkeit der Tiere in ihrem natürlichen Verhalten.

Den erwähnten Klassikern unter den Tierexperimenten ist gemeinsam, daß die von ihnen entwickelten experimentellen Designs im großen und ganzen unverändert bis auf den heutigen Tag in Tierversuchsvorhaben im Bereich der biomedizinischen Grundlagenforschung eingesetzt werden. Das bedeutet nichts weniger, als daß auf physiologische Reiz-Reaktions-Ketten reduziertes Verhalten Grundlage ist für Experimente, deren Ergebnisse auf den Menschen übertragen werden. Und während die sogenannte »kognitive Wende« und die systemische Sichtweise in der Humanpsychologie eine Erweiterung, ja Überwindung dieses mechanistischen Blickwinkels mit sich brachte, blieben die Erkenntnisse über das Tier bei dieser reduktionistischen, durch Voreingenommenheit und Wahrnehmungsfilter verstellten Sichtweise stehen.

Obwohl ein Vergleich von psychologischen Tier- und Menschenversuchen eigentlich zwingend nahelegen mußte, daß viele Tiere im wesentlichen wie Menschen reagieren, daß sie Freude und Ärger, Frustration und Erwartungsangst teilen, daß sie unter Trennung leiden, daß sie Haß und Rachetendenzen, aber auch altruistische Verhaltensweisen, Sorge, Einfühlungsfähigkeit und sogar Rücksichtnahme zeigen, daß sie motiviert und träge, neugierig und gelangweilt reagieren, daß sie psychopathologische Verhaltensweisen und Süchte entwickeln können, wendeten die Experimentalpschologen den Blick davon ab, diese Schlußfolgerungen aus ihrem Forschungsansatz zu ziehen.

Die Invasion der Tierphobien

Armer kleiner Albert. Sein Pech war, daß er der Sohn eines ehrgeizigen Behavioristen war und eine weiße Ratte mochte. Albert war die erste Versuchsperson, bei der eine Tierphobie im Labor erzeugt wurde. John B. Watson, Alberts Vater, und sein Kollege R. Rayner nahmen sich vor, Neues über Konditionierung zu erfahren. Immer wenn sich der kleine Albert seinem Spielgefährten näherte, vor dem er am Anfang keinerlei Furcht oder Abscheu hatte, erschreckten die Psychologen das Kind durch ein entsetzliches Scheppern, indem sie auf eine Eisenstange unmittelbar hinter Alberts Kopf schlugen. Bereits nach fünf Versuchsdurchgängen war das Kind verwirrt und zeigte Anzeichen von Angst, wenn es seine weiße Ratte von weitem sah. Die beiden Experimentalpsychologen hatte damit den Beweis erbracht, daß die Furcht, die anfänglich nur dem lauten Geräusch galt, nun auch von dem zuvor neutralen Reiz, der weißen Ratte, ausgelöst werden konnte. Die Furcht schloß bald darauf andere weiße Tiere, etwa ein weißes Kaninchen und sogar unbelebte Objekte wie Spielzeughasen, ein.

Dieser klassische Versuch war ein Argument gegen den zur gleichen Zeit wirkenden Tiefenpsychologen Sigmund Freud, der in seinen Falldarstellungen behauptete, Tierphobien entwickelten sich auf der Grundlage unbewußter und ungelöster Konflikte aus der frühen Kindheit.

Tiere im Hörsaal

Fast ein Jahrhundert nach der Demontage der Tierpsychologie, nach Behaviorismus und Tiefenpsychologie, ein halbes Jahrhundert nach dem Aufschwung der Tierverhaltensforschung, 30 Jahre nachdem in den USA die ersten Psychotherapeuten begannen, Haustiere als emotionale Brücken und Eisbrecher bei ihren Psychotherapien mit autistischen Kindern und katatonen Schizophrenen hinzuziehen, hat sich unter der Mehrheit der deutschen Psychologen noch immer nicht herumgesprochen, daß es auch außerhalb von Pawlow-Gestellen, Vexier- und Rattenkäfigen Tiere gibt. Nach wie vor wird in psychologischen Lehrbüchern und Standardwerken zwar weitschweifig die Frage erörtert, ob es – nicht zuletzt unter dem Eindruck des Zeitgeistes virtueller Computerrealitäten und künstlicher Intelligenzen – nicht vielleicht doch eine »beseelte Maschine« gäbe, über das Tier jedoch, einst Anlaß dieser unsäglichen und für die Tiere verheerenden Theorie von René Descartes, wird noch immer geschwiegen. Allerdings werden Tiere gerne als Demonstrationsobjekte verwendet für allerlei am Menschen aus ethischen Gründen nicht so ohne weiteres manipulierbaren Reiz-Reaktions-Phänomene und Instinkt-Zuckungen.

Zu den Inhalten des ersten Studienabschnitts der Psychologie gehören die Prüfungsfächer Sinnes- und Neurophysiologie. Der Stoff wird an Tierexperimenten veranschaulicht. Tröstlich, daß sich die Dozenten um Selbstrechtfertigung bemühen. Aus Gründen der Kostenersparnis wurde unserem Semester nur die enthirnte Katze aus den Vorjahren, die im Institutskäfig kümmerlich vor sich hinvegetierte, vorgeführt. Von der Assistentin im weißen Kittel wurde die Katze zaghaft gestreichelt, als sie in den Hörsaal hinein- und wieder hinausgetragen wurde, nachdem der Dozent den Studenten, die zwischen Neugierde und Kopfschütteln zu schwanken schienen, demonstrierte, welche irreparablen Schäden an dem Tier entstanden waren, als sein Hirnstamm durchtrennt und damit das Großhirn ausgeschaltet worden war. Das Tier war in eine Enthirnungsstarre gefallen, konnte nicht stehen oder laufen, war spastisch und zeigte die charakteristische Streckhaltung. Ihre Pupillenerweiterung und Lichtstarre konnten nur die Studenten erkennen, die in den vorderen Reihen saßen oder sich nach vorne drängten, um die Katze aus der Nähe zu betrachten. Der Rest verzichtete und blieb entgeistert in den hinteren Reihen sitzen. Aus Kostengründen, entschuldigte sich der Dozent, sei man davon abgekommen, die Enthirnung dem jeweiligen Studiensemester vorzuführen, wie dies in besseren Zeiten der Fall war, um den Studenten der Medizin und Psychologie die Wirkungsweise der unwillkürlichen Reflexe glaubhaft nahezubringen. Das gehöre schließlich zum neurophysiologischen Basiswissen. Der Dozent und seine immerhin schon ein leichtes Unbehagen signalisierende Assistentin wirkten als fleischgewordene Verkörperung der Pflichterfüllung. Niemand konnte von ihnen verlangen, sich den geforderten Eingriffen zu verweigern.

Anstelle der Katzen, die für den Fakultäts-Etat als Demonstrationsmaterial schon damals »zu teuer« waren, entschied man sich daher für die billigeren Frösche. An der Unterschenkelmuskulatur des chloroformierten Frosches wurden die allgemeinen Gesetzmäßigkeit der Reflexe demonstriert. Nach der Sezierung und den Muskelstimulationen wurde der Frosch, der nunmehr seine Pflicht erfüllt hatte, beseitigt, ohne daß es zu nennenswerten Protesten der Studenten kam.

Eine Lanze für den Tierverstand

Der Tierpsychologe David Katz vermutete im Jahre 1943, daß die Sprache der einzige Rubikon sei, den das Tier nicht überschreiten könne.[3] Heute wissen wir, daß Tiere außerordentlich komplexe Kommunikationssysteme entwickelt haben, die den unseren hinsichtlich ihrer formalen Differenzierung in Syntax, Lautbildung und Zeichensatz kaum nachstehen. Tauben etwa bilden, wie Untersuchungen nachwiesen, Kategorien, um die Einzelgegenstände, die ihnen in der Lernaufgabe präsentiert werden, sinnvoll in einer übergreifenden Ordnung zusammenzufassen. Sie lernen auf der Grundlage von Strukturen, die einer Sprache und der mit ihr erzeugten abstrakten Konzepte gleichkommt. Daraus folgt, »daß Tauben lernen können, einige natürliche Kategorien zu erkennen, selbst wenn Größe und Winkel sich ändern oder wenn sie unter einer verwirrenden Vielfalt von anderen Gegenständen geboten werden.«[4]

Daß Tierverhalten mehr ist als eine Ansammlung von angeborenen Auslösemechanismen und Umweltanpassungen, behaupten in letzter Zeit wieder eine wachsende Zahl von Tierverhaltensforschern, Emotions- und Kognitionspsychologen. Im Unterschied zu den anthropomorphistischen Tierpsychologen stehen sie auf einem soliden wissenschaftlichen Fundament. Vieles deutet auf einen Paradigmenwechsel in der Tierverhaltensforschung hin, sobald erst die Nachweise, daß Bewußtseinsformen bei Tieren nicht die Ausnahme, sondern die Regel sind, von der Mehrheit der wissenschaftlichen Gemeinschaft akzeptiert worden ist und nicht mehr der Lehrsatz von Morgan gilt, demzufolge Tierverhalten nicht als Ergebnis höherer psychischer Kompetenzen interpretiert werden dürfe, wenn es genausogut als Folge einer niedrigen und primitiven psychischen Entwicklung erklärt werden könne. Vorbedingung für eine kognitive Wende, auch in der Ethologie und vergleichenden Tierpsychologie, ist allerdings, nicht menschliches Bewußtsein oder Intellekt als Maßstab für die Kompetenzen der Tiere zu wählen, sondern den jeweiligen Lebenskontext des Tieres als Kriterium für seine Kommunikations-, Orientierungs-, und Lernfähigkeit zu berücksichtigen. Die Lernkompetenz wird ja auch beim Menschen vor dem Hintergrund seiner Lebenswirklichkeit und in Abhängigkeit seiner individuellen Lebensgeschichte beurteilt.

Im Zusammenleben der verschiedenen Tierarten, den »innerartlichen Vergesellschaftungen«, bestehen allerdings große Unterschiede. Sie reichen von »anonymen Schwärmen« wie den Vögel- oder Fischschwärmen, bei denen die einzelnen Tiere nicht als Individuen erkennbar auftreten, bis hin zu Familienverbänden mit starrer Hierarchie und ritualisierten Rangordnungskämpfen wie bei vielen Affenarten oder zu Lebensgemeinschaften, bei denen sogar schon Traditionsbildung beobachtet werden kann, von monogamen Verbindungen mit lebenslanger individueller Treue zum Partner bis zu »entindivualisierten« Insektenstaaten mit einer starren Kollektiv-Identität. Dies ist Grundlage nicht zuletzt für verschiedene Bindungsformen und Bindungsqualitäten in der Interaktion von Mensch und Tier, ebenso wie für artübergreifende Freundschaften zwischen verschiedenen Tieren. Vermutlich korrespondiert das Sozialleben einer Art mit der Entwicklung von Subjektivität. Je differenzierter das Leben im Sozial- oder Familienverband, desto genauer ist die Selbstwahrnehmung des Tieres und sein Gewahrwerden der Grenzen zwischen Innen (Ich) und Außen (Du).

Die vergleichende Psychologie stellt hinsichtlich der Organisation der Sinnesorgane für Mensch und Tier erhebliche Unterschiede fest. Die räumliche Orientierung vieler Tierarten ist der des Menschen weit überlegen. Dies zeigen die Wanderungsbewegungen vieler Wildtiere, ihre Treue zu den ihnen vertrauten Territorien, die Heimfinde-Leistungen einiger domestizierter Tierarten, etwa der Tauben oder mancher Hunde und Katzen, die in die vertraute Umgebung zurückzufinden und dafür große Entfernungen in oft monatelanger Wanderschaft überwinden können. Angesichts dieser Leistungen muten die Experimente zur Orientierung der Tiere im Raum unter den künstlichen Laborbedingungen überaus grob an. Untersuchungen zum Denken und zu kognitiven Prozessen bei Tieren, zum Konfliktlösungsverhalten bei Menschenaffen und zu Täuschungsmanövern bei Primaten (Menschenaffen können ihr Gegenüber taktisch täuschen, indem sie sich unter anderem so verhalten, wie sie meinen, daß ihr Gegenüber ihre Reaktion deutet) trugen in den letzten Jahren zu einer Erweiterung des Verständnisses tierlicher Bewußtseinsformen bei. Der Biologe Adolf Portmann siedelte bereits 1956 die Delphine auf einer Punkteskala unterhalb des Menschen an: Während er dem Menschen 215 Punkte auf dem Cerebralisationsindex, der den Anteil der Großhirnrinde an der Gesamthirnmasse bestimmt, zuteilte, erhielt der Delphin immerhin 190 Punkte, der Elefant 150 und höhere Primaten lediglich 63 Punkte.

Die Gehirnleistungen der Tiere finden nach Meinung vieler Verhaltensforscher auf einer niederen Entwicklungsstufe statt, die von den Behavioristen als Reiz-Reaktions-Ebene mit vorwiegend reflexhaftem

Verhalten bezeichnet wurde. Im Vordergrund stehe die Regulation von Stoffwechsel und Motorik; eine Bewertung und Einordnung des eigenen Verhaltens finde noch nicht statt. Wenn zum Beispiel ein Tier schreit, weil es Hunger hat, handelt es sich zum einen um ein Signal nach dem Reiz-Reaktions-Modell. Doch bereits hier wird ein Aufforderungscharakter deutlich: Das Tier richtet sein Schreien an die Futter herbeischaffenden Eltern. Oder das Haustier will, daß Herrchen/Frauchen einkaufen geht, um das Lieblingsfutter zu besorgen.

Eine weitere Differenzierung ist erreicht, wenn das Tier nicht nur die eigene Absicht mitteilt, sondern zugleich die Absichten des anderen kennt und sein Verhalten danach ausrichtet. Jeder Hundebesitzer weiß, an welch subtilen Zeichen der Hund die Entscheidung seines Menschen erkennt, spazieren gehen zu wollen. Auch Katzen können zu erstaunlich systematisierten Annahmen über das erwartete Verhalten ihres Menschen gelangen. Nicht zuletzt die Lernleistungen höherer Säugetiere weisen darauf hin, daß einige Tierarten, genannt seien Delphine oder Papageien, bereits eine beachtliche kognitive Differenzierungsfähigkeit erreichen können, die nicht verständlich wäre, wenn das Tier lediglich auf der Grundlage einfacher Reiz-Reaktions-Verbindungen »funktionieren« würde.

Am Spiel der Tiere kann ihre Kompetenz zum Erreichen der Meta-Ebene der Kommunikation erkannt werden; gemeint ist das »Tun-als-ob«, das im Mittelpunkt vieler Spiele steht. Das Tier verhält sich so, als ob der über den Teppichboden kratzende Finger, das Stück Papier oder der eigene Schwanz eine Beute wären. Die Variabilität des Katzenverhaltens im Erkennen von »Spiel-Signalen« widerlegt die These, daß es sich nur um Konditionierungseffekte handelt. Sogar Gegenstände, die nicht die leiseste Ähnlichkeit mit Objekten haben, die für eine Katze Schlüsselreize und mithin interessantes Spielzeug darstellen könnten, werden durch ein Minimum an Inszenierung und mit einem Maximum an Vorstellungskraft auf seiten der Katze als »Spiel-Beute« akzeptiert.

Die Meinung, daß Tiere kognitive Kapazitäten zeigen, die mit der frühen kognitiven Entwicklung von Kindern durchaus vergleichbar seien, vertrat der Klassiker der Entwicklungspsychologie, Jean Piaget. Die erste Stufe seines Stadienmodells der Intelligenzentwicklung, das senso-motorische Stadium, das sich vom Zeitpunkt der Geburt bis zum 24. Lebensmonat erstreckt und in sechs Entwicklungsabschnitte unterteilt ist, wollte Piaget, der einen Doktortitel in Zoologie erwarb, ebenfalls auf Menschenaffen beziehen.

Beobachtungen über Tierverhalten aus den letzten Jahren stützen die Vermutung, daß Tiere nicht nur zu Abstraktion fähig sind wie Menschenaffen oder jene Tauben, die in der Skinnerbox auf die ihnen vorgelegten Bilder pickend sogar eine Kategorienbildung erkennen lassen, sondern daß viele Tierarten auch ein Selbst auszubilden vermögen. Das klassische Argument gegen die Existenz eines Ich-Bewußtseins im Tier sind Spiegelexperimente. Mit dem eigenen Spiegelbild konfrontiert, hieß es, würden die Tiere entweder mit Furcht oder, ist erst einmal eine Gewöhnung eingetreten, gar nicht reagieren. In Anlehnung an Erich Fromms These, Tiere verfügten über kein Selbsterleben und lebten nur instinktiv, weil der Mensch das einzige Lebewesen sei, das sich seiner selbst bewußt ist, zeigte Volker Sommer, daß Tiere wie Menschenaffen durchaus zu visuellem Selbsterkennen fähig sind und den Artgenossen auf der Grundlage des eigenen »Selbst« zu »begreifen« und auf ihn zu reagieren fähig sind.

Nach Sommer wird die erste Stufe der visuellen Gleichsetzung von Wirbellosen und Wirbeltieren erreicht. Das eigene Spiegelbild wird als Artgenosse angesehen und löst entsprechende Reaktionen aus: Papageienfische oder Kampffische greifen den vermeintlichen Gegner an. Auf der zweiten Stufe wird eine »visuelle Differenzierung« erreicht. Viele Halbaffen und Affen zeigen zwar noch kein Selbsterkennen, aber sie unterscheiden bereits zwischen dem eigenen Spiegelbild und »normalen« Artgenossen, dessen Aktionen wesentlich größeres Interesse auslösen als das eigene Konterfei. Erst auf der dritten Stufe werde ein »visuelles Selbsterkennen« erreicht. Dies sei bei Menschenaffen der Fall: »Der Spiegel wird eingesetzt, um verdeckte Teile des eigenen Körpers sichtbar zu machen; ein farbiger Punkt auf der Nase oder der Stirn löst einen gezielten Griff nach der Nase, nicht nach dem Spiegel aus.«[5]

Auch meine eigenen Beobachtungen an Katzen weisen darauf hin, daß Katzen sich im Spiegel betrachten und durchaus ein Gewahrwerden des eigenen Selbst erkennen lassen. Obwohl es sich hier nur um Einzelbeobachtungen handelt, denen vom Standpunkt der Wissenschaft aus lediglich der Status der Anekdote bewilligt wird, erscheinen mir die sich daraus ergebenden Fragen geeignet, zumindest Skepsis, wenn nicht gar deutliche Zweifel an dieser verkarsteten Lehrmeinung aufkommen zu lassen, Tiere wären nicht zum Erleben des eigenen Selbst fähig. Das bei vielen Haustieren erkennbare Herumstolzieren mit eigenem Besitz (der Begriff »Eitelkeit«, der sich hier unwillkürlich aufdrängt, wäre wieder eine Vermenschlichung), das Hintragen,

»Schenken« und spielerische »Wieder-Wegnehmen« oder das Tragen von Halsbändern oder Schleifen läßt erkennen, daß sich das Tier bewußt ist, etwas Besonderes erhalten zu haben. Darüber hinaus wird am Spiegelbild des Tieres deutlich, daß sie sich den Unterschied zwischen Spiegel-Selbst und Real-Selbst sowie Spiegelbild und Realbetrachtung des anderen bewußt machen können. Dies beobachtete ich, als die eine meiner beiden Katzen eine Woche entlaufen war und die andere heftige Trauer- und Trennungssymptome zeigte. Sie wich mir kaum mehr von den Fersen, schlief jede Nacht neben meinem Kopfkissen und begann nach einigen Tagen, sich vor den Spiegel zu setzen und sich intensiv zu betrachten – allerdings ohne die zwischen den beiden Katzen üblichen Begrüßungsrituale zu vollziehen. Da diese Katze früher ihr eigenes Spiegelbild nicht zur Kenntnis zu nehmen schien und diese Séancen vor dem Spiegel schlagartig wieder aufhörten, nachdem der verschwundene Kater wieder aufgetaucht war, stand diese Änderung ihres Verhaltens mit aller Wahrscheinlichkeit mit der Abwesenheit ihres vertrauten Gefährten in Zusammenhang. Meine Hypothese: Wie auch in der Humanpsychologie beobachtet und hier eindeutig als Begleiterscheinung des Selbsterlebens definiert, könnte die verlassene und trauernde Katze sich nun ihrem eigenen Spiegelbild zugewendet haben, quasi als äußeres Anzeichen eines inneren Vorgangs. Die Zuwendung, die sie für ihren Artgenossen empfand, richtete sie nun auf ihr eigenes Selbst. Die Hinwendung zu ihrem Abbild im Spiegel kann dabei als das äußere Kennzeichen dieses inneren Vorgangs verstanden werden, der in der Psychoanalyse als narzißtische Besetzung des eigenen Selbst in der Folge einer Kränkung oder Trennung erklärt wird und sich damit als »Selbstheilungsversuch« darstellt. Dieser ganze Vorgang wäre jedoch ohne die Existenz des Narzißmus, also eines wie auch immer beschaffenen rudimentären Selbstbildes des Tieres, nicht möglich.

Noch ein blinder Fleck:
Sigmund Freuds unentdeckte Tierwelt

Wahlverwandtschaften

Zwei der berühmtesten Fallgeschichten Sigmund Freuds tragen Tiernamen. »Der Rattenmann« und »Der Wolfsmann« gingen unter den Namen ihrer mit Tieren verknüpften Obsessionen in die Geschichte der Psychoanalyse ein und stehen noch heute als klassische Beispiele erfolgreicher psychoanalytischer Behandlungen in den Lehrbüchern. Und noch ein dritter Fall ist mit einem Tier verbunden: die Analyse des »kleinen Hans«, der unter einer Pferdephobie litt. In all diesen Fällen ist das Tier lediglich ein Bild, an dem sich die Ängste entzünden. Die Wahrnehmung des Tieres ist verzerrt: Das Tier wird als feindselig, übermächtig erlebt, seine Existenz bedroht den Menschen. Aus dem Tier wird ein Dämon mit gefletschten Zähnen, ein hinterhältiges Teufelswesen, das nur an Angriff und Vernichtung des Menschen denkt. Diese Zuschreibung von negativen, lebensgefährlichen Eigenschaften beruht nicht nur auf einer falschen Einschätzung der Situation, in der sich Mensch und Tier befinden, sondern zudem auf Unkenntnis der Verhaltensweisen und Ausdruckssignale des Tieres: Aus dem Pferd wird ein bedrohlicher Repräsentant des strafenden, kastrierenden Vaters. Aus der gleichmütig dreinblickenden Katze wird eine selbstbezogene, die Interessen des Menschen ignorierende Narzißtin. Aus dem vor Freude bellenden Hund wird ein unberechenbares Ungeheuer.

Sammelt man Freuds Äußerungen und Tiergleichnisse, so ergibt sich ein zunächst verwirrendes Puzzle, in dem erst allmählich ein Muster hervortritt. Obwohl Freud seine Erkenntnisse über das Tier nicht systematisierte, schwebt es über der Theorie des Trieblebens. Am Tier erkennt der Mensch seine eigene triebhaft-tierische Natur. Am Tier, das seine Sexualorgane der kindlichen Neugierde präsentiert, beispielsweise an kopulierenden Hunden, lernt das Kind das Drama einer »polymorph-perversen Sexualität«. Diesen Begriff prägte Freud für die noch nicht festgelegte, prägenitale Sexualität des Kindes, dessen Sexualentwicklung zunächst orale und anale Stufen überwindet, um zur genitalen, vom Ödipus-Konflikt geprägten letzten Stufe seiner Triebentwicklung zu finden. Polymorph-pervers mag Freud auch die anale und orale Komponenten demonstrierende Sexualität der Tiere erschienen sein mit ihrer charakteristischen Betonung des Riechens als sexuellem Stimulus.

Aus Beobachtungen von Spielen unter Tieren mit ihren noch vor der Geschlechtsreifung geübten sexuellen Stellungen wie das »Aufreiten« folgerte er, daß die Sexualinstinkte bereits vor der Geschlechtsreife vorhanden seien.

Relikte eines archaischen Dramas erkannte Freud in den weit verbreiteten Tierphobien. Im Kindesalter kann die neurotische Angst des Kindes mit der Angst vor dem übermächtigen, mit »Kastration« drohenden Vater in Zusammenhang gebracht werden. Doch Phobien treten ebenso im Erwachsenenalter auf. Sie suchen den Menschen sogar in seinen Träumen heim. Ihre Wurzeln, so folgerte Freud, führen daher weit in die frühe Menschheitsentwicklung und Stammesgeschichte zurück. Das Totemtier und die totemistische Religion stehen am Anfang der kulturellen Entwicklung. Ein animistisches Stadium manifestiert sich gleichfalls in der individuellen Entwicklung: Es wird erkennbar an der Neigung des Kindes, unbelebten Gegenständen Macht, Tieren einen dämonischen Willen zuzusprechen. Das Tier wird damit zum Träger wichtiger Emotionen in der psychosexuellen Entwicklung; die Wahrnehmung des Tieres ist von den jeweiligen Stufen der Triebentwicklung geprägt und kann daher unter oralen, analen oder genitalen Vorzeichen auftreten.

Daß sich zwischen der kulturellen und individuellen Entwicklung Parallelen und Analogien finden, zeigte Freud an der Abfolge von Oralität, Analität und Genitalität: Bei der Urhorde, schreibt er in seiner Schrift »Totem und Tabu«, war die Nähe von Essen und Liebe noch gegeben. Die Brüder der Urhorde hätten den eigenen Vater erschlagen und verspeist und im Anschluß daran – von der sie heimsuchenden Schulddynamik wegen des Vatermordes geplagt – die Normen des Urvaters übernommen und diese nun durch verspäteten Gehorsam sich als Gesetze ihres Zusammenlebens selbst auferlegt. An die Stelle des Kannibalismus tritt die Totemistische Religion: Das Totemtier, wie es sich noch heute bei australischen Ureinwohnern und einigen afrikanischen Stämmen nachweisen läßt, stellt eine symbolische Vaterfigur dar. Seine Verehrung, schließlich sein Verzehr, schützt den Stamm zugleich vor Inzest, denn es zwingt die Stammesmitglieder zur Exogamie (Heirat außerhalb des Stammes).[6] Freud wies auf die Parallele zwischen Totemismus und Neurose hin: Die Totemistische Religion lasse eine charakteristische Ambivalenz der Vaterfigur gegenüber erkennen, die bei der Furcht vor bestimmten, als übermächtig erlebten Tieren zum Tragen kommt. Dasselbe Phänomen beobachtete er bei neurotischen Phobien. Er konstatierte »Übereinstimmungen im See-

lenleben der Wilden und der Neurotiker.« Die Entstehung von Tierphobien bringt die klassische Psychoanalyse mit dem Beginn des
genitalen Entwicklungsstadiums im Alter von vier Jahren in Verbindung und ihrem vom Blickpunkt des kleinen Jungen aus beschriebenen
Konflikt zwischen der verführerischen weiblichen Sexualität (repräsentiert von der Mutter) und der bedrohlichen Sexualität des Mannes
(repräsentiert vom Vater). Da der Vater der Rivale des Sohnes bei der
Werbung um die Mutter ist und ihm mit »Kastration« droht, zwingt
er ihn zur Übernahme der männlichen Geschlechtsidentität. Der Junge
entscheidet sich für die Normen des Vaters und gibt seine inzestuösen
Wünsche an die Mutter auf.

Zu den frühesten Triebmanifestationen, die bereits in der oralen und
analen Stufe wirksam werden, gehört der Geruchssinn. Die Nase ist,
neben Haut und Schleimhaut, das erste »Sexualorgan« des Menschen.
Das Riechzentrum liegt, bei Mensch und Tier gleichermaßen, in der
ältesten Hirnstruktur, dem Stammhirn. Zeitgenössische Endokrinolo-
gen bestätigten die geruchsgeleitete unterschwellige Kommunikation
durch bewußt nicht wahrnehmbare Geruchs-Trägerstoffe, die Pheromone. Diese legen fest, wer wen »riechen« kann und sich zu ihm
sexuell hingezogen fühlt. Freud verdankte seine Geruchstheorie der
Sexualität freilich nicht den Hormon- oder Gehirnforschern, sondern
seinem Freund Wilhelm Fließ, einem Hals-Nasen-Ohrenspezialisten
aus Berlin, der am Ende des 19. Jahrhunderts mit seiner Nasaltheorie
der Sexualstörungen an die wissenschaftliche Öffentlichkeit trat. Sein
Briefwechsel mit Wilhelm Fließ, dem er in den Jahren von 1887 bis
1904 beinahe täglich schrieb, ist eine Fundgrube für seine Charakte-
risierung des Tierhaften in der menschlichen Natur. Im Brief vom 11.
Januar 1897 konstatiert er eine Verbindung von Geruchssinn, Sexualität und Zoophilie (Liebe zum Tier), hier als Perversion verstanden,
die seiner polymorph-perversen Definition der kindlichen Sexualität
entspricht: »Die Perversionen münden regelmäßig in Zoophilie ein und
haben tierischen Charakter. Sie erklären sich nicht durch Funktionieren
von später aufgelassenen erogenen Zonen, sondern durch die Wirkung
erogener Sensationen, welche diese Macht später verlieren. Man erinnert sich dabei, daß der leitende Sinn (auch für die Sexualität) beim
Tier der Geruch ist, der beim Menschen abgesetzt wird. Solange der
Geruch (Geschmack) herrscht, wirkt Harn, Kot und die gesamte Kör-
peroberfläche, auch das Blut sexuell erregend. Die Geruchssteigerung
der Hysterie hat wohl damit zu tun. Daß die Sensationsgruppen mit
der psychologischen Schichtung viel zu tun haben, geht wohl aus der

Verteilung im Traume hervor und hat wohl mit dem Mechanismus der hysterischen Anästhesien direkt zu schaffen.«[7]

Daß der Geruchssinn beim Menschen zurückwich und zumindest auf bewußter Ebene nicht mehr die zentrale Rolle spielt, wie dies noch im Tierreich der Fall ist, wird mit der Evolution und Menschwerdung in Zusammenhang gebracht: Aus dem gebückten Gang der Hominiden – die Nase ist gen Boden und in dieser niederen Ebene auf ihn einströmende Geruchssensationen gerichtet – entsteht der aufrechte Gang; die Nase befindet sich nun in einer Höhe, in der sie erhaben über den würzigen, scharfen oder beißenden Gerüchen schwebt. Daß diese Abwendung nicht ein für allemal und kompromißlos vonstatten geht, wird an der Sexualität erkennbar, die eine Reaktivierung dieser frühen olfaktorischen Fixierungen erlaubt. Die Lust am Geruch, Erinnerungsspuren ehemaliger Sexualzonen tragend, führt zur Erregungssteigerung.

Aus der Lust am Geruch der Exkremente entsteht in der analen Phase der Entwicklung der Ekel vor dem »Gestank« von Kot und Harn. Der Sexualtrieb verliert seinen direkten Bezug zum Geruchssinn. Die damit verbundenen Partialtriebe werden verdrängt und rücken erst bei krankhaften Entwicklungen in den Mittelpunkt, etwa bei der Koprophilie, der perversen Lust an Exkrementen. Auf der Grundlage der Nähe von Mund, Darmausgang und Genitalien in frühen biologischen Entwicklungsstadien, schloß Freud, daß sich in der psychosexuellen Entwicklung, die Aufnahme-, Ausscheidungs- und Fortpflanzungsfunktionen erst allmählich differenzieren, um einer Zweigeschlechtlichkeit Platz zu machen. Das Kind, für das die Artenschranke noch nicht existiert, wird ebenso wie das Tier an die Kultur »domestiziert«; seine vielgestaltigen Triebregungen werden als »pervers« eingestuft und tabuisiert.

Freud brachte mehrfach seine Absicht zum Ausdruck, der psychischen Organisation des Tieres eine eigene Untersuchung zu widmen. Leider verwirklichte er dieses Vorhaben nicht. Dabei stand er mehrfach kurz davor, die am Menschen gewonnenen Erkenntnisse auf das Tier zu übertragen. Hinsichtlich der Entwicklungsstadien und der Organisation der psychischen Struktur sah Freud Gemeinsamkeiten zwischen Mensch und Tier. Beim Menschen erkannte er eine archaische Identifizierungsneigung, durch die er ein vorbewußtes Band zwischen sich und anderen Geschöpfen wie Tieren und Pflanzen knüpft. Das Bewußtsein erlaube dem Menschen jedoch nur eine Kenntnis der eigenen Seelenzustände. Das Unbewußte dagegen überschreite diese Begrenzungen. Im Analogieschluß und durch Einfühlung und Identifizierung erlangte der Mensch Zugang zu den Gefühlen anderer Lebewesen.

»Dieser Schluß – oder diese Identifizierung – wurde einst vom Ich auf andere Menschen, Tiere, Pflanzen, Unbelebtes und auf das Ganze der Welt ausgedehnt und erwies sich als brauchbar, solange die Ähnlichkeit mit dem Einzel-Ich eine überwältigend große war, wurde aber in dem Maße unverläßlicher, als sich das andere vom Ich entfernte. Unsere heutige Kritik wird bereits beim Bewußtsein der Tiere unsicher, verweigert sich dem Bewußtsein der Pflanzen und weist die Annahme eines Bewußtsein des Unbelebten der Mystik zu.«[8]

Tiere im Keller, Ungeheuer auf dem Schreibtisch

Fabelwesen im Arbeitszimmer in Freuds Haus in der Berggasse 19 in Wien, ebenfalls in seinem Londoner Domizil im Villenvorort Hampstead. Chinesische Hunde-Drachenwesen, Gespenster, Lemure, Chimären, Mensch-Tier-Wesen, altertümliche Gottheiten.

Ein Geier, die oberägyptische Schutzgottheit »Mut«, eine Hieroglyphe, die zugleich »Mutter« bedeutet, steht als Sinnbild des Mütterlichen auf einem Bücherbord. Das Mütterliche Prinzip in Freuds Arbeitszimmer wird obendrein von einer Muttersau repräsentiert, einer römischen Terrakottafigur aus dem ersten Jahrhundert v.d.Z.

Der Pavian von »Thot«, dem Ibis-köpfigen Sonnengott der Intellektuellen, in Hockstellung ehrfürchtig in das Antlitz seiner Gottheit schauend, saß Freud gegenüber. Die kleine Marmorfigur, ein Sinnbild der Vernunft im Instinktreich der Tiere, der Bändigung sexueller und aggressiver Triebregungen im Dienst der Gemeinschaft.

Ein ägyptischer Gott mit dem Kopf eines Falken und einer smaragdgrünen Haube, Horus, Sohn der Isis, Rächer des Mordes an Osiris, dem König der Unterwelt. Er erinnert an die falkenköpfigen Ungeheuer, die Freud einst als Kind in einem Angsttraum heimsuchten.[9] In der *Traumdeutung* erinnert er sich: »Ich selbst habe seit Jahrzehnten keinen eigentlichen Angsttraum mehr gehabt. Aus meinem siebenten oder achten Jahre erinnere ich mich an einen solchen, den ich etwa 30 Jahre später der Deutung unterworfen habe. Er war sehr lebhaft und zeigte mir die geliebte Mutter mit eigentümlich ruhigem, schlafendem Gesichtsausdruck, die von zwei (oder drei) Personen mit Vogelschnäbeln ins Zimmer getragen und aufs Bett gelegt wird. Ich erwachte weinend und schreiend und störte den Schlaf der Eltern.«[10] Die Angst des Kindes, die Mutter könnte gestorben sein, ließ sich laut Freud »zurückführen auf ein dunkles, offenkundig sexuelles Gelüst.«[11]

Daß Vogelmenschen neben der sexuellen Bedeutung eine Mitteilung über die Identität des Menschen enthalten, wird an einer Grabbeigabe, einer Holzfigur aus dem dritten Jahrhundert v.d.Z. deutlich. Ein Vogel trägt unter seinem dreigeteilten Kopfschmuck einen Menschenkopf. In der ägyptischen Tradition stellt er die Individualität des Verstorbenen dar, die sich mit seinem Tod vom Körper und seiner Lebenskraft ablöst. Während der Körper jedoch ein Gefangener des Grabes und der Erde bleibt, wird seine Individualität nun frei und kann andere Gestalten annehmen, etwa einen Vogelkörper.

Tiere als Begleiter in der Welt des Todes. Tiere, die Wesenszüge der Lebenden versinnbildlichen oder moralische Normen repräsentieren. Tiere, deren »animalische« Ur-Energien sich sowohl körperlich als auch seelisch manifestieren und den Menschen durch Kraft und Intuition unterstützen, mit ihm verschmelzen, ihn zum vollkommenen Mensch-Tier-Wesen formen. Asservate dieser Mythen und Träume, die seit dem Altertum die Phantasie der Menschen beflügelten, drängen sich in Freuds Arbeitszimmern, um die Schaffenskraft dieses Mannes am Ende des 19. Jahrhunderts zu befruchten, als er sich auf die Suche nach dem Unbewußten in seiner eigenen Seele machte.

Viele der Tierfigurinen kreisen um die auch im Traum erscheinenden Symbole des Todes und der Wiedergeburt. Da ist etwa der »Herz«-Skarabäus-Käfer aus Nephrit, eine Grabbeigabe, die den Toten und dessen Herz schützen und verhindern sollte, daß – wie im *Ägyptischen Buch der Toten* beschrieben – das Herz, Sitz der Gefühle und der Sprache, vor dem Tribunal im Reich der Toten als Kläger gegen seinen Besitzer auftritt, um seine Verurteilung zu fordern. Mit dem Tier wird das Gewicht des menschlichen Herzens bestimmt – eine Metapher über das Ausmaß der im Leben verwirklichten Menschlichkeit, die an die alttestamentarischen Gebote erinnert.

Daß Tiere über die Menschlichkeit, die Güte, Einfühlungsfähigkeit und das Erbarmen der Lebenden richten, wird darüber hinaus an einem Mischwesen, halb Krokodil, halb Löwe, halb Nilpferd, deutlich. Es hält zwei Waagschalen: Wenn sie nicht im Gleichgewicht sind, muß der Verstorbene einen zweiten Tod sterben.

Eine griechische Terrakotta-Figur, Pferd und Reiter so darstellend, daß der Reiter aus dem Rücken des Pferdes herauszuwachsen scheint, soll den heldenhaften Charakter des Verstorbenen versinnbildlichen. Zugleich erinnert er an den Zentauren, jenes wilde, frauenraubende Mensch-Pferd-Wesen der griechischen Mythologie und zugleich an Freuds berühmtes Gleichnis: Er verglich das Strukturmodell der menschlichen Psyche mit ihren Instanzen Ich/Es/Über-Ich mit der Haltung eines Reiters zu seinem Pferd, dessen Kraft er nur nutzen kann, wenn das Pferd seine Anweisungen versteht. In seiner Vorlesung »Die Zerlegung der psychischen Persönlichkeit« schreibt er: »Man könnte das Verhältnis des Ichs zum Es mit dem des Reiters zu seinem Pferd vergleichen. Das Pferd gibt die Energie für die Lokomotion her, der Reiter hat das Vorrecht, das Ziel zu bestimmen, die Bewegung des starken Tieres zu leiten. Aber zwischen Ich und Es ereignet sich allzu häufig der nicht ideale Fall, daß der Reiter das Roß dahin führen muß, wohin es selbst gehen will.«[12]

Die Fabeltiere stellen zugleich das Unheimliche, Dämonische und Unberechenbare der Natur dar – boshafte und hinterlistige Mischgestalten, die zerstörerisch gegen die Naturgesetze wüten. Bereits 1885 während seiner Pariser Studienzeit war Freud von Mischgestalten fasziniert.[13] Wollüstig und wider-natürlich, weisen Chimären auf die unheilvollen Aspekte der Verschmelzungen hin. Fusionen, bei denen jedes Einzelwesen seinen eigenen Charakter aufgibt, ohne zu neuer Synthese, zur Identität zu finden. Es entsteht Widerspruch und ein Konflikt, der zugleich positive Seiten hat, denn er impliziert Zugang zu beiden Teilen, setzt das Schöpferische, das in der Ambivalenz enthalten ist, frei. Die Personalunion von vernichtendem und schöpferischem Willen wird an der Gestalt der Sphinx deutlich, die noch in ihrer Zerstörungskraft auf den möglichen anderen Weg des Wachstums hinwies, die den Bruch der Naturgesetze beklagte und die Menschen mit ihren Fragen herausforderte, ihr Handeln zu reflektieren, neue Wege, eine andere Zukunft zu beschreiten.

Ein antikes Sphinx-Amulett, eine grünliche Fayence, kaum vier Zentimeter hoch, steht, mit übermenschlicher seelischer Intuition und der Kraft des Löwen verbunden, als Verkörperung einer antiken Schutzmacht auf Freuds Schreibtisch. Die Präsenz dieser Chimäre gibt dem Raum eine skurrile Atmosphäre, die an eine Traumkatakombe erinnert, in der verwunschene, unausgelebte Phantasien ihre letzte Ruhestätte gefunden haben. Daß Freud eine besondere Beziehung zur Sphinx hatte, wird nicht nur an den vielen Sphinx-Figuren seiner Sammlung deutlich, sondern vor allem an der zentralen Stellung, die er der Sphinx bei der Aufdeckung des ödipalen Konflikts zubilligte: Als Gleichnis seiner Ödipus-Komplex-Theorie wählte er bekanntlich die antike Ödipus-Sage, in der die Sphinx den Bruch der Naturgesetze, den Inzest des Ödipus mit seiner Mutter Jokaste aufdeckte und Ödipus als Herrscher des Landes ins Verderben stürzte. Trotz der Selbstblendung, die sich Ödipus aus Gram über seine Schuld zufügte, befreite sie ihn und ermöglichte ihm eine neue Entwicklungsstufe: die Weisheit eines frei umherziehenden, heimatlosen, aber geachteten, von seiner Tochter Antigone begleiteten Sehers. Die auf Freuds Schreibtisch versammelte Menagerie phantastischer Tiergestalten wirkt wie ein Treibhaus der Phantasie. Darüber hinaus kann sie als wohl einmalige Inszenierung der psychoanalytischen Theorie selbst begriffen werden. Nicht zuletzt die Verwendung der Sphinx-Metapher in Freuds Karriere demonstriert diese gegenseitige Befruchtung von Lebenswirklichkeit, Theoriebildung und unbewußten Phantasien: So stand beispielsweise auf der Rückseite der Bronze-Medaille, die Freud zu seinem 50. Geburtstag erhielt, die Widmung: »Er löste das berühmte Rätsel und war ein gar mächtiger Mann«. Diese Zeile aus der Tragödie »König Ödipus« von Sophokles war eine Anspielung darauf, daß Freud, dessen Profil auf der Vorderseite der Plakette abgebildet ist, während Ödipus auf der Rückseite in der Fülle seiner Männlichkeit selbstbewußt vor der Sphinx steht, das berühmte Rätsel des Mensch-Tier-Mischwesens der Sphinx löste und auf diesem Grundpfeiler das psychoanalytische Theoriengebäude errichtete.[14]

Lob des Verdrängten

Die Psychoanalyse mit ihrer Betonung der Triebe als gestaltende Elemente der menschlichen Persönlichkeit unterließ es – entgegen Freuds mehrfach geäußerter Aufforderungen –, der psychischen Struktur der Tiere eine eigene Untersuchung zu widmen und die Analyse der Objektbeziehungen des Menschen auch auf das Tier als wichtiger Bindungsfigur des Menschen anzuwenden.

Die Tiergötzen, die sich auf Freuds Schreibtisch versammeln, erscheinen als Wohnstätten der Verdrängung. Sie sind Ungeheuer, die an die Ängste der frühen Kindheit ebenso wie der frühen Menschheitsgeschichte erinnern, Dämonen, in denen die Alpträume der Kindheit versteinert, gebannt sind – betrachtet, herumgereicht und damit wieder kontrollierbar. Eine Architektur des Schreckens, überbordende Phantasie, gepaart mit einer äußerst wirksamen Abwehr.

Wie ist diese Inszenierung zu verstehen? Welche Botschaften enthält sie? »Nimm das Chaos mit nach Hause und bring ihm dein Lied bei«, flüstert der Therapeut dem Verwirrten auf der Couch zu, der von seinen inneren Angstbildern überwältigt zu werden droht und noch keinen

Weg gefunden hat, die hier verschlossenen Energien als die eigenen anzunehmen. Ein Mensch kann seine inneren Bilder fürchten wie ein wildes Tier, dem er unerwartet gegenübersteht. Wie Ungeheuer suchen sie ihn heim – Ungeheuer, die seine Vernunft gebiert, Ungeheuer, die das Gespenst der Wut, der Kriege herbeirufen, wie sie der Visionär und Zeichner Francisco Goya einst aufs Papier bannte. Ein verwachsener Alp, mit Klauen und Schnabelkopf, der sich nachts auf seine Brust hockt, sich in seinem Leben festkrallt. Er will sie zähmen, in Schach halten, verstecken. Fehlen die Traumbilder und die in ihnen verschlüsselten Visionen, die seinen Alltag beflügeln könnten, klagt er über innere Leere. Der Bildschirm der Imagination bleibt nichtssagend. Bleich und blutleer, findet er das Drehbuch nicht; seinem Leben mangelt es an Geschichten. Oder er ist Gefangener seiner eigenen Inszenierungen, überschwemmt von Bildern, die er bewußt nicht gerufen hat und nun nicht mehr los wird. Er ist nicht der Spielleiter der Dramen, die sich auf seiner Lebensbühne ereignen: Er ist gezwungen, immer wieder dieselben Szenen zu durchleben.

Der Mensch ist ein wünschendes Tier, er träumt und erwacht voller Begierden, er plant, und sein Blick verschwimmt durch die Kraft seiner Erwartungen. Er hofft, wird enttäuscht, hofft wieder. Wenn er aufhört zu hoffen, stirbt er. »Sie werden hundert Jahre alt«, sagt die Krankenschwester zum Krebskranken im Endstadium. »Die Tiere fühlen sich während der Mästung in ihrem Wohlbefinden überhaupt nicht beeinträchtigt«, betont der Rinderzüchter und singt ein Loblied auf seinen artgerechten Massenzuchtbetrieb. Schwacher Trost? Wahrnehmungsabwehr? Realitätsverkennung?

Der Mensch umgibt sich mit Gespenstern und behauptet, er interessiere sich für Altertumskunde. Die Psychoanalyse als Archäologie der Gefühle, die Antiquitäten ausgräbt, Nippes, mit dem es sich hantieren, umgehen läßt, den man vor sich hinstellt, um ihn aus sicherer Distanz zu betrachten. Doch das Warum, das Motiv der Archäo-Philie, bleibt unbewußt, unerkannt. Diese steht im Zentrum der berühmten Fallanalysen Sigmund Freuds. Das Kind, das sich vor dem Pferd fürchtet, fürchtet in Wirklichkeit den Vater. Dessen Übermacht kann jederzeit in körperliche Gewalt umschlagen, seinen Körper verstümmeln, den Heranwachsenden entmannen.

Verleugnung ist, wenn wir das, was wir nicht sehen wollen, zugunsten einer anderen Wirklichkeit, die uns besser paßt, verändern oder ganz aus unserem Blickfeld verbannen. Es ist ein Nicht-Wissen mit System. Verdrängen ist das A und O des Alltags. Wir richten unseren Blick auf das, was uns gleichgültig läßt und blenden die verwirrenden Geräusche aus dem Keller unserer Gefühle kurzerhand aus. Die Mimikry, derer sich die Verleugner und Verdränger befleißigen, hat viele Gesichter. Die Sauertöpfigen klagen über die Last des Erlebten und schleppen sie wie einen Kartoffelsack ächzend hinter sich her. Die Aufgeklärten spielen auf der Klaviatur des Zeitgeists; ihre blinden Flecken fallen kaum noch ins Gewicht. Die Linkischen ecken wegen ihrer unzumutbaren Auslassungen an und brechen auf der dünnen Schicht der Zivilisation ein. Freud, dem großen Selbstanalytiker, dem grandiosen Verdränger, gelang der Absprung auf das Plateau der Aufklärung. Er pflegte eine Verdrängung, die nicht aufhebt, sondern nur aufschiebt. Eine Verdrängung des »reculer pour mieux sauter«, des Zurückweichens, um besser abzuspringen. Es ist die Verdrängung des Kranken, der um seine Genesung ringt und nicht länger über die entsetzlichen Folgen seiner Krankheit aufgeklärt werden mag. Es ist die stillschweigende Übereinkunft, bei der Therapeut und Patient sich treffen, um Themen auszugrenzen, »ruhen« zu lassen was beunruhigt, Angst macht. Gemeinsam blicken sie nun in andere Richtungen.

Es gibt zwei Arten der Verdrängung: eine, die Kräfte bindet, eine andere, die sie freisetzt; eine, die immobil und träge macht, die Verdrängung der bequemen Ausflüchte und der Bewahrung des status quo, und jene andere, sublime, die der Boden ist, auf dem andere, wichtigere Lebensziele verwirklicht werden können. Ziele, die hinausführen aus dem Abgrund des Gegenwärtigen. Eine Verdrängung, die Hoffnungen erfüllt, die Zukunft näher bringt, kraft derer man Wagnisse eingeht, wo andere längst aufgegeben haben, eine Verdrängung, die abkapselt und damit Wachstum ermöglicht. Dies gilt auch für die Verleugnung. Obwohl sie Wahrnehmung abwehrt, muß sie nicht zwangsläufig in die Pathologie führen, die falsche Bilder vorgaukelt. Sehen, aber nicht erkennen, hören, aber nicht verstehen, die Trennung der Wahrnehmung vom Affekt – ein alltägliches Phänomen, das keineswegs an intellektuelle Defizite gebunden ist. Die einfachen Lösungen werden, wie immer, bevorzugt. Die Welt ist ihrer Mehrschichtigkeit, all der Verwicklungen entkleidet.

Welch ein Sieg, sich der Gefühle entledigen zu können. Ohne den üblichen Schmerz. Das Tier bietet dazu reichlich Gelegenheit. Die Gefühle leben am Tier im Ausnahmezustand und können daher leicht deportiert werden.

Gesehen, aber nicht bemerkt werden. Die Abwehr des »Wahrnehmens« steht meist im Dienste des Ich. Sie hilft, Energien zu sparen. Ihre Abkömmlinge: das Tohuwabohu. Gebändigte Zerstörung, fremde Zaubersymbole, Exotisches auf dem Arbeitstisch. Ein Gewirr von Fetischen, exilierten Geistern und Dämonen. Tiergottheiten, von emsigen Domestiken einmal täglich sauber gewischt. Welche Botschaften enthalten all diese skurillen Gestalten auf dem Schreibtisch des großen Aufklärers des Unbewußten? Ein Kosmos verschlüsselter Geschichten. Worüber man nicht reden kann, darüber muß man Szenen erfinden. »Mein liebes Karzinom«, schreibt Freud über den Schrecken hinweg, der ihn entstellen, der ihn töten wird. All diese Teufels- und Götterfratzen wachten über den Forscher, als er die unentdeckten Provinzen der Seele betrat.

Die blinden Flecken der Wahrnehmung sind bevölkert und belebt. Die vier Grundängste: Die Angst davor, den anderen zu verlieren, die Liebe. Seine Verachtung, ein Vergewaltigt-Werden des eigenen Seins. Verleugnet und nicht wahrgenommen zu werden. Die Angst davor, verstümmelt zu werden, vom eigenen Gewissen bestraft und von all den Drohungen und Verwünschungen eingeholt zu werden. Das Tier kann all diese Gefühle aktivieren. Das Tier lindert zudem die Erfahrung des Verlassen-Seins. Es macht keinen Unterschied zwischen der emotionalen Bedürftigkeit des Kindes und dem nicht minder starken Verlangen des Erwachsenen. Das Tier scheut Nähe nicht. Im Gegenteil: Es stellt sich ihr und akzeptiert den Preis der Bindung, der für Menschen oft unerträglich ist. Das Tier wartet darauf, beachtet zu werden. Es verlangt, geliebt zu werden, und antwortet furchtlos mit seiner Anhänglichkeit und Zuwendung. Es gibt sich ohne Vorbehalte und berechnet Geben und Nehmen nicht.

Seelenblindheit, Seelenangst, Gefühlsverleugnung. »Nein«, antwortet die Psychophobie, »Probleme kenne ich nicht«. Sie erklärt sich selbst zum Neutrum, bleibt unbeteiligt, kühl. Ihre Seele ist stumm. Das Tier ist das Therapeutikum der Psychophoben, die Angst vor den eigenen und den Gefühlen anderer haben. Es bietet einen Freiraum, wo Gefühle nicht bewertet, abgewogen, begutachtet, verworfen werden. Das Tier vermag ein grausames Über-Ich zu besänftigen, Scham und Schuld aufzuheben. Das Tier ist ein emotionales Gleitmittel in der Hydraulik der Psyche. Daß Freud dies ahnte, wird in seiner Beschreibung der Beziehung zu seiner Chow-Chow-Hündin deutlich. Und dennoch: Obwohl Freud Tiere zur Veranschaulichung seiner Instinkttheorie einsetzte, machte er seinen Plan, der Erforschung der im Menschen gefundenen Gesetzmäßigkeiten im Tier eine eigene Untersuchung zu widmen, nie wahr – und keiner nach ihm, keiner der Etablierten auf den Thronsesseln der Psychoanalyse nimmt die Herausforderung an.

Die Schönheit einer in sich vollendeten Existenz

Das Tier blieb ein Fetisch, eine Antiquität, ein Sammlerobjekt – unbelebt. Ein Hilfsmittel, dessen Existenz als naturgegeben vorausgesetzt wird. Etwas, das da ist, einfach »so ist«. Dessen Fehlen nicht bemerkt wird und das dennoch zum Schlüssel des verborgenen, unentdeckten, noch nicht entfalteten Selbst werden kann.

Freud, der sich zu Jofi, dem Chow-Chow, dessen Name im Hebräischen »der Gute« bedeutet, hinabbeugte, blieb die Natur seiner Bindung unerkannt – ein Skotom, ein blinder Fleck, wie jener andere, der hunderttausendfachen Wirklichkeit sexueller Verführung von Kindern durch Erwachsene, die er nach dem Widerruf seiner Verführungstheorie als Folge des kindlichen Wunschdenkens abqualifizierte, ihnen nur die psychische Wirklichkeit des Erlebens, nicht jedoch die der Fakten zubilligte. Ein blinder Fleck, wie der erste »unentdeckte Kontinent« Freuds, die Sexualität, die Psychologie der Frau. Freuds Tierliebe entstand in der Zeit, als sich seine Gaumenkrebserkrankung ausbreitete, von der er 1923, im Todesjahr seines Lieblingsenkels Heinele, dem Sohn seiner drei Jahre zuvor verstorbenen geliebten Tochter Sophie, erfuhr. Diese persönlichen Verluste mögen ihn sensibilisiert haben für die überaus engen Bindungsmöglichkeiten, die sich demjenigen bieten, der auf die Bindungsangebote von Tieren einzugehen bereit ist. Denn in früheren Jahren äußerte Freud sich mißtrauisch und wahrte Tieren gegenüber Distanz, die jederzeit in Ablehnung umschlagen konnte. Die zaghafte Entwicklung seiner Tierliebe begann erst im Jahr 1913.[15]

Siebzehn Jahre später war Freud ein Tiernarr geworden. Gemeinsam mit seiner Tochter Anna, die einen Schäferhund besaß, schloß Freud im April 1937 ein Telegramm aus dem Italien-Urlaub mit dem Gruß »Zärtliche Grüße von Wolf und Familie«. Schließlich brachte ihm Dorothy Burlingham, eine Analysandin und Freundin von Anna, als Geschenk eine Chow-Chow-Hündin mit, die fortan »während der Analysestunde immer still am Fuße der Couch« saß. Am 8. Mai 1930 schrieb er, sein Chow-Chow Jofi fehle ihm »fast wie die Zigarre; sie ist ein entzückendes Geschöpf, so interessant, auch als Frauenzimmer, wild, triebhaft, zärtlich, intelligent und doch nicht so abhängig, wie andere Hunde sein können.«[16] Diese emphatische Aussage enthüllt nicht nur Freuds Beziehung zu Jofi, der man eine erotische Komponente nicht absprechen kann, sondern die Wortwahl verweist zugleich auf eine gerade noch verhinderte Fehlleistung, die sich freilich als wahre Fundgrube für Freuds Haltung Frauen gegenüber erweist: der

75

Hund, der mit einem »Frauenzimmer« verglichen wird, aber »doch nicht so abhängig, wie andere Hunde [Frauenzimmer] ist«. Daß er Frauen immer wieder als narzißtisch beschrieb, deren »narzißtische Objektwahl« beklagte und sie mit selbstgenügsamen, auf sich bezogenen Tieren beschrieb, wird auch in seiner Abhandlung »Zur Einführung des Narzißmus« deutlich, als er über den »großen Reiz des narzißtischen Weibes« schrieb.[17]

Freuds Neigung zum Tier, die Bindung an seinen Chow-Chow Jofi, (und anderen, die ihr folgten), die in den Psychoanalyse-Stunden stets neben ihm saßen und gemeinsam mit ihm über den auf dem Diwan ausgebreiteten Patienten wachten, überträgt sich als Begleiterscheinung der Gegenübertragung auf seine psychoanalytischen Patienten: So »infizierte« er seine Analysandin und Förderin Prinzessin Marie Bonaparte von Griechenland, die nach dem Einmarsch der Nationalsozialisten in Österreich maßgeblich daran beteiligt war, ihm und seiner Familie im Jahr 1938 die Flucht und Emigration nach England zu ermöglichen, mit seiner Liebe für Chow-Chows. Marie Bonaparte widmete ihrer Chow-Chow Hündin Topsy sogar ein Buch, das Freud gemeinsam mit seiner Tochter Anna ins Deutsche übertrug.[18]

Tod und Krankheit. Freud teilte seinem Arzt Max Schur in einem Brief mit, daß »meine geliebte Chowhündin Jofi am 10. Januar 1937 wegen Ovarialzysten« operiert werde. Er nahm die Hündin mit nach England, und der kranke und gebrechliche Freud besuchte sie während der sechsmonatigen Quarantäne mehrmals in ihrem Zwinger. Vor seinem Tod, als die schwärende Krebswunde im Gaumen einen so fauligen Geruch verströmte, daß sein Chow-Chow vor ihm zurückschreckte, bemerkt sein Arzt erschüttert, Freud »wußte, was das bedeutete, und sah ihn mit tiefen, tragisch wissenden Blicken an«.[19] In seinem letzten Brief an Marie Bonaparte vom 15. Juni 1939 sprach der todkranke Freud ihr Trost zu, weil »unser alter Tattou«, (ein Chow-Chow von Marie Bonaparte) gestorben war.[20]

Angst-Tiere

Der Rattenmann

Im Jahr 1907 nahm Freud einen 29jährigen jungen Mann in Analyse, der in die psychoanalytische Literatur unter dem Namen »Der Rattenmann« eingehen sollte. Der Patient hatte gerade sein Studium unterbrochen, weil er zu einer militärischen Waffenübung gerufen wurde. Dort widerfuhr ihm ein Mißgeschick, das eine Kette von Zwangsgedanken auslöste, die ihn schließlich zur Behandlung trieben: Er verlor seinen Zwicker, und Kameraden berichteten ihm von einer grausigen Bestrafungsmethode, die fortan seine Phantasie beschäftigte. Von dieser orientalischen Bestrafungsmethode, die zu einer Obsession werden sollte und durch die er seinen Namen erhielt, berichtete er Freud als Schlüsselerlebnis am Anfang der Analyse. Er habe dabei, berichtet Freud, »einen sehr sonderbar zusammengesetzten Gesichtsausdruck« gezeigt, den Freud »als Grausen vor seiner ihm selbst unbekannten Lust«[21] deutete. Bei der Strafmethode werden Ratten in ein Gefäß gekippt, auf das sich der Gefangene setzen muß, woraufhin die Ratten sich in seinen After bohren. Im Verlauf der 11 Monate währenden Analyse produzierte der Patient durch Assoziation und Träume, überdies durch Berichte aus seinem Leben eine Vielzahl von Ideen, die sich an der zentralen Vorstellung »Ratte« entzündeten.

Zunächst ergab sich eine Verbindung zwischen der Vorstellung von »Ratte« mit »Geld« und »Ekel«. Die Ratte galt als Überträger gefährlicher Krankheiten, etwa der Pest. Dies ergab eine Verbindung zu einer weiteren gefährlichen Epidemie, der Syphilis. Hier drängte sich jedoch die Vorstellung von Prostitution und damit »Geld« auf. Durch das Wühlen der Ratte in der Kanalisation – hier im After –, in der Unterwelt, wurde sie als »ein schmutziges Tier, das sich von Exkrementen nährt und in Kanälen lebt, die den Abfall führen«, beschrieben.

Die Rattenstrafe löste eine kindliche Geburtstheorie aus: Die Ratten kriechen in den Darm hinein, Kinder kommen aus dem Darm heraus. Sie werden geboren wie Exkremente. Diese Phantasie über die Geburt von Kot beinhaltet die Annahme, daß Männer ebenfalls Kinder bekommen können, da sie ja ebenfalls Kot »gebären«. Freud betont: »Nach den technischen Regeln der Traumdeutung kann das Aus-dem-Darm-Herauskommen durch seinen Gegensatz, ein In-den-Darm-Hineinkriechen (wie bei der Rattenstrafe), dargestellt werden und umgekehrt.«[22]

Der Patient zeigte in seiner Phantasie koprophile Neigungen, die Freud genauso bei gewissen Patienten fand, die eine Neigung zum Fetischismus hatten. »Unser Patient erwies sich auch als ein Riecher, der nach seiner Behauptung in der Kindheit wie ein Hund jeden Menschen nach dem Geruch erkannt hatte, und dem auch heute noch Riechwahrnehmungen mehr sagten als anderen.«[23]

Die Ratte, die in vielen Sagen als Verkörperung der Seelen Verstorbener gilt, wird vom Patienten nicht nur als ekelhaftes, sondern auch als verfolgtes und unheimliches Tier beschrieben. Un-heimlich wird, was einst vertraut war, zum eigenen Selbst gehört wie ein Doppelgänger oder das Wiedererkennen der Züge eines Verstorbenen in einem fremden Gesicht. »Bei einem Besuche am Grab des Vaters hatte er einmal ein großes Tier, das er für eine Ratte hielt, am Grabhügel vorbeihuschen sehen. Er nahm an, sie käme aus dem Grab des Vaters selbst und hätte soeben ihre Mahlzeit von seinem Leichnam eingenommen. Von der Vorstellung der Ratte bleibt als unzertrennlich, daß sie mit scharfen Zähnen nagt und beißt, die Ratte ist aber nicht etwa ohne Strafe bissig, gefräßig und schmutzig, sondern sie wird von dem Menschen, wie er oft mit Grausen gesehen hatte, grausam verfolgt und schonungslos erschlagen. Oft hatte er Mitleid mit solchen armen Ratten verspürt. Nun war er selbst ein so ekelhafter, schmutziger, kleiner Kerl gewesen, der in der Wut um sich beißen konnte und dafür fürchterlich gezüchtigt worden war. Er konnte wirklich sein ganz ›natürlich Ebenbild‹ in der Ratte finden.«[24]

Die Auseinandersetzung des Patienten mit der Ratte trug bald kafkaeske Züge. Die allmähliche Transformation, die sich im Selbsterleben des Patienten während der Behandlung ereignete, erinnert an Kafkas berühmte Erzählung *Die Verwandlung*: Der Patient identifizierte sich nämlich im Laufe der Behandlung immer mehr mit der Ratte und dem »Rattenwesen«, zugleich jedoch litt er unter diesem ihm unbekannten Mit-Gefühl für das Tier. Denn nach dem Ekel vor der Ratte folgte – und hier wird bereits ein Nachlassen seiner Schuldgefühle und erbarmungslosen Selbstvorwürfe erkennbar – das Mitleid: Dem jungen Mann fiel auf, daß Ratten von Menschen geschlagen und getreten, als Ungeziefer verfolgt und vernichtet werden. Der Patient erinnerte sich daran, daß er als Kind von seinem übermächtigen, tyrannischen Vater ebenfalls unbarmherzig geschlagen wurde, daß er sich ihm gegenüber genauso erlebte wie eine gequälte und gehetzte Ratte. Unerbittlich jagte dieser ihn noch immer, diesmal in Gestalt der Über-Ich-Instanzen und der Zwangsgedanken, die ihn marterten.

Erweitert man die Freudschen Deutungen um Erkenntnisse der zeitgenössischen Narzißmustheorie, wird erkennbar, daß der Patient sich mit der Ratte als dem noch schwachen ungeliebten wahren Selbst auseinandersetzt, es allmählich annimmt und »Mitleid« mit ihr und ebenso mit sich selbst empfindet. Die Ratte wird zu einem Aspekt seiner eigenen Person; sie wird Selbstobjekt, Darstellung seines eigenen, wahren Selbst, das sich bisher noch nicht mitteilen konnte, noch unentwickelt ist.

Obwohl Freud die hier beschriebene Deutung nicht gibt, ist sie doch in der Veränderung, die das Ratten-Selbstbild des Patienten im Laufe seiner Analyse nahm, enthalten. Dies erklärt meines Erachtens den raschen und erfolgreichen Abschluß der Analyse. Inwieweit der therapeutische Erfolg von Dauer war, kann allerdings nicht beurteilt werden, da der Patient als Soldat während des Ersten Weltkriegs getötet wurde.

Der Wolfsmann

Im Gegensatz zur kurzen und erfolgreichen Behandlung des Rattenmannes war der »Wolfsmann« ab 1910 mehrmals Patient von Freud und anderen Analytikern. Er war ein russischer Aristokrat und Großgrundbesitzer, der durch die Revolution verarmte. Auch er litt unter einer Zwangsneurose (Kritiker Freuds erkennen in der Symptomatik des Patienten allerdings psychotische Anteile), die als schwer behandelbar gilt und in der Regel eine ungünstige Prognose hat. Der Patient erhielt seinen Namen von einer Wolfsphobie, unter der er im vierten Lebensjahr litt.

Der Auslöser war ein Traumbild, in dem Wölfe eine zentrale Rolle spielten: »Ich habe geträumt, daß es Nacht ist und ich in meinem Bett liege (mein Bett stand mit dem Fußende gegen das Fenster, vor dem Fenster befand sich eine Reihe alter Nußbäume. Ich weiß, es war Winter, als ich träumte, und Nachtzeit). Plötzlich geht das Fenster von selbst auf, und ich sehe mit großem Schrecken, daß auf dem großen Nußbaum vor dem Fenster ein paar weiße Wölfe sitzen. Es waren sechs oder sieben Stück. Die Wölfe waren ganz weiß und sahen eher aus wie Füchse oder Schäferhunde, denn sie hatten große Schwänze wie Füchse, und ihre Ohren waren aufgestellt wie bei den Hunden, wenn sie auf etwas passen. Unter großer Angst, offenbar, von den Wölfen aufgefressen zu werden, schrie ich auf und erwachte…«[25]

Freud deutete diese Szene als Reminiszenz an die »Urszene«, während der das Kind »Zeuge eines dreimal wiederholten coitus à tergo« der Eltern geworden sei und »das Genitale der Mutter wie das Glied des Vaters« gesehen hatte.[26] Damit hat Freud die für die Weiterentwicklung der Psychoanalyse bedeutsame »Urszene« beschrieben, nämlich jenen Moment, in dem das durch ein Schlüsselloch schauende Kind seine Eltern beim Geschlechtsverkehr beobachtet und meint, der Vater würde der Mutter Gewalt antun. Diese falsche Bewertung der Situation prägt seine Vorstellungen von Mann und Frau, ebenso wie die Phantasien, die es über die Beziehungen zwischen Vater und Mutter entwickelt.

Im Anschluß an den Traum traten beim Kind Symptome einer Zwangsneurose auf. Der Junge zeigte Angst vor Tieren, quälte dessen ungeachtet kleinere und schwächere Tiere wie Schmetterlinge, Raupen und Käfer. Zudem litt er unter Verstopfung (anale Kotretention), Darmbeschwerden und unter der Zwangsvorstellung, Gott lästern zu wollen.

Auf Grund dieser Symptomatik, die nach Freud mit einer Vielzahl von sexuellen Phantasien aus dem Bereich der Analerotik verknüpft war, vermutete Freud eine latente, sadistisch gefärbte Homosexualität, die sich ebenso an seinen ausgeprägten masochistischen und sadistischen Neigungen manifestierte. Während der Masturbation etwa erregten ihn Züchtigungsphantasien. So stellte er sich vor, daß sein Vater ihn schlug, nachdem er das Geschlagen-Werden selbst provoziert hatte, weil es seine Lust stimulierte. Dies brachte Freud mit dem Anfang der Analyse in Zusammenhang, als der Wolfsmann die Zwangsvorstellung zum Ausdruck brachte, Freud könnte mit ihm rektal verkehren und auf seinen Kopf defäzieren.[27] Der Patient litt – dies wird in der Veröffentlichung des Sergej Pankeff und einem Interview deutlich, das eine Journalistin wenige Jahre vor seinem Tod mit ihm führte[28] – sein Leben lang unter der Ambivalenz, den Zweifeln und Unsicherheiten des Zwangskranken, die von seinen Behandlern als Reaktionsbildungen gegen seine verdrängten Triebwünsche erklärt wurden.

Dieser wohl berühmteste Patient der Psychoanalyse, dessen Behandlung ausführlicher dokumentiert wurde als dies bei anderen Patienten der Fall war, erfüllte die Hoffnungen nicht, die Freud mit dem Abschluß der ersten Analyse, die viereinhalb Jahre dauerte, verknüpfte. Der Patient war keineswegs geheilt, sondern wurde bis an sein Lebensende von Psychoanalytikern betreut und sogar finanziell unterstützt.

Der kleine Hans

Tierphobien, die Freud mit den zehn ägyptischen Plagen verglich, zeichnen sich dadurch aus, daß die an einem Tier wahrgenommene Gefahr für das eigene Leben nicht im Verhältnis steht zu dem Schaden, den dieses Tier tatsächlich anrichten könnte. Nicht so sehr die Gestalt, sondern vielmehr die Unkontrollierbarkeit der Bewegung des Tieres ist dabei angstauslösend. Das Kind fürchtet sich meist nicht vor dem großen Hund, der ihm bekannt ist, sondern vor der Spinne, die auf dem Kellerboden entlang läuft. Nicht die Realangst, sondern die Erwartungsangst löst die phobische Reaktion aus. Mäuse-, Katzen-,

Schlangenphobien – durch all diese Tiere kann ein nicht direkt erlebter seelischer Konflikt inszeniert werden.

Daß seelische Konflikte in Phantasien und Träumen entstellt werden und damit auf falsche Fährten lenken, machte Freud an der Fallgeschichte des »kleinen Hans« aus dem Jahre 1909 deutlich, der zu einem Paradebeispiel für die Ödipus-Komplex-Theorie wurde. Hans Graf, Sohn eines Musikwissenschaftlers, der reges Interesse an der Psychoanalyse hatte und Freuds Psychoanalytische Mittwochsgesellschaft besuchte, litt in seinem fünften Lebensjahr unter einer Pferdephobie. Der kleine Hans, so wird berichtet, wurde vor dem Ausbruch seiner Phobie Zeuge, wie ein Pferd zu Boden ging und geschlagen wurde. Er entwickelte darauf die ängstliche Erwartung, Pferde könnten ihn beißen.[29]

Das Pferd übernahm die Rolle des »Angsttieres« und wurde gleichzeitig als Vaterersatz gedeutet. Aggressive Regungen, die Unlustkomponenten der Triebbesetzung und die Schuldgefühle, die eigentlich dem Vater galten, der Rivale um die Gunst der Mutter war, wurden auf das Tier verschoben und als Angst vor dem Pferd erlebt. Dieses Ersetzen des Vaters durch ein Tier wurde »ermöglicht und erleichtert ... durch den Umstand, daß die mitgeborenen Spuren totemistischer Denkweise in diesem zarten Alter noch leicht zu beleben sind. Die Kluft zwischen Mensch und Tier ist noch nicht anerkannt, gewiß nicht so überbetont wie später. Der erwachsene, bewunderte, aber auch gefürchtete Mann steht noch in einer Reihe mit dem großen Tier, das man um so vielerlei beneidet, vor dem man aber auch gewarnt worden ist, weil es gefährlich werden kann.«[30]

Während im Märchen *Rotkäppchen* oder *Der Wolf und die sieben Geißlein* die orale Angst vor dem Aufgefressen-Werden im Mittelpunkt steht, fürchtet das Kind auf der ödipalen Stufe der Entwicklung, vom Tier überwältigt, entmachtet, also kastriert zu werden. Im Gegensatz zur oralen Phase mit ihrer charakteristischen Angst, aufgefressen zu werden, und der analen Phase mit ihrer Angst, geschlagen zu werden, mit denen jeweils die Lust des Auffressens und Schlagens korrespondiert, manifestiert sich die Angst in dieser ödipalen Stufe der psychosexuellen Entwicklung als Angst vor Kastration. Der feindselige Impuls gegen den Vater wird auf das Pferd verschoben und dort als Furcht, das Tier könnte das Kind beißen, wahrgenommen. Auch hier vermißt der Leser eine Deutung des Pferdes als geschlagenes, trotz seiner Körpergröße vor dem Menschen niederbrechendes Tier.

V Idealisierung und Abwehr: Beziehungsformen zwischen Mensch und Tier

Es sind wirklich die Gründe, weshalb man ein Tier wie Topsy (oder Jofi) mit so merkwürdiger Tiefe lieben kann, die Zuneigung ohne Ambivalenz, die Vereinfachung des Lebens, von dem schwer erträglichen Konflikt mit der Kultur befreit, die Schönheit einer in sich vollendeten Existenz. Und bei aller Fremdartigkeit der organischen Entwicklung doch das Gefühl einer innigen Verwandtschaft, einer unbestrittenen Zusammengehörigkeit. Oft, wenn ich Jofi gestreichelt, habe ich mich dabei ertappt, eine Melodie zu summen, die ich ganz unmusikalischer Mensch als die Arie aus dem Don Juan erkennen mußte: Ein Band der Freundschaft bindet uns beide...

Sigmund Freud an Marie Bonaparte
6. Dezember 1936

Gebrauchsanweisung

Leider haben sich die in anderen Branchen durchaus üblichen Gebrauchsanweisungen in der Psychologie noch nicht durchgesetzt: Weder über Gebrauch, noch über den Mißbrauch dieser störanfälligen Lehre von der menschlichen Psyche wird der Benutzer informiert. Und was soll er bei Fehlbedienungen tun? Wie zieht er den Kopf aus der Schlinge, wenn er den falschen Schalter erwischt hat? Eine Fehlerkorrektur wäre zweifellos überaus nützlich.
Eine Reise in die Persönlichkeit sollte nicht überstürzt werden. Dschungel-Erkundungen vergleichbar, bedarf es zunächst einer verläßlichen Orientierung. Um die Steuereinheit zu bedienen, sind bereits einige Grundkenntnisse vonnöten: Vorsicht vor Patentlösungen und eindeuti-

gen Antworten! Die führen mit Sicherheit in die Sackgasse. Das seelische und emotionale Wirrwarr läßt sich nun einmal nicht auf einige Formeln verkürzen. Der Wunsch des Benutzers, wie Narziß einst im Tümpel, sich zumindest im Display der Theorien zu spiegeln, ist beim Vorstoß in die Unterwelt der Seele Hemmschuh und Segen zugleich.

Der Erfindungsreichtum, den Psychologen an den Tag legten, die Persönlichkeit in ihre Einzelteile zu zerlegen und sie daraufhin, gereinigt und geölt, wieder zusammenzubauen, ist maßlos. An Lösungsvorschlägen und Eselsbrücken fehlte es nicht. Manche der Theorien waren mathematisch ausgetüftelt, andere wiederum episch und bildhaft. Grundkonflikte wurden aus dem seelischen Gebräu destilliert, dazu passende Reaktionsweisen extrapoliert. Wie in der Astrologie kann sich der Benutzer in den Persönlichkeits-Rätselecken seine Konstellationen nach Lust und Laune zusammensuchen. Wenn man etwas wiedererkennt, vor allem wenn es der eigenen Eitelkeit keinen Abbruch tut, kann die Theorie so falsch nicht gewesen sein. Daß der Mensch zumeist als Cocktail und nicht typologisch »pur« gereicht wird, rutscht leicht aus dem Bewußtsein, das sich nach chronischem Narzißmus-Abusus lieber in selbstvernebelnde Rauschzustände flüchtet. Sich überall irgendwo zu erkennen ist der Normalfall, denn in der Wirklichkeit lassen sich die auf dem Reißbrett entwickelten Gesetzmäßigkeiten nur selten in der geforderten Reinheit ausmachen.

Sogar Tierhalter, die für gewöhnlich ziemlich rasch in keineswegs geräumige Schubladen hineingestopft werden, erweisen sich bei näherem Hinsehen sperriger als erwartet. Die Motive, sein Leben – und sicherlich nicht den unbedeutenderen Teil – mit Mimi, Struppi oder Lulu zu verbringen, sind vielfältig und lassen sich weder über einen, noch über mehrere Kämme scheren. Die Grundkonflikte, die sich dem Menschen stellen, werden von einem narzißtisch-strukturierten Menschen anders gelöst als von einem hysterischen oder zwanghaften. Überlappungen jedoch gibt es reichlich. Sicher ist, daß die Modellvorstellungen über Bindungsfiguren und das Selbst, die ein Individuum während seiner Kindheit und Adoleszenz entwickelt, die Tendenz haben, relativ unverändert bis in das Erwachsenenleben hinein fortzubestehen.[1] Daher neigt der Mensch dazu, jede neue Person, an die er sich binden will, an dem Modell der bereits bekannten zu messen, und seien es die belasteten frühkindlichen Bindungsfiguren, mit denen psychologisch kein Staat zu machen ist, weil sie sich bereits in der Vergangenheit als unzuverlässig erwiesen haben. Eine Neigung, die fatale Wiederholungen heraufbeschwören kann.

Die Beziehung zum Tier kann (wie eine therapeutische Beziehung) zu einer sicheren Basis werden, gerade für jenen Menschen, der affektiv labil ist, dem es als Folge des lästigen Erbes der Kindheit und beharrlich entmutigender Mitmenschen nicht gelingt, eine affektive Beziehung zu einem Artgenossen aufrechtzuerhalten.

Angesichts der Verbreitung solcher Konfliktlösungen, mutet das Übersehen des Tieres als Bindungsfigur, wie es die Psychoanalyse mit ihren päpstlichen Unfehlbarkeits-Doktrinen praktiziert, als eklatante, in diesem Ausmaß noch nicht einmal von Freud praktizierte Abwehrleistung. Das Tier, der gigantische blinde Fleck der Psychoanalyse: Ein Bündnis des Schweigens legte sich jahrzehntelang über seine Gegenwart; mit Ausnahme einer Abhandlung über Perversionen mit Tieren aus dem Jahre 1968 fehlt das Tier in den Falldarstellungen der psychoanalytischen Zunft. Tiere treten das Erbe der abgewehrten Sexualität und anderer Tabu-Themen an: Sie sind lächerliche Gefühlsduseleien, Bagatellen, an die man Gefühle und Gedanken verschwendet; sie sind Dekoration oder dienen als Auslöser bequemer Triebdeutungen; sie müssen als unbewußte Phantasien oder für anale Bestrafungen herhalten.

Unartige Ent-Artungen

Evidenzerleben nennt der Gelehrte, wenn er seinen Gegenstand zwar sinnlich begreifen, den Vorgang jedoch kaum objektivieren, geschweige denn seinen Ablauf wiederholen kann, um unter den Bedingungen des Experiments zu beweisen, daß sein Tun wissenschaftlichen Kriterien genügt.

Persönlichkeiten und deren Verhaltens- und Erlebnisweisen, Wahrnehmungsmuster und Denkstile nach Eigenschaftskonstellationen zusammenzustellen, um Typologien zu formulieren, war seit der Antike Ziel aller Theorien des Seelischen. Diese Tradition wurde von der wissenschaftlichen Persönlichkeitspsychologie, die sich auf statistische Verfahren wie Faktorenanalyse und Ermittlung von Eigenschafts-Clustern stützt, fortgesetzt. »Wer paßt zu wem?«, »Warum reagiert A anders auf B und umgekehrt?« und »Warum erlebt X einen Mißerfolg, während Y denselben Konflikt als Erfolg und Kenntniszuwachs verbuchen kann?« Daß Persönlichkeitseigenschaften auch in die Beziehung zwischen Mensch und Tier hineinreichen, liegt auf der Hand.

84

Die tiefenpsychologische Persönlichkeitslehre versteht das Verhalten wie einen Text, der aus verschiedenen Schichten besteht. An der Oberfläche wird der Inhalt der Kommunikation vermittelt: Hier findet ein Austausch von Informationen statt. Doch jede Information ist selbst wiederum Bedeutungsträger, verweist auf tiefere Schichten, in denen sich die Gefühle, Absichten und Erwartungen der Handelnden abbilden. So kann die Interaktion zwischen einem Tierhalter und seinem Tier durch Video-Aufzeichnungen objektiv dokumentiert und beschrieben werden, quantitativ durch Auflisten der Häufigkeit von Berührungen. Diese Beobachtungen jedoch werden psychologisch erst sinnvoll, wenn sie in einen Bedeutungzusammenhang gestellt werden, der etwas über die Beziehung zwischen dem Sender des »Textes« und seinem Adressaten mitteilt. Dies ist das weite und umstrittene Feld der Persönlichkeitstheorien, die eine Vielzahl von Interpretationen für ein Verhalten und seine Motive bereithalten. Daß hier keine wahrheitsgemäßen, objektiven Feststellungen nach dem Vorbild der Naturwissenschaften getroffen werden können, ist ein Grundproblem der psychologischen Erkenntnistheorie. Denn der Untersuchungsgegenstand der Psychologie kann sich nicht aus dem Grundwiderspruch befreien, der zwangsläufig entsteht, wenn ein erlebendes Subjekt (Ich) auf ein beobachtetes Objekt (Du oder Es, ein unbelebtes Ding) trifft: Was »Ich« über »Es« oder »Du« erfährt, ist nur Annahme, Spekulation, Deutung und nie sicheres Wissen, ist immer nur Evidenzerleben, Vertrauen darin, daß die eigenen sinnlichen »Gewißheiten« richtig sind, also die Wirklichkeit so abbilden, wie sie wirklich ist und nicht nur so, wie sie wahrgenommen wird. Alles, was über das »Du« gesagt werden kann, bleibt daher Spekulation. Dies trifft umso mehr zu, wenn das »Du« nicht befragt, wenn es die eigenen Motive, sein Weltbild nicht offenbaren kann. Dies ist beim Tier der Fall, das sich dem Menschen ja vorwiegend nonverbal oder in seinem dem Menschen gegenüber geäußerten reduzierten Sprachjargon der Signale mitteilt.

Mensch und Tier stehen, dies bestätigt die Beobachtung, auf gemeinsamen Boden. Sie leben im selben Wahrnehmungsraum. Haben Teil an denselben Grundbedürfnissen von Hunger und Durst, Sexualität und dem Wunsch nach Zuwendung und Sicherheit. Mensch und Tier sind denselben Naturgesetzen ausgeliefert: Sie wachsen und altern und schreien auf vor Schmerz und sie sterben, wenn ihre Zeit gekommen ist.

Wie gestaltet der Mensch seinen Umgang mit dem Tier? Welche Persönlichkeitszüge unterscheiden einen Tierhalter von seinem Nachbarn, dem Haustiere zuwider sind? Eine Reihe von empirischen Studien hat bereits interessante Unterschiede zwischen diesen beiden Gruppen festgestellt. Die Anforderungen und Erwartungen an die unmittelbare Umgebung weichen zwischen Tierhaltern und Personen ohne Haustiere erheblich voneinander ab: Jemand, der keine Tiere hält, legt einen größeren Wert auf Ordnung und blitzblankes Zuhause; Schmutzvermeidung ist sein wichtiges Lebensziel. Diese Gruppe zeigt ein ausgeprägtes Bedürfnis, frei und unabhängig zu sein und dauerhaften Verpflichtungen aus dem Weg zu gehen. Der Tierhalter dagegen legt größeren Wert darauf, Verantwortung zu tragen und ist bereit, sich einzuschränken und sogar Unannehmlichkeiten in Kauf zu nehmen. Die Frage, ob ihn sein Tier wesentlich einschränke, verneint der Tierhalter. Im Gegenteil: Er bewertet die Tierhaltung positiv und begrüßt die Chance, sich um jemanden kümmern zu können. Der Tierhalter zeigt kaum Furcht vor Krankheiten oder Infektionen; die vom Tier verursachten Verunreinigen sind für ihn geringfügig. Er erlebt das Tier als angenehme Gesellschaft, ja als Familienmitglied. Durch das Tier ist er nicht allein, hat ständig »Ansprache«. Das kann allerdings so weit gehen, daß er die Artenschranke negiert, sich selbst auf eine Stufe mit dem Tier stellt und meint, außer ihm selbst brauche das Tier keine weiteren »Artgenossen«.

»Das Tierbild eines Menschen ist Bestandteil seines Selbstbildes«, meinte der Psychologe Reinhold Bergler[2]. Unter 345 befragten Hundebesitzern fand er nach einer Clusteranalyse der Faktoren drei verschiedene Persönlichkeitstypen mit charakteristischen Eigenschaftskonstellationen: »die Unabhängigen« (n=22), definiert durch ihren Wunsch nach »persönlicher Ungebundenheit und Bewegungsfreiheit«; »die Unbekümmerten« (n=57), die weniger Wert auf Unabhängigkeit legen und bereit sind, sich mit wechselnden Situationen zu arrangieren; »die pflichtbewußt Angepaßten« (n=144), die einem gesellschaftlichen Durchschnittstypus entsprechen und allgemein akzeptierte Verhaltensweisen und Einstellungen Hunden gegenüber zeigen.

Unter 298 befragten Katzenhaltern fand Bergler[3] sechs Persönlichkeitstypen: »die Rationalen« (n=53), die eine eher nüchterne Einstellung zur Katze haben, sie jedoch durch die Übernahmen von Pflichten und Verantwortung als nützlich, etwa für die Kindererziehung, betrachten; »die Problemlosen« (n=35), die ihre Katzenhaltung positiv bewerten und die Katze als Schmusetier schätzen; ferner »die Sympathisch-Natürlichen« (n=88), bei denen Spiel und Spaß und die Rolle der Katze als Gefühlsträger im Mittelpunkt stehen. Diese Gruppe gibt an, sich intensiv mit dem Tier zu beschäftigen; die Katze ist in die Familie integriert. Für »die Optimisten« (n=27) dagegen stehen Zärtlichkeit und Kommunikation mit der Katze im Zentrum. Sie betonen, daß die Katze ihre Lebensqualität wesentlich erhöhe. Der Halter beschreibt sich selbst als »gefühlvoll, zärtlich, kontaktfreudig und häuslich«. Unter der Gruppe »der Neutralen« (n=15) dagegen fanden sich vorwiegend Ehemänner, die in Familien mit Katzen leben und Nachteile, etwa Abnutzung des Mobiliars, angeben, das Tier jedoch tolerieren, ohne allerdings viel mit ihm anfangen zu können. Vorwiegend Frauen waren in der Gruppe »der Gefühlvollen« (n=40) vertreten. Hier stand eine intensive Gefühlsbindung im Mittelpunkt, die sich auch in Zukunftssorgen manifestiert: Der Halter fragt sich, was mit seinem Tier bei Krankheit oder Tod geschieht

Als Hauptunterschied zwischen Katzen- und Hundehaltern ermittelte Bergler, daß die Katze im Gegensatz zum Hund nicht nur aus Nützlichkeitserwägungen heraus gehalten werden kann, es sei denn, es herrscht eine Mäuse- oder Rattenplage. Der Hund dagegen könne auch ohne affektive Bindung als Wach- und Diensthund eingesetzt werden. Katzenhalter legten großen Wert auf einen »kommunikativen Lebensstil« mit hoher Lebensfreude und Lebensqualität. Daß gerade für Risikogruppen, Ältere, Kranke oder behinderte Menschen, aber auch Alleinlebende und Arbeitslose die Tierhaltung zu mehr Lebensfreude und Ausgleich des emotionalen und sozialen Defizits führen kann, belegt eine Reihe von amerikanischen und englischen Studien.

Heini Hediger meinte: »Der Mensch ist der große Katalysator der Tierseele. Er hat die Fähigkeit, das Tier unter Umständen weit über seine ihm von der Natur zugedachte Stellung zu heben, in ihm Eigenschaften zu entwickeln, die sonst latent, versteckt geblieben wären; er kann Tiere zähmen, dressieren, domestizieren, er kann aus ihren Sinnesleistungen und Lernleistungen herausholen, die unter den Bedingungen des natürlichen Freilebens niemals manifest geworden wären.«[4] In Umkehrung dieser Auffassung erweist sich das Tier hier vielmehr als der Katalysator der Persönlichkeit des Menschen; seine Anwesenheit wird zum Garanten einer lebendigen, gefühlsbetonten Lebensweise.

Wie entwickelt sich nun diese artenübergreifende Gefühlsbindung, die für die einen unverzichtbar, für andere Zeichen einer Ent-Artung des Gefühlslebens ist?

Trennungstrauma und die Liebe zum Tier

Mensch und Tier teilen ein gemeinsames Schicksal. Zum Überleben benötigen sie nicht nur Nahrung und Schutz vor den Härten der Natur, sondern ebenso lebenswichtig ist die affektive, psychische »Nahrung«. Ein Band der Gefühle bindet an die Welt und an den anderen. Mensch und Tier sind Bindungstiere. Um zu überleben müssen die vitalen, emotionalen und sozialen Grundbedürfnisse erfüllt sein.[5] Die Kindheit kann zu einem Hort der Sicherheit und des Selbstvertrauens werden, aber auch zur ungeliebten Stätte seelischer Verwundungen, die der Heranwachsende nicht zu verarbeiten vermag und daher von seinem Bewußtsein fernhalten muß. Freude und Trauer, Geborgenheit und Verlassenwerden liegen noch eng beieinander. Die Bindung wird zur Brücke zwischen dem einzelnen und einem Gegenüber. Fehlt sie, mangelt es nicht nur am »Du«, sondern das »Ich« kann sich nicht entfalten.

Die Psychologen John Bowlby und Mary Salter Ainsworth formulierten anhand ihrer Erkenntnisse aus der Tierverhaltensforschung eine Bindungstheorie und widerlegten das Vorurteil, daß die Beziehung des Säuglings zu seiner Mutter lediglich auf dem Boden seiner Abhängigkeit und biologischen Bedürftigkeit entstehe. Die Verhaltensweisen von Tieren zeigen, daß sich eine Bindung zwischen einem Jungtier und seiner Mutter unabhängig vom Gefüttertwerden entwickelt. 1958 entdeckte das Ehepaar Harlow bei seinen Experimenten mit Rhesusaffen, daß Rhesusaffenkinder, die von ihrer Mutter getrennt wurden, in Isolationskäfigen aufwuchsen und denen die Forscher verschiedene Mutter-Attrapen anboten, sich an die weiche und wärmende Attrappe anklammerten, nicht jedoch an eine Metallfigur, bei der sie lediglich Futter erhielten. Die affektive Bindung ist das zentrale Merkmal des Verhaltens von menschlichen und nicht-menschlichen Primaten. Bindungsverhalten läßt sich von Nahrungssuche- und Sexualverhalten abgrenzen und stellt eine eigene Verhaltenskategorie dar. Sie läßt sich wie folgt charakterisieren: Die affektive Bindung ist spezifisch, d.h., sie richtet sich auf ein oder weitere Individuen, die nicht beliebig austauschbar und erweiterbar sind; sie ist von Dauer und »hält gewöhnlich einen großen Teil des Lebenszyklus hindurch an«[6]; Mensch und Tier wünschen eine kontinuierliche Bindung. Eine Lösung der Bindung durch Trennung von der Bindungsfigur erzeugt Angst.

Mit zunehmender Differenzierung der Art wird eine größere Flexibilität erkennbar. Domestizierte Tiere können sich sogar im höheren

Lebensalter an einen neuen Menschen binden. Diese Bindungsbereitschaft der höheren Säugetiere ist Grundlage aller Tierdressuren und wird überdies in der Therapie verhaltensgestörter Tiere wirksam. So kann ein älterer, mißhandelter und verhaltensgestörter Hund, der nach einer Kette von negativen Lernerfahrungen im Tierheim landet, sich noch positiv an jenen Menschen binden, der ihn aufnimmt und ihm »korrigierende emotionale Erfahrungen« ermöglicht. Daß die seelische und körperliche Verwundung bei solchen Tieren bleibende Narben hinterlassen hat und eine erneute Traumatisierung des Tieres katastrophale Wirkungen zeigt, kann jeder bestätigen, der schon einmal mit mißhandelten und deprivierten Tieren zu tun hatte.

Lernen und Gewöhnung spielen beim Aufbau einer Bindung eine wichtigere Rolle als Belohnung und Bestrafung. Es ist ein ehernes Lerngesetz, daß Strafe ein bestimmtes Verhalten verstärkt: Mißhandelte bleiben an ihre Quäler gebunden. Das Bindungsverhalten ist nach bestimmten Prinzipien organisiert. Wann eine Interaktion innerhalb einer Bindungsbeziehung aktiviert oder beendet wird, ist von individuell definierten Bedingungen abhängig, etwa einer Aufforderung zu Körperkontakt und Liebkosung. Autonomie und Selbständigkeit, d.h. der Mut, den bestehende Kontakt zur Bindungsfigur zu unterbrechen und die Umgebung zu erkunden, sich also zu trennen, hängt davon ab, wie sicher die Bindung erlebt wird. Der Heranwachsende bricht auf, um sich aus dem Schatten der Mutter zu entfernen und tritt in die Welt ein, allerdings nicht ohne sich zwischendurch zu versichern, daß seine Bindungsfigur weiterhin erreichbar ist. Die Entwicklungspsychologin Margaret Mahler beschrieb diese allmähliche emotionale Loslösung als Abfolge von sich Entfernen und sich Wiederannähern an die Mutter. Das Bindungsverhalten reguliert und schützt die physische und seelische Existenz von Mensch und Tier. Bei unsicherer Bindung entstehen Gefühle von Einsamkeit, Wurzellosigkeit und Entfremdung. Das Individuum wird von Panikattacken und Depressionen heimgesucht. Um Angstbindung mit anklammerndem Verhalten und Panikreaktion bei Trennung handelt es sich bei jenen Hunden, die als »anhänglich«, als »total auf ihren Menschen fixiert« beschrieben werden. Unsichere Hunde können zu »Angstbeißern« werden oder ertragen es nicht, allein gelassen zu werden. In solchen Fällen richtet sich ihre von Trennungsangst motivierte Aggression nicht selten gegen die Wohnungseinrichtung ihres abwesenden Menschen.

Viele Tierhalter haben die Erfahrung gemacht, daß Tiere, die zu früh von ihrer Mutter getrennt wurden, krankheitsanfällig sind. Ihr Defizit kann durch intensive Zuwendung des Menschen kompensiert werden. Hunde, die später als Blindenführhunde ausgebildet werden, kommen bereits im Alter von sechs Wochen in eine Pflegefamilie, die sich intensiv um den Welpen kümmert. Diese früh einsetzende emotionale Prägung auf Menschen ist hier die Voraussetzung für die spätere Orientierung an der Sehwelt der Menschen. Einen erschütternden Fall eines von einem Verhaltensforscher aufgezogenen Schimpansen schildert Hediger.[7] Nachdem der Schimpanse etliche psychologische Testreihen hinter sich gebracht hatte und als Haustier zu groß geworden war, brachte der Forscher ihn zu seinen Artgenossen in den Zoo und glaubte, ihm damit einen Gefallen getan zu haben. Doch stattdessen entpuppte sich das auf den Menschen geprägte Tier nun als seelischer Zwitter und ging elend zugrunde.

Gefühlsanker Tier: Die Sprache der Unberührbaren

»Wenn ich als Kind ein Tier gehabt hätte, wieviel anders wäre mein Leben verlaufen«, wie oft habe ich das gehört. Tiere können Zuflucht sein vor uneinfühlsamen, um sich selbst kreisenden Eltern. In den Biographien der Tierhalter finden sie sich immer wieder: traumatische Erlebnisse von Trennung und Verrat bereits im frühen Kindesalter. Wird emotionale Deprivation erfahren – etwa durch mangelhafte Zuwendung in Kinderheimen und Waisenhäusern, wie dies René Spitz beobachtete, um die hohe Kindersterblichkeit, die früher in solchen Institutionen herrschte, aufzuklären –, kommt es bei einem erneuten Kontakt mit der Bezugsperson nicht zur Auflösung des Trauerprozesses, sondern zu einem Gemisch aus Sehnsucht und Wut darüber, verlassen worden zu sein, die auch späteren Partnern gegenüber immer wieder aufflackern kann. Ein Leben im Teufelskreis der Angst vor dem Verlassen-Werden und dem Verlassen. Ein Leben von einer traumatisch erfahrenen Trennung zur anderen. Die Wut, die als Reaktion auf den Verlust entstand, mit der versucht wurde, die verlorene Person zurückzugewinnen, schlägt die geliebte Person endgültig in die Flucht.

Ein Trennungstrauma und der Versuch, den seelischen Schmerz darüber zum Schweigen zu bringen, kann Motiv sein, die Nähe der Tiere zu suchen. Sich in ein Tier projizieren wird zum Akt der Verschmelzung in einem imaginierten anderen. Das Tier ist Notlösung und Ausweg zugleich: endlich ein Nicht-Ich, ein Gegenüber finden in all der

Leere, die durch die Abwesenheit der Menschen entstanden ist. »Schützender Schorf«, der sich um das verletzte, lieblose Selbst bilden kann. Ein Schlüsselkind, in leeren Wohnungen und in großer Angst vor Menschen aufgewachsen, erinnert sich: »Als ich Kind war und allein, ging ich immer wieder in den Keller und besuchte dort einen alten mottenzerfressenen Fuchs, den meine Mutter in besseren Zeiten um den Hals trug. Der Fuchs mit seinen schiefen trüben Glasaugen zerbröckelte von Mal zu Mal mehr unter meinen Händen. Und doch wurde er für mich zu einer unversiegbaren Quelle der Liebe. Dieser zerschlissene, zerfallende, für andere abstoßende Balg wurde meine erste Begegnung mit einem Tier. Ich grub meine Finger in das rötlich schimmernde Fell, das in diesem dunklen Keller vermoderte. Es war ein Ausflug in eine andere Welt. Trotz der vielen kahlen Stellen war das Fell weich geblieben und strahlte noch immer die großzügige Wärme der Tiere aus. Ich legte mein Gesicht in das Fell und ahnte den Geruch der feuchten Erde, das grüne Moos auf flechten-umsponnenen Baumstämmen, die nie zur Ruhe kommende Stimme des Windes in den Baumwipfeln. Und ich folgte dem Tier in die Wälder, in denen es einst umging.«

Der portugiesische Dichter Fernando Pessoa, der seine Mutter verlor als er ein Jahr alt war, und dessen Vater Selbstmord beging als er drei Jahre alt war, verarbeitete das Trauma literarisch. Sein Leben lang litt er unter dem Gefühl des Getrennt-Seins, unter Entfremdung und fehlender emotionaler Verwurzelung. Unter einer Maske von Gefühlskälte schützte er eine Sensibilität, die ihn immer wieder in große Verzweiflung stürzte, ihn sein Leben lang die Trennung wiedererleben ließ. Nicht selten setzte er eine Trennung selbst in Szene, mit der magischen Hoffnung, sie anders bewältigen, einmal überwinden zu können. Tiere waren für Pessoa wichtige Bezugspunkte. »Wer lebt wie ich, der stirbt nicht: Er endet, verwelkt, verkümmert. Der Ort, an dem er sich aufgehalten hat, bleibt ohne ihn zurück; auf der Straße, über die er ging, ist er nicht mehr zu erblicken; das Haus, in dem er gewohnt hat, wird von einem Nicht-Er bewohnt.«[8]

Die Zustände des Gefühllos-Seins, der Entfremdung wechseln ab mit der Erkenntnis, selbst den Weg zum Außen versperrt zu haben. Die Klage um das verlorene Selbst, um das, was man hätte werden können, wenn…, begleitet das Leben vieler Unglücklicher. Hölzern, distanziert, unnahbar wirken sie, so daß andere Menschen davor zurückschrecken, sich ihnen zu nähern. Neben der Verdrängung des Konflikts setzt das Ich den Abwehrmechanismus der Spaltung ein, um das eigene

Funktionieren zu gewährleisten. Dabei können nicht unerhebliche Brüche in der Persönlichkeit, ja selbständige Teilidentitäten entstehen. Für Außenstehende entsteht der Eindruck einer unberechenbaren, zwischen Extremen schwankenden Persönlichkeit. Ein Teil der Persönlichkeit kann sich in der Hoffnung tragen, die Erfahrung des Geliebtwerdens zurückzugewinnen, ein anderer Teil dagegen äußert Hoffnungslosigkeit und möchte in einem destruktiven Akt gegen das eigene Selbst alle tragfähigen Bande, die den Betreffenden noch mit seiner Umwelt verbinden, kappen. Aus dem an sich selbst leidenden Traumatisierten wird nun einer, der bei anderen Leiden verursacht, andere verwundet, jedoch diesen Teil des Selbst, in dem sich die destruktive Energie des Deprivierten manifestiert, verleugnet. In der Folge eines in der Kindheit erlittenen Verlusts entstehen Abwehrhaltungen: Affektmangel, Methoden der Abwehr »gegen die Sehnsucht nach dem verlorenen Objekt« (Melanie Klein). Es sieht so aus, als ob die Trauer fehlen würde.

»Schneckenhauskinder« nennt Frances Tustin[9] diese vereinsamten Kinder mit autistischen Zügen, die sich wegen einer vermutlich angeborenen Überempfindlichkeit der Wahrnehmungsorgane und traumatisierender Umwelterfahrungen abkapseln und keine oder eine zu schwache Bindung an menschliche Bezugspersonen entwickeln. Nicht immer führen solche Entwicklungen zu den dramatischen und als Krankheit erkennbaren Zuständen des Autismus. Und während heute Spieltherapeuten und Schulpsychologen diese Kinder aus ihrem monadischen Dasein zu befreien versuchen, blieben die Kinder früherer Generationen weitgehend sich selbst überlassen, wurden als verschrobene Einzelgänger und Sonderlinge von der Meute verfolgt und mißhandelt. Sie lebten am Abgrund, wurden nicht selten vom destruktiven Sog der Einsamkeit mitgerissen, nicht fähig, aus eigener Kraft zu leben.

Das Tier, für den Gefühlsreichen eine neue, ungewohnte Art des Kontakts zur Mitwelt und zum eigenen Selbst, wird für das vereinsamte, abgekapselte Kind zur Brücke. Eine Brücke, die ihn schließlich zur Welt der Menschen führt, die sich dem ungleichen Paar plötzlich voller Interesse zuwendet, Fragen stellt. Das Tier ermöglicht dem Kind eine Selbstentwicklung, wie sie eigentlich bereits in den ersten vier Monaten nach der Geburt hätte stattfinden müssen: Das Tier ermöglicht dem Kind, wieder zu den Anfängen der psychischen Entwicklung zurückzukehren, in jene beruhigenden Zustände des Eins-Seins mit dem Mutterleib, der Natur, die Freud einst die »ozeanischen Gefühle« nannte. Diese vom Kontakt zu realen oder fantasierten Tieren ausgelösten Verschmelzungsbilder erlauben ein seelisches und emotionales Nachreifen. Das Tier bietet einen in der Welt der Erwachsenen nicht mehr zugänglichen geschützten Zustand, denn das Kind kann die Trennung zwischen Ich und Nicht-Ich leugnen, will über das Tier verfügen, wie es einst über den Leib der Mutter als erweitertes (Körper-) Selbst verfügen konnte.

Der Hund wird in den Worten von Aaron Katcher zu einer »Ikone der Konstanz«; er bleibt dem Menschen zugetan, sogar wenn er von seinen Mitmenschen längst aufgegeben worden ist. Der Hund verkörpert unwandelbare Loyalität. Er ist jugendlicher Held und Retter. Er hält Wache an Krankenbett und Grab und verzichtet dafür sogar auf Nahrung. Die Gegenwart des Tieres erinnert an die Gegenwart des Lebens, das jenseits der Spaltung von »Gut« und »Böse«, jenseits der menschlichen Kriege und Verwundungen stattfindet. Wir nähren uns von diesem Strom der Dauerhaftigkeit, der gleichmäßigen Bewegung der Gezeiten, dem in der Muschel eingeschlossenen Rauschen des Meeres. Das Schnurren der Katze vermittelt das Gefühl von Geborgenheit, weil wir in ihm den Rhythmus eines anderen, tieferen Atmens wiedererkennen.

Das Tier bleibt ein Gefühlsanker in einer Welt der Unberechenbarkeiten, der Trennungen, des permanenten Liebesverlusts, die auch jene betreffen, denen die Kindheit keine lebensgefährlichen Wunden schlug. Daher wird das Tier als Bindungsfigur für den Menschen immer wichtiger in einer Gesellschaft, die auf allen Ebenen, beruflich ebenso wie persönlich, das Ausrangieren und Auswechseln so erfolgreich praktiziert. Das Tier wird zu einem Kraftreservoir; es garantiert den direkten Zugang zu einer allmächtigen, über die verweigernden menschlichen Bezugspersonen triumphierenden Natur. Das Tier wird zu einem Verbündeten des eigenen Selbst, das nun lebensfähig ist und an der durch sein Ich-Ideal überhöhten Natur partizipieren kann.

»Im Grunde hatten meine Eltern niemals eine wirkliche Beziehung zu uns Kindern«, berichtet eine Tierhalterin. »Niemals haben sie nach uns gefragt. Sie haben sich beide nie für meine Neigungen interessiert oder sich erkundigt, was ich gerade in der Schule durchnehme. Wenn ich etwas unternommen hatte, fragten sie nicht, wie es war, was ich erlebt hatte. Sie haben mich nie zum Erzählen aufgefordert, sondern immer nur von sich gesprochen. Viele Jahre später, als ich durch eine Psychotherapie begriffen hatte, habe ich bewußt versucht, von mir zu erzählen. Aber sie reagierten nicht. Bis heute interessieren sie sich nicht für das, was ich mache, oder sie machen es herunter und meinen, es sei nichts wert.« Bei meinen Befragungen über die Beziehung zwischen Mensch und Tier fand ich immer wieder diese frühen Verwundungen des kindliches Selbst, dieses Gefühl, einen nicht wiedergutzumachenden emotionalen Mangel in der frühen Kindheit erlitten zu haben.

Entgegen den in der psychoanalytischen Literatur verbreiteten Triebdeutungen der Vorstellungen vom Tier – etwa der Gleichsetzung des Pferdes mit dem Phallus und der Sexualität des Vaters, wie sie in Freuds Falldarstellung »Der Kleine Hans« gegeben wurde oder die Erklärung, es sei »Penisneid«, den das Mädchen in der Pubertät dazu treibe, Reiten zu lernen – scheint mir die Rolle des Tieres in vielen Fällen die eines Stimulans der Gefühls- und Selbstentwicklung zu sein: der Entfaltung und – in späteren Jahren – Stabilisierung des Selbstwertgefühls. Der triebtheoretischen Deutung der Mensch-Tier-Beziehung ist eine narzißmustheoretische entgegensetzen. Das Tier übernimmt die Rolle der »guten« Anteile des eigenen Ich und Ich-Ideals. Parallel zur Vermenschlichung des Tieres findet eine »Vertierlichung des Menschen« statt, denn das Tier wird nun so, wie man sich gute Eltern gewünscht hätte. Die Auseinandersetzung mit der Gefühlswelt des Tieres bedeutet ja auch ein Hereinlassen tierischer Empfindungsweisen – und sei es nur auf der Ebene der Phantasie – in die Gefühlswelt des Menschen. Mit dem Tier wird das eigene Selbst in die Natur projiziert. Mit der Idealisierung der Beziehung zum Tier wird das Tier ein Teil des eigenen Selbst und kompensiert damit die Vernachlässigung seitens der Eltern. Diese »guten« und beruhigenden Selbstvorstellungen können in emotionalen Notzeiten immer wieder »aufgerufen« werden, zumal sie ja gleichfalls dazu beitragen, die eigenen sozialen Kompetenzen zu erweitern, feinfühliger anderen Lebensformen und Lebensweisen gegenüber zu werden, Zugang zu anderen, unbekannten Lebenswelten zu erhalten.

Das Tier und die von ihm ausgelösten Selbstvorstellungen werden zum Gefühlsanker, das den heranwachsenden Menschen mit dem Grund seiner eigenen positiven Identität verbindet und ihm noch dazu ermöglicht, an der Natur und den mit ihr verbundenen Allmachtsgefühlen teilzuhaben. Tiere wollen gebunden, emotional festgehalten werden. Besonders Katzen, denen man so gerne Bindungslosigkeit zum Menschen nachsagt, binden sich intensiv an Menschen, die sich ihnen zuwenden. Wer Tiere an sich bindet, wird mit einer Gefühlsintensität und Stabilität der Beziehung belohnt, die in der Welt der Erwachsenen kaum mehr anzutreffen ist.

Verloren und nicht wiedergefunden

Die Nähe von Opfer und Täter, von Leiden und Leiden verursachen wird am Umgang des schizoiden, in früher Kindheit deprivierten Menschen deutlich. Denn bei aller verborgenen Sensibilität, bei allem Mangel an Zuwendung sind diese Menschen zu einer unvermuteten Härte fähig. Was eben noch nah, mit dem eigenen Selbst verschmolzen, unverzichtbar war, wird im nächsten Augenblick zurückgestoßen. Das Tier wird in seiner Bedürfniswelt oft nur verschwommen, durch die Brille des eigenen Mangels wahrgenommen. Die allzu große Nähe erzeugt den Wunsch, die Fenster aufzureißen, das Störende in großem Bogen hinauszubefördern. Uroboro, die mythische Schlange, die ihren Schwanz mit ihrem Mund umschließt, ist der emotionale und seelische Selbstversorger par excellence. Das Tier als Objekt des früh Traumatisierten ist immer in der Gefahr, entweder verschlungen oder hinausgeworfen zu werden, denn die Zuneigung jener Menschen schwankt. Sie geben weiter, was sie selbst erlebten. Für viele bleibt das Tier in beunruhigender Weise das nach außen gewendete Selbst, Spiegel der eigenen Wünsche. Daher das Entsetzen, wenn sogar das Tier an den eigenen Schwächen scheitert. Zum Impuls, sich ein Tier zu halten, tritt der Wunsch nach Veränderung. Man will seine Lebensumstände von Grund auf umgestalten, sein Leben anders einrichten, Zeichen setzen. Das Tier verspricht eine zweite psychische Geburt, verspricht eine Korrektur der Webfehler im eigenen Gefühlsleben. Im Tier wird das frühe Drama neu inszeniert. Man hat inzwischen gelernt, auf Maximallösungen zu verzichten und nimmt gerne auch kleine Münzen. Einem Wellensittich oder Papagei kann man beibringen, was andere verweigern. Er ist gelehrig. Der Satz »Ich liebe dich« oder »Du Mistkerl« ist rasch erlernt und trifft meistens die Stimmung. Die Selbstheilung wird, fern jeder Magie, zur nüchternen Dressur. Das Tier wird zum Prototyp des narzißtischen Objekts, das vom beängstigenden Fehlen eines menschlichen Du ablenkt. Durch seine Verschmelzung mit dem Tier kann der früh Traumatisierte das Getrenntsein, den Tod leugnen; er nimmt ihn einfach nicht zur Kenntnis.

Der Glanz im Auge des Tieres

Wir wünschen uns, was wir selbst sein möchten und suchen danach im Blick des anderen. Das Ich-Ideal ist Teil unserer angestrebten

Persönlichkeit, die über die Eigenschaften verfügt, die wir begehren. Der Mensch wünscht sich, so zu werden, wie er sich vorstellte zu sein, bevor ihn die Wirklichkeit überrannte, bevor ihm Grenzen gesetzt wurden. Im Ich-Ideal verinnerlicht er diesen Kontinent der Wünsche und Träume, der nie erreichten. Sie können sich leicht an der Gestalt des Tieres entzünden, denn auf das Tier überträgt er seine nicht gelebten Gefühle. Mit diesem Gefühls-Gerüst, in dem Vergangenes ebenso wie Zukünftiges enthalten ist, errichtet er seinen Lebensraum. Das Tier als allmächtiges Tier, Angst-Tier, Zauber-Tier. Es ist Geruchs-Tier, Fühl-Tier, Augen-Tier und Renn-Tier. Das Tier ist Gedächtnis. Es kann den Heimkehrer noch nach zehn Jahren am Schritt erkennen. Selbstlos opfert es sich für seine Jungen. Am Kleidungsstück findet es den Vermißten, den Verschütteten kann es lokalisieren. Das Tier hat Zugang zu einer Welt, die dem Menschen verschlossen bleibt.

Widersprüche der Gefühle: Wer Tiere hält, knüpft an diese frühen Umgangsformen mit der Welt der Objekte an, als sich das Kind einen Gegenstand wählte, einen ersten Besitz, das »Nicht-Ich« war. Dieses »Übergangsobjekt« (Winnicott), ein Teddy oder Stoffzipfel, wird zu einem ersten Verbündeten des Kindes, mit dem es die Welt der anderen erkunden kann. Im Gegensatz zum Übergangsobjekt, das Gemeinsamkeiten herstellt, schirmen die »autistischen Objekte« (Tustin) von der Außenwelt ab: Der Schutz wird zum Gefängnis, aus dem sich das Kind selbst nicht mehr befreien kann. Die Fetische, mit denen das Kind sich einmauert, hindern es daran, mit Frustrationen kreativ umzugehen. Sie werden zu einer Nabelschnur, die das Kind mit vergifteter Nahrung füttern. So benutzen wir Tiere: entlang der Modalitäten des Zulassens und der Abwehr. Als verinnerlichten, nicht getrennten, den eigenen Allmachtswünschen ausgelieferten Gegenstand des Selbst. Die Beziehung zum Tier ist daher mit großen Erwartungen verknüpft, Erwartungen, die sich auf einer vorbewußten Ebene in Projektionen äußern, die nicht immer etwas mit der Wirklichkeit des Tieres zu tun haben. Dem Tier werden magische Eigenschaften zugesprochen, die es überfordern.

An der Einstellung zum Tier zeigt sich, ob wir es als eigenständiges Lebewesen akzeptieren oder nur den eigenen Bedürfnissen egozentrisch unterordnen. Auf seine Schultern werden all die unerfüllt gebliebenen Hoffnungen der Kindheit abgeladen. Wir bewundern seine Wildheit oder seine Sanftmut nur solange, wie wir sie uns selbst erträumen – eine Überforderung und Verzerrung der Wirklichkeit, die oft in einem Desaster endet. Die Hunderttausende von Tieren, die jedes

Jahr verstoßen, an Autobahnpfosten angebunden, unter fadenscheinigen Begründungen weggegeben werden, zeugen davon, wie leichtfertig Menschen bereit sind, das, was sie als gut und wertvoll erachteten, wieder von sich zu stoßen. Sie machen die Hoffnung in sich selbst und die vom Selbst getroffene Wahl wieder zunichte oder zerstören sie aus Wut, weil sie sich nicht in der erwarteten Weise erfüllt hat. Das Verstoßen des Tieres ist damit zugleich ein Verstoßen des eigenen Selbst.

Die Gegenwart des Tieres dient als Regulator der Trennungsangst und fördert noch beim Erwachsenen Sicherheitsgefühl. Die Beziehung zum Tier ähnelt dieser frühen Beziehung, die eine des emotionalen Mangels, des Überflusses oder des Gleichgewichts von Zuwendung und Versagung gewesen sein kann. Menschen machen das Tier zu ihrem Liebesobjekt, hängen an ihm wie sie einst an ihrem Teddybär festhielten. Sie üben am Tier freilich ebenso die Härten der Trennung, des Wegstoßens und Kaputtschlagens, wie sie es einst mit dem geliebten Stofftier taten, dem das Kind schon mal ein Glasauge ausriß oder den Hals umdrehte. Wie das Spielzeug einst auf den Speicher oder in die Müllsammlung wanderte, so kann das Tier ebenfalls leicht weggegeben oder ersetzt werden. Im Austausch für das Tier, das man abgelegt hat, taucht eine Ideologie auf, das Lob der Bindungslosigkeit, stets getragen vom Pathos der verratenen Liebe, die man, da treulos, unzuverlässig, instabil, über Bord werfen mußte.

Was bleibt, am Ende wie am Anfang: das Stofftier, das angestaubt, mit einfältigem Lächeln auf dem Bettkasten hockt, ein »Übergangsobjekt«, das keinen Übergang mehr findet, keine Zukunft mehr hat. Es bleibt, wo es ist – in der Unveränderlichkeit der verwelkenden Gefühle.

»Sonst hätte es niemanden«: Das Tier des Melancholikers

Zerberus, der Höllenhund, wacht am Eingang der Unterwelt. Hesiod stellt ihn dar mit vielen Köpfen, einer fürchterlicher als der andere. Nichts bleibt seinen Augen verborgen, und jeden verbellt er, der sich an ihm vorbeischleichen will. Zerberus ist der Hüter des Tores. Zwar läßt er die Toten hinein, doch einmal in der Unterwelt, können sie diesen unwirtlichen Ort nie mehr verlassen. Dafür sorgt der Hund mit den vielen

Köpfen. Unerbittlich treibt Zerberus sie wieder zurück. Nur Orpheus, dem Sänger, gelang es, ihn zu täuschen. Seine süßen Harfenklänge verdrehten dem Vielköpfigen, dem man die Musikliebhaberei überhaupt nicht zugetraut hätte, wohl den Kopf... Durch die Schönheit von Orpheus' Liedern, heißt es, kam der Dämon des Todes zur Ruhe. Zerberus senkte seine Köpfe und lauschte den fremden Klängen. Die Metamorphosen der Trauer. Orpheus, der die tote Eurydike sucht und durch die Kraft seiner Musik die Schrecken des Todes nicht fürchtet. Der Hund, Sinnbild von Angst und Ausweglosigkeit, bißig und unnahbar, stellt sich vor die Kräfte der Zerstörung, um sie vom Reich der Lebenden fernzuhalten. Die Ambivalenz von Schrecken und Schönheit, Verderben und Liebe, wird am Höllenhund deutlich.

Die griechische Antike wählte Tiergestalten, um dem Verlassenen, über Trennung und Tod des Geliebten trauernden Menschen einen Ausweg zu ermöglichen. Das Tier war Verbündeter des Menschen, es half ihm, sich mit dem Verlorenen – auf einer materiellen oder ideellen Ebene – wiederzuvereinen. Als Cycnus, der König von Ligurien, über den Tod seines Freundes Phaedon trauerte, war sein Schmerz so groß, daß er sich nicht mehr zu trösten vermochte. Da hatten die Götter Mitleid und verwandelten Cycnus in einen Schwan. Im Tier (mit seiner anderen Existenzweise) gelang es ihm, den für den Menschen auswegslosen Schmerz zu überwinden.

Das Tier als Retter im Mythos des Delphins, der Menschen vor dem Ertrinken bewahrt und sie auf seinem Rücken sicher ans Land bringt. Das Pferd, das in der Gefahr auftaucht und auf dessen Rücken der Mensch in Sicherheit getragen wird. Die »guten« Tiere, die den Menschen vor Tod und Verderben retten.

Am Anfang steht ein Verlust. Das Gefühl, von einem geliebten Menschen verlassen worden zu sein, hat seine Wurzeln in der Kindheit. In der Kindheit sind wir anderen auf Gedeih und Verderb ausgeliefert, körperlich wie seelisch – eine, wie der Erwachsene weiß, äußerst ungünstige Position. Wer in diesen frühen Lebensjahren zuwenig, aber auch wer zuviel Unverdauliches erhielt, hat sein Leben lang an den Folgen zu tragen. Sowohl Mangel als auch ein Übermaß an Zuwendung ist schädlich für das seelische und emotionale Gleichgewicht, gebiert es doch Erwartungshaltungen, die chronisch frustriert werden. Die Mitmenschen scheren sich im allgemeinen nicht um die Bedürftigkeit des einzelnen. Ganz im Gegenteil: Der Mensch, der sich wegen seiner ungeschickten Fixierungen in dieser »oralen Phase« der Triebentwicklung depressiv getönter Beziehungsformen befleißigt, grämt sich daher, man könne ihm womöglich das Wenige, dessen er gerade noch habhaft werden konnte, erneut »aus dem Mund« reißen.

Das Grundthema des Melancholikers: Nehmen und Bekommen, Verwöhnung und Versagung. Während sich die früh Gestörten auf die Stufe der Auflösung jeglicher Subjekt-Objekt-Trennung zurückphantasieren, steht in der oralen Stufe der psychosexuellen Entwicklung die Mutter im Mittelpunkt, die für reichlich Nahrung sorgt oder sie dem Kind verweigert. Das Kind will für immer an der nährenden Brust der Mutter bleiben, nie aus dem Schutz des versorgenden Vaters heraustreten. Der Weg ins eigene Leben wird durch Passivität und Furcht vor Mangelzuständen behindert. Unzufriedenheit und Rastlosigkeit treiben den Melancholiker an, es ist der hektische Blick des Konsumenten, der immer neue Dinge raffen will, nie satt wird.

Dieser Beziehungsmodus wirkt sich auf die Tierhaltung aus: Das Tier soll schützen und behüten, den Menschen mit emotionaler Nahrung versorgen. Sein Mensch sucht gerade die Abhängigkeit, will sich binden und gebunden sein, scheut nicht vor Liebe zurück. Ganz im Gegenteil: Die Liebe auf dieser Stufe kann allerdings auch den Charakter des Saugens und Aussaugens annehmen; es ist die Liebe des Vampirs. Sie führt zum Ausbluten, zum Verlust der Eigeninitiative, zur Selbstauflösung bis hin zum Tod. Der Melancholiker leugnet das Eigenleben seines Objekts. Es soll stillhalten, damit er es nicht verliert. Doch indem er sich tote Objekte einverleibt, stirbt er selbst unweigerlich ab. Das entleerte Objekt enttäuscht ihn erneut; nun trauert er über den Verlust dessen, was er an ihm eigentlich liebte.

Als Bestie warst du mir lieber ...

Lieben unter der Bedingung, überlebenswichtig zu sein. Nicht die Liebe zweier Gleichgestellter, deren Lebenschancen gleich gut oder gleich schlecht sind, sondern eine Hierarchie, ein Oben und Unten. Solche Konstellationen üben einen großen erotischen Reiz aus, nicht nur in der Phantasie. Und genau auf dieser Beziehungsklaviatur verstand Jean Cocteau in seinem Film-Märchen *Die Schöne und das Tier* so meisterhaft zu spielen. Die Legende der Ent-Zauberung, der Befreiung des Selbst. Eine neue Bewußtseinsform erreichen, um den anderen so zu sehen wie er ist, um seine Entwicklung zu einem anderen Menschen zur Kenntnis zu nehmen. Nicht immer fällt das Ergebnis zur Zufriedenheit aus.

Belle, übermäßig an ihren Vater gebunden, von der Stiefmutter und den Stiefschwestern verachtet, erniedrigt und beneidet, da sie trotz ihrer Aschenputtel-Rolle reichlich mit der Liebe des Vaters beschenkt wird und damit die heimliche Prinzessin ist, will sich für ihren Vater opfern, den sie durch ein Souvenir, das sie sich von seiner Reise wünschte, in Lebensgefahr brachte. Belle wollte »nur« eine Rose, eigentlich ein ganz bescheidener Wunsch, doch zufällig Symbol der Liebe zwischen Mann und Frau und weniger das Geschenk, das ein Vater seiner zur Frau heranwachsenden Tochter mitbringt. Damit drückt die Tochter ihren Wunsch aus, den Vater als Geschenk zu erhalten. Dieser pflückte aber die Zauber-Rose eines abstoßenden »Tieres«, das fern von den Menschen in einem verwunschenen Schloß haust. Der Vater kann nur gerettet werden, wenn das Tier an seiner Statt ein Pfand erhält. Belle opfert sich aus Liebe zu ihrem Vater, deren Unerfüllbarkeit ihr inzwischen klar geworden ist. Indem sie sich der Bestie als »Selbstopfer« präsentiert, gibt sie sich die Erlaubnis, sich vom Vater zu trennen, ihr Tochter-Selbst zu überwinden. Nur so wird ihre Befreiung, die Trennung von der inzestuösen Vaterbindung möglich.

Belle erkennt sogleich, daß die Bestie ein gutes Tier ist, zumal es sich ihr gegenüber keineswegs aufdringlich, sondern untertänig und zuvorkommend verhält. Sie gesteht dem Tier, daß sie einmal in den hübschen jungen Avenant verliebt war, der jedoch einen häßlichen Charakter hatte. Das Tier dagegen ist »gut«, auch wenn sein Anblick abschreckend ist und es sich blutrünstig von unschuldigen Rehen ernährt. Außerdem wird ihr von der Bestie das Opfer ja geradezu aufgenötigt, weil sie nur so ihren Vater retten kann; die Loyalität bleibt äußerlich also unangetastet. Die »Liebe« kann vermieden werden, wo das Opfer im Vordergrund steht. Der Triebaspekt jedoch, die reißende Bestie auf der einen Seite, die reine Tochter auf der anderen Seite, wird gelöst, indem Belle die Bestie nun mütterlich umsorgt.

Die depressive Liebe, gerade weil sie sich so gerne anklammern will, hat eine Reihe von Ablenkungsmanövern in die Welt gebracht, um von ihren wahren Motiven, der ekstatischen Verschmelzung, abzulenken oder sie ganz zu vermeiden. Belle wählt ja nicht Avenant, zu dem sie sich erotisch hingezogen fühlt, sondern das Tier, dessen unverstelltes Triebleben sie keineswegs so abstoßend findet, wie es zunächst den Anschein hat. Dennoch liebt sie nur unter der Bedingung, gebraucht zu werden, von einem der nicht »schön« ist und dem auf dem freien Markt die Herzen nicht gerade zufliegen würden.[10] Die Liebe zum

Häßlichen, das von anderen verstoßen wird, stellt zudem einen narzißtischen Gewinn dar. Belle kann sich nun besonders barmherzig und
gut erleben und stellvertretend die eigenen seelischen Verwundungen
überwinden, die ihr als mißachtetem Gast in der Stief-Familie wider-
fuhren. Die Liebe zum Tier stellt sich demnach als Einheit von Rettung
und Selbstheilung, von Lösung und Erlösung dar. Denn die Bestie
liefert, wie es sich für Märchen gehört, Belle in blindem Vertrauen die
Insignien seiner Macht aus: die Rose, den Spiegel, die goldenen
Schlüssel, das Pferd, den Handschuh. Die Bestie überhöht Belle und
macht sie zum Richter und Henker. Das Überleben des Tiers liegt nun
in ihrer Hand. Das Liebesideal des Melancholikers, der ja zugleich ein
unverbesserlicher Romantiker ist, scheint hiermit erfüllt: Man gibt
alles, bedingungslos, ohne Rückversicherung, bis zur völligen Selbst-
aufgabe und Selbstverleugnung.

Cocteau spielt hier mit allen Motiven depressiven Erlebens, wie sie
nicht zuletzt in der Beziehung zwischen Mensch und Tier zum Tragen
kommen: alles restlos hergeben, sich ausliefern, alles aufopfern und
die magische Erwartung, obwohl man keine Trümpfe mehr in der Hand
hat, häßlich, verarmt, alt und krank ist, doch noch gerettet zu werden
von dem geliebten, bewunderten anderen, dem man sich mit fast schon
selbstzerstörerischer Energie ausgeliefert hat. Denn der Betreffende
verspürt natürlich keinerlei Drang mehr, in Aktion zu treten, wo er
sich doch schon alles genommen hat. Das Liebesobjekt ist ja nun nichts
mehr, hat ja nun nichts mehr zu geben in den Augen des anderen.
Folglich erlebt das Tier sich weiterhin als häßlich und dumm und der
Liebe der schönen Belle ganz und gar unwürdig. »Belle, wenn ich ein
Mensch wäre, würde ich bestimmt alles tun, was Ihr sagt. Aber wenn
die armen Tiere ihre Liebe beweisen wollen, können sie sich nur auf
die Erde legen und sterben.«

Doch weil es ein Märchen ist, findet die ungleiche Affaire doch noch
ein gutes Ende: Belles Loyalität und Liebe erlöst das Tier, und aus der
Bestie steigt ein blendend gutaussehender Jean Marais, der seine Geliebte sogleich in die Lüfte einer ekstatischen angst- und lustvollen
Vereinigung entführt, nicht ohne zuvor durch Belles Reaktion auf seine
Verwandlung eine gewisse Irritation gezeigt zu haben. Denn als Belle
den Schönling, der ausgerechnet die Züge ihres zurückgelassenen Avenant trägt, erblickt, wirkt sie nicht gerade begeistert und erweckt den
Eindruck, als trauere sie seiner Häßlichkeit nach. Ihre Liebe war ja
nicht nur Mitleid. Es war die Liebe zu ihrem eigenen häßlichen Selbst-
Anteil, den die Jungianer sehr anschaulich »Schatten« nennen. Mit der

Liebe zum Tier gelang ihr die Integration des Ungeliebten, zurückgestoßenen, abgewiesenen Selbst, das belebt wurde durch die »bestialischen«, positiven Kräfte des Tieres, das damit in den Kreis der lebendigen Menschen zurückkehren konnte.

Armes, dummes Tier

Die beiden waren unzertrennlich. Wo immer sie auftauchten erregten sie Aufsehen. Denn eigentlich schien bei ihnen nichts zusammenzupassen. Er, ein schwergewichtiger, bulliger Typ, der seit Jahren erfolglos, aber auch ein wenig halbherzig gegen sein Übergewicht ankämpfte, wirkte wie ein »Elefantenbaby«: massig, dabei höchst empfindsam und leicht aus der Fassung zu bringen. Sie, die quirlige, temperamentvolle, zarte und immer ein wenig kränkelnde Yorkshire-Terrier-Dame, die von seiner 82-Kilo-Gestalt leicht hätte zermalmt werden können.

So groß er von Statur war, so leise sprach er. Alles an ihm schien zart zu sein. Seine stets ein wenig vorwurfsvoll klingende Stimme, die zu Irritationen neigende Haut, die sich blutrot verfärbt, wenn man ihn unerwartet ansprach. Seine Bewegungen wirkten unbeholfen und linkisch, doch wenn er die Hündin auf den Schoß nahm und ihr über den Pony strich, der mit einem roten Samtbändchen zusammengehalten war, legte er eine rührende Behutsamkeit an den Tag, die niemand mit seiner hünenhafte Gestalt in Verbindung gebracht haben würde.

Max wohnte noch bei seiner Mutter, obwohl er schon Ende 20 war. Der Grund, das gab er offen zu, waren nicht nur Wohnungsnot und seine beschränkten finanziellen Möglichkeiten, nein, seit der schweren Krankheit und dem Tod des Vaters mochte er seine Mutter nicht allein lassen. Zudem war er gefühlsmäßig noch näher an sie herangerückt, nachdem ihm ein Mädchen, in das er vor einigen Jahren unsterblich verliebt war, schmählich betrogen und schließlich verlassen hatte. Eigentlich war sie es gar nicht wert, daß er sich so wegen ihr grämte, betonte er immer wieder. Sie wollte ihn doch nur ausnutzen, egozentrisch sei sie gewesen und berechnend. Er hatte alles für sie getan, doch sie blieb kalt und verschloß sich seinen Bedürfnissen. Er holte für sie Kleidung von der Reinigung ab, brachte den Müll zur Abfalltonne und hing die Gardinen auf, ja schließlich organisierte er sogar ihren Umzug. Allmählich begriff er, daß diese Liebe einseitig war.

Doch Aufstand war seine Sache nicht. Er vermied es, über seine wachsende Unzufriedenheit zu sprechen, seine erkaltenden Gefühle ihr gegenüber verschwieg er geflissentlich. Er fügte sich, geduldig bis zuletzt, und hoffte insgeheim, ihre Zuneigung noch zu gewinnen, wenn er ihr nur weiterhin klaglos gefällig war.

Das Faß kam erst zum Überlaufen, als er erfuhr, daß sie mit einem anderen Mann in einen Kurzurlaub gefahren war, nachdem sie sich bei ihm dafür sogar noch eine größere Geldsumme ausgeliehen hatte. Unverfroren hatte sie behauptet, sie wolle ihrem Neffen zu dessen Geburtstag einen Reitkurs spendieren. Eine Welt brach für ihn zusammen. Sie hatte ihn nicht nur ausgenutzt, sondern sogar betrogen! Seine Mutter, die ihn von Anfang an vor dieser Verbindung gewarnt hatte, schalt ihn, daß er zu gutmütig und naiv für diese schlechte Welt sei.

Unerwartet kam es in dieser finsteren Zeit dann doch noch zu einem Lichtblick. Als er wenige Tage nach der Trennung zum Einkaufen ging, erblickte er hinter der Scheibe der Zoohandlung einen frierenden Hundewelpen, der ihn so elend und herzerweichend anwinselte, daß er, obwohl er sonst keineswegs entschlußfreudig war, unverzüglich in das Geschäft ging und den Hund kaufte, nicht ohne der Verkäuferin zu Verstehen zu geben, daß es eigentlich despektierlich sei, Tiere mir nichts, dir nichts kaufen zu können, ganz so, als handele es sich um ein Nahrungsmittel oder Sportgerät. An diesem denkwürdigen Tag, den er fortan zum Geburtstag seines Hundes erkor, begann eine Freundschaft fürs Leben. Schließlich hatte er den Hund vor einem ungewissen Schicksal an der Seite irgendeines rücksichtslosen Menschen gerettet, der den kleinen Hund niemals so innig geliebt hätte, wie er ihn fortan lieben wollte. Er nannte den kleinen Yorkshire-Terrier »Lady«, nicht zuletzt in der wehmütigen Erkenntnis, daß eine menschliche Gefährtin ihm wohl verwehrt bleiben würde.

Er war als Einzelkind aufgewachsen und hatte sich immer einen Hund gewünscht. Seine Kindheit war ihm nicht in guter Erinnerung. Sicher, seine Eltern opferten sich für ihn auf, zumindest erinnerten sie ihn stets daran, dankbar zu sein. Im Alter von drei Jahren wurde er für einige Wochen von seinen Eltern getrennt. Häufige Umzüge und Schulwechsel brachten Unruhe in seine Kindheit. Immer wieder machte er die enttäuschende Erfahrung, daß er Menschen, an die er sich gerade gewöhnt hatte, wieder verlassen mußte, weil sein Vater versetzt wurde. Für ihn bedeutete das stets endgültigen Kontaktabbruch, denn es gelang ihm nicht, durch Briefe und Besuche den Kontakt mit Bekannten aufrechtzuerhalten. Durch diese ständigen Wechsel wurde er ein unsicheres, labiles Kind, das sich bei Problemen in sich selbst zurückzog. Seine Mutter wurde erst später zu seiner Vertrauten. Obwohl er vorgab, nur noch wenig von seiner Umwelt zu erwarten, sich spröde und distanziert gab, schraubte er insgeheim seine Ansprüche immer höher und wünschte sich, bedingungslos geliebt zu werden.

Nun widmete er sich voll und ganz der Terrier-Dame. Ihre Erziehung stellte ein Problem dar, denn er war gutmütig und mochte ihr nichts verbieten. So schaute er geflissentlich weg, wenn sie sich auf das Sofa legte, was seine Mutter gar nicht schätzte, oder die Blumenerde umwühlte. Er duldete es, wenn sie sich mit dem Briefträger anlegte und verzieh ihr, wenn sie seine Pralinés anknabberte. Wenn er Lady rief, kam sie nur, wenn es ihr beliebte. Meistens jedoch hatte sie Wichtigeres zu tun. Überhaupt war es beunruhigend, wie selbständig sich dieses winzige Geschöpf durch die Welt bewegte und couragiert sogar die finstersten Ekken des Hauses erkundete, vor denen er sich gefürchtet hatte. Lady wurde der Motor in seinem Leben. Noch nie war er gut zu Fuß gewesen; vom Sportunterricht hatte er sich als Schüler befreien lassen, weil seine Mutter fürchtete, er könne sich bei den gefährlichen Übungen am Bock für den Rest seines Lebens verstümmeln. Doch Lady schleppte ihn ungerührt sogar bei rauher Witterung auf lange Spaziergänge, die er früher gemieden hatte. Ächzend schnaufte er hinter ihr her, wenn sie behend vor ihm den Hügel hinaufkletterte. Wie gut, daß Lady nur kurze Beinchen hatte, sonst hätte sie ihn schon bald abgehängt.

Ich bitte Max, mir seine Beziehung zu Lady zu beschreiben. Es ist auffällig, daß Max keinen Unterschied macht zwischen seinen menschlichen Bezugspersonen und seiner Hündin. Er interpretiert deren Verhalten so, als sei jede ihrer Regungen auf ihn bezogen. Auffällig ist seine Selbstbezogenheit, hinter der sich die Annahme verbirgt, das Tier hätte keine eigene, vom Menschen unabhängige Lebenswelt, keine eigenen Bedürfnisse. Max schildert die Gefühle, die der Hund in ihm auslöst: »Lady weiß, was in mir vorgeht. Wenn es mir schlecht geht und ich mich einsam fühle, kommt sie und legt sich auf meinen Schoß. Dann blickt sie mich mit ihren klugen Augen lange an, so als wolle sie mich trösten.«

Die Angst vor dem Alleinsein, davor, selbständig und selbstverantwortlich zu werden, die Angst vor Trennung und Verlust, ist kennzeichnend für das depressiv-getönte Weltbild. Die depressiv strukturierte Persönlichkeit wird versuchen, sich vor dieser Erfahrung davonzustehlen; sie will keine Trennung vollziehen, will bedingungslose

104

Hingabe. Um sie zu erlangen, ist sie bereit, jedes Opfer zu bringen. Doch für seine sanftmütige »Selbstlosigkeit« will der Depressive belohnt werden. Sicher, er liebt es, ein anderes Wesen zu versorgen, er genießt, wenn der andere zeigt, wie abhängig er von ihm ist. Doch wehe, der andere nimmt sein Opfer nicht an. Er wird nicht nur schmollen, nein, erbittert wird er die Dankbarkeit des anderen einklagen, wird ihn mit Vorwürfen überschütten, dem anderen nicht verzeihen, die eigenen übersteigerten Erwartungen nicht zu erfüllen.

In der Beziehung zum Tier steht das Helfen-Wollen im Vordergrund. Das Mitgefühl für Tiere in Not führt aber nicht selten zur übereilten Aufnahme des Tieres in den Haushalt – solange, bis man sich eingestehen muß, daß ein Zusammenleben unmöglich ist. »Ich rettete den Hund vor dem sicheren Tod, denn in Spanien wäre er als Streuner eingefangen und vergast worden.« In einer spontanen Aktion organisiert der Urlauber eine Impfung und nimmt den Hund mit ins Flugzeug. Ein Urlaubssouvenir, das sich in der Großstadtwohnung allerdings nicht einzugewöhnen vermag. Nach einigen Wochen zunehmenden Vandalismus' des Hundes und einer vom Adoptivmensch unwillig in Angriff genommenen Wohnungsrenovierung entwickelt der überforderte Tierfreund unerklärlicherweise eine Allergie und wird vom Arzt, wie er unter weitschweifigen Entschuldigungen kundgibt, schließlich »leider« gezwungen, den Hund ins Tierheim zu bringen.

Obwohl Altruismus eine begrüßenswerte Haltung ist, die, nur selten beherzigt, wenigstens nicht diffamiert werden sollte, kann man ihr nicht immer vorbehaltlos zustimmen. Mitleid ist weder zwischen Menschen, noch zwischen Mensch und Tier eine gute Ausgangssituation für eine Beziehung. Hinter mitleidvollem Gebahren verbirgt sich nicht selten der Ehrgeiz, über die bedaurte Kreatur nunmehr mit Haut und Haaren verfügen zu können. Wer sich einredet, an seine Umwelt einseitig Geschenke auszuteilen und nicht anzuerkennen vermag, daß er im Gegenzug dafür selbst etwas erhält, und sei es nur die Bewunderung, die er im himmelwärts auf den Menschen gerichteten Blick des Tieres einfängt, praktiziert eine Form des Tiermißbrauchs. Die Konfliktquelle: Dankbarkeit. Wie sollte ein Tier seine »Dankbarkeit« zum Ausdruck bringen? Durch Unterwürfigkeit, Selbstverleugnung? Vorwürfe sind die Folge. Übersteigerte Erwartungen, die auf Allmachtsgefühlen beruhen. Oft entwickelt sich ein fast suchthafter Drang, vom Tier bestätigt zu werden: »Männchen-Machen«, »Pfötchen-Geben« – Gesten der Unterwerfung, die sich manche Menschen mit wunderlicher Lust immer wieder vorführen lassen.

Enttäuschungen mit menschlichen Bezugspersonen sind oft der Auslöser für die intensive Hinwendung zum Tier. »Tiere sind immer für einen da, haben nie schlechte Laune, sind nie nachtragend. Sie lieben ohne Vorbehalte und lehren den Menschen Geduld und Einfühlungsvermögen. Sie trösten mich«, teilten mir Interview-Partner mit. Auch Max gehört in die Kategorie von Menschen, die durch Enttäuschungen mit menschlichen Bezugspersonen auf den Hund gekommen sind. Dennoch würde er ein »Entweder-Oder« wie es im Urteil »Jeder Tierliebhaber ist ein Menschenverächter« anklingt, weit von sich weisen. Seine Bindung an Lady ist mehr als ein Selbstheilungsversuch in der Folge gescheiterter Partnerbeziehungen. Durch seine Sensibilität und Fähigkeit, sich in die Bedürfnisse des Hundes hineinzuversetzen, die neben allen Anklammerungswünschen ja gerade bei depressiven Menschen äußerst ausgeprägt ist, erweist er sich als durchaus »beziehungsfähig«.

Allerdings hat eine so enge Bindung ihre Schattenseiten: Der Hund führt sich wie ein kleiner Despot auf. Immer wenn Max das Haus verläßt und ihn nicht mitnimmt, bellt Lady und macht sich über die Pflanzen her. »Sie mag eben nicht allein sein«, meint Max dazu treffend. Die Diagnose lautet: »Trennungsangst mit vandalistischem Verhalten«. Max gibt zu, daß er es nicht über sich bringt, Lady abzuweisen oder ihr einen »Befehl zu erteilen«. Oft nimmt er sie mit ins Büro und packt sie dort bei wichtigen Terminen in die Tasche. Glücklicherweise ist sein Arbeitgeber tolerant. Doch in den letzten Wochen hat sich Lady angewöhnt zu kläffen, sobald das Telefon klingelt. Oft beginnt Lady bereits zu knurren, wenn er nur den Telefonhörer abnimmt und die Nummer wählt. Sogar ihm wird Ladys Verhalten nun allmählich lästig, obwohl er sich durch ihre Eifersucht ziemlich geschmeichelt fühlt und seinen Bekannten nicht ohne Stolz diese »außergewöhnlich enge Bindung« schildert. Schließlich erfüllt Lady genau das, was er sich immer wünschte: Sie kann es ohne ihn nicht aushalten, so sehr braucht sie ihn. Noch nicht mal Telefonieren darf er mit anderen... Endlich hat er also eine Beziehung, und sei es auch »nur« zu einem Hund, der ihn hundertprozentig in Besitz nimmt.

Das Fehlverhalten des Hundes steht eindeutig mit der Einstellung seines Herrchens in Zusammenhang. Max hat seine Wünsche nach Ausschließlichkeit und seine Angst vor Trennung auf das Tier übertragen: Gerade weil die Sprache nur eine untergeordnete Rolle als Kommunikationsmittel spielt, wirken die auf der affektiven Ebene übermittelten Informationen umso intensiver. Max gibt zu, daß Trennungen und die Angst davor eine wichtige Rolle spielen. Außerdem fiel der Kauf des Hundes in eine Zeit, als er gerade eine Trennung erlitten hatte. Erkannte er im flehenden Blick des Welpen in der Zoohandlung nicht seine eigene Trauer, verlassen worden zu sein? Erblickte er hier nicht sich selbst, seine Sehnsucht nach Liebe? Hoffte er nicht insgeheim, indem er den Hund »erlöste«, ihm endlich ein Heim gab, symbolisch und stellvertretend sich selbst zu erlösen? Versprach er sich nicht, daß sein Wunsch nach Nähe endlich Gestalt werden könnte in der Beziehung zum Hund? Dieser anhängliche, liebesbedürftige, eifersüchtige kleine Hund wurde bald zum Zerrbild seiner eigenen Gefühle.

Ich hab' dich zum Fressen gern

Wir ernähren uns von Tieren, Fleischverzehr ist Teil unserer Kultur. Doch Einverleibung findet nicht nur körperlich statt, sondern auch mit der Seele. Wir essen auf, was unseren emotionalen Geschmack trifft. Nur der Neid, eine geächtete Eigenschaft, erklärt die Verbissenheit, mit der sich seit Urzeiten die Menschen über die Tiere hermachen. Eine Grundangst des Menschen wird geweckt: Jemand anderes macht sich an der Mutterbrust breit.
Der Neid, die sublimierte Form der Freßgier, läßt unsere eigenen Artgenossen nicht aus. Kannibalismus ist ein gestaltendes Element der menschlichen Kultur. Daß Menschen keine Tiere verzehren, denen sie einen Namen gegeben haben, ist ein Gerücht. Generationen von Kleinbauern haben mit großer Selbstverständlichkeit die Vroni, jahrelang liebste Freundin der eigenen Kinder, zum Schlachter gebracht und es sich schmecken lassen, ohne daß ihre Magensäfte, geschweige denn ihr Gewissen in Aufruhr geriet. Wuzi wird verwurstet, wenn ihre Ferkelchen erwachsen geworden sind, und wenn das Giggerl keine Eier mehr legt, wandert es als Suppenhuhn in den Topf. Orales verbindet schicksalhaft Mensch und Tier. Man vernascht jene, die man liebt.
Um so mehr erstaunt es, wenn man sich in harmlosen Alltagssituationen unvermittelt mit der massiven Abwehr all dieser mörderischen Gelüste konfrontiert sieht, die Wogen der Moral hochschlagen und sich gar nicht mehr beruhigen wollen. So beispielsweise

im Fischladen:

Zielstrebig ging sie in das Geschäft. Es war voll mit Kunden, die wegen des Sonderangebots »Karpfen, frisch« gekommen waren. Geduldig reihte sie sich in die Schlange. Im hinteren Teil des Ladens das Bassin, in dem die Fische noch im trüben Sud umherschwammen und dem Ende ihrer verkürzten Lebensspanne harrten. Dankbar sann sie über die vielen Möglichkeiten nach, die sich ihrem Leben noch boten: Weißfisch, Lachs, Hering, Räucherfisch. Ihr lief das Wasser im Mund zusammen. Heute wollte sie einmal zuschlagen. Und als sie endlich an der Reihe war, schluckte sie ihren gewöhnlich bescheiden vorgetragenen Wunsch: »Matjes, bitte. Nein, nur eine Hälfte« entschlossen herunter und verlangte mit fester Stimme: »Einen Karpfen aus Ihrem Angebot. Aber bitte nicht zu groß.«

»Ist aus!« gab die Verkäuferin zurück. »Aus?«, fragte sie ungläubig. »Aber da sind doch noch Karpfen«. Damit wies sie in Richtung des Fischbassins. Inzwischen war es in der Reihe hinter ihr unruhig geworden. Man wünschte keine Verzögerungen, keine Diskussionen. Die Verkäuferin erwiderte, die Bewegung der Menge registrierend, gereizt: »Der ist nicht im Angebot.« – »Ach so«, meinte die Kundin darauf, leicht verunsichert. Doch dann nahm sie sich zusammen, räusperte sich und wiederholte ihr Begehren, wobei ihre Stimme, für Außenstehende kaum hörbar, geringfügig bebte: »Dann hätte ich gerne so einen, aber nicht zu groß.« – »Für Sie soll ich jetzt einen Karpfen umbringen?«, fragte die Verkäuferin entrüstet. Plötzlich war es sehr still geworden im Raum. Mißbilligend drehte man sich nach der Kundin um. Sie spürte die Blicke auf sich. Böse, vorwurfsvolle, ungehaltene Blicke. Vor Scham wäre sie am liebsten in den Boden versunken. Doch heute wollte sie es ihnen zeigen. Zaghaft, doch keineswegs entmutigt, setzte sie mit inzwischen festerer Stimme nach: »Ja, bitte. Aber nicht zu groß.« Widerwillig machte die Verkäuferin sich nun ans blutige Werk: Sie griff sich ein Tier, das schon halb benommen schien, denn es war während der Unterredung mehrmals gegen die Glasscheibe des Bassins gestoßen, mit einem Netz aus dem Kreis seiner Leidensgenossen, legte die zappelnde, mit bereits eingedrücktem Schweif hektisch um sich schlagende Kreatur auf den Tisch, nahm einen Holzhammer und hieb einige Male auf den Kopf des Tieres. Blut spritzte auf ihre weiße Gummischürze. Inzwischen war besagter Kundin der Schweiß ausgebrochen, und es fehlte nicht viel und sie hätte die mörderische Aktion noch gestoppt. Doch nun war es zu spät. Der Kopf des Tieres war schon ganz derangiert. Bei jedem Schlag zuckte sie zusammen als gelte er ihr. Die Umstehenden rückten entrüstet von ihr ab. So eine! Verursacht eine solche Bestialität! Sie hörte feindseliges Zischen und Tuscheln. Kopfschüttelnd wickelte die Verkäuferin den blutigen Fischleichnam in Papier und nannte ihr den Preis, der weit über dem lag, was sie sich für ihr Abendessen eigentlich hatte leisten wollen; sie zahlte rasch, stopfte das noch bebende Tier mit fahrigen Bewegungen in ihre Plastiktüte und verließ fluchtartig den Fischladen.

Schuldbeladen schlich sie die Straßen entlang. Am liebsten hätte sie den Fisch wieder in den Fluß geworfen. Doch schließlich rang sie sich dazu durch, ihn zuzubereiten; ein neues chinesisches Rezept wollte sie ausprobieren, um den Schaden für ihre Eßgewohnheiten zu begrenzen.

Zuhause, beim Auspacken des unseligen Geschöpfs, starrte es sie vorwurfsvoll aus seinen weit aufgerissenen, ungesund hervorquellenden Leichenaugen an, die bereits mit einem milchigen Schleier überzogen waren. Pietätvoll deckte sie diese Augen mit einem Strauß Petersilie zu. Sie fand, nun sei es an der Zeit, sich zu stärken, und genehmigte sich vor den weiteren Operationen dieses verunglückten Nachmittags erst einmal einen Likör. Dann schritt sie tapfer ans Werk. Jedoch, der Karpfen à la Chinoise wollte nicht so recht schmecken. Wie ein Stein lag er ihr im Magen. An diesem Abend erblickte ihr Karpfen-Komplex das Licht der Welt. Fazit: Der Melancholiker zieht sie an, die Gewissenspein.

Tiere mobilisieren intensive Emotionen. Sie lösen massives Schulderleben im Menschen aus, sind Öl auf die Mühlen der Depression: das Tier, das gerade noch gerettet wurde, auf der Straße aufgelesen, aus dem Wasser gezogen, aus einem Stall oder Labor befreit, vor dem sicheren Tod bewahrt. Das angefahrene, angeschossene Tier, das Tier in der Schlagfalle mit zerschmetterten Läufen, das ausgesetzte Tier, im Bahnhof oder an der Autobahn aufgelesen, das Tier, das sich verlaufen, verstiegen, eingeschlossen, in eine ausweglose Situation gebracht hat. Das Tier, dessen Artgenossen von Wilddieben hingemetzelt wurden. Das vom Menschen zum Tod bestimmte Tier dem Tod entreißen – eine Vorstellung, an der sich Rettungsphantasien entzünden. Verkrüppelte, versehrte Tiere werden von Tierschützern adoptiert und unter erheblichen Mühen gepflegt. Aktive Tierschützer stehen unter einer enormen emotionalen Belastung. Wie in vielen sozialen Berufen besteht die Gefahr des Ausgebrannt-Seins durch die chronische Überforderung. Für viele Heilberufe gilt, daß sich hier depressiv-strukturierte Persönlichkeiten häufen. Daß viele Aktivitäten im Bereich des Tierschutzes getragen sind vom Motiv, Depressionen zu verarbeiten, fällt ins Auge.

Mit der Sorge um mißhandelte und ausgesetzte Tiere kann die eigene Depressivität abgewehrt werden. Tagtäglich hat der Betreffende ja mit dem Leid der Tiere zu tun, welches das seine bei weitem übersteigt. Zudem kann er sich von den grausamen Sadisten und psychopathischen Wracks seiner Mitwelt abgrenzen. In vielen Tierhaltern, die ihr Tier mißbrauchen, erkennt er Inkarnationen des Bösen und der Perversion. Längerfristig indessen zeigt diese Abwehrstrategie Abnutzungserscheinungen, wie an den Äußerungen und Verhaltensweisen vieler ernüchterter und verbitterter Tierschützer deutlich wird. Tierhalter können Minderwertigkeitsgefühle und Konflikte, die der eigenen Destruktivität entspringen, durch den Umgang mit dem Tier nicht nur ausagieren, sondern stellvertretend lösen, etwa durch Wiedergutmachungs-Rituale. Allerdings werden die eigentlichen Probleme dabei nicht selten verschoben: Eigene Destruktivität wird nach außen verlagert, wo sie zum Problem der anderen wird und nicht mehr als eigenes Problem erkannt wird.

Gewissenspein, vom Hungern der hilflosen Kreatur ausgelöst, kann existentielle Fragen aufwerfen und den Menschen zum Abgrund im eigenen Selbst führen, mit der Option, darüber hinauszuwachsen. Das Erlebnis, als Mensch versagt zu haben, Schuldgefühle, dem Hilferuf eines Schwachen nicht nachgekommen zu sein, das Herz verschlossen, verhärtet zu haben, können sich längerfristig als Katalysatoren der Veränderung auswirken. Viele der Befragten berichteten von Erlebnissen mit Tieren, die sie emotional belasteten, weil sie sich danach schuldig fühlten, wußten, daß sie dem Tier Unrecht antaten. Dieses Schulderleben kann einen Menschen zum engagierten Tierschützer werden lassen. Dies trifft für eine ganze Reihe von Wissenschaftlern und Angestellten der Biomedizin zu, die, nachdem sie jahrelang an Tieren Experimente durchführten, ihrem Leben eine Wende gaben und sich schließlich für den Tierschutz einsetzten. Psychologisch betrachtet: die Kompensation eines Schulderlebens und die Integration des »professionellen, sachlich-neutralen« Selbst, das abgespalten war.

Die Greuel der Liebe:
Das Tier als Spiegel des eigenen Unglücks

Die Phantasie zu retten und gerettet zu werden, durchzieht das depressive Selbsterleben. Liebesbereitschaft auf Abruf: das mitleidige Tier, das herbeigeeilt kommt, wenn sich das Kind weh getan hat und weint. Das bekümmerte Tier, das die schmerzende Stelle berührt, den Schmerz ablecken will.

»Als ich Kind war und mit meiner Mutter durch einen Wald ging, fand ich einen Vogel, der am Wegrand lag. Er war noch nicht flügge. Ich konnte nicht feststellen, ob er aus dem Nest gefallen oder verletzt war. Er piepte jämmerlich und blickte mich keineswegs ängstlich, sondern vielmehr sehr erwartungsvoll an. Ich widerstand der Versuchung, ihn anzufassen. Nein, ich konnte ihn nicht anfassen. Etwas hinderte mich daran. Unter den strengen Ermahnungen meiner Mutter ging ich zögernd weiter. Doch ich wünschte mir zurückzukehren und merkte mir Bäume und Büsche, Weggabelungen und Wiesen, um den Weg zurückfinden zu können. Unentwegt grübelte ich darüber nach, was wohl mit dem kleinen Vogel geschehen würde, wenn ich nicht schnell zurückging, um ihn aus seiner mißlichen Lage am Boden zu befreien. Würde er nicht verhungern, den Unbilden der Natur vorzeitig preisgegeben, von wilden Tieren aufgefressen werden in all seiner schutzlosen Zutraulichkeit? Unterdessen entfernte ich mich immer weiter. Schließlich wagte ich es, meine Mutter zu fragen, ob ich den Vogel mit nach Hause nehmen dürfe, um ihn aufzuziehen. ›Nein, laß' ihn in Ruhe‹, antwortete sie barsch. Noch Stunden, Tage, Jahre, Jahrzehnte später überlegte ich mir, ob es richtig war, ihn dort zu lassen. – Daß Ornithologen davon abraten, Vögel zu berühren, damit sie nicht wirklich von ihren Artgenossen verstoßen werden, erfuhr ich erst viel später. Auch, wie schwer es ist, Jungvögel aufzuziehen, obwohl es immer wieder gelingen kann. Doch mein größter Kummer war, es nicht vermocht zu haben, meinem spontanen Impuls, den Vogel zu berühren, nachgekommen zu sein. Die innere Sperre, die mich noch lange begleiten sollte, nicht überwunden zu haben.«

Diese Wünsche, zum Retter zu werden, für andere Verantwortung zu übernehmen, sie auch aus einer oft selbstverursachten mißlichen Lage durch großangelegte Hilfsaktionen zu befreien – wie sie sich als Prinzip des Verkehrs der Gesellschaften und politischen Systeme untereinander mit eher fragwürdigem Erfolg durchgesetzt haben –, erweisen sich auf der psychologischen Ebene als fatal. Rettenwollen ist ein zweischneidiges Schwert. Der Retter wünscht, daß sich der Gerettete erkenntlich zeigt. Der Retter erwartet Dankbarkeit. Ein Preis, der den Geretteten zu zerstören vermag. Der Retter kann dem Geretteten die Luft zum Leben nehmen.

»Ich rettete das arme Tier vor dem sicheren Tod. Es ist so schlecht behandelt worden. Langsam gewann es Zutrauen zu mir. Es ist total auf mich fixiert, weil es weiß, daß ich gut zu ihm bin. Von den anderen weiß es, daß sie es nur wieder schlecht behandeln.« Die Anhänglichkeit des Tieres gerät dem Depressiven leicht zur Ideologie, ohne die er nicht mehr leben kann. Und wenn das Tier nicht von sich aus dankbar ist und ihm nicht mehr von den Fersen weicht, bringt er es in eine künstliche Abhängigkeit. Beispiel: Überfütterung. Der Hund wird mit Leckereien verwöhnt, bis er sich kaum mehr rühren kann. An Rennen und Springen ist nicht mehr zu denken. Ein übergewichtiger Hund watschelt, den Wanst über den Boden schleifend, hinter seinem – meist genauso übergewichtigen – Menschen her. Oft trägt der Mensch ihn die Treppen hoch, weil der Hund sie wegen seiner Kurzatmigkeit kaum mehr bewältigen kann. Futterneidisch aus Konditionierung, registriert er sämtliche mundorientierten Transferbewegungen des Menschen.

Im Gegenzug neidet so mancher Besitzer seinem kleinen Struppi den Kontakt mit den Artgenossen. »Mach dich nicht schmutzig«, hört man da von besorgten Damen im Blümchen-Kleid; der Herr mit der Pomade im Haar fürchtet durch den Kontakt mit der »fremden« Art könne sich sein gepflegter Hausgenosse eine Laus im Pelz einhandeln. Sein Tier darf auf seinem Sofa liegen, von seinem Teller essen, es darf sich jedoch nicht zu weit entfernen, damit es ihm, Gott behüte, nicht davonläuft. Wie schnell Überfürsorglichkeit in blanken Sadismus umschlagen kann, wird an den Merkwürdigkeiten der tierischen Haute Couture deutlich. Struppi wird getrimmt, onduliert, die Pfotennägelchen werden ihm lakkiert, und gegen die Kälte erhält er einen geräumigen Poncho.

Orale Wut und Ressentiment flackern hoch, wenn das Tier die Beziehung in Frage stellt, »einfach so verschwindet« und »fröhlich wiederauftaucht«, nachdem sein Mensch Himmel und Hölle in Bewegung setzte, schlaflose Nächte verbrachte, sich grämte, sich in Unkosten stürzte, zu rein gar nichts mehr zu gebrauchen war. Sein Mensch fühlt sich gedemütigt und verraten. Dramatisch stellt er es zur Rede und erntet nur ein freundliches, aber verständnisloses Lächeln. Nein, seine Opfer weiß das Tier nicht zu würdigen. »Eine undankbare Kreatur«, stellt er verbittert fest und trägt es ihm noch lange nach: Als erstes wird die tägliche Portion Petit Fours gekappt, als zweites will er es fortan noch kürzer an die Leine nehmen und drittens und überhaupt will er diesem egozentrischen Geschöpf in Zukunft keine Träne mehr nachweinen. Sie hat es nämlich nicht verdient. Daß auch das Tier zuweilen hypochondrisch mitagiert, ist nicht weiter verwunderlich: ein nervöses Hüsteln unter Streß, ein affektierter Tic, wenn der Halter es nur streng anblickt.

Zuckerpüppchens Fluchtweg

»Daß Dir nur ja nichts passiert«, warnt Herrchen, großzügig darüber hinwegsehend, daß er selbst die größte Gefahr für Zuckerpüppchen darstellt, etwa wenn er wieder einmal am Freitagabend durch die Wohnung torkelt, von einem gestandenen freizeitbedingten Alkoholproblem heimgesucht, und sein Tier haarscharf verfehlt mit seinen klobigen Holzpantinen. Diese hat er seit einiger Zeit gegen die weicheren Pantoffeln eingetauscht, um sich am Nachbarn ein Stockwerk tiefer zu rächen, der ihn mit den Sechs-Uhr-Nachrichten regelmäßig aus dem Schlaf reißt. Das Tier bringt sich, sobald es nur das Klappern von Bierflaschen hört, vorsorglich unter dem Bett in Sicherheit.

Seine Wohnungseinrichtung: das Interieur der Gedenkstätten. Ein Mausoleum der Beinahe-Partnerschaften, Trophäen des Verlorenen, ein Reliquienschrein wehmütig präparierter Erinnerungen. Auf der Pinnwand Zeitungsausschnitte, vorwiegend aus der Rubrik »Bekanntschaftsanzeigen« mit rot umrahmten Chiffren. Auf dem Sideboard Fotos flüchtiger Bekanntschaften der letzten Jahre. Dabei bricht ihm der Angstschweiß aus, sobald eine Frau nur das Wort an ihn richtet. Seinem Tier gegenüber verhält er sich allerdings so, als wäre er der Größte. Morgens verbringt er, während Zuckerpüppchen jaulend vor der Badezimmertür wartet, eine geschlagene Viertelstunde damit, seine schütter werdenden Haare so zu legen, daß sie die kahlen Stellen auf seinem Kopf abdecken. Und wenn sich die fettigen Haarsträhnen störrisch wieder in ungeplante Richtungen legen, sieht das Ergebnis seiner Bemühungen im fahlen Licht der Neonröhre aus wie die Reste von Spaghetti à la Pomade. Er legt großen Wert darauf, gleich beim zweiten Treffen mit einer Frau den Fotoapparat zu zücken, um wenigstens eine Erinnerung zurückzubehalten; ihn schon bei der ersten Verabredung mitzubringen, davon hatte er inzwischen Abstand genommen. Das erzeugte nur Argwohn und eine dem weiteren Verlauf der Begegnung nicht förderliche Beunruhigung des Motivs. Familienfotos mit Zuckerpüppchen und ihren Vorfahren in Goldrahmen und auf

113

Spitzendeckchen, dazwischen einige bemalte Keramikdackel, nebst Hirtenjungen, Dirndl-Mädchen und Gänsen, die während seiner Jugendzeit recht populär waren. Eigentlich findet er sie nicht mehr so ganz passend, doch da er sie von seiner Mutter übernommen hat, wagt er nicht, sie auszurangieren (bei Besuchen kontrolliert sie immer als erstes, ob die Ahnengalerie noch komplett ist und nicht er oder sein Tier versehentlich eines der wertvollen Unikate zerbrochen hat).

Seine einsamen Gelage pflegen gegen Mitternacht, nachdem er sich vergeblich durch das Fernsehprogramm gezappt hat, zu eskalieren. Wild entschlossen bäumt er sich nochmals gegen seinen desolaten Zustand auf und läßt sich zu einigen sündhaft teuren Telefonanrufen nach Übersee hinreißen. Dabei leert er die noch halbvolle Wodkaflasche, um daraufhin schluchzend auf dem alten, von Generationen von Haustieren angepinkelten Hirtenteppich zusammenzubrechen und seinen Rausch auszuschlafen. Im Morgengrauen rafft er seine Körperteile zusammen, schlurft ins Bad und entleert sich unter dem strafenden Blick seines Tieres. Kurzum: Zuckerpüppchen ist sein einziger Halt.

Melancholiker haben ein überaus stabiles Weltbild: Die Kommunikationsversuche des Tieres werden tendenziös so umgedeutet, daß sie den oralen Wünschen von Herrchen oder Frauchen entgegenkommen: Ein kurzes Verweilen vor der Eisschranktür genügt, und schon kommt sein Mensch besorgt herbeigeeilt, um dem halb Verhungerten ein »Leckerli« zwischen die Lefzen zu schieben. Dabei steht der Mensch unter erheblichem Leidensdruck. Er fühlt sich verfolgt vom darbenden Blick der Kreatur. »Du wirst mich noch einmal kahl fressen«, schimpft er und rechnet dem Tier vor, wieviel es ihn kostet, was er zu opfern bereit ist, daß die Preise für Gourmetgerichte schon wieder gestiegen seien und er sich bald nichts mehr leisten könne, nur damit es seiner kleiner Bestie ja an nichts fehle…

Als Person des depressiven Formenkreises fühlt er sich ständig ausgenommen, ausgebeutet, zu kurz gekommen, freilich aber jederzeit bereit, kräftig zuzulangen, sobald sich die Gelegenheit bietet. Natürlich ist das Tier genauso oral fixiert wie sein Mensch. Wen wundert es, daß der Hund nächtens gleichfalls zum Eisschrank schleicht, wenn Herrchen oder Frauchen ihren Freßattacken frönen und sich zu mitternächtlicher Stunde ein weiteres Steak gönnen oder die Tiefkühl-Sahnetorte in den Mikrowellenherd schieben, um sie, kaum aufgetaut, mit grimmiger Entschlossenheit wegzuputzen? Freilich hüpft das Tier, diesem geschäftigen Treiben mit Interesse folgend, dreist auf den

Tisch, um sich seinen Anteil daran zu sichern. »Nun bestiehlt du mich schon!«, japst sein Mensch voller Entrüstung, nicht ohne ihm einen Teil der Beute gutmütig zu überlassen.

Überall will der Mensch das Echo hören: »Ich kann ohne dich nicht mehr leben.« Mensch und Tier sollten unzertrennlich sein. Die Vereinnahmung kann so weit gehen, daß der Mensch per Testament anordnet, das Tier sei nach seinem Tode einzuschläfern – aus reinem Altruismus, versteht sich, er will dem Tier ja lediglich Leiden und schlimme Erfahrungen mit anderen Menschen ersparen. Im Unterschied zum Narzißten wird das Tier hier an eine sehr kurze Leine genommen und, auch im übertragenen Sinn – emotional –, fest gebunden. Entfernt es sich, leidet der Mensch Höllenqualen. Das Tier hat ihn im Stich gelassen, ihm die Loyalität aufgekündigt. Die Sorge geht rasch über in Wut und Verbitterung: »Noch nicht einmal der Hund kann heutzutage noch treu sein…«

Der Tod des Tieres

Der Verlust eines geliebten Tieres ist mit dem Tod eines nahestehenden Menschen vergleichbar. Wie bei einem Menschen bleibt Leere zurück, die nicht mehr ausgefüllt werden kann. Das Tier ist wie der Mensch: einzigartig. Sein Mensch lebte mit ihm ein Stück seines Lebens. Er teilte mit ihm Erfahrungen, Erlebnisse, Gefühle. Das Tier wird zur Erinnerung an etwas unwiederbringlich Verlorenes. Der Mensch stürzt beim Tod des Tieres in Verzweiflung. Obwohl er es eigentlich besser hätte wissen müssen, wußte, daß die Lebenszeit seines Tieres kürzer sein würde als seine eigene. Die Traurigkeit, die nun folgt, kann nur langsam überwunden werden. Er steht am Beginn einer neuen Lebensphase; der Lebensabschnitt, den er mit dem Tier verbrachte, ist vorbei. Der Mensch denkt oft an das Tier, betrachtet Fotos. Wenn er ein zweites Tier hat, wird er an diesem Veränderungen bemerken. Tiere trauern, wenn ihr Spielkamerad nicht mehr da ist. Tiere reagieren auch darauf, wenn ein Hausgenosse erkrankt ist und dahinsiecht.

Wenn das Tier entlaufen ist, gerät die Qual keineswegs geringer. Denn während das gestorbene Tier betrauert werden kann, bleibt der Mensch bei einem verschwundenen im Ungewissen. Monatelang sucht er, sorgt sich, wird von Phantasien heimgesucht, es könnte irgendwo eingesperrt, in schlechte Hände geraten sein, erbärmlich im Elend umkommen. Noch schwankt er zwischen Hoffnung und Resignation.

Die Reaktion der Umwelt stellt eine erhebliche Belastung für den Trauernden dar. Der Tierhalter sieht sich unverstanden und isoliert. Er wird mit seinen Gefühlen allein gelassen. Nur ein Quentchen wird ihm zugestanden; alles, was über ein einmaliges kurzes »Ach wie schade« hinausgeht, ist verdächtig. Nicht selten werden seine Gefühle nachsichtig belächelt: »Der spinnt doch! Wie der sich deswegen aufführt. Es war doch nur ein Tier!« Wie oft Tierhalter als »überspannt« gelten, wird an seinen Entschuldigungen deutlich: »Sie werden es nicht verstehen, aber es hat mir wirklich sehr weh getan, als ich mein Tier verloren habe. Eigentlich komisch, aber...« Der Mensch kapselt sich, sofern er nicht Leidensgenossen findet, in seinem Schmerz ab. Er redet nicht mehr über das, was ihn bewegt. Oder er übernimmt die abwehrend-zynische Haltung der Umwelt, was man gerade bei Kindern immer wieder beobachten kann. Kinder können trauern, begreifen jedoch rasch, daß ihr Gefühl als »Schwäche« ausgelegt und von ihrer Umwelt nicht ernst genommen wird. Aus Anpassungsbereitschaft und um nicht isoliert zu werden, verleugnen sie schließlich ihre Gefühle.

Gerade bei Menschen, für die das Tier der zentrale Gefühlsträger war, kann sein Tod eine schwere Krise auslösen.[11] Das Defizit an Unterstützung durch Menschen wird nun um so schmerzlicher bewußt. Denn es war ja das Tier, zu dem sich der Mensch flüchtete, um mit ihm auf der Insel der Seligen, der Gefühlvollen, der Kindlichen zu leben, fern der Welt der Realisten. Antipathie auf beiden Seiten. Menschen verbindet er mit Traumatisierungen und Enttäuschungen. Unvorstellbar, sich ihnen in der Not anzuvertrauen. Doch nun fehlt das Tier, das die Menschen ersetzte. Dies ist eine unerträgliche, lebensbedrohliche Situation.

Ein Begräbnis für ein Tier? Ein Tierfriedhof? Das erzeugt Kopfschütteln, wird als lächerlich empfunden. Das Abschiednehmen ist ein Routineakt am Ende aller medizinischen Maßnahmen; es ist entindividualisiert. Daß Trauerrituale, Begraben, Trauerzeiten wichtige psychohygienische Aufgaben erfüllen, helfen, den Schmerz zu überwinden, scheint vergessen. Sicher, jahrzehntelanges Totengedenken erinnert an Zoolatrie. Da ist Selbstdarstellung im Spiel: Es hat sich etwas selbständig gemacht, was mit der Trauer um das Tier nicht mehr viel zu tun hat. Wer sein totes Tier vergötzt, trauert nicht mehr um sein Tier, sondern er trauert um sich selbst, bemitleidet die eigene Unfähigkeit, dem Leben Leben einzuhauchen. Es ist ein Übertünchen der Leere, des Mangels an sinnvollen Aufgaben. Nekrophilie und eine Polis der toten Tiere hinterlassen einen schalen Nachgeschmack.

Die Methode, ein geliebtes Tier in die Tierverwertung zu geben, weist auf den Widerspruch hin, wie er sich auf vielen Ebenen in unserer Beziehung zum Tier darstellt. Dieses Verfahren ist genauso ehrlich und genauso kränkend, als würde man die Großmutter im Vorgarten verscharren oder sie zum Sperrmüll geben. Psychologisch betrachtet liefert der Hinterbliebene hier einen Teil seines eigenen Selbst der anonymen »Verwertung« bzw. »Vernichtung« aus. Der seelische Schaden akkumuliert, wenn der Hinterbliebene seine eigene Trauer nicht ernst nimmt, sie als läppisch abtut. Aus der Kluft zwischen dem Gefühl des Schmerzes und der aufgesetzten Fassade des Coolen, der »so etwas« leicht wegsteckt, wuchert Gleichgültigkeit, die Grundkrankheit unserer Gesellschaft.

Der Mensch trägt in vielen Fällen die Verantwortung für den Tod seines Tieres: Er erlaubt dem Tierarzt, es einzuschläfern. Töten aus Gnade; Euthanasie nennt es sich euphemistisch, dieses medikamentöse Sterben. »Einschläfern« – aus diesem Schlaf wacht niemand mehr auf. Der Mensch entscheidet über Leben und Tod eines Tieres, eine Entscheidung an der er noch lange zu tragen hat. Die Schuldgefühle im Anschluß an die Euthanasie sind erheblich, berichten die Tierhalter, sogar wenn das Tier schwer krank war und keine Besserung seines Zustands mehr erwartet werden konnte. Übermäßige Schuldgefühle können eine pathologische Trauerreaktion zur Folge haben. Zweifel und Schuldgefühle bleiben: »Hätte ich es nicht doch besser noch einmal operieren lassen sollen? War es mir wegen der langen Behandlungen nur zu schade um das Geld? Lohnte ich so die Treue meines Tieres?«

Dem Tierarzt kommt die Aufgabe eines Seelsorgers zu. In vielen Fällen war das Einschläfern eine gute Lösung, ersparte dem Tier Schmerzen. Doch Euthanasie wird zunehmend bei alten Tieren geraten, die, obzwar gebrechlich, gesund sind, nur Bagatellerkrankungen, altersbedingte Funktionsverluste zeigen. Der Anblick eines altersschwachen Tieres ist für viele Inbegriff der Misere und schlichtweg unerträglich. Tiere haben jung und sportlich zu sein. Energiegeladen, vor Gesundheit und Kraftfutter strotzend, hüpfen sie über den Bildschirm und über die Wiesen. Der Mensch fühlt sich nicht wohl in seiner Haut, wenn er in Gesellschaft eines langsam hinter ihm herschleichenden Tieres gesehen wird. Er wird an sein eigenes näherrückendes Alter erinnert. Und wenn das Tier unsauber wird, schlecht sieht und hört, wenn man es die Treppen hochtragen muß, erfolgt die Diagnose: Altersschwäche. Verordnung: Tod.

Es ist wichtig, eine Trauerzeit einzuhalten, bevor ein neues Tier in den Haushalt genommen wird. Geschieht dies nicht, ist die Enttäuschung oft groß. Ein junges Tier, das eben erst lernt, sich in seinem Revier zurechtzufinden, das den Menschen zunächst nur deswegen wahrnimmt, weil er ihm für die Befriedigung seiner Grundbedürfnisse nützlich ist, kann niemals das Gefühls-Loch stopfen, das vom verstorbenen gerissen wurde. Seinen Ort in der Gefühlswelt des Menschen hat das Tier sich ja in vielen Jahren durch gemeinsame Erlebnisse, gemeinsame Träume erobert: ein Gewitter, bei dem es sich zum Menschen flüchtete; ein Einbrecher, den es in die Flucht schlug; ein Urlaub, bei dem seine Familie einen Unfall hatte und das Tier die Genesenden freudestrahlend vor dem Krankenhaus erwartete. Vorbei, vergangen. Was bleibt: ein leerer Napf, die alte Leine, der Korb, das durchgekaute, zerrissene Spielzeug und, noch Monate später, die Haare des Tieres.[12]

Verlorene Sprache

Die Empathie der Tiere, ihre mitfühlenden Gesten, fallen beim Melancholiker auf fruchtbaren Boden. Während seine Mitmenschen pikiert wegsehen, wenn ihm Tränen in die Augen schießen, oder weghören, wenn er von seinen Leiden berichtet, kommt sein Tier besorgt herbeigerannt, legt seinen Kopf schief und blickt ihn »verständnisvoll« an. Es weicht ihm nicht von der Seite, wenn er krank ist oder ein seelisches Tief durchlebt. Das Tier zupft seinen Menschen am Arm und erinnert ihn daran, daß bei aller Auswegslosigkeit noch jemand da ist.

Das berichten die Tierhalter übereinstimmend. Mit ihrem Tier haben sie die längst verloren geglaubte Sprache der Kindheit wiedergefunden: ein Verstehen ohne Worte. Ein Verstehen der leichten Berührungen und Blicke, fern jener oft falschen, wenig hilfreichen Dramatik der Sprache, die oft gefühlsleer bleibt und deren Oberflächlichkeit sich im nervösen Blick auf die Uhr, in der nie eingehaltenen Zusage »Später reden wir noch mal darüber« manifestiert. Sich in der Welt der Täuschungen und Fassaden zurechtzufinden, wo Worte etwas anderes bedeuten als der Sprecher zu sagen vorgibt, fällt gerade dem Depressiven, der nicht »clever« genug ist, schwer: »Mit Tieren ist das Leben schöner als mit Menschen. Das Tier ist ehrlich zu seinem Menschen. Wedelt es mit dem Schwanz, dann freut es sich wirklich und tut nicht

118

nur so. Ist es schlecht aufgelegt, zieht es sich zurück oder reagiert einfach nicht. Menschen dagegen besitzen eine perfekte Tarnung. Der erste Eindruck trügt.«

Bilder der Liebe, des Vertrauens, gefühlsecht, ohne Pathos, sondern mit der natürlichen Selbstverständlichkeit der Tiere: »Wie ein Baby im Mutterleib rollt sich die Katze bei kühlem Wetter zusammen in ihrem Korb. Wovon mag sie wohl träumen? Wenn ich vom Rand des Sofas aus in den Korb blicke, blinzelt sie mich von der Seite an, rollt sich auf den Rücken und hält mir ihren Bauch entgegen. Ihre rechte Pfote streckt sie noch schlaftrunken in meine Richtung, eine Aufforderung zum Kraulen, der ich sofort nachkomme. Während die Katze mich zufrieden und entspannt anblickt und genußvoll zu schnurren beginnt, räkelt sie sich und wechselt unter meiner Hand mehrfach ihre Position, damit kein Fleck unberührt bleibt. Will ich meine Hand zurückziehen, schnellt ihre Pfote nach oben und hält sie, ihre Krallen behutsam um meine Finger schließend, fest. Es scheint, als wolle sie meine Hand gar nicht mehr losgeben. Auf ihrem nach oben gerichteten Gesicht hat sich ihr Maul zu einem breiten Grinsen verzogen.«

Beruhigend, jederzeit auf solche Erlebnisse zurückgreifen zu können. Sie entschädigen für manche Härten. Tierhalter ziehen einen großen Gewinn aus der Beobachtung subtiler Gefühlsregungen ihrer Tiere, egal, um welche Tierart es sich handelt. Verschmuste Wellensittiche, kreative Wanderratten, lustige Hamster, süchtige Katzen, das subtile Affektleben der Schlangen und Reptilien.

Der Ängstliche und sein Tier

Tiere erzeugen Angst, Abscheu, Ekel. Die Angst hat noch Macht über uns, wenn das Angst-Tier längst ausgestorben ist. Tiere bevölkern unsere Seele und erinnern an das Bodenlose. Gäbe es keine Angst-Tiere, sie müßten erfunden werden. Günter Grass, der bereits in seinem Roman *Die Blechtrommel* beschrieb, wie Ekel vor einem Tier sich mit Selbstzerstörung paart (die unglücklich Schwangere ißt sich an Fisch zu Tode, nachdem sie ungewollt beobachtete, wie sich fette Aale über einen in der See verfaulenden Pferdekopf hermachen), entwirft in seiner Roman-Parabel *Die Rättin* das Bild einer sich zu Tode essenden Kultur: eine globale Bulimie, eine gigantische Leichenfledderei, dargestellt am Bild der Ratten, die Pest und Vernichtung längst hinter sich gelassen haben und nun die Zerstörungsepidemien der Menschen beobachten, um schließlich als gentechnologisch entstandene Rattenmenschen die Zerstörung als einzige zu überleben. Sie, die Ratten, begannen ihre Menschlichkeit zu entdecken, während die Menschen zu dem wurden, was sie in den Ratten zu erkennen glaubten.

Seelenlandschaften der Angst

Allein. Die Tür fällt ins Schloß. Die Wohnung ist leer. Für viele Menschen der Moment, in dem Panik ausbricht. Die Zeit scheint über sie zusammenzubrechen. »Bleib, sonst brichst du mir das Herz«, rufen sie.

Die Ängstliche[13] führt ein Leben im Schongang und zwingt es auch ihrer Umgebung auf. Sie pflegt ihre kindliche Hilflosigkeit und wünscht sich die Intimität des Bunkers – näherrücken, bis keine Luft mehr zum Atmen bleibt. Ihre Angst vor Liebesverlust hat gigantische Ausmaße angenommen. Sie will, um weiteren Desastern zu entgehen, das Wagnis gar nicht mehr eingehen. »Bleib mir vom Leib«, lautet die Botschaft. Unmißverständlich. »Ich bin giftig, ansteckend, unpassend.« Sie klammert sich an das Tier. Nur so kann sie die an ihr nagende Furcht vor dem Verlassenwerden zum Schweigen bringen. Bei der Berührung des Tieres kann die Ängstliche sich beruhigen. Kurzfristig. Nicht lange, und das Tier ist seinerseits in ihr panikbereites Weltbild integriert. Nun fürchtet sie, es könnte ihr weglaufen, wie alle anderen weglaufen, verschwunden, abgetaucht sind. Sie fürchtet, es könnte überfahren, gestohlen, vergiftet werden. Ihre Hypochondrie wird von einer zu Befürchtungen reichlich Anlaß gebenden Umwelt bestätigt.

»Ich könnte nicht allein leben«, meint eine Befragte. »Der Hund gibt mir ein Gefühl von Sicherheit und Schutz. Es ist immer jemand da, wenn ich von der Arbeit in die Wohnung zurückkomme. Und er freut sich sogar darüber, wenn er mich sieht.« Der Familienhund, ein Schutztier, das Angst abwehrt. Die Angst vor dem Ich, das nicht allein sein mag, ebenso wie die Angst vor dem Fremden, der in die Idylle einbrechen will, um diese für immer zu zerstören. Das Tier als Schutzschild, als Krücke, Hilfs-Ich, das dem Ich in Zeiten der Schwäche beisteht. Das Tier als Garant der Stabilität im unaufhörlichen Lebensstrom. Denn die Ängstliche fürchtet ja gerade die Wiederholung des

Traumas, als alles um sie herum zusammenbrach. Sie fürchtet sich in dieser Welt, die sie als brüchig erlebt. Und es verfolgt sie das Schicksal, hinausgeworfen zu werden, sobald sie sich heimisch zu fühlen beginnt. Die Ängstliche ist nicht vermittelbar, es sei denn sie lernt, an sich zu binden, festzuhalten. Doch Mut fehlt ihr.

Die Unstetigkeit der persönlichen und beruflichen Situation ist Kennzeichen unserer Gesellschaft. Das Weltbild des Ängstlichen bestätigt sich Tag für Tag. Ebenso wie ein Paranoider wirklich verfolgt werden kann (und dies geschieht öfter als manche Psychiater sich träumen lassen), kann einer Ängstlichen Angst gemacht werden. Die psychischen Strukturen entstehen nicht im luftleeren Raum und nicht allein auf dem Urgrund der Triebe, wie die erste Generation der Psychologen und Psychoanalytiker guten Mutes annahm. Einer Langzeitarbeitslosen, die schon zweimal umgeschult wurde, darf man nicht mit »psychisch selbstbereiteter Schicksalsneurose und inszeniertem Wiederholungszwang« kommen. Die lacht ihrer Therapeutin glatt ins Gesicht und zieht die Rezessions-Statistik aus der Tasche. Die Lehre, die sie aus ihrem Leben zog, war Haltlosigkeit. Partner, Arbeitgeber, sogar die Eltern. Es richtet sich nicht ein, sich vertrauensvoll stützen zu können. Die Ängstliche glaubt den Prognosen, die Dauer orakeln. Wie ein Magnet zieht sie Enttäuschungen auf sich. Verrat. Ausschluß. Durch die große Fluktuation wurde sie überaus flexibel. Doch es nutzt ihr nichts. Halt-los, läßt man sie fallen. Sie wird nicht aufgehalten. Die Ängstliche überzeugt nicht. Sie ist nicht durchsetzungsfähig. Landet sie nicht im Sanatorium, bleibt sie eine Schattenpflanze des Lebens. Exotisch anzuschauen nur aus der Ferne.

Die Ängstliche sitzt im Bunker, umgeben von ihren Lieben: Teddybären und Tonfigürchen, chinesischen Puppen und indonesischen Marionetten. Und als endlich ein Tier zur Tür hereinspaziert und sie verwundert feststellt, daß es sich vor ihr nicht fürchtet, rückt sie ein wenig zur Seite, um Platz zu machen. Ängstlich umklammert sie es. Sie will es nicht auch noch verlieren. Das Tier wird Pflegetier und Seelentröster. In der Dunkelheit hält es ihre Hand. Die Ängstliche saugt seine Zuwendung auf. Sie fühlt sich ständig hilfs-bedürftig. Sie will ja abhängig sein, schwach. Sich endlich fallen lassen. Mit dem Tier an der Leine, ist sie zuversichtlich. Es kann freilich auch umgekehrt sein: Das Tier hat sie an die Leine genommen. Egal. Sie läßt sich gern ein wenig ziehen; so weiß sie wenigstens, wie sehr sie gebraucht wird.

Sie entdeckt, daß auch das Tier zentrifugalen Neigungen ausgesetzt ist. Es läuft ihr neuerdings ständig weg. Dabei hat sie ein verwundbares

121

Herz und ist auf derlei nicht eingerichtet. Sie gerät in Panik, als sie es morgens vermißt. Schließlich findet sie es im Keller. Doch das Kellerabteil – ein Rätsel wie es sich dort hinein befördern konnte – ist verschlossen. Der Ausreißer sitzt jenseits des Gitters und blickt sie erwartungsvoll an. Wie kann sie das Unglückstier aus seiner mißlichen Lage befreien? Die Ängstliche mobilisiert unvermutete Energien: Sie schleppt eine Leiter herbei, stellt sie vor das zwei Meter hohe Gitter und will das Tier von oben bergen. Doch sie erreicht es nicht mit ihren Armen. Das Tier, in Panik geraten, will ihr partout nicht entgegenkommen. Sie beschließt, in das Abteil zu klettern. Sie ist bereit, für ihr Tier alles einzusetzen. Was sind schon heile Knochen angesichts der Misere, die sie an dem Tier wahrzunehmen glaubt, das selbstvergessen in seinem Verließ hockt und ihr hektisches Treiben gleichmütig betrachtet. Als sie das Gitter endlich überwunden hat, sich ächzend in das Kellerabteil windet und auf den Boden plumpst, bemerkt sie, daß die Leiter auf der anderen Seite verblieben ist. Sie ist wieder mit ihrem Tier vereint, das unterdessen aus seiner Lethargie erwacht ist und sie stürmisch begrüßt. Doch nun sitzen beide in der Falle! Die Leiter steht, unerreichbar, auf der anderen Seite. Dazwischen, feindselig und unüberwindlich, das Gitter. Sie rüttelt an ihm, zerrt am Schloß, allein Gitter und Schloß sind fest verschlossen. Und bald verlassen sie die Kräfte, das metallische Scheppern ebbt ab. Wie kann sie sich nur bemerkbar machen? Wird sie nicht eine peinliche Vernehmung erwarten? Schließlich befindet sie sich in einem fremden Keller, in den, so erinnert sie sich, erst kürzlich eingebrochen wurde. Sie preßt ihr ahnungsloses Tier, das von der Situation noch immer begeistert ist, liebevoll an sich und überlegt, wie sie sich aus dem Schlamassel befreien könnte. Die Dämmerung bricht herein, und es wird finster. Erst jetzt bemerkt sie die Kälte. Der Keller ist feucht und eisig. Nichts Gutes verheißend, hüllt sein alles durchdringender Modergeruch sie ein. Sie beginnt, zunächst zaghaft, dann immer lauter, um Hilfe zu rufen. Flehentlich. Im Staccato. Sie erfindet Rhythmen. Sie schreit Namen ihrer Nachbarn, an die sie sich mühsam erinnern kann. Das Tier fällt freudig ein. Nichts rührt sich, nur das Echo ihrer Stimmen kehrt, hohl und befremdlich, zu ihnen zurück. Wie kann sie auch jemand hören? Sie hat ja die Kellertür ins Schloß gezogen. Mutlos auf dem Boden hockend, vor Kälte und Furcht zitternd, hält sie das Tier in ihren Armen. Die Dunkelheit nimmt sie schweigend auf.

Das Haupt der Medusa

Wer am Abgrund lebt, vor dem Nichts steht, erstarrt. Wer sich auf seiner Flucht umdreht, einen letzten Blick auf das Grauen werfen will, wird zur Salzsäule. Die Ängstliche wagt nicht, sich zu bewegen, fällt in den Totstellreflex, der sich nicht nur körperlich, sondern auch seelisch und emotional auswirkt. Die Ängstliche bleibt kindlich. Sie wagt nicht, Fragen zu stellen. Die Ängstliche ist leicht manipulierbar. Ein forsch dahingebellter Befehl, und schon huscht sie eilfertig von dannen, um ihn auszuführen. Geduckt geht sie durchs Leben, will stillhalten, wegsehen, ist anpassungsbereit, wenn man sie nur am Leben läßt.

Das Tier wird zum Verbündeten mit den angstfreien Bereichen des Ich und stärkt die Ich-Autonomie. Angst kann zum Angst-Dialog zwischen dem Ängstlichen und seinem Tier werden und beiderseitige Ängstlichkeiten erheblich verstärken: Katzen, Fluchttiere wie Pferde, neigen zu Überreaktionen. Durch unvertraute Geräusche schrecken sie auf und laufen beunruhigt umher, um die Gefahr ausfindig zu machen. Raubtierbrüllen und Adlerrufe in der Vorabend-Serie können Katzen in Panik versetzen. Eine Katze, die ansonsten recht couragiert durchs Leben schritt, fürchtete sich mit ihrem Menschen bei einem Besuch in einem alten Bauernhaus, in dem die Holzdielen unheimlich knarrten und knarzten. Mit gesträubtem Fell wich sie ihrem Menschen nicht mehr von der Seite. Dieses Phänomen trat bezeichnenderweise nur nachts auf.

Die Angst *vor* dem Tier ist die Angst vor unkontrollierbaren Kräften, die auf dem Meeresboden unserer Seele verborgen liegen. Warum fürchten wir Tiere? Ist es eine atavistische Furcht, eine Erinnerung an die Frühzeit der Menschheitsentwicklung, als Beute-Menschen von gigantischen Tieren überwältigt wurden? Haben wir Angst vor kleinen Tieren, weil ihre Bewegungen auf unserer Haut uns an den Zustand der Hilflosigkeit, den wir als Neugeborene durchlebten, erinnern? Angst entsteht, wenn Lust erlebt werden könnte, »Lustangst«, wie Michael Balint sie nannte, eine Angst vor dem Verlust der Ich-Grenzen in der Ekstase, im »Außer-sich-Sein«. Das Angst-Tier auf dieser Stufe könnte auf eine Abwehr der Verschmelzung hinweisen. Im selbem Atemzug kann es Angst sein vor der Grausamkeit und Macht der Tiere, die sich nun auf die Seite einer strengen, Normen gehorchenden Gewissensinstanz geschlagen haben: das Über-Ich, Anwalt fremder, lustfeindlicher Interessen.

Der Traum ist ein Wechselspiel von Wunsch und Abwehr, von Ausbruch und Anpassung. Ein fantastischer Kompromiß, um bei Androhung von Sanktionen eine Ausgangserlaubnis zu erhalten aus dem Gefängnis der Realität. Das Bild des Tieres im Traum, der via regia zum Unbewußten, spiegelt das Knäuel widersprüchlicher Gefühle – nicht nur für den Deuter psychoanalytischer Observanz.

Angstträume können sich an der Angst um das Tier entzünden. Der Traum, das Tier verloren zu haben – der Träumer sucht es verzweifelt, um schweißgebadet aufzuwachen und erleichtert festzustellen, daß sein kleiner Haustyrann friedlich neben ihm auf dem Kopfkissen liegt –, deutet nicht nur auf die Intensität der Beziehung zum Tier, sondern auf Konflikte innerhalb der Persönlichkeit, die der Mensch am Tier erlebt. Das Traumtier enthüllt, wie der Träumer sich selbst wahrnimmt. Nager geben Aufschluß über sadistische Regungen und Machtwünsche des Träumers. Ihre Zahl und ihre Bewegungsmuster können ein Hinweis auf Spaltungsvorgänge und Dissoziationsphänomene sein. Würmer verweisen auf Kleinheitsängste, können aber ebenso Anspielungen auf Kinder oder das Infantile in der eigenen Persönlichkeit sein. Der Gültigkeitsraum der Deutungen strebt zuweilen erstaunlich auseinander. Aggressive Tiere können Zeichen von Kastrationsangst, aber auch von starken Triebwünschen sein. Katzen deuten auf feminine, passive Bestrebungen des Träumers hin. Ein weißes Kaninchen dagegen wird wegen Größe, Gestalt und Weichheit seines Fells mit prägenitalen Stufen der Entwicklung und mit Wünschen nach Verschmelzung in Zusammenhang gebracht.

Tiere beziehen sich nach Meinung der Analytischen Psychologie von Carl Gustav Jung auf den Instinktbereich und die Körpererfahrung: Das Tier gilt hier zugleich als Spiegel des Unbewußten, als Brücke zwischen dem Individuum und den Elementen. Der jungianische Psychoanalytiker Ernst Aeppli zieht eine Verbindungslinie zwischen Menschen, Tieren und den vier Elementen: Vögel repräsentieren die Luft, Landtiere die Erde, Fische das Wasser. Das Element Feuer könnte mit Fabelgestalten, beispielsweise dem Phoenix, in Verbindung gebracht werden. »Der Traum vom Tiere verbindet uns mit unserer eigenen tiernahen Instinktgrundlage, mit den natürlichen Funktionen unseres Leibes, dem Drange unserer Triebe.« Tiere sind Symbole der Vielgestaltigkeit unserer psychischen Energien; sie stellen das Verbindungsglied des einzelnen mit den kollektiven Archetypen dar. »Das Tier ist zum Symbol geworden für das Bezähmte und das Wildgebliebene in uns, für das Einfachste und das scheinbar Unbegreifliche unserer Natur. Im Tiergleichnis erkennen wir, was durch die Lüfte unserer Gedanken eilt, was auf der starken Erde unseres Tages geht, im Walde unseres Unbewußten haust oder im dunkeln Meere unserer Tiefe uralt als selbständiger Seeleninhalt wohnt.«[14] Seelenverwandter Tier. Wer von Tieren träumt, erhält Hinweise über seine verborgenen Motive, über Aspekte des eigenen Selbst, zugleich Informationen darüber, welche Gefühle und Einstellungen er mit welchem Tier verbindet, welche er liebt oder fürchtet, beneidet oder verachtet, bewundert oder bekämpfen will. Das wirkliche Tier wird Metapher; ein Eigenleben wird ihm nur indirekt, als Spiegel im Spiegel zugestanden.

Bei einem Gang durch den Zoo erhält Aeppli und sein Leser Einblick in die Welt der Selbstbilder: »Denn es besteht ein eigenartiger Zusammenhang zwischen dem Tierpark in uns selbst und diesen Tieren, die, wie die eigenen Seelentiere, oft dumpf und eingeschlossen sind oder unter Lebensbäumen ihr genießerisches Spiel treiben dürfen.«[15] Nach Carl Gustav Jung wird der Triebimpuls und die sexuelle Leidenschaft in einem Pferd, einem Stier oder einem Hund dargestellt. In unseren Träumen kleiden wir unsere Libido in Tiersymbole. Daß hier allgemeinpsychologische Prozesse wirksam sind, zeigen Assoziationsexperimente: Der Anblick von Kühen wird mit liebenden Mutterfiguren in Zusammenhang gebracht, ein Stier mit einem dominierenden Vater und kleine Tiere mit Kindern. Ein psychologisches Familienbestiarium. Auch im Rorschach-Test werden Tierdeutungen mit Persönlichkeitsmerkmalen erklärt. Eine Untersuchung von Hartley und Shames ergab, daß Doggen als Symbole für Männlichkeit, Kraft, Stärke, Dominanz und Potenz betrachtet wurden, ein Chihuahua dagegen als Symbol der Weiblichkeit und deren Geschlechtsmerkmale.

Leider wird das Tier als reale Bindungsfigur in den Analysen außer acht gelassen. Es wird lediglich als Zeichen verstanden. Nach der individuellen Beziehung zwischen Mensch und Tier wird nicht gefragt. Meist weiß der Psychoanalytiker gar nicht, ob sein Patient überhaupt ein Haustier hat. Daher besteht hinsichtlich der Gefühlsübertragungen, die sich zwischen dem Menschen und seinem Haustier ereignen, völlige Unkenntnis. Freudianer und Jungianer unterscheiden sich hinsichtlich ihrer Ignoranz in bezug auf das Tier als realer Bindungsfigur nicht. Der einzige Unterschied besteht darin, daß die Jungianer eine ausgefeiltere Symbollehre entwickelt haben. Ernst Aepplis Deutungswerk etwa umfaßt Deutungen von fünfhundert Symbolen, die der fleißige Träumer am nächsten Morgen abfragen kann. Die Entindividualisierung setzt sich hier gleich auf mehreren Ebenen durch.

Der phantastische Gefährte: Das Tier des Narzißten

Der Narzißmus, die Liebe und Wertschätzung des eigenen Selbst, ist für das seelische Überleben von zentraler Bedeutung. Im Gegensatz zur Verwendung dieses Begriffs in der Umgangssprache, bedeutet er in der Psychologie nicht Abwertung und Diffamierung (etwa als »egozentrisch«), sondern die Feststellung, daß, wer sich selbst nicht liebt und akzeptiert, sein Gegenüber gleichfalls nicht lieben kann. Narzißmus bezeichnet zudem den Schutz- und Abwehrprozeß, mit dem sich ein Mensch nach tiefen Kränkungen in Selbstliebe auf sich selbst zurückzieht, um sein angeschlagenes Selbstwertgefühl wieder ins rechte Lot zu bringen. Dies nannte Freud die »libidinöse Besetzung des Ich«. Der Mensch ist hier nicht mehr auf ein Gegenüber bezogen, sondern stellt sein eigenes Selbst autoerotisch in den Mittelpunkt.

Bei der narzißtischen Persönlichkeitsstruktur dagegen steht die Selbstliebe dauerhaft im Mittelpunkt. Dem Betreffenden fehlt es an Einfühlung und Rücksichtnahme anderer gegenüber. Um das eigene Selbstwertgefühl zu regulieren und zu überhöhen, entwickelt er ein unrealistisches Ich-Ideal, das ihn mit Größenphantasien versorgt, die sein auf Grund früher Deprivation immer wieder aufflackerndes Minderwertigkeitsgefühl in Schach hält. Andere Menschen werden dazu benutzt, das eigene Selbst zu spiegeln und zu bestätigen. Die Liebe zum Selbst ist hier nicht der Weg, der zur Liebe zum anderen führt, sondern das Selbst bleibt Objekt der eigenen Liebe und zwingt sein Gegenüber in die Rolle des Bewunderers.

Narzißtische Persönlichkeiten leiden an einer Störung ihres Selbsterlebens. Der Psychoanalytiker Heinz Kohut führte sie auf das »Fehlen des Glanzes im Auge der Mutter« zurück. Die Mutter hat das Kind in seiner frühen Kindheit nicht ausreichend »gespiegelt«, ihm nicht die Einfühlung, Selbstbestätigung und mit Liebe gemischte Bewunderung zukommen lassen, die das Kind in dieser Zeit benötigt hätte, um ein stabiles Selbst aufzubauen. Die »narzißtische Wunde« hat einen Keil in das Selbst getrieben: Die Persönlichkeitsstruktur bleibt brüchig, denn das vom Ich-Ideal in die Irre geführte Selbstwerterleben des Betroffenen schwankt zwischen aufgeblähter Selbstüberhöhung und Selbstherabsetzung, zwischen Allmacht und Grandiosität und dem Absturz in das ernüchternde Gefühl der eigenen Minderwertigkeit. Um diese bereits in früher Kindheit geschlagene Wunde zu versorgen, um vom Narbengewebe, das sich um sie gebildet hat und an der Lebensfreude zieht und zerrt, abzulenken, bedient sich der Betreffende anderer

Personen, die er in seine Selbst-Idealisierung miteinbezieht. Der Mensch benutzt den anderen als Spiegel und erkennt ihn nicht als von sich selbst abgetrennt.

Das Tier kann ein solcher Spiegel werden. Es ist abhängig und anpassungsbereit, kann seine Bedürfnisse und Wünsche nicht einfordern, keine Widerrede führen, sich nicht entziehen. Es ist der Willkür des Menschen preisgegeben. Grundübel jeglicher Vermenschlichung ist, das Tier nicht als eigenständiges Wesen wahrzunehmen, sondern als Erweiterung des eigenen Selbst, als Verlängerung des eigenen Arms, als Objekt, das ausschließlich für seinen Menschen lebt: als Nutztier, Zugtier, Schlachttier, Pelztier, als Haustier, schließlich als »Tier auf Rezept«. Das Tier entspricht den narzißtischen Bedürfnissen des Menschen vollkommen. Tiere sind immer verfügbar. Im Tier erkennt der Narzißt nicht den Partner der anderen Art, sondern das Schoßhündchen, das Prestigeobjekt, den Zuchtpreisträger. Das Tier garantiert das Gleichgewicht des Selbstwertgefühls: Wenn alles andere schief läuft, hat man in den eigenen vier Wänden immer wieder jemanden, der einen bedingungslos bewundert. Das angeschlagene Selbst hängt am Dauertropf Tier.

In der seelischen Requisitenkammer des Narzißten hat das »Tier«, das ebenso ein Mensch sein kann, einen wichtigen Platz. Narziß muß dem Tier nichts vorspielen, kann ihm sein echtes, hinter der Fassade der Grandiosität verkrochenes Selbst zeigen, ohne dafür verachtet zu werden. Im Tier sucht Narziß sein schönes, idealisiertes Selbst, sucht Echo, das die kritischen Worte der anderen übertönt. Doch im Unterschied zu Oscar Wildes trefflicher Beschreibung des Narzißten Dorian Gray klaffen Wunsch und Wirklichkeit nicht notwendigerweise für immer auseinander. Das auf dem Speicher versteckte wahre Selbst-Bildnis muß nicht auf ewig Zerrbild des vollkommenen, aber unechten Schönlings sein. Das Tier vermag, die auseinanderklaffenden Hälften miteinander zu versöhnen, es kann den Spiegel zerbrechen oder ihn zumindest überflüssig machen und den Blick auf das dahinter gewachsene, Licht und Schatten tragende Selbst freigeben. Der Zutritt zur Schattenseite seiner Monade ist nicht länger tabu. Die Schweizer Psychoanalytikerin Alice Miller, die dieses Auseinanderklaffen des »wahren« und »falschen Selbst« in der narzißtischen Persönlichkeit beschrieben hat, hebt den Suchtcharakter dieses Wunsches nach Bestätigtwerden hervor: »Eine wirkliche Sättigung kann es ja nicht mehr geben, denn ihre Zeit ist unwiderruflich verpaßt.«[16]

Weiches Fell und spitze Krallen: Durch das Tier kann der narzißtisch Gestörte eine Integration seiner seelischen Spaltung in »ganz gute«

und »ganz schlechte« Objekte erreichen, kann sein Schwanken zwischen Liebe und Aggression, seinen Wunsch nach Nähe und Flucht ins Freie an einem Realobjekt wiedererkennen. Erst wenn Narziß die Erfahrung macht, daß er geliebt wurde, wo er sich schwach zeigte – ohne Triumph und Stärke im anderen zu ernten, wie Theodor W. Adorno die Liebe einst charakterisierte –, kann er die Fixierung auf sein eigenes Spiegelbild überwinden.

Die Entwicklungsaufgabe in der Beziehung zwischen Mensch und Tier bleibt, dem Tier nicht länger den eigenen Lebensschmerz aufzuladen und sie mit der Befriedigung der unerfüllten, ungelebten Liebe zu betrauen, sondern die Tiere in ihrer eigenen Wirklichkeit anzuerkennen: als Teil der Natur wie der Mensch und daher sein »phantastischer«, vierbeiniger Gefährte.

Vorstöße in das Pygmalion-Syndrom

Pygmalion, der Bildhauer, haßt Frauen und würde sich nie mit einer zur Lebensgemeinschaft bereitfinden. Angehörige des weiblichen Geschlechts sind ihm schon zu oft auf die Nerven gegangen. Freiwillig würde er sich mit diesen sozialen Mißgeburten der Schöpfung nicht einlassen. Er kann es gerade noch ertragen, an ihren Marmorausgaben herumzumeißeln. Doch das wird sein Verhängnis: Er verliebt sich unsterblich in eine von ihm geschaffene Frauenstatue. Als Aphrodite dieser Leben einhaucht, ist sein Glück vollkommen. Er bildet sie und formt sie, bringt ihr Sprache und gepflegte Konversation bei, er belehrt sie über seine Vorlieben und Abneigungen und bringt sie dazu, seine Lieblingsgerichte zu kochen. Sie putzt und schrubbt und wischt und richtet sich appetitlich her. Pygmalion hat die ideale Frau gefunden. Der Traum, sich ein Geschöpf nach eigenen Vorstellungen zu formen, ist indes nicht nur Männersache.

Narzißtischen Allmachtswünschen entspricht auch die Motivation, sich ein Tier zu halten, das schwächer, abhängig und ausgeliefert ist, das man manipulieren und dressieren kann. »Die Angst des schwachen und hilflosen Kindes [gibt] dem Erwachsenen das Gefühl von Stärke, auch die Möglichkeit, die Angst [im anderen] zu manipulieren, was er ja mit der eigenen Angst nicht tun kann.«[17] Manchmal ist jedoch der umgekehrte Vorgang zu beobachten. Der Mensch kriecht, Aug' in Aug' mit seinem Tier, auf allen Vieren auf dem Boden herum, kläfft, knurrt, miaut und maunzt. Der Mensch wird seiner Lora vollkommen hörig. Lora spricht nach, was man ihr sagt, denn ihr Mensch hat ihr »nicht in Menschensprache vorgesprochen, sondern in der Papageien-Sprache. Die beherrscht sie zur Vollendung: sie spricht fließend papa-geiisch, mit einem leichten Anklang ins Frankfurterische.«[18] Ist dies also eine Beziehung, die vorwiegend in der Phantasie besteht? Jeder Haustierbesitzer wird bei dieser Unterstellung energisch Protest einlegen. Hund, Katze, Hamster, die Echse im Terrarium, sie alle sind Wesen aus Fleisch und Blut. Das Haustier kann sogar zum idealen, vergötterten Gattenersatz aufsteigen. »Ein Leben ohne meine Hündin kann ich mir nicht mehr vorstellen. Auf meinen ständig betrunkenen und herumkrakeelenden Ehemann dagegen würde ich gerne verzich-ten. Auch für die Kinder bin ich nur was wert, wenn ich ihre schmut-zigen Sachen wasche und sie bekoche und ihnen kaufe, was sie gerne haben wollen. ›Danke‹ oder mir zu helfen, kommt ihnen nicht in den Sinn. Da ist meine Bianca anders. Wenn es mir schlecht geht, kommt sie und legt ihre Pfoten auf meine Knie und schaut mich unheimlich lieb an.« Das Heimtier wird zum Begleiter, dem alle menschlichen Vorzüge zugesprochen werden können, dessen Schwächen jedoch – angesichts des Ausmaßes der Charakterschwächen, die sich am Men-schen offenbaren, der Enttäuschungen, die durch Menschen erfahren werden – kaum mehr ins Gewicht fallen.

Tod im Spiegel

Der Basilisk, ein antikes Fabelwesen, ein Hahn mit Eidechsen- oder Schlangenschweif, der Wanderer in Furcht und Schrecken versetzte, macht die Ambivalenz im Erleben des Narzißten deutlich: Sein töd-lich-kalter Blick bedeutet Tod für jeden, der ihm verfällt. Erblickt er sich jedoch selbst im Spiegel, erschrickt er zu Tode über sein häßliches und böses Wesen, das in keiner Weise seinem Selbsterleben entspricht. Denn er hält sich ja für Basileus, den prächtigen König. Soweit die dämonische Seite des Narzißmus, die nie zu sättigende Gier nach Bestätigung und Bewunderung, der Ehrgeiz, andere nach dem eigenen Wunschbild zu formen oder sie zu verstoßen.
Ungeblendet in die Sonne sehen. Bezaubert von der eigenen Schönheit, ohne in den Fluten der Selbstauflösung, des Todes zu ertrinken. Einen Fall von Größenwahn beschrieb Freud im »Fall Schreber« und dessen Wunschtraum, wie der Adler den Anblick des Sonnenglanzes zu er-tragen, denn dies sei »allein den Adlern zugestanden, die als Bewohner

der höchsten Luftschichten zum Himmel, zur Sonne und zum Blitze in besonders innige Beziehung gebracht wurden. Dieselben Quellen berichten aber auch, daß der Adler seine Jungen einer Probe unterzieht, ehe er sie als legitim anerkennt. Wenn sie es nicht zustande bringen, in die Sonne zu schauen, ohne zu blinzeln, werden sie aus dem Nest geworfen.«[19]

Narziß verliebte sich in sein eigenes Bild. Dieses Verliebtsein in das eigene Selbst, in die inneren Selbst-Bilder, das Ich-Ideal kann durch das Tier verstärkt werden. Das schöne Tier kann zur Selbsterhöhung beitragen, kann zum Korsett der Identität werden. Narziß, der Tierhalter, liebt auf Zeit; seine Liebe gilt vor allem ihm selbst. Um dies unter Beweis zu stellen, erfindet er Proben, stellt willkürlich Fallen auf, wie jener Hundehalter, der seinen kaum 15 Wochen alten Hund ohne Leine durch den Wochenend-Verkehrstrubel am Hauptbahnhof jagt, um sich zu beweisen, das man ihn überall findet, weil er so unübersehbar ist. Folgt der Hund, ist alles in Ordnung, verliert dieser ihn unter all den verwirrenden Beinen und Koffern, hat er sein Herrchen eben nicht verdient. Basta. Das Tier kann jederzeit ausgetauscht werden. Damit teilt das Tier das Schicksal der menschlichen Liebesobjekte des Narzißten.

Narzißmus zeichnet sich durch einen Mangel an Empathie für das Empfinden der anderen aus. Empathie-Ausfall ist das tägliche Brot ganzer Zweige der Unterhaltungsindustrie. Tierfilme wie *Miez und Mops* sind ein Beispiel kommerzialisierter Grausamkeit an Tieren. Mit ihren beiden Hauptdarstellern, einer jungen rotgetigerten Katze und einem als Retter fungierenden Mops, gelang es dem japanischen Regisseur Madanori Hata, den menschlichen Narzißmus in seiner abschreckendsten Form auf die Leinwand zu bringen. Der Tierverbrauch dieses für Kinder gedrehten Films war immens, denn die Handlung bestand darin, die Tiere in Lebensgefahr zu bringen und im letzten Moment, der freilich des öfteren überschritten worden sein dürfte, wieder zu retten.

Viele Tierhalter unter den Narzißten empfinden ihr Leben als sinnentleert. Ihr existentielles Loch kann nur durch die konstante Zufuhr ihres Suchtmittels »Bestätigung« provisorisch zugestopft werden. Sie leiden unter der Abwesenheit eines »Du« und sind erleichtert, es »wenigstens« im Tier zu finden. Das Tier ist hier Ersatz, wird Gesprächspartner, kann jedoch auch die Brücke zum Draußen werden.

Das Tier begleitet seinen Menschen auf der Achterbahn des Gefühlslebens und bei den Höhenflügen und Einbrüchen seines Selbstwertgefühls, ist Stabilisierungsfaktor bei den Oszillationen von Überhöhung

130

und Entwertung. Das Tier kann exotische Dekoration sein, Möbel, zur bloßen Investition werden, das zu Teppichboden und Freizeitinteressen paßt. Es dient als Sportgerät, Trophäe oder vorzeigbares Prestigeobjekt. Da sein Mensch die Freiheit in rascher Fortbewegung ausmacht, darf es frei umherlaufen. Fazit: ein Heer von Todeskandidaten, aus dem Werbeprospekt des Zeitgeistes »Wer clever ist, überlebt«. Lieber kurz gelebt und intensiv als langweilig.

Tiere können viele narzißtische Wunden schließen, jene, welche die Kindheit schlug, andere, die Lebenspartner versetzten, aber auch solche, die das Alter bereit hält mit seinem zunehmenden Verlust körperlicher Funktionen, dem Abbruch sozialer Zuwendung und Bestätigung, dem Verlust des Partners. Allerdings bleibt das idealisierte Objekt ein Maulwurf in der Lebenswelt. Der Selbstteil, der mit dem Tier verbunden ist, kann aufgeweckt und idealisiert werden, genauso rasch aber wieder in der Versenkung verschwinden. Bindungen haben für den Narzißten oft den Charakter von Experimenten, die sich rasch beenden lassen, wenn sie lästig werden. Kaum ist der verhätschelte Welpe in die Pubertät gekommen, wird aggressiver und stürmischer und zeigt erste Liebesgelüste an der feschen Hündin des Nachbarn fühlt sich der Halter gekränkt und beleidigt. Womit er vor anderen stets angab: »Mein Hund läßt wirklich alles mit sich machen, so viel bin ich ihm wert«, trifft ja nun nicht mehr zu. Im Gegenteil: Ein Rivale hat sich da bei ihm eingenistet, will sich bei ihm durchfressen, ihm auf der Nase herumtanzen. Wie ein Blatt im Wind soll das Tier plötzlich verschwinden, so als wäre es gar nicht existent gewesen. Ein neues Opfer der raschen Abfolge von Idealisieren und Rauswurf.

Narzißtische Beziehungsmodi findet man bei jenen Hundehaltern, die durch die Wahl ihres Tieres eigene Geltungssucht zum Ausdruck bringen wollen: vornehm wirkende Afghanen, Ton in Ton abgestimmt auf eine langmähnige Schöne; ein Dobermann oder Pitbull-Terrier mit Stachelhalsband, dem die Potenz aus allen Poren strömt, neben seinem nicht minder potent dreinblickenden Vorstadt-Rambo, beide Gewaltbereitschaft signalisierend.

Der Reiz gewisser Tiere

Als den »Reiz gewisser Tiere« – ebenso gewisser Frauen – machte Freud deren Narzißmus aus, den das Liebeswerben des Mannes nicht berührt: »Der Reiz des Kindes beruht zum guten Teil auf dessen

Narzißmus, seiner Selbstgenügsamkeit und Unzugänglichkeit ebenso der Reiz gewisser Tiere, die sich um nichts zu kümmern schienen, wie der Katzen und großen Raubtiere…«[20] Der emotionalen Anpassungsbereitschaft des Tieres steht also ein ebenso bemerkenswerter Starrsinn, eine gewachsene Eigenliebe zur Seite. Freud lag mit seiner Vermutung, daß sich dies in der Familie der Felidae, der Katzenartigen, Mensch wie Tier, besonders zeige, keineswegs falsch. Allerdings sei hinzugefügt, daß gerade die Katzen eine in der Tierwelt wohl einmalige emotionale Bindungsintensität an ihren Menschen entwickeln können und dem Hund oder Papagei – Tiere, die ihrem Menschen ja ebenfalls lebenslang loyal sind – als Gefühls-Tiere oft überlegen sind. Sogar als Wildtiere wenden sich Katzen intensiv ihrem Menschen zu. Dies beweisen nicht zuletzt die vielen Raubtier-Dressuren mit Tigern, Löwen und Panthern, die mit Bären nicht möglich sind. »Selbstgenügsamkeit« ist die Grundlage dieser Bindung jedoch gerade nicht.

Während man Katzen – und dieses Vorurteil findet sich sogar in modernen Lehrwerken der Tierverhaltensforschung – territoriale Treue und Bindungsschwäche dem Menschen gegenüber nachsagt, zeigt die Wirklichkeit, daß sie äußerst flexibel in der Wahl ihrer Bezugspunkte sind. Dies kann sowohl ein Bauernhof sein als auch ein Mensch. Hat sich die Katze emotional erst einmal an einen Menschen gebunden, ist sie nicht mehr aufzuhalten. Ihren emotionalen und territorialen Starrsinn nimmt sie allerdings mit. Echte Narzißten und Autoritätsfanatiker, beides keine angenehmen Zeitgenossen, tun sich allerdings mit Katzen schwer. Sofern sie sich von ihren vierbeinigen Hausgenossen nicht zu zivilisierteren Umgangsformen erziehen lassen, bleiben sie unzufriedene, ewig nörgelnde Katzenhalter, bei denen eine Katze, die auf sich hält, nichts verloren hat. Aber auch andere Tierarten wären hier nicht gut aufgehoben. Selbst ein Hund ist keineswegs als der Befehlsempfänger auf die Welt gekommen, zu dem ihn nicht wenige Hundehalter degradieren. Katzen indes unterwerfen sich nicht. Es hat keinen Zweck, mit einer Katze zu debattieren, von ihr Kapitulation zu verlangen. Sie geben ihre Persönlichkeit nicht auf, schließen keine taktisch klugen Kompromisse, wie Hunde dies bei realistischer Einschätzung der Kräfteverhältnisse zu tun pflegen. Waffenstillstand kann nur entlang der Rudel-Hierarchie ausgerufen werden, im lockeren, aus Gründen entspannter Lebensgestaltung entstandenen kätzischen Gesellschaftsclub bleibt er ein Fremdwort: Anarchisch und starrsinnig, passen Katzen sich nur an, wenn Neigung und Überzeugung zusammenfallen. »Lieber tot als auf Knien leben« ist ihre Devise.

Suizidales Verhalten bei Tieren? Keine Seltenheit, wenngleich noch nicht erforscht. »Eine Katze kann man in den Selbstmord treiben«, erinnert sich eine Katzenhalterin. »Ich war zornig auf Minka, denn als ich vom Einkaufen zurückkam, entdeckte ich, daß die Pastete, die ich in Ermangelung eines Eisschrankes auf den Balkon gestellt hatte, aufgefressen war. Dafür bekam sie eins über ihr Fell. Durch meine Erziehungsmethoden war sie schon arg mitgenommen, das muß ich zugeben, denn sie war meine erste Katze. Ich machte ziemlich viele Fehler. Da ihr der Weg in die Wohnung versperrt war, sprang sie provokativ auf die schmale Brüstung des Balkons, was sie sonst nie tat – sie konnte sich schließlich ausrechnen, daß ihr ein Fall aus dem fünften Stockwerk nicht gut bekommen würde. Doch jetzt stellte sie sich auf die Brüstung. Sie stützte sich mit ihren Pfoten an der Hausmauer ab, wodurch die ganze Angelegenheit nicht weniger gefährlich wurde. Dann starrte sie mich entschlossen an, so als wolle sie abspringen, sobald ich noch einmal wagen würde, die Hand gegen sie zu erheben. Von da an habe ich nie wieder versucht, sie zu erziehen und entdeckte bald, daß meine Erziehungsmaßnahmen überflüssig wurden, wenn ich ihr gegenüber toleranter war und sie eher wie Meinesgleichen behandelte.«

Katzen wie Hunde können sich für begangenes Unrecht »rächen« oder ihre Menschen mit oft drastischen Mitteln auf sich aufmerksam machen, sollten diese sich als dickfellig erweisen. Damit zeigen diese Tiere, daß sie sich genauso »narzißtisch« selbstbezogen verhalten können wie ihre Menschen. »Ich saß mit einem Freund bei Kaffee und Kuchen angeregt plaudernd im Wohnzimmer und sah darüber hinweg, daß die Katze noch kein Futter erhalten hatte. Sie maunzte heftig und kam auffordernd immer wieder zu mir gelaufen. Ich jedoch ignorierte sie bewußt, auch damit mein Besuch nicht denken sollte, daß ich mich von ihr terrorisieren lasse. An diesem Tag hatte ich mich besonders herausgeputzt: ein neues weißes Sommerkostüm. Gerade als ich die Kaffeetasse zur Hand nahm, sprang mir die Katze blitzschnell und gezielt an den Unterarm, so daß die braune Brühe auf das weiße Kostüm spritzte. Der Nachmittag war ruiniert, und mein Bekannter hatte die Machtverhältnisse in diesem Haushalt klar durchschaut.«

Die Durchsetzungsfähigkeit der Katzen ist eine wunderliche Mischung aus territorialem und emotionalem Starrsinn. Ihre Beharrlichkeit ist schon mit so manchem narzißtischen Weltbild kollidiert. Der Lieblingssessel bleibt der Lieblingssessel, auch wenn gerade eine fünfköpfige Familie zu Besuch ist. Und wenn sich die Katze erst einmal daran gewöhnt hat, nach dem Frühstück auf dem Schoß ihres Menschen ein Nickerchen zu machen, läßt sie sich nicht davon abbringen. Das heißt freilich nicht, daß sie nicht bereit wäre, ihren Stammplatz hin und wieder mit einer anderen Katze, sogar der kurios Hochbeinigen, die immer die Dosen aufmacht, zu teilen. Fatal wird es, wenn sie sich den Bürodrehstuhl im Arbeitszimmer ihres Menschen zum Lieblingsplatz erkürt. Zähe Verhandlungen um bewußten Arbeitssessel setzen nun ein: Weil alle verbalen Appelle nichts helfen, wendet der Mensch einen Trick an und lockt die Katze in die Küche, um ihr ein paar Häppchen ihres Lieblingsfressen zu geben. Erst dann kann es an die Arbeit gehen. Sobald ihr Mensch jedoch nur für Sekunden seinen Hintern aus besagtem Objekt entfernt, um nach einer entfernt liegenden Unterlage zu greifen, spürt er beim Hinsetzen ein weiches Kissen, das allerdings sofort entrüstet zu fauchen beginnt.

Zur Entschädigung zeigen Katzen ihrerseits vollstes Verständnis für narzißtische Bedürfnisse ihrer Menschen. Kommt Besuch, läßt sie sich von ihrem Menschen gern dazu verführen, ein bißchen mit ihr anzugeben. Sie läßt sich – angelegentlich – begutachten, dreht sich und wendet sich, gewährt dem Besucher eine Streichel-Audienz. Voller Besitzerstolz nimmt sie schließlich auf ihrem Menschen Platz und legt ihre Pfoten um seinen Hals, so als wolle sie demonstrieren: »Wir beide gehören zusammen. Du mußt dich bei uns erst noch hochdienen.« Mensch und Tier gemeinsam auf der Insel narzißtischer Glückseligkeit. Lästiger wird der kätzische Drang zur Selbstdarstellung, wenn ein Besuch auf der Couch im Gästezimmer übernachtet und sich der Kater bemüßigt sieht, den entweihten Ort am nächsten Tag mit einem kräftigen Urinstrahl zu markieren, um die Besitzverhältnisse wieder klarzustellen.

Hat sich eine Katze erst einmal einen Standort für ihre Katzentoilette ausgesucht, sollte der Halter ihren Wunsch respektieren. Das Argument, es sei unpassend, im Wohnzimmer eine Katzentoilette einzurichten, zumal das Tier ja über ein hygienisch einwandfreies stilles Örtchen im Bad verfügt, läßt sie nicht gelten. Flexibilität ist das A und O der Katzenhaltung, im Gegensatz zur Konsequenz, die einem Hundehalter zugute kommt. Dies lernte ich jedenfalls nach zweijährigem Ringen mit meinem Kater, dem ich sogar durch etliche tierverhaltenstherapeutische Übungen aus dem Lehrbuch auf die Sprünge helfen wollte. Nach unzähligem Wegwischen und Gegenmarkieren mit Scheuermittel, Reinigungsschaum, Ammoniak und Katzen-Fernhalte-Spray (welche lediglich Menschen fernzuhalten vermögen, die Kater-

nase jedoch keineswegs beeindrucken, sondern vielmehr ein »Jetzt-erst-recht« provozieren), nach mehrmaligem Erneuern des Teppichbodens und der darunterliegenden Dielen, gab ich schließlich auf und richtete ihm dort endlich eine Toilette ein, wo er sowieso schon immer sein Geschäft verrichtete. Er war nie mehr unsauber. Nun, ich hätte mit meinem therapeutischen Ehrgeiz natürlich keineswegs klein beigeben müssen. Die Verhaltenstherapie empfiehlt in solchen Fällen, selbige Toilette unauffällig Tag für Tag immer ein paar Zentimeter in Richtung des ursprünglichen Standorts zu verrücken, um das Tier behutsam umzukonditionieren. Doch das ließ ich bleiben. Erstens ahnte ich, daß mein Kater diesen Trick bald durchschauen würde, denn so dumm wie manche Verhaltensforscher meinen, sind Tiere nun mal nicht (Tiere »funktionieren« eben nicht nur auf der Reiz-Reaktions-Ebene, sondern können durchaus größere Zusammenhänge und Absichten überblicken), zum anderen befürchtete ich wochenlanges Stolpern über ein sich durch die Wohnung arbeitendes Katzen-Klo. Vielleicht wäre als Ergebnis schlußendlich die gesamte Wegstrecke in die Ausscheidungsaktivitäten einbezogen worden…
Kurzum: Die Beispiele zeigen, wie heilsam sich Tiere auf eingefahrene Lebensweisen auszuwirken vermögen.

»Es gehorcht mir aufs Wort«:
Das Tier des Autoritären

Der Hund, die Nase über dem Boden, schnüffelnd, immer auf der Suche nach einer würzig duftenden Kot- oder Urinspur eines Kollegen, der Mensch, am anderen Ende der Leine, ihn ziehend, zuweilen ungehalten, jedoch nicht minder interessiert an den Ausscheidungen des Tieres, beobachtet unruhig oder höflich abwartend dessen Erkundungen der Welt aus der Kot- und Urin-Perspektive, um, im Laufe der Jahre seine Kenntnisse über Zusammensetzung und Zustand der Hinterlassenschaften des Kreatürlichen zu erweitern. Seine Erfahrung wächst. Er weiß nun, was so alles auf den Ausscheidungsstraßen herumliegt – Abfälle, Erbrochenes mit grob zerkleinerten Nahrungspartikeln, grünlicher Auswurf, vollgepackt mit Erregerstämmen unterschiedlichster Provenienz –, und er weiß, wie er verhindern kann, daß

135

sein Vierbeiner Nase und Pfoten in undefinierbare Schleim- oder Schlabbersuppen taucht und die eine oder andere Kotprobe mit ins Haus trägt. Sollte dies jedoch einmal geschehen, weiß er sich dieser Pröbchen zu entledigen, ohne von Ekel überwältigt die Flucht ins Bad antreten zu müssen. Herr und Hund verfolgen mit großer Anteilnahme die Produkte von Darm und Blase. Als Verdauungsexperten der frühen Morgenstunden wissen sie darum, Dünnflüssigkeit oder Hartleibigkeit durch ausgefeilte Diäten zu kurieren. Im Kreuzgang ahnungsvoll auf den Alleen einherschreitend, weiß Herrchen, den Kontakt mit den überflüssigen Produkten des Abschaums der Straße, jener zuhauf und regellos sich entleerenden schmutzigen Köter und Kläffer seiner Nachbarn zu umgehen und verwaltet sein Amt als Hüter an der Pforte des letzten Gliedes der Nahrungskette mit Würde.

Im Unterschied zur schizoiden, narzißtischen und depressiven Struktur (die mit Entwicklungsproblemen und Fixierungen in der primären, symbiotischen und oralen Phase der psychosexuellen Entwicklung im ersten bis zweiten Lebensjahr in Zusammenhang gebracht werden), entsteht eine zwanghafte Struktur der Persönlichkeit in der analen Phase am Ende des zweiten bis dritten Lebensjahres. In diesem, auch als »Trotzphase« bekannten Entwicklungsabschnitt steht die Sauberkeitserziehung des Kindes an erster Stelle: Das Kind lernt, seine Sphinktermuskulatur zu kontrollieren und erfährt, daß es mit dem »Loslassen oder Zurückhalten« der Faeces die Reaktionen seiner Eltern in der Hand hat, Lob oder Schelte erntet, stolz sein darf oder sich schämen muß, je nachdem ob seine Eltern sich über sein »Produkt« freuen oder sich davor ekeln. Strafmaßnahmen, Züchtigungen und übermäßige Strenge bei der Sauberkeitserziehung prägen die Charakterentwicklung des Kindes. Motor bei der Bildung des Über-Ich, der verinnerlichten Normen der Gesellschaft in die psychische Struktur, ist die Angst vor der Übermacht der Eltern: Strafen erwecken im Kind den Wunsch, selbst Herrschaft zu erlangen. Das Kind beginnt, die Gesten der Macht nachzuahmen. Es identifiziert sich mit seinem Angreifer, dem Erwachsenen, und übernimmt dessen Strafmaßnahmen, erprobt sie an Spielkameraden, Mensch oder Tier, und wendet sie, von Schuldgefühlen gepeinigt, gegen sich selbst. Das Kind wird unterwürfig, paßt sich an. Liebe ist damit an Macht und Unterwerfung, am »Zu-willen-Sein« gebunden.

Entscheidend ist das Familienklima, etwa ein pedantischer, Reinlichkeit und Hygiene überbewertender Erziehungsstil der Eltern. Ein Kind, das den Konflikt zwischen »Hergeben« und »Loslassen« durch übermäßige Anpassungsbereitschaft löst, wird in seinem Verhalten unterwürfig und passiv und scheut sich, seine Aggressionen und den Wunsch, doch festzuhalten was es besitzt, offen zu zeigen. Redewendungen wie »Herumstänkern« oder »Nörgeln« weisen auf indirekte Formen der Äußerung von Wut hin. Umgekehrt führt ein übermäßiges »Festhalten« nicht nur zu einer körperlichen, sondern auch zu einer psychischen Obstipation: Der Mensch neigt zu Eigensinn und Geiz, kann nichts hergeben, möchte alles für sich und in sich behalten, will bedingungslose Kontrolle und Macht über andere ausüben. Die Aggression wird hier offen gezeigt; sie tritt jedoch zumeist in der Gestalt von Besserwisserei, Rechthaberei und Ideologiebildung auf.

Die Normen der Gesellschaft, die von der psychischen Instanz des Über-Ich vertreten werden – eine Metapher, die wie die anderen Instanzen »Es« und »Ich« die Dynamik, die Verschiebungen der Motive, die Vorzeichen vor den psychischen Energien veranschaulichen – gewinnen an Bedeutung. Das Ergebnis: Es entsteht ein »analer Charakter«, eine »Sphinktermoral« (Sandor Ferenczi), ein Mensch, der sein Leben lang Perfektionismus und Ordnung an die erste Stelle setzt, indessen Hemmungen beim Ausdruck seiner Gefühle hat. Rebellion gegen die Autorität oder Unterwerfung. Die Persönlichkeit manifestiert die sogenannte »anale Trias« von Ordentlichkeit, Eigensinn und Geiz.

Nach Meinung der zeitgenössischen Psychoanalyse handelt es sich bei den analen wie auch bei den oralen und narzißtischen oder schizoiden Persönlichkeiten um »Variationen des Abhängigkeits-Autonomie-Konflikts«, die von der jeweiligen psycho-sexuellen Entwicklungsstufe gefärbt sind. Übermäßige Strenge und Dominanz der Eltern über das Kind bei der Sauberkeitserziehung stört den Wunsch des Kindes, selbst über seine Produkte entscheiden zu können, autonom zu werden. »Die Entstehung einer zwangsneurotischen Struktur werde durch Mütter gefördert, die auf die Selbständigkeitsbestrebungen des Kindes mit Liebesentzug, kontrollierender Strenge und Disziplinierung reagieren«[21], meint Mentzos. Die Angst vor Strafe verleiht dem Über-Ich grausame Züge. Als Schuldgefühl kann es nun »Wiedergutmachungsrituale« in Form von Unterwürfigkeit oder durch Identifizierung mit dem Aggressor einleiten. Das Kind übernimmt die Normen der Eltern und stellt sein eigenes »Ich« an den Pranger. Das Ich des Kindes wird in ein Korsett eingeschnürt, die Persönlichkeit zeichnet sich durch Rigidität, Einengung und Neigung zu Dogmatismus aus.

Franz Kafka schildert in seinem *Brief an den Vater* seine einengende, vom rigiden, cholerisch-zwanghaften Vater dominierte Kindheit: »Die

Hauptsache war, daß man das Brot gerade schnitt.« Unter den Beschimpfungen und Drohungen des Vaters wurde er ängstlich und eingeschüchtert. Ein Stotterer, der es nie rechtmachen konnte. Noch als Erwachsener fürchtete er, alles falsch zu machen. Er hatte das negative Selbstbild, das ihm sein Vater einprügelte, verinnerlicht. Von Selbstzweifeln geplagt, hatte er weder die Kraft noch den Mut, seinen eigenen Weg offen zu verfolgen: »Dort, wo ich lebte, war ich verworfen, abgeurteilt, niedergekämpft, und anderswohin mich zu flüchten strengte mich zwar äußerst an, aber das war keine Arbeit, denn es handelte sich um Unmögliches, das für meine Kräfte bis auf kleine Ausnahmen unerreichbar war.«[22]

Kühler Kopf und harte Hand

Eine Erziehung unter dem Vorzeichen der Analität ist geradezu ein Abbild der Normen, die für die Erziehung von Tieren gelten. Am Tier scheint der Mensch die Härten seines eigenen Sauberkeits-Drills zu reinszenieren, um die eigenen Triumphe und Niederlagen mit seinem Haustier wiederzuerleben.

Der Herrsch-Süchtige, seinen Blick an kosmische Pflichten geheftet, ernährt sich von Demut. Seine Loyalitäten kann er an wechselnden Fronten verteilen: Mal identifiziert er sich mit dem Erwachsenen, der den Unsauberen zur Rechenschaft zieht und ihn je nach Lage der Dinge hart bestraft, mal verteidigt er das freche, ungehorsame Kind, das er im Tier wiederzuerkennen vermeint und agiert dessen vergeblichen Protest gegen den ihm ungerechterweise auferlegten Drill. Am Tier gelingt es, die verschiedenen Facetten analer Aggressionen auszuleben: die Angst vor der eigenen Kleinheit; die Phantasie, endlich zuzubeißen, zerkleinern, in Bestandteile zerlegen zu können; die Angst davor, selbst angenagt, gebissen, zermalmt zu werden. Die Tierfamilie der Nager versinnbildlicht die analen Wunschbilder: die clevere, nicht klein zu kriegende, hinterrücks immer triumphierende Intelligenz der Nager, die verbissen und störrisch auf das Überleben programmiert scheinen, ein Überleben in Ambivalenz, fern der aus bejahter Lebendigkeit sich nährenden Lebensfreude, stets mit dem negativen Vorzeichen des »Unkraut-Vergeht-nicht«.

Anale Züchtigungs-Ideologien: das Prügel-Tier, das Tier an dem aus Pflichtgefühl Exempel statuiert werden, das erzogen werden muß, um die Ordnung und Ordentlichkeit der Familie, des Staates, der Welt, nicht zu zersetzen. Das Tier richtig zu erziehen, ihm seinen Platz zuzuweisen, an den es sich sklavisch zu halten hat, bedeutet, dem System Geltung verschaffen, das selbstgerecht definierte Weltgefüge zusammenhalten. Das Tier sitzt am Hebel des Familiengeschicks: Es kann Friedhofsruhe oder Anarchie, Harmonie oder Chaos »verschulden«. Da es Kosten verursacht, stachelt es den Geiz des Sparsamkeitsfanatikers an. Als schwächstes Familienmitglied steht es beim Engherzigen mit einem Fuß in der Gefahr, bei Nichtbefolgen der Familienregeln bestraft zu werden.

Eine erschütternde Geschichte über die erfolgreiche Abwehr analer Verarmungsängste mit ihrer Überbewertung des Geldes, der Furcht davor, materielle »Opfer« bringen zu müssen und der tiefen Gleichgültigkeit, der Abwehr dem Lebendigen gegenüber, das vom eigenen Geiz grausam dem Tod ausgeliefert wird, erzählt Guy de Maupassant in seiner Novelle »Pierrot«. Zwei ländliche Damen, eine geiziger als die andere, wollen, nachdem Einbrecher ihren Gemüsegarten plünderten, sich nicht aus Neigung, sondern um ihren Besitzstand zu schützen, einen Hund ins Haus holen. Der Hund darf jedoch kein »Vielfraß« sein, da man ja sparen muß, er darf auch nichts kosten; hübsche und kräftige Hunde kommen daher nicht in Frage. Schließlich entscheidet man sich für einen »schmutzigen Köter«, den sein Besitzer loswerden will, ein »sonderbares, ganz kleines gelbes Tier«, das »fast keine Beine, dafür einen Krokodilsleib, einen Fuchskopf und einen buschigen Schwanz« hatte. Die Damen erwarten von Pierrot zwar die Bewachung des Gemüsegartens, doch sein Futter soll er sich selbst zusammenbetteln. Bald bemerken sie, daß er als Wachhund ein Versager ist, denn bei seinem ständigen Betteln um Nahrung, umschmeichelt er jeden, der sich dem Garten nähert. Zudem erfahren die beiden, daß sie für diesen unnützen Hund auch noch Hundesteuer zu entrichten haben. Daher wollen sie sich seiner schnellstmöglich wieder entledigen. Der Hund soll »den Kopfsprung machen« in eine 20 Meter tiefe Grube, die zum Tode verurteilten Hunden als Begräbnisplatz dient. Die Damen lassen Pierrot von einem Gehilfen in die Mergelgrube werfen. Eine der beiden zeigt Skrupel und beginnt, dem Hund, der sich nun jämmerlich und verzweifelt die Seele aus dem Leib bellt, heimlich trockenes Brot und Abfälle hinabzuwerfen. Als ein zweiter, stärkerer Hund hinabgeworfen wird, der Pierrot das Futter wegfrißt, siegen Geiz und Hartherzigkeit: »Und fast erstickt bei dem bloßen Gedanken, daß all diese Hunde auf ihre Kosten leben könnten, ging sie weg und nahm sogar das noch nicht ganz verteilte Stück Brot wieder mit und verzehrte es selbst auf dem Rückweg.«[23]

Diese Opferung eines Lebewesens auf dem Altar des Geldes, der Sieg des Eigennutzes, der wirtschaftlichen Interessen über das Gefühl, sind gestern wie heute von ungebrochener Aktualität. Die Tiere werden zum privaten Übungsfeld. Wenigstens hier soll sie gelingen, die eigene Mission, die Welt sich nach eigenem Gutdünken einzurichten. Die Persönlichkeit, rigide auf die eigenen Vorstellungen eingeengt, trampelt die Bedürfnisse der Tiere nieder. Als Befehlsempfänger haben sie zu parieren. Daß sie unter dem Erziehungsdrill leiden und seelisch verkümmern, wird selbstgerecht in Kauf genommen. Die Tiererziehung wird zum Spiegel der »Schwarzen Pädagogik«, die vor noch nicht allzu langer Zeit als ideale Erziehungsmethode gepriesen wurde, um andere, »empfindungslose« Geschöpfe, eben Kinder, zu zähmen, zu bändigen, zu unterwerfen. Freilich sind Autoritäre irritiert, wenn die von ihnen geschaffenen Kreaturen zusammenbrechen. Wer als Untergebener treu diente, hat sich Tränen verdient. Bismarck litt zeit seines Lebens unter Schuldgefühlen, weil er seine sterbende Lieblingsdogge Sultan in den Tod hineingeprügelt hatte, denn als er sie wegen eines unerlaubten Spaziergangs mit harter Hand und Peitsche züchtigte, erlitt sie einen Herzschlag. Noch auf seinem Sterbebett fragte er: »Ist es schon lange her, daß Sultan tot ist?«[24]

Dabei eignen sich gerade autoritäre Menschen wohl am allerwenigsten für die Tierhaltung, denn auch eine konsequente Hundeerziehung darf nicht als Herr-Knecht-Verhältnis mit dem Ausleben von Wut und dem starren Festhalten an Prinzipien einhergehen. Dies zeigt die Gebrauchshunde-Ausbildung. Blindenführhunde lernen, »selektiv« zu gehorchen: Sie wenden ihre eigene Urteilsgabe an und messen sie an der konkreten Situation vor Ort. Einsicht und Intelligenz sind gefragt, nicht »blinder« Gehorsam, denn der könnte den Blinden und seinen Hund auf die Fahrbahn vor ein heranrasendes Auto bringen. Ein »Gebrauchshund« kann seinen Dienst nur verrichten, wenn er angstfrei und selbstbewußt und nicht »verschlagen« und dadurch ambivalent an seinen Menschen gebunden ist.[25]

Doch der Zwanghafte neigt zu Überreaktionen. Er will ja alles besonders gut, perfekt machen. Nie unrecht haben, nie versagen, stets in belehrender, oberlehrerhafter Attitüde. Sich nie, vor allem nicht seinem Tier gegenüber, als »schwach«, als Verlierer zeigen. In allen Lebenslagen beharrt er auf der Alpha-Position und umgibt sich mit Menschen, die ihm nach dem Mund reden oder sich vor ihm ducken. Er ist der geborene Untertan: Er duckt sich vor seinen Vorgesetzten und trampelt auf seinen Untergebenen herum. Die mit der Tierhaltung verbundene

Arbeit erlebt er als unhygienisch und macht aus einer Mücke einen Elefanten. Mit aggressiven Desinfektionsmitteln ist er hinter Schmutz und Parasiten her, die natürlich von der Bettmilbe bis zur Schmeißfliege überall auf ihn lauern. Schondeckchen für Polster, Kontrollgänge, um zu prüfen, ob das Tier nicht irgendwo einen Kratzer hinterlassen hat. Er wischt und schmirgelt, bohnert und poliert, wie es sich für einen, der auf sich hält, gehört. Eine Autorität im Schrebergarten, ein Patriarch der Gartenzwerge, ein Experte in Fragen des Anstands und der Schicklichkeit.[26]

Auf Kritik an der eigenen Person und seinen drastischen Methoden reagiert er ausgesprochen allergisch. Die letzte Waffe: Zugangsbeschränkungen. Das Ergebnis kommt einer Mißhandlung des Tieres gleich. Die allmähliche Steigerung derartiger Schutz-Rituale beobachtete ich über einige Jahre hinweg bei einer Familie mit ausgeprägt rigider Zwangsmentalität: Bereits nach dem Welpenstadium wurde der Langhaardackel dazu erzogen, nicht auf die im Wohnzimmer reichlich ausgebreiteten Teppiche zu treten, schließlich durfte er überhaupt nicht mehr das Wohnzimmer betreten. Nun mußte das Tier jedoch, um vom Garten, der ihm erlaubt war, in die Diele des geräumigen Wohnhauses, in der er sich ausschließlich aufhalten mußte, zu gelangen, durch das Wohnzimmer hindurch. Wie sollte er die unlösbare Aufgabe bewältigen, sauberen Fußes vom Garten in seine Nische zu kommen? Das Ergebnis, wie ich einige Male erschüttert beobachten mußte: Der Hund jagte in Panik vor den Schlägen seines Herren durch das Wohnzimmer, die wütenden Rufe der Hausfrau im Nacken. Als letzte Stufe seines Hundelebens in diesem vorbildlich sauberen deutschen Haushalt, durfte der Hund gar nicht mehr ins Haus. Mein Angebot, ihn in Pflege zu nehmen, wurde ausgeschlagen, da das Tier, tot oder lebendig, als Eigentum zur Familie gehöre. Der Hund wurde in den kalten und feuchten Keller verbannt, wo er nach einigen Monaten stillen Leidens an Lungenentzündung einging und alle erleichtert feststellten, das sei doch das Beste für ihn gewesen. Ein Hundeleben.

Um sich überlegen fühlen zu können, identifiziert sich der Autoritäre mit der Macht. Er spricht im Namen der über allem waltenden Normen. Der Hund erfüllt viele der Bedürfnisse, die eine zwanghafte Persönlichkeit an ihr Haustier stellt: Durch drakonische Züchtigungen an den Menschen negativ gebunden, unterwirft er sich und läuft mit eingekniffenem Schwanz durch die Welt, immer auf der Suche nach einem Schwächeren, den er nun seinerseits piesacken kann. Er ist ein bissiger, geduckter Kläffer, aggressiv und immer auf der Lauer, das ihm Angetane anderswo heimzuzahlen. Der Hund, Untertan des Menschen, wird von Kurt Tucholsky trefflich beschrieben: »Sie regieren auf ihm herum... Welche Seligkeit, befehlen zu können.«

Auch Katzen haben es in Biotopen, die von Zwanghaften regiert werden, schwer. Tierhalter verbieten ihnen zu springen; sie dürfen nur auf dem Boden herumlaufen. Sie dürfen sich auf keinen Stuhl setzen, das Schlafzimmer ist sowieso tabu. In vielen Ländern ist es immer noch erlaubt, Katzen die Krallen zu amputieren, damit sie sich nicht wehren können und die harte Hand, von der sie »erzogen« werden, ihrerseits nicht schlagen. Doch heranwachsende Katzen merken rasch, wann sie Verletzungen zufügen. Sie lernen, ihre Krallen auch bei heftigeren Spielen nicht auszufahren. Es ist rührend, wie bekümmert sie reagieren, wenn wirklich mal ein Malheur passiert ist, etwa weil das Telefon plötzlich klingelte, während sie sich entspannt auf dem Schoß ihres Menschen aalten und sie erschreckt heruntersprangen. Sie spüren sogar, wenn sich ihr Mensch weh getan hat: »Meine Katze kommt immer ganz besorgt angelaufen, wenn ich mich irgendwo gestoßen habe.«

Es scheint, als gäbe es ein feines Gefühlsnetz zwischen Tier und Mensch. Angst vor Schmutz, zwanghafte Reinigungsrituale, Sorge um Teppiche und wertvolle Antiquitäten sind mit einer humanen Tierhaltung nicht zu vereinbaren. Es gilt, Prioritäten zu setzen. Da ein lebendiges Wesen immer wert-voller ist als jede noch so teure Wohnungseinrichtung, ist dem Halter zu empfehlen, sich mit der schnelleren Abnutzung der Möbel zu arrangieren oder auf Tiere (aber auch auf Kinder) lieber zu verzichten. Freilich hat eine zwanghafte Attitüde ihre positive Seiten. Konsequente Hundeerziehung kommt dem Zwanghaften entgegen. Er kann sich bei bei komplizierten und arbeitsaufwendigen Tierhaltungen positiv bewähren. Vogelvolieren, Terrarien mit Reptilien oder Nagetieren, Aquarien – all dies sind Tierhaltungen, die dem Bedürfnis jener, die sich im zwanghaften Bindungsmodus auf Tiere beziehen, entsprechen.

Die Angst auf dieser Stufe der Persönlichkeitsentwicklung spiegelt sich in Verfolgungsträumen. Hier wird die Aggression zum Ausdruck gebracht. Kleine Tiere, Käfer, Spinnen laufen über den Körper des Träumers. Zwangsgedanken äußern sich in Befürchtungen, es könne den Tieren etwas zustoßen, sie könnten Gift oder Glassplitter fressen. Oft sind diese Befürchtungen, die auf unterdrückte aggressive Phantasien oder Todeswünsche gegen andere Personen zurückgehen können (und auf das Tier verschoben wurden), gefolgt von Wiedergutmachungsritualen, in denen versucht wird, das reale oder nur vorgestellte Desaster ungeschehen zu machen.

Das Sozialverhalten mancher Tierarten kann vom Außenstehenden als aggressiv oder sadistisch erlebt werden; genannt seien nur die Fütterungsbalgereien bei manchen Nagerpopulationen oder das Verfüttern lebender Tiere an Schlangen, Vogelspinnen und Reptilien. Halter, die tagein, tagaus lustvoll dem Gemetzel zusehen, können – je nach persönlicher Ausgangslage – auf diese Weise nach außen verlagerte Aggressionskonflikte und Allmachtswünsche ausleben.

Hinter übertriebener Tierliebe verbergen sich oft feindselige Impulse. Ein Tierhalter will sein Tier einschläfern lassen, weil er sich beruflich verändert. Einen Pflegeplatz für das Tier zu suchen, kam ihm gar nicht in den Sinn. Viele Züchtervereine mit ihren festgelegten Bewertungsritualen, ihren Rassemaßstäben, ihren Zuchtexperimenten, bilden eigene, rigide strukturierte Lebenswelten. Ein Vogel darf laut Zuchtrichtlinien pfeifen, rollen, klingeln, knorren, glucken und schockeln – alles in der dafür vorgesehenen Lautstärke und Tonhöhe.[27] Ästhetische Normen werden oft sehr willkürlich aufgestellt, dem Äußeren, Meßbaren, wird mehr Gewicht als den Wesensmerkmalen des Tieres gegeben. All dies korrespondiert mit psychischen Abwehrmechanismen, wie sie bei zwanghaften Persönlichkeiten beobachtet werden: Neigung zur Isolierung des Affekts, Rationalisierung und Intellektualisierung von Gefühlen, Spaltung in »Gut« und »Böse«, Projektion eigener Feindseligkeit auf andere: die Geburt des Sündenbocks. Zur Pedanterie des Zwanghaften treten Ideologiebildungen rund um das Tier, von denen jeder Richter an einem deutschen Gericht ein Lied singen kann. Da dreschen Leinenzwang-Ideologen auf Kampfhund-Verbieter, Halter von Vegetariern auf Halter von Fleischfressern ein, Taubenfütterer und Singvogelliebhaber prozessieren gegen die Katzenhalter. Was dem einen »fliegende Ratte«, ist für den anderen »Symbol des Friedens«. Flora und Fauna werden zum Austragungsort verkarsteter Neid- und Haßgefühle.

Findet diese Dynamik innerhalb von Familien statt, kann sich dies fatal auswirken. Irgendeiner wird immer zum Blitzableiter der unterschwelligen, selbsterzeugten Aggressionen: ein »mißratenes Kind« oder ein »ungezogenes Tier«. Das Tier wird zum Symptomträger und lenkt damit von den ungelösten Konflikten der Menschen untereinander ab. Der Alltags-Horror hinter den Wänden der Doppelhaushälften.

Die Festung des Argwöhnischen:
»Ich und mein Tier gegen den Rest der Welt«

Schwarz-Weiß-Denken, die Aufteilung der Welt in Freund und Feind, Familien oder Paarbeziehungen, die einer folie à deux gleichen: Die Außenwelt wird als feindselig erlebt. Die Bösen sind immer die anderen. Diese Paranoia, das Gefühl, verfolgt zu sein, im Belagerungszustand zu leben, eine chronische Abwehr- und Verteidigungshaltung, durch die man am Ende glaubt, sich selbst und die Seinen in einer Festung verschanzen zu müssen, hat freilich neben den psychischen ebenfalls gesellschaftliche Gründe. Feindseligkeit, Mißtrauen und Destruktivität gegen Fremde wie Nahestehende, schließlich gegen das eigene Ich sind Ergebnis chronischer emotionaler Defizite und Schädigungen des Selbstwertgefühls in einer Gesellschaft, die sich im Götzendienst um das Goldene Kalb verloren hat, für die materieller Profit, die Skrupellosigkeit der Philosophie des »Nicht-den-Anschluß-Verpassen-Dürfens«, ausschlaggebend ist – egal wieviel Opfer es kostet. Dieses zerstörerische Potential, das Feindseligkeit und Mißtrauen sät und Kriege erntet, lauert in jedem, sogar in jenen, die sich aktiv für den Tierschutz engagieren. So ist die Haltung »Ich und mein Tier auf der letzten heilen Insel der Natur« als Versuch zu bewerten, die destruktive Kraft einer als unmenschlich erlebten Wirklichkeit zu bewältigen – ein letzter, freilich eskapistischer Selbstheilungsversuch, der die Auseinandersetzung mit der Wirklichkeit der eigenen Psyche und der Mitwelt vermeidet und daher oft genug tragisch scheitert.
Tiere werden von ihren Menschen zur Abwehr unbewußter Konflikte eingesetzt. Die Spaltung in »böse« und »gute« Menschen und »Objekte« dient dazu, eigene Ängste und das Wahrnehmen eigener Konflikte und unerwünschter Gefühle abzuwehren. Im Beziehungsfeld des Tierhalters übernimmt das Tier die Rolle einer »Projektionsfigur«, an der abgespaltene Bestrebungen und Wünsche erkannt werden. Das Tier kann für den Menschen zum »guten Tier« werden, in dem sich die bei Menschen nicht mehr wahrgenommenen »guten« und bewunderten Eigenschaften wie Treue, Beständigkeit, Kompromißlosigkeit, fehlende Korrumpierbarkeit verdichten; es kann aber auch zum Sündenbock, zum »bösen«, »schlechten« Tier werden, das bissig ist, mißtrauisch, verschlagen und hinterhältig. Das innere Vorstellungsbild, das ein Tierhalter von seinem Tier hat, bestimmt sein Verhalten dem Tier gegenüber. Ein Tierhalter, der sein Tier als »ungezogenes«, »freches«,

»vorlautes« und »verkommenes« Etwas betrachtet, das ihm nur im Weg ist, wird es anders behandeln als ein Halter, der es als »feinfühligen«, »gutterzogenen«, »rücksichtsvollen« Mitbewohner erlebt, der sich nur hin und wieder einmal vergißt, mit gebührender Dramatik in seine andere Natur zurückfällt, um sein Revier gegen Eindringlinge zu schützen, Pfosten zu markieren, den Briefträger oder die neue Freundin zu verbellen oder gar, zum Entsetzen des kultiviert-alternativen Vegetarier-Gemüts, halbtote Mäuse, Jungkaninchen oder altersschwache Amseln herbeizuschleppen und die im Todeskampf zappelnde, blutverschmierte Beute stolz auf dem selbstgewebten Kelim zu deponieren. Vor so viel Naturgewalt kann der sanftmütige Kulturmensch, der in gereifter Disziplin endlich gelernt hat, die eigenen Mordgelüste erfolgreich niederzuhalten, sich nur noch schockiert und angewidert abwenden.

Erklärtes Ziel bleibt, das Tier vor den sich in der Zerstörung wie in der Rettung der Welt auslebenden Allmachtswünschen zu bewahren, ihm gerecht zu werden, es mit seinen artgemäßen Bedürfnissen und Fähigkeiten zu achten. Die defensive Spaltung zwischen idealisierter Tierliebe unter dem Motto »Ich wünschte, mein Tier wäre ein Vegetarier« – eine Aussage, die bei einigen, sich selbst vegetarisch ernährenden Befragten den Ausschlag bei der Wahl der Haustierart gab –, die Abscheu vor der »sogar« im Tier wahrgenommenen »erbarmungslosen Brutalität« reduzieren das Tier darauf, menschliche Wertvorstellungen zu erfüllen. Scheitert das Tier angesichts der an ihn gestellten Forderungen, will man es schnellstmöglichst loswerden, um »nie wieder« seine Liebe an diesen so wenig zum »Vorbild« geeigneten Kreaturen zu vergeuden. Damit wird der Umgang mit dem Tier zum Spiegelbild des Umgangs mit Menschen, die, einst Auslöser der Verbitterung, den Argwöhnischen und Enttäuschten auf seine Festung trieben.

Das Tier als Komplize

Der Hund ist Komplize des Menschen bei der Ausbeutung und Unterjochung der Natur. Mensch und Hund verfügen über eine solide Basis für eine Interessengemeinschaft: Sie identifizieren sich mit ihrem Angreifer. Das unterscheidet sie von den Katzen.[28] Werden Hunde geschlagen, träumen sie davon, der Schläger zu sein, um selbst einmal die Gewalt, deren Opfer sie wurden, gegen Schwächere auszuüben. Der Hund, scharf gemacht, bissig, gehorsam, bereit, seine Wut auf den zu richten, den sein Meister ihm denunziert, begleitet den Menschen bei seinen Beutezügen und Jagden: Er hetzt das Wild, tötet den Verletzten, reißt den Flüchtenden. Der Hund hält die Gefangenen in Schach und die Einbrecher. Der Hund ist Sklavenaufseher und KZ-Wächter in einem. Er geht den Herrrenmenschen zur Hand, Ordnungshütern ebenso wie deren Widersachern, Mafiosi wie Zuhältern. Er hetzt die Schwachen, zerfleischt jene, die ihre Freiheit suchen, stellt, wer sich der Gerechtigkeit entziehen will, sucht die Vermißten und gräbt nach Verschütteten. Als militärisches Kampfmittel gedrillt, wird er zur biologischen Waffe.

Nach der Abschaffung des Sklavenstandes, nach der zögerlichen Befreiung der Frau aus ihrer biologischen und sozialen Gebundenheit, nach der Erkenntnis, daß auch Kinder Schmerzen empfinden und Rechte haben, nach der Enthüllung, daß der seelische und sexuelle Mißbrauch ein tiefverwurzeltes psychosoziales Problem darstellt, nach den unzähligen Appellen, für Behinderte und Gefangene, Homosexuelle und Ausländer die Menschenrechte durchzusetzen, ist der Umgang mit dem Tier die letzte Enklave des sich unbeobachtet glaubenden Bemächtigungstriebes geworden. Am Tier darf sich der zwischen Freizeitfrust und Frühpensionierung eingezwängte Untertan, der bedürfnisbefriedigte, doch ohnmächtig und unmündig gehaltene Konsumbürger, der stets mit einem Bein im Überflüssigwerden, in der eigenen Wegrationalisierung steht, noch ungehemmt austoben. Eine Inhaltsanalyse der Hundebücher bringt erstaunliche Anbiederungen an das autoritäre Bewußtsein ans Licht: Ein über alle Erkenntnisse des Rudelverhaltens hinausschießendes Versprechen, einen genetisch auf das »Stiefel-Lecken« programmierten Hund zu erhalten: Befehlsverweigerung öffnet die Schleusen für den Triumph des Hundes über seinen Herrn und muß daher konsequent geahndet werden. Der Hund darf seine bedingungslosen Gehorsam nicht verweigern. Hundeerziehung ist ein Härtetest für alle Beteiligten. Die Alpha-Position will erkämpft und verteidigt sein.

Befehle um der Befehle willen. Sinn und Zielsetzung bleiben ohne Belang. Auf Kommando bei Fuß stehen. Los! Faß! Das Gebot des blinden Gehorsams gilt für alle Situationen. Inbesitznahme mit Haut und Haaren. Befehl ist Befehl. Wie in jeder funktionierenden Herrschaftsbeziehung sind Nachdenken und Eigeninitiative nicht gefragt.[29] Diesen Tieren ist ihr Eigenleben genommen, sie sind durch die Machtgelüste ihrer Menschen Marionetten, Ausführorgane und Angriffsmaschinen. Bereits in der Kinderstube muß der Besitzer unter den Welpen selektieren. Es gilt, den aggressivsten zu erkennen, jenen, der im Kampf um Nahrung seine Geschwister zur Seite drängt. Die anderen gelten als charakterschwach: biologische Ausschußware. Leitbild einer auf Skrupellosigkeit und Erfolg gepolten Gesellschaft.

Die Auswahlkriterien für den Hund korrespondieren mit dem Verhalten im Wettbewerb: Nur der Stärkste überlebt, nur der Robuste wird ein Hund, der zubeißt, wenn es von ihm verlangt wird. Ängstlichkeit, Schüchternheit, dem Druck aus dem Weg gehen, ist ab-norm. Da kann man Hundebesitzer beobachten, die voller Stolz und um zu zeigen, welche Autoritäten sie sind, den Zuschauern vorführen, wie sie ihren Hund in sinnloser Folge mit Befehlen traktieren, deren einziger Zweck ist, die Hörigkeit des Tieres unter Beweis zu stellen. Intelligenz und Aufmerksamkeit, ganz zu schweigen vom Eigen-Willen, sind hier nicht gefragt.

Eingeschworene Kameraden: »Tiere sind auch nur Menschen«

Können Tiere Freunde sein, Menschen ersetzen? Wer glaubt, die Frage könne nach der naheliegenden Formel beantwortet werden »Alte und Alleinlebende haben eine enge gefühlsmäßige Bindung an ihr Tier; in einer Familie dagegen läuft das Tier einfach mit, die Beziehung ist ›normaler‹, das Tier ist im Gefühlsleben und in den Gedanken nicht so ›überwertig‹ wie in der ersten Gruppe«, irrt gewaltig. Zumindest in meiner Untersuchung konnte ich keine Hinweise dafür finden, daß es hinsichtlich der Gefühlsintensität dem Tier gegenüber einen Bruch zwischen Alleinlebenden oder Tierhaltern in Familien gibt.

Die Mütter und Ehefrauen, die an der Untersuchung teilnahmen, antworteten in der Mehrheit – und dies sollte den Ehemännern zu denken geben –, daß sie ihr Tier zwar als »anders« erlebten, es ihnen nicht bei der Lösung von Alltagsproblemen helfen könne, sie die Bindung an das Tier jedoch als »emotional befriedigender« erlebten als die zum Ehemann oder zu den Kindern, die von Pflichten und Gewohnheiten und nur selten von lebendigem Gefühlsaustausch bestimmt sei. Handelt es sich hier um eine Idealisierung, oder liegt ein Körnchen Wahrheit darin, daß im Gefühlshaushalt der Erwachsenen – für die Kindheit gilt das ohnehin – jene Beziehungen als besonders tief und tragfähig erlebt werden, die jenseits der sozialen Rollen, jenseits der Worte auf einer ausschließlich affektiven Ebene stattfinden? Viele der Befragten klagten über die Mängel der »verbalen Kommunikation mit ihren vielen Mißverständnissen und Komplikationen«. Kommt hier nur eine regressive Tendenz zum Tragen, der Wunsch, sich durch Leugnung der Wirklichkeit eine ideale Welt der Harmonie, des fehlenden Widerspruchs aufzubauen? Gewähren uns Haustiere eine emotionale Nische in einer schnellebigen, oberflächlichen Gesellschaft, in der Liebe und Freundschaft zwischen Menschen auf nützliche Lebensabschnitts-, Wohn- und Sexualgemeinschaften reduziert ist, in der Freundschaften auf dem Niveau der Interessengemeinschaften stattfinden und zerbrechen, wenn aus dem Tennis- ein Golf-Fan wird?

Die Gefühlsbindung an das Tier wird von vielen Befragten als stabiler und dauerhafter als die Beziehung zu nahestehenden Menschen bezeichnet! Ich höre allerdings schon den Kommentar der Zunft, hier könne es sich ja wohl nur um unreife Persönlichkeiten mit stark regressiven Neigungen handeln oder um Zeitgenossen, die noch gar nicht auf der genitalen Stufe ihrer Entwicklung angelangt seien (»Wo Narziß war, soll Ödipus werden«) und sich daher immer noch wenig differenzierter, prägenitaler, narzißtischer Beziehungsweisen zu ihren »Objekten« befleißigen müßten. Diese Hierarchie der Objektbeziehungen, wie sie von der Psychoanalyse vorgegeben wird, ist nichts weniger als eine Bewertungsskala, die vom »Minus«-Pol »symbiotischer Verschmelzungswunsch mit fehlender Ich-Objekt-Differenzierung« bis hin zur »optimalen Beziehungsform reifer genitaler Objektbeziehungen«, dem »Positiv«-Pol des Beziehungskontinuums, reicht. Nur die emotionalen Verlierer wenden sich dem Tier zu, jene nie aus den seelischen Kinderschuhen herausgewachsenen Existenzen, die in Partnerbeziehungen scheitern, Ehescheidungen mehr schlecht als recht überstehen, ihre Kinder mit dem Seelenfrust-Virus anstecken, weil sie sich völlig unangemessener Erziehungspraktiken bedienen, die schließlich Mitglied in einem Single-Club werden und dort ein Vermögen investieren und sich endlich, wenn Hopfen und Malz schon verloren ist, auf Anraten ihres Therapeuten ein Haustier »anschaffen«, das sie – Sinnbild einer vollkommen harmonischen Beziehung – glücklich durch ihr verkorkstes Leben zerren.

Dieses psychologische Märchen faßt hier nicht. Die Hinwendung des Menschen zum Tier ist komplexer. Ist das Scheitern der Beziehung Mensch:Mensch und die Erfolgsgeschichte der Beziehung Mensch:Tier wirklich einer ungenügenden Persönlichkeitsdifferenzierung anzulasten? Dem Wunsch, passiv, ohne großen Einsatz geliebt zu werden? Wird der Verlust der Illusionen nicht verkraftet und das Defizit mit einem Tier behoben? Nein! Ich möchte vielmehr die These aufstellen, daß die Beziehung zum Tier eine eigenständige emotionale Beziehungsform des Menschen ist, eine artenüberschreitende Beziehung, die analog zur Beziehung Mensch:Mensch ihre Vorzüge und Bequemlichkeiten, aber auch ihre Tücken und Falltüren hat, brüchig werden und zum Desaster, zu einer häßlichen »Scheidung« führen kann.

Nicht nur Romantiker, Eifersüchtige oder Kinder in ihren ersten Lebensmonaten wünschen eine verläßliche Zweierbeziehung. Für viele bleibt sie bis ins hohe Alter ein fernes, unerreichbares Ziel. Andere können sich ihr Leben lang darauf stützen. Der Wunsch nach Bindung ist nicht Folge einer Regression, sondern ein gesundes, natürliches Bedürfnis, das den Menschen stets begleitet. Zu den vielen Gründen, die dazu führen, daß die einen klagen, in einem Gefühlsvakuum zu leben, und die anderen wegen des Gefühlsstaus ständig die Fenster aufreißen, gehört mangelndes Selbstvertrauen. Man hat in den sensiblen Phasen der Entwicklung nicht gelernt festzuhalten und lernt es später auch nicht mehr, denn die logistischen Probleme sind inzwischen unlösbar geworden: Die Voraussetzungen fehlen. Das Tier bietet sich hier als Nachhilfelehrer an, auf dem Lehrplan steht Ermutigung: Das Tier »erlaubt« dem Menschen, aus der Maske seines verkorksten Erwachsenenlebens zu schlüpfen und sich als liebenswert und liebevoll zu erleben. Aus dem übersehenen, abgekapselten, ungeliebten Kind wird ein fröhliches, das auflebt in der Anhänglichkeit des Tieres. Das Tier kann zum Menschen hinführen. Wer die Erfahrung macht, endlich in seinen Gefühlen beachtet zu werden, hat einen besseren Start als jener, der Zuschauer bleibt und verfolgt, wie die Karawane der emotional Gesättigten teilnahmslos an ihm vorüberzieht. Keinen emotionalen Platz in der Welt zu finden, erzeugt nicht nur Depression und Hoffnunglosigkeit, sondern zudem Wut und das Bedürfnis, das für einen selbst Unerreichbare auch bei anderen zu zerschlagen.

Was nicht verstanden wird, kehrt zurück, meint die Psychoanalyse zum Phänomen des Wiederholungszwangs. Nur machen leider viele Menschen die Erfahrung, daß sogar Verstandenes zurückkehrt – und zwar in seiner ursprünglichen, affektiven Gestalt. Die Rechnung der Psychoanalyse, daß Trauern, Durcharbeiten und korrigierende emotionale Erfahrungen das Defizit endlich aus der Welt schafft, geht nur in den seltensten Fällen auf. Der Affekt läßt sich vom »Verstehen« wenig beeindrucken. Dies zeigen nicht nur Fallgeschichten mit ihren oft jahrzehntelangen Behandlungen, sondern auch das Phänomen, daß viele Behandlungserfolge lediglich in der Wiederherstellung der Arbeitsfähigkeit und der Kreation eines abgeklärteren Weltbildes mit dem Verzicht auf die – von Freud noch zum vorrangigen Behandlungsziel erklärten – »Liebesfähigkeit« bestehen. Zwar erfolgte dank jahrelanger Bemühungen eine Generalamnestie der eingekerkerten Negativbindungsmuster, doch positive Alternativen blieben aus. Der Behandelte wird in keine »heile Beziehungswelt« entlassen, an deren Pforten ein Spalier von potentiellen Partnern und Freunden steht, die nicht nur »beziehungsfähig«, sondern überdies »-willig« sind. Und so verbringt manch ein als »geheilt« Entlassener sein Leben weiterhin solo. Und dies gilt nicht nur für die »nach Verschmelzung hungernden Persönlichkeiten« (Heinz Kohut).

Übertragungsreaktionen gelten als »Widerstand gegen Veränderung« (Ralph Greenson), als Wiedererleben der verdrängten und abgewehrten Vergangenheit. Die Beziehung zum Haustier zeigt Merkmale der Übertragungsreaktion. Doch handelt es sich hier nicht um Widerstand gegen Veränderung, sondern vielmehr um den Versuch, nicht befriedigte Bedürfnisse nach Bindung zu verwirklichen. Intensität und Verbindlichkeit wird von menschlichen Bezugspersonen nicht selten mit dem Argument, »vereinnahmt« zu werden abgelehnt. Der Wunsch nach einem alter ego, einem seelischen Zwilling, von dem es sich zehren läßt (weil der Betreffende seine innere Leere nicht aus eigener Kraft anfüllen kann, wie dies für narzißtische, desgleichen für suchtkranke Persönlichkeiten beschrieben wird, die einem omnipotenten, rauschhaften Glückszustand hinterherjagen, um ihrer seelischen Misere aus dem Weg zu gehen), scheint keineswegs das treibende Motiv für die Haustierhaltung zu sein. Schrullige Sonderlinge, die dem Kontakt zu ihren Mitmenschen ausweichen und sich verbittert in ihr Wohnzimmer- oder Schrebergarten-Bestiarium zurückziehen, sind in der Minderheit. Das Tier lockt den Menschen im Regelfall aus seiner Phantasiewelt heraus. Es zwingt zur Auseinandersetzung, stellt in eigener Person ein reales »Du« dar, ist mehr als ein unbelebtes Selbstobjekt. Das Tier arbeitet sich beharrlich aus seiner ihm zunächst zugewiesenen Rolle als Projektionsfigur heraus, wird zum idealisierten Anderen, schließlich zum Kameraden, mit dem sein Mensch »durch dick und dünn gehen« kann.

Bitte lächeln!

Wenn die Kämpfer zurückkehren, die Soldaten, die Söldner und Spione, die Buchhalter und Verwalter der Wirklichkeit, jene, die für die Freiheit kämpften und jene anderen, denen man die Freiheit nahm, wenn sie zurückkehren, um die Waffen, ihre ausgediente Macht aus den Händen zu legen, alt und grau geworden, und entdecken, daß sie keine Vorkehrungen trafen für das Leben jenseits dieses Lebens, nehmen sie Zuflucht bei den Tieren, die sie einst jagten, häuteten und präparierten, um sich an ihren Trophäen zu erfreuen. Milde geworden, richten sie den Hund nicht länger ab, um den Feind zu jagen. Sie erfreuen sich an der ruhigen, sanften Katze, die sie gestern noch wegen ihrer Nutzlosigkeit verscheuchten. Nun räkelt sie sich, ohne Furcht zu zeigen, unter seiner schwieligen Hand und blickt ihm still in die Augen. Und wenn sie ihm entläuft, stirbt er an gebrochenem Herzen.

Meine Zimmergenossin ist eine Nervensäge. Sie ist verzogen und hinterläßt, wohin sie auch tritt, rostige Tränenpfützen aus ihrem tropfenden Allergiefaktor-Auge. Sie greint und jammert und gibt erst Ruhe, wenn sie sich, ihre Pfoten nach innen zusammen rollend, auf meinem Schoß breit gemacht hat. Zuweilen packt mich der Argwohn und ich frage mich, ob unsere Beziehung nur auf der Basis eines marktführenden Trockenfutters aufgebaut ist. Doch wenn sie schnurrend ihrer Traumwelt entgegendämmert, bin ich mir wieder sicher, daß sie mich nicht nur als verlängerte Dosenöffnerin schätzt.

Der Blinzel-Dialog, das Gähn-Intermezzo, sich auf den Rücken rollen, die Pfoten nach oben gestreckt. Mein Tier ist Oblomow, der träge Fürst, den ich als Faultier äußerst schätze, denn erst in der Muße, wenn wir die »Seele baumeln lassen« (Tucholsky), werden wir Menschen.

Menschen imitieren Tiere, Tiere imitieren Menschen. Ich bin der Untermieter meiner Katzen und für freie Kost und Logis unterrichten sie mich in ihrer Schule der Zärtlichkeit. Eine angehende Tierärztin: »Katzen können Sensibilität und Zärtlichkeit lehren und wie man das Leben genießt. Daß ich nicht mehr so oft da bin, nimmt mir Mimi manchmal übel. Sie beachtet mich bei meiner Rückkehr nicht und läßt sich nur widerwillig streicheln. Aber das hält sie nicht lange durch. Bei Katzen darf der Mensch eher schwach sein. Hund spüren die Schwäche und nutzen sie dann für sich aus. Die Beziehung zu Menschen ist viel komplizierter. Die Beziehung zu Tieren läuft oft sehr einfach ab und trotzdem ist sie tiefer als zu den Menschen. Dinge wie Aussehen, Geld, Charme spielen keine Rolle. Das Tier liebt einen so, wie man ist. Und es ist ehrlich. Tiere sind nicht durch Menschen zu ersetzen. Und trotzdem könnte ich mir vorstellen, daß ich ganz ohne Menschen unter Tieren leben könnte. Umgekehrt weniger.«

Erinnerungsfotos, Gedächtnisstützen, die Lebensgeschichte evozieren. Das erste Meerschweinchen, der Hamster, der Wellensittich, der immer auf die Schultern kletterte, wenn das Kind seine Schulaufgaben machte. Tiere sind Teil der Familiengeschichte, Pfosten auf dem Weg unserer persönlichen Aneignung der Welt. Tiere bilden Traditionen, Gewohnheiten, sie richten Freudenfeste aus. Die vollkommene Familienidylle: Hochzeitsfoto mit Hund. So treu, so brav, so blöd, wie sich bei der Scheidungsverhandlung herausstellen wird, wenn die Zerstrittenen sich neben Hausrat und Kindern auch noch um das Sorgerecht für Waldi die Köpfe einschlagen. Sogar Fälle von Dognapping wurden bekannt: Der vom Sorgerecht Ausgeschlossene brachte sich erbittert per Entführung in den Besitz seines Hundes.

Das Tier als Partner-Berater bei jener Dame, die seit Jahren in der Warteschlange stand und darauf hoffte, daß ihr Liebhaber sich scheiden läßt, wie er immer wieder beteuerte, nicht ohne den Zusatz: »Aber bitte ruf einstweilen noch nicht bei mir zu Hause an.« Von Jahr zu Jahr ließ sie sich von der routinierten Aufrichtigkeit des Mannes um den Finger wickeln. Sie könne halt nicht »Nein« sagen, jammerte sie ihren Freundinnen vor, dabei habe ihre Katze ihn intuitiv richtig eingeschätzt: Schon als er zum ersten Mal ihre Wohnung betrat, habe sie keinerlei Interesse an ihm gezeigt, sich im Gegenteil sogar ostentativ umgedreht und in stummem Protest sich der Wand zugewandt – ein untrügliches Zeichen dafür, daß sie den Betreffenden nicht leiden könne. Sobald er gegangen war, beschnupperte sie mißbilligend die Plätze, an denen er sich aufgehalten hatte und machte sich dann angewidert davon.

»Wer hält sich eigentlich wen?«, fragt sich der Mensch angesichts der selbstbewußt auf dem Manuskript einherstolzierenden Katze. Oder jener Großpudel, der wuchtig an der Tafel des älteren Ehepaars sitzt und den Platz des Haushaltsvorstandes eingenommen hat. Ob er wohl noch Nachschlag wünsche? Selbstverständlich! Darum möchte er bitten! Und hingebungsvoll zerkleinert ihm die Dame des Hauses das Lendenschnitzel. Ein Dialog ohne Worte, der von beeindruckender Eindeutigkeit ist.

Das Tier als Therapeut: Der Hund, der einem Alkoholiker hilft, trocken zu bleiben. Im verstoßenen Tier erkennt er sein alter ego. Er holt es aus dem Tierheim, gewinnt langsam das Vertrauen des herumgestoßenen, mißhandelten Hundes. Harro I gibt seinem Leben wieder Struktur. Sie halten sich gegenseitig. Und als Harro I überfahren wird, steht er kurz vor einem Rückfall. Doch dann kommt Harro II, der ihm bald genauso ans Herz wächst: »Meine Frau pflegte zu sagen: ›Wenn er dich sieht, dann lacht er über das ganze Gesicht!‹ Harro war immer guter Dinge und ein aufmerksamer Zuhörer. Selbst den größten Unsinn konnte ich ihm erzählen; ob ich Kummer hatte oder gute Laune, er quittierte meine Worte immer mit einem Schwanzwedeln. Er war für mich ein Ansprechpartner, der immer da war und immer für mich Zeit hatte.«

Ein Tier zu lieben, heißt manchmal zu akzeptieren, daß es unberührbar, handscheu bleibt. Dies gilt etwa für Vögel, die in Volieren leben. Eine Frau, die Wellensittiche und Nymphensittiche hält, berichtet: »Sie sind alle gutmütig, lebensfroh, genießen ihre Ausflüge im Wohnzimmer, erzählen mir viel und verstehen mich auch, zum Beispiel wenn ich mal weine. Wenn ich übermütig bin und im Zimmer herumtanze, zwitschern sie laut und wollen dann auch raus... Wenn einer anfängt rumzunörgeln, schalten sich die anderen ein und geben ihren Senf dazu. Das ist manchmal störend. Wenn ich zu einem von ihnen spreche, sitzt er ganz ruhig da und hört aufmerksam zu. Aber sie bleiben handscheu. Ich habe zwar das Gefühl, sie kennen mich und verstehen mich gut, aber sie werden wohl nie zahm werden. Obwohl ich mir wünsche, daß man die Vögel streicheln könnte, daß sie sich von mir berühren lassen.«

Am Hundeweiher

Ein Kosmos der Gerüche. Der muskulöse, durchtrainierte Boxer und sein hoch aufgeschossener, dünnlippiger, klappriger Mensch. Erster Eindruck: Unschlüßigkeit. Was soll er mit sich, dem Hund und dem Ball, den ihm der Hund gerade zugekickt hat, bloß anfangen? Er wirkt wie eine zu groß geratene Grille, deren Fühler hilfesuchend eine fremde und feindliche Umwelt abtasten. Nach einigem Nachdenken scheint er zu einer Entscheidung gekommen zu sein. Er bückt sich und greift, während der Hund ihn aufgeregt umkreist, mit seinen spindeldürren Ärmchen zum Ball, umfaßt ihn ächzend wie unter einer großen Anstrengung mit beiden Händen und richtet sich dann leicht schwankend wieder in die Vertikale auf, überlegt dann nochmals ein geraumes Weilchen, währenddessen ihm der Hund ungeduldig zubellt: »Nun mach schon, du Transuse, du Einfaltspinsel, du Jammerlappen, bei dir schläft ja sogar ein Rottweiler ein.« Endlich atmet er tief durch, schöpft

Mut und will den Ball forsch in die Weite stoßen, doch die Bewegung mißlingt, der Ball landet fahrig und schlaff in ungeplanter Krümmung im Tümpel, der sich kaum zwei Meter entfernt zu seiner Rechten befindet. Doch den Hund ficht dies nicht an. Im Gegenteil: Er ist hellauf begeistert vom nun anstehenden Bad. Sein Herrchen jedoch, das nasse Unterfangen ahnend, schreit schrill auf: »Nein, nicht Rex. Nicht in den Tümpel.« Doch der Hund, vom hysterischen Gekreische angespornt, läßt sich nun erst recht in den Teich plumpsen und planscht energisch im schmutzigtrüben Wasser umher, bis er den Ball erreicht hat, packt ihn entschlossen und paddelt zum rettenden Ufer. Herrchen weicht zurück, die Invasion der Bakterien und Wasserflöhe fürchtend. Doch der Hund nimmt die Verfolgung des Flüchtenden auf, erreicht ihn schließlich, deponiert den Ball vor Herrchens Füße und schüttelt sich ausgiebig, wobei er Herrchen wie befürchtet mit einem braunen Regen besprüht. Erschüttert von seinem Malheur, blickt Herrchen, dessen heller Freizeitdreß nun mit verdächtigen Schmutzflecken übersät ist, an sich herunter. Damit läßt sich nun kein Staat mehr machen vor der jungen Frau.

Diese hat bei ihrer Schaumtönung denselben beigefarbenen Ton getroffen, den ihr Cockerspaniel von Natur aus hat. Die beiden, die sich nicht um den Schmutz kümmern, haben sich eine verfeinerte Version des »Hol-den-Ball«-Spiels erarbeitet: Wenn der Ball im Wasser landet, tut der Cocker so, als ob er sich nicht traue, ihm hinterherzuspringen. Unruhig bellend, heftig auf und nieder springend, beobachtet er vom Ufer aus, wie sich der Ball immer mehr entfernt. Dann kontrolliert er seine Abspringmöglichkeiten. Todesmutig stürzt er sich in die Fluten. Hat er den Ball auf diese Weise erwischt, belohnt er sich für den Erfolg, indem er sich genüßlich im Gras wälzt. Die kleineren Erfolge dagegen steckt er ohne besondere Freudenrituale weg, es sei denn, er mußte den Ball in einer dramatischen Rettungsaktion bergen, weil dieser in die Nähe eines kleinen Wasserfalls geraten ist, wo ein Bach, eigentlich eher ein Rinnsal, in den Teich mündet, das Wasser tief und die Strömung beachtlich ist. Im letzten Moment rettet er seinen Ball vor dem sicheren Verderben und fällt, am Ufer angekommen, gemeinsam mit seinem Frauchen in einen Freudentaumel.

Die Frau, die einen Mann gegen eine Katze eintauschte

Er war ein Hagestolz, umgeben von leblosen Dingen, Getrocknetem, Ausgestopftem, Teppichen, Antikem, wöchentlich poliertem Silber.

Selbstgerecht und in den Jahren nicht flexibler geworden, war er von einer nachsichtigen, alles entschuldigenden Geschwisterschar umgeben, Pascha im Kreis seiner Lieben, bewundert und wunderlich. Hagestolz war Junggeselle, wünschte jedoch, zumal es einen besseren Eindruck machte und der Karriere förderlich schien, dies demnächst zu ändern. Seine Wahl fiel auf eine nicht minder an Sammlungen interessierte Zeitgenossin. Sie jedoch kaprizierte sich auf das Flüchtige, dem Staub nichts anhaben konnte – eine eingefleischte Romantikerin, die Nüchternheit nicht verzieh. Er dagegen trug den eigenen Seelenfrieden wie eine Monstranz vor sich her, beharrte auf Notwendigkeiten, deren Verwirklichung sich stets von selbst erledigte.

Ihre Begegnung, arrangiert, wie es in ihren Kreisen üblich war, verlief zunächst unauffällig. Man unterhielt sich gepflegt, wenngleich etwas belanglos. Höflichkeiten wurden ausgetauscht, Interessen geheuchelt. Später stellte sie ihm ihre Katze vor. Mit leuchtenden Augen schüttelte er ihr die Pfoten. Wie sehr er Katzen liebe, versicherte er. Fortan nannte er sie »mein wildes Tigerkätzchen« und gab ihr in blumigen Worten zu verstehen, wie dankbar er für diese unerwartete Bereicherung seines Lebens sei. Beim Wein angelangt, gaben sich beide schon lockerer und stießen zuversichtlich auf eine gemeinsame Zukunft an. Vieles konnte auf einen Nenner gebracht werden. Kleine Manieriertheiten, Pedanterien. Manches ließ noch zu wünschen übrig. Er war ein Wischer, der bereits während des Essens zur Jagd aufbrach, um die Wassertropfen auf seiner Chromspüle zur Strecke zu bringen. Mit gleicher Begeisterung polierte und wienerte er das Bad nach einmaliger Benutzung, so daß ihr der Aufenthalt in seinen vier Wänden bald verleidet war. Sie hingegen erregte seinen Unmut, weil sie in einem fort seinen Hausrat durcheinanderbrachte, die verstaubten Blumensträuße und Topfpflanzen auf das Fenstersims stellte und damit eine unter ihm hausende Nachbarin in Lebensgefahr brachte, als diese gerade ihren Kopf herausstreckte, um zu kontrollieren, was der über ihr wohnende Sonderling diesmal wieder anstellte. Mit dem Ende der Saison stellten sich die ersten Abnutzungserscheinungen ein. Er vernachlässigte sie.

Sie begannen, wieder in der Ich-Form zu reden, wo es früher stets »wir« und »zusammen« hieß. Seine Beratungen mit der stets an ihm herumzupfenden Verwandtschaft zogen sich in die Länge. In seiner Gegenwart las sie nun ausgiebig Zeitung und legte sie noch nicht einmal aus der Hand, wenn er sie bat, ihm die Butter zu reichen. Der Wetterbericht nahm in ihren Gesprächen einen immer bedeutenderen

Platz ein. Schließlich das Fiasko. »Ach übrigens, mir wäre es lieber, wenn Du die Katze in den nächsten Tagen ins Tierheim gibst.« Sie blickte erstaunt von ihrer Zeitung auf. »Wie meinst Du das?«, fragte sie. »Willst du mit mir endlich in den Urlaub fahren?« »Nein«, entgegnete er hämisch, »davon ist nicht die Rede. Deine Katze stört mich.« »Du warst doch früher so begeistert.« »Nun, ich muß an meine wertvollen Teppiche denken. Außerdem habe ich vermutlich eine Allergie. In ihrer Anwesenheit fühle ich mich unwohl. Also entscheide Dich: Ich oder die Katze.« Sie dachte nach.

Sie erinnerte sich an die traurige Geschichte eines ihr entfernt bekannten Labradors, der von der Ehefrau seines frisch verheirateten Menschen in einem ähnlichen Fall verstoßen wurde und aus Kummer in der Pflegefamilie erkrankte. »Wer so wenig Loyalität seinem alten Tier gegenüber aufzubringen bereit ist, wie soll der einem Menschen gegenüber treu sein?«, fragte sie. »Du wagst es, einen Menschen mit einem Tier zu vergleichen? Das ist eine Beleidigung. Das ist würdelos.« Er war unversöhnlich. Nun erzählte sie Hagestolz den tragischen Ausgang der Geschichte und daß sich der Vorgang als böses Omen erwies. Denn als der Hund krank wurde, forderte man den Besitzer auf, den lästigen Untermieter wegzuschaffen. Doch der Mensch, um die Liebe der Gattin fürchtend, ging schuldbewußt zum Tierarzt, erzählte ihm eine wirre Geschichte und bat ihn um die erlösende Injektion. Kaum war der Hund verschieden, begann der Wurm am jungen Glück zu nagen. Der Mann, der seine Frau fortan nach Strich und Faden betrog, jammerte noch Jahre später darüber, daß er seinem Hund die Loyalität so schäbig aufgekündigt hatte.

Triumphierend wies er sie darauf hin, daß er schließlich nicht verlangt habe, sie solle die Katze umbringen. »Du liebst mich nicht«, stellte sie nach längerem Schweigen düster fest. »Unverschämt, Deine Behauptung«, fiel er ihr giftig ins Wort. »Und überhaupt, ich wäre für Dich ja auch bereit, alles zu opfern. Sogar meine Rosenzucht. Und ich verlange von Dir schließlich nur ein Tier. Was ist das denn schon. Noch nicht einmal dazu…« Den Satz brauchte er nicht mehr zu beenden. Schweigend war sie unterdessen aufgestanden, faltete die Zeitung, wie er es ihr beigebracht hatte und verließ mit ihrer Katze im Schlepptau Hagestolz, ohne sich noch einmal umzusehen. Sie hatte die bessere Wahl getroffen.

Ein Stück Zuhause

Alle Herrenlosen sehnen sich danach, adoptiert zu werden. Der Betrunkene, der in der Fußgängerzone liegt ebenso wie der Obdachlose, der unter den ersten wärmenden Strahlen der Märzsonne mit einer Zweiliter-Flasche billigen Fusels auf das Ende des Winters trinkt. In der Not kann das Tier Haus und Hof und Familie ersetzen. Der Hund, bereit, seinem Menschen auf die Straßen, in die Fußgängerzonen, unter die Brücken zu folgen, schließt sich den Gemeinschaften der Obdachlosen an. Sein Territorium ist sein Mensch. Unter offenem Himmel kampiert er mit ihm in der Kargheit zusammengebettelter Zelte. Es wird ihm nicht immer gedankt. Im Gegenteil: Eine Mischung von Mißhandlung und Kameraderie prägen den Umgang des Stadtstreichers mit seinem Hund. Der Hund wird Sinnbild des Besitzstandes, den er verloren hat. Er, der Ausgestoßene, der Mißhandelte, verachtet die anderen, die an ihm vorüberziehen: die feinen Pinkel mit ihren Aktenkoffern, ihren Eigentumswohnungen und Rassehunden, ihren Autos und herausgeputzten Freundinnen. Der Gesellschaft, die von ihrem Credo »Leistung und Konsum« nicht abläßt, hat er verbittert für immer den Rücken gekehrt. Der Hund ist Erinnerung, ein Stück Zuhause, das ihn nicht verlassen will, von dem er sich geliebt, aber auch verfolgt fühlt, nach dem er sich sehnt und das er haßt.

Zoltan, der Hund, mit dem mächtigen Kopf des Patriarchen, wachte über Hans, den ich am Ufer des Flusses traf. Sein Mensch, dummgesoffen in langen Winternächten, die Haare verfilzt, die Haut mit offenen Schwären bedeckt. »Er ist mein Rudelführer«, meinte Hans mit glasigen Augen. Seine Rede war schwerfällig, verwaschen. »Der Hund bleibt stehen, wenn ich in die falsche Richtung gehe.« Der Hund, ein belgischer Schäfer blickte mich mit klugen Augen an. Sobald der Hund aufstand, wurde aus dem Patriarchen der Straße ein Getretener, Mißhandelter. Seine Hinterläufe schleiften, Folge einer nie behandelten Hüftgelenksdysplasie, über den Boden. Die Beine sahen aus, als seien sie mehrfach gebrochen und krumm wieder zusammengewachsen. Er schwankte beim Gehen und knickte immer wieder ein, weil er den mächtigen Oberkörper mit seinen zerstörten Gelenken kaum mehr tragen konnte. »Böse Zeitgenossen haben ihn so übel zugerichtet«, gestand Hans, nachdem ich mehrmals behutsam nachfragte. Treppen konnte der Hund kaum mehr bewältigen. »Wir haben ja Zeit.« Sie gehen Schritt für Schritt, unschlüssig, wohin sie sich wenden sollen. Der eine genauso langsam wie der andere. Der Hund als seines Menschen Hüter. Wach und aufmerksam führt der Hund den Menschen, der sich durch Drogen und Alkohol zerstört, durch die Straßen.

Sie sind alte Kameraden. Sie ziehen durch eisige Kälte im Winter und verregnete Sommernächte. Hausen mal hier, mal dort. Unter den Brücken des Flusses, im Winter an den U-Bahn-Schächten. Dicht preßt Hans sich an den Körper des alten Hundes, dessen Fell ihn wärmt. Zoltan hat Hans vor den ärgsten Abstürzen bewahrt. Der Rhythmus seines Lebens. Die Gruppen von Menschen, die zusammen lagern, fürchtet der Hund. Vom Geld, das man Hans hinwirft, kauft er Zigaretten und Alkohol. Im Sommer bringen ihm Ladenbesitzer frisches Wasser und Futter für seinen Hund. Zoltan erträgt, daß sein Mensch oft böse und ungerecht ist. Er verkriecht sich, wenn es laut wird in der Gruppe. Jeden Augenblick können einige Hitzköpfe übereinander herfallen. Wenn der Streit eskaliert, Flaschen zerbrechen, weicht Zoltan aus, läuft weg und wartet in sicherem Abstand. Er weiß, der Verlierer wird sich über ihn hermachen, ihm seine Wut in die Hüften treten. Und sein Mensch bleibt ungerührt, denn er ist wieder stumpf und in sich versunken und versteht nicht, was um ihn herum passiert. Zoltan ist zu alt, sich noch zu wehren. Als er noch jung und kräftig war, konnte er seinen Menschen schützen vor den Angriffen der anderen. Wenn sie sich ihm näherten, knurrte er und baute sich drohend auf. Alle schlug er in die Flucht. Durch ihn wurde Hans zum Anführer der Gruppe. Mit Zoltan konnte er sich Respekt verschaffen. Keiner konnte die beiden an Kraft überbieten. Und auch die jüngeren Schäferhunde wichen vor ihm zurück. Jetzt verkriecht er sich lieber. So alt wie Zoltan ist keiner ihrer Hunde geworden. Er ist krank und kraftlos. Für seine Kenntnisse haben diese unberechenbaren Geschöpfe keine Verwendung mehr.

Und als ich mich wieder abwende, ruft Hans hinter mir her: »Ich stehe nicht mehr zur Disposition. Euer Leben ist doch genauso kaputt. Da lauft ihr weg wie Gespenster. Mein Hund ist wie ich. Zusammengetreten und ausgespuckt. Wir sind wenigstens gemeinsam vor die Hunde gegangen.«

VI Tiere auf der Couch

*Ein gejagtes Tier blickt Adam an. Ein Hund. Ein Kind, das
zum Tier geworden. Schrecklich in seiner Häßlichkeit, schön
im Schrecken seiner Häßlichkeit. Und das gejagte, gepeinigte
Tier, das eine Gitterstange im Fenster seines Gefängnisses
durchbrochen hatte, schaut Adam an und er weiß nicht, was
er geben, was er sagen, wie er retten soll. Denn er sucht ja
nach Erlösung... »Hör zu, Hund, wag es nicht, dich auf mich
zu verlassen. Stütz dich nicht auf mich. Du mußt wissen, wer
ich bin: ein gebrochenes Schilfrohr. Ich werde vor dir zerbrechen, und du wirst hinfallen, stolpern, dir die Zähne einschlagen. Wisch die Hündischkeit von deinem Gesicht und sei arm-
selig. Wie ein Heiliger. Wie eine Wolke. Gleite in eine tiefe
Grube, eine Grube des Grauens.«*

Yoram Kaniuk
Adam Hundesohn

Tierliebe und Tierhaß liegen nahe beieinander. Das Töten von Jungtieren gilt als normal, das Halten von Vögeln in viel zu kleinen Käfigen
ebenfalls. Wenn allein gehaltene Tiere durch fehlende Umweltstimu-
lation apathisch werden, wird das von den Menschen nur selten wahrgenommen. Der Übergang zwischen den verschiedenen Formen des
Mißbrauchs von Tieren ist fließend.
Tiere werden nicht als Blindenführhunde, Drogenfahnder, Lawinen-
suchhunde oder Hilfstherapeuten geboren, und doch erfüllen sie nach
entsprechender Ausbildung diese Dienste mit großem Erfolg. Psychisch Kranken werden sie zu Gefühlsbrücken.[1] Doch Tiere landen
auch ihrerseits auf der Couch, werden behandlungsbedürftig und benötigen schließlich selbst einen Therapeuten, der ihrem Menschen
hilft, anders mit ihnen umzugehen und eingefahrene Verhaltenspro-
bleme, die zu erheblichem Leidensdruck und Belastungen führen können, zu verändern.

Das Wegwerf-Tier

Ich höre die Tiere schreien, eingeschlossen in den Wohnungen der Menschen. Sie kratzen an den Gittern ihrer Käfige und an den Türen, sie jammern vor Hunger und klagen in der Einsamkeit ihrer Gefangenschaft. Die Bindung an den Menschen, das Versprechen, mit dem er sie für ihre Gefangenschaft entschädigen wollte, wurde nicht eingehalten, der Vertrag, für den Abhängigen Fürsorge und Verantwortung zu übernehmen, gebrochen. Sie sind ihm zur Last geworden. Gleichgültig eigenen Interessen folgend, läßt er sie allein. Das Elend der Nager, Vögel und Katzen, die nicht lautstark ihre Forderungen äußern, die Nachbarn durch Gebell aufschrecken können. Dem Menschen werden Eselsbrücken zur eigenen Selbstentschuldigung gebaut: Selbständig seien Katzen, folgten eigenen Zielen, eigenen Interessen. Der Hund, vernachlässigt, zu selten ausgeführt, kaum bleibt er stehen, zerrt der Mensch ungeduldig an der Leine, so daß er sich nur gehetzt entleeren kann. Körperliche oder seelische Vernachlässigung kommt einer Todesbotschaft gleich. Sie läßt die Erkrankungsrate in die Höhe schnellen, psychosomatische Krankheiten, Unfälle folgen. Das Tier verstummt. Zurückgezogen, »bissig«, »scheu« geworden, siecht es dahin.

Die einzige Berechtigung, ein Tier aus der Natur herauszureißen, ist, ihm Verwurzelung in der Bindung zum Menschen zu ermöglichen. Das Tier, von seinen Artgenossen getrennt, kann im Blick auf seinen Menschen unter Menschen überleben. Viele Tiere haben diesen Blick nie gefunden.

In seinem Märchen *Die kleine Meerjungfrau* beschreibt Hans Christian Andersen, wie die Meerjungfrau ihre Stimme, ihre Identität, verkauft, um Beine zu erhalten und an der Seite eines Menschen, den sie heimlich liebt, leben zu können. Stumm geworden, kann sie ihm ihre Liebe nicht mehr singen. Der Mensch wendet sich einer anderen zu. Das Schicksal des vernachlässigten Haustieres ist vergleichbar. Auch das Haustier steht zwischen den Welten. Aus seinem Sozialverband herausgerissen, in trostlose Wohnungen verbannt oder seinem Schicksal an Schnellstraßen überlassen (Wer würde Kinder hier frei und unbeaufsichtigt herumlaufen lassen?), siecht es als sozialer und seelischer Krüppel dahin. In einer Gesellschaft, in der Eltern sich durchschnittlich nur noch 20 Minuten am Tag ihren Kindern widmen und sie in der restlichen Zeit sich selbst oder dem Fernsehapparat überlassen, wird man Haustieren wohl schwerlich längere Aufmerksamkeit zubilligen.

Sprungbrett ins Erwachsen-Sein:
Das Tier als Stellvertreter für die Wut der Kindes

Das Tier kann zum Testfall werden. Am Tier erlernt das Kind zurück-
zuweisen, es übt sich darin, sich abzugrenzen und der Mutter und all
denen, die es mütterlich binden wollen, den Rücken zu kehren. Im Tier
erkennt das Kind ein Relikt der frühen Kindheit, als es noch den
Wunsch hatte, verschmolzen zu sein. Am Tier erkennt es, wie trüge-
risch die Gefühle der Erwachsenen sind, wie gefährlich es ist, von
Menschen abhängig zu sein.

Fast jedes Kind kann sich an traumatische Erfahrungen erinnern, die
seine Liebe zu einem Tier gewaltsam beendeten. »Einen Schock erlebte ich in der Zeit meines Reitunterrichts. Mein Lieblingspferd Olaf
wurde nicht in Pension geschickt, sondern dem Pferdemetzger ausgeliefert. Ich fühlte mich hilflos, gelähmt. Das Reiten war mir vergällt.«
Pferde werden entsorgt wie alte Autos, bei denen es sich nicht mehr
lohnt, sie überholen zu lassen. Das Freizeitpferd, das seinen Reitern
viele Stunden »Glück und Freiheit auf dem Pferderücken« bescherte,
erhält kein Gnadenbrot, sondern wird im Schlachttransporter lieblos
zur nächsten Abdeckerei geschafft.

Eine Frau schrieb mir: »Bei uns lebte eine Katze und ein Schäferhund.
Doch weil er viel Schmutz ins Haus brachte und mein Bruder für ihn
kein Kostgeld zahlen mochte, ließ ihn meine Mutter erschießen. Der
Hund und ich waren ein Herz und eine Seele. Er hat mich schon im
Kinderwagen immer beschützt und bewacht. Und später habe ich ihn
immer gefüttert und gestreichelt. Er war mein Freund und stand mir
bei. Ich weinte heftig, als mir meine Mutter den Hund brachte und
sagte: ›Rex, sag der Kleinen Adieu‹.«

Kinder erhalten eine Lektion über den Nutzen, Gefühle zu verleugnen
und sich vor der Macht zu ducken. Wen wundert, daß dies tiefgreifende
Auswirkungen auf ihre weitere Entwicklung hat?

Das Tier und das gewaltsame Abrücken von ihm hilft dem Kind, Selbst
und Nicht-Selbst zu trennen. Im Tiermärchen kommt diese Verbindung
libidinöser und aggressiver Neigungen dem Tier gegenüber zum Ausdruck. Das Kind, das sein Tier schlägt, das ein Insekt tötet oder seinen
Hamster mißhandelt, das seinen Wellensittich im Puppenwagen fest-
bindet, erprobt sich im Machtausüben, darin, dem sich zur Wehr set-
zenden Schwächeren seinen Willen aufzuzwingen. Das Tier wird sein
Sprungbrett in die Freiheit. Im Abstoßen der Bindung wird Selbstwer-
dung erfahren.

Zur Entwicklung der Persönlichkeit gehört nach Donald W. Winnicott die Besorgnis. Sie bildet sich beim Kind bereits zwischen dem sechsten und dem 24. Lebensmonat. Widerfährt dem Kind in früher Kindheit emotionale Deprivation, fehlen sichere Bindung und die Möglichkeit zum Spielen, kann es nicht lernen, sich symbolisch abzugrenzen. Aus dem Zuschlagen, dem Erweitern des eigenen Bewegungsradius', muß ein »Nein« werden, ein symbolisches Setzen von Grenzen. Dies geschieht nicht von einem Tag zum anderen. Das Kind erfährt allmählich, welche Folgen die eigene motorische Expansivität für andere hat, denn Aggressivität ist ja zunächst einmal nichts anderes, als den eigenen Körperraum auszuweiten, aus ihm herauszustoßen, den Körper eines anderen »anzugreifen« und zu verletzen. Wenn Kinder erleben, daß ihr Handeln ihr Gegenüber schädigt, Angst und Schmerz verursacht, erfahren sie nicht nur den anderen, sondern zugleich sich selbst. Durch Besorgnis kann die Gefahr einer antisozialen Entwicklung gebannt werden. Das Kind agiert nicht länger in einem emotional leeren Raum, ohne Gefühl für die anderen. Besorgnis entwickeln bedeutet, Verantwortung zu tragen für die Folgen der eigenen Expansivität.

Eltern schenken Kindern Tiere, um ihr Verantwortungsgefühl zu stärken, um das Kind zur Disziplin anzuhalten, damit es für andere, die von ihm abhängig sind, sorgt. Diese Rechnung geht nicht immer auf. Das Tier, das für die sich entwickelnde Persönlichkeit des Kindes eine Hilfs-Ich-Funktion hatte, ihm das Gefühl von Stärke, von eigener Wichtigkeit vermittelte, wird vergessen und landet wie anderes Spielzeug in der Ecke.

Wenn ungeliebte Kinder Tiere quälen, wiederholen sie damit, was ihnen selbst angetan wurde. Im Tier erkennt das Kind seine eigene Wehrlosigkeit, die es den schlagenden Eltern gegenüber erlebt. Im Tier sucht es Geborgenheit, die es von den Eltern nicht erhält. Das Kind will das Tier schützen, um sich selbst als »gutes«, liebendes, geborgenes Kind erleben zu können und nicht als das »böse«, ungeliebte, das von den Eltern geschlagen wird. Wenn dieses Kind beginnt, sein Kaninchen zu schlagen, trifft es sich damit nicht zuletzt selbst. Es schlägt sich damit seine Hoffnung aus der Seele, je etwas an seinem Ungeliebtsein ändern zu können. Es übernimmt die Fratze der grausamen Fühllosigkeit der Eltern, es identifiziert sich mit der Macht, die sein wahres, »gutes« Selbst tötet. Das Entsetzen über die Mißhandlung wird es bald vergessen haben, doch wie eine Krebsgeschwulst wird es sein Leben langsam zerstören.

Das Tier wird zur idealen Vorbereitung auf die destruktive Seite der Wirklichkeit. Der Mensch steht im Fadenkreuz seiner Suche nach Liebe und Kontakt und seinem Streben nach Autonomie und Selbstbehauptung. Werden seine Bedürfnisse frustriert, entsteht Aggression. Es gilt: Wer aggressiv ist, erlebt seine Angst nicht. Wut dient der Abwehr, besonders der Angst vor Nähe. Wer aggressiv ist, erlebt sich nicht als bedürftiges Lebewesen, fühlt seinen Wunsch nach Nähe, Zuwendung und Zärtlichkeit nicht länger.

Gewalt, so führt Stavros Mentzos[2] in seiner Analyse der Destruktivität aus, entsteht in der Folge narzißtischer Verwundungen und Kränkungen des Selbstwertgefühls. Folterrituale gehen mit einer Aufblähung des Selbstwertgefühls einher, das von Schuldgefühlen gefolgt ist und daher eine Gewaltspirale in Gang setzt. Perversionen wie Sado-Masochismus sind Rituale, um Angst vor Nähe abzuwehren. Der Drang, den Trieb zu befriedigen, die Lust am Schmerz eines anderen fällt zusammen mit dem Bedürfnis, sich den anderen als empfindsames Lebewesen vom Leib zu halten, sich selbst gegenüber zu beweisen, daß man keine seelischen und körperlichen Schmerzen empfindet, fühllos und damit unbesiegbar ist. Die eigene Angst wird so in Schach gehalten.

Die Opfer können Minderheiten, Ausländer, Homosexuelle, Juden, Frauen oder Kinder sein. Diese Reihe ist durch Gewalt gegen Tiere zu ergänzen, denn sie kann in der Mehrheit der Fälle immer noch straffrei ausgelebt werden. Die Mißhandlung der Haustiere spielt sich im Verborgenen ab, wird als solche oft gar nicht erkannt, da es sich um eine »sozial unerwünschte Verhaltensweise« handelt und das Tier seine Leiden nicht verbal zum Ausdruck bringen kann. Oft verbirgt sie sich hinter rigiden Erziehungsstilen und in einem von Überforderung und mangelhafter Impulskontrolle geprägten Familienklima. Wie viele Tiere wurden schon in der Verschwiegenheit von Wohnungen oder abgelegenen Gehöften gequält und dahingemetzelt? Niemand kennt ihre Zahl. Für die Statistiker ist sie nicht von Interesse, für die Gesellschaft ist sie tabu. Doch wo die Zahl der mißhandelten Kinder Hunderttausende beträgt, dürfte die der mißhandelten Tiere in die Millionen gehen.

In der Biographie von Tierquälern finden sich häufig Mißhandlungen und Verwahrlosung. Das Kind wählt sich das schwächere Tier, um sich an ihm stellvertretend für das ihm von Erwachsenen zugefügte Unrecht zu rächen und sein gedemütigtes, schwaches Selbstgefühl künstlich aufzublähen. Dem Tier gegenüber bleibt es Sieger. Das

Quälen des Tiers wird zur Ersatzhandlung, die gewohnheitsmäßig ausgeführt wird, weil sie »erfolgreich«, d.h. zumeist nicht sanktioniert ist. Die Inszenierung des Erlittenen verselbständigt sich, wird Zwang zur Wiederholung, der viele Opfer fordert. Kinder geben das, was sie erfahren haben, weiter. Sie imitieren und orientieren sich am Verhalten der Erwachsenen. Mißhandeln verweist auf Abstumpfung, Gewohnheit und mangelnde Impulskontrolle, ebenso auf Hoffnungslosigkeit. Die Hoffnung, selbst geliebt zu werden und sich selbst lieben zu können, ist verloren. Die inneren Brüche, die erlebte Vernichtung wird inszeniert. Der Mensch, der glaubt, nichts mehr zu haben, das er verlieren könnte, schlägt sogar das wenige, was heil geblieben ist, noch zu Bruch.

Viele Kinder durchleben Phasen, in denen sie sich grausamen Spielen mit Tieren hingeben. Sie reißen Fliegen die Flügel aus oder amputieren Käfer, um sich daran zu ergötzen, wie das Tier mit drei oder weniger Beinchen umherkriecht. Ihr Mitgefühl ist »abgeschaltet« und einer losgelösten, lustvollen Neugierde gewichen. Das Kind quält das Tier und erlebt sich dabei stumpf und gefühllos. Die Schmerzenslaute der Katze, die es am Schwanz zieht, kümmern das Kind nicht oder erfüllen es mit stiller Genugtuung. Es hört das Echo seines eigenen Schmerzes. So hat es auch geschrien und gejammert; nun soll Gleiches dem Tier widerfahren. Hier regiert der Haß auf das eigene Selbst, auf jenen destruktiven, »bösen« Teil des Selbst, der sich mit der verweigernden, der strafenden Instanz im Inneren wie im Außen identifiziert hat. Es ist das gedemütigte, lächerlich gemachte wahre Selbst, das hier am Pranger steht. Tiermord ist Seelenmord. Was er dem Tier antut, tut der Mensch sich selbst an: inszenierter Masochismus.

Unerhörte Schreie

Überlappungen zwischen Kindesmißhandlung und Tiermißbrauch bestimmten die Geschichte der Tierschutzbewegung. Sie blickt gerade in Großbritannien und den USA auf eine lange Tradition zurück. Die ersten Gesetze zur Verhinderung von Grausamkeit gegen Tiere wurden hier bereits Anfang des 19. Jahrhundert verabschiedet und durchgesetzt von der Organisation der Royal Society for the Prevention of Cruelty against Animals (RSPCA), die in der britischen Bevölke-

rung eine breite Unterstützung fand. Da die Mißhandlung von Nutz-
und Arbeitstieren offenkundig war und die Mißhandlung von Kindern
in den Zeiten der repressiven Pädagogik mit ihren drastischen Straf-
methoden zunächst kaum ins Auge fielen, war es – Ironie der Geschichte – ausgerechnet die amerikanische Association for the Prevention of Cruelty to Animals, die im Jahr 1874 zum ersten Mal
gegen die Mißhandlung eines Kindes einschritt und durchsetzte, daß
Kindesmißhandlung wie die Grausamkeit an Tieren als Straftatbe-
stand anerkannt wurde.

In Deutschland wurde man erst ein knappes Jahrhundert später tätig.
Daß es gerade die Nationalsozialisten waren, die 1933 neben dem
Schächtverbot ein »Reichstierschutzgesetz zum Schutz der Tiere vor
Mißhandlung und Quälerei« erließen, das den § 360 Nr. 13 des Reichs-
strafgesetzes ablöste und Tierquälerei nicht länger als Bagatelle
(»Übertretung«) behandelte, daß sich Hitler durch große Schäferhund-
liebe auszeichnete (und zwar nicht »Blondie«, doch deren Artgenossen
auf KZ-Häftlinge hetzen ließ), hat diese deutsche Tierliebe in Mißkredit gebracht.[3] Leider wird das (deutsche) Engagement für den Tierschutz von jüdischer Seite vielfach immer noch gleichgesetzt mit der
Verteidigung der Tiere zuungunsten der Menschen, wie dies in den
Konzentrationslagern praktiziert wurde. Durch dieses unselige Zusam-
mentreffen geschichtlicher Fakten und deren kausale Verknüpfung
wird indessen die Tradition des jüdischen Tierschutzes übersehen, die
wohl als die weltweit älteste Tierschutzbewegung überhaupt gelten
kann. In einem Leserbrief auf eine Initiative gegen die Abschaffung
von Tierversuchen in der Schweiz wurde diese irregeleitete Argumen-
tationslinie treffsicher zum Ausdruck gebracht: »Sokrates war ein
Mensch. Ich bin auch ein Mensch. Also bin ich ein Sokrates. Hitler,
Göring und Goebbels waren gegen die Vivisektion, also sind Gegner
der Vivisektion Nazis. Tierschützer waren für ein Schächtverbot, An-
tisemiten auch für ein Schächtverbot. Also sind Tierschützer Antise-
miten. … Der Jude namens X ist ein Betrüger. Der Herr Y ist auch
ein Jude. Also ist Herr Y ein Betrüger!«[4]

Tiermißhandlung kommt noch seltener als Kindesmißhandlung zur
Anzeige. Wenn Wohnungsnachbarn hören, wie ein Tier systematisch
geschlagen und gequält wird, werden sie kaum eingreifen. Das Tier
ist noch mehr als das Kind »Eigentum«, es gehört in den Verfügungs-
bereich des Besitzers. Erziehungsstile, die auf die »schwarze Pädagogik« zurückgehen, finden sich noch immer in vielen Lehrbüchern der
Hundeerziehung. Tenor: »Man muß zeigen, wer der Herr ist«, »kon-

sequent und hart durchgreifen«, »der Hund, der sich wünscht, zum Führer zu werden, wird auf seinen Platz verwiesen«. Das Scharfmachen des Hundes beruht ja gerade darauf, eine Aggressionsverschiebung in Gang zu setzen: Der Hund identifiziert sich mit seinem Angreifer, den ihn provozierenden Menschen, und lebt die Wut, die er aus Angst vor Bestrafung ihm gegenüber nicht zeigen darf, an einem anderen aus. Noch immer kann jeder Bürger ohne selbst auf Eignung geprüft zu werden, seinen Hund abrichten und zum Angriff auf Menschen ausbilden. Wer einmal beobachtet hat, mit welch stumpfsinniger Routine manche Hundehalter ihren Tieren Befehle um des Befehlens willen erteilen, Intelligenz und Urteilsgabe des Tieres ausschalten, um vor anderen damit zu prahlen, wie gut sie dies »beherrschen«, wendet sich von dieser auf Drill und nicht auf Bindung beruhenden Erziehung mit Schaudern ab. Der Hund wird zum Befehlsautomaten degradiert. Würgeleinen und Kneifhalsbänder, Strafen durch Stromstöße – all dieser Praktiken bedienen sich Menschen, um ihre Alpha-Position zu sichern. Die naheliegendste Erziehungsmethode wird außer acht gelassen: die Bereitschaft des Tieres, bei sicherer, nicht-ambivalenter Bindung die Alpha-Postion seines Menschen anzuerkennen und seine Anweisungen freiwillig auszuführen, um ihm zu gefallen. Die Hundeerziehung, in der Militärtradition vergangener Jahrhunderte stehend, ist ein Zerrbild der Erziehungsideale des »Gut ist, was hart macht«, der Stockhiebe und Prügelstrafen, die nicht nur den »autoritären Charakter« (Theodor W. Adorno) gebären, sondern überdies Ambivalenz und Spaltungsphänomene in Gang setzen: Während die eine Seite ein Ausbund an Höflichkeit und Gehorsamkeit ist, wird die andere zur Gefahr für die Mitmenschen.

Leider vertreten sogar einige Verhaltensforscher die Meinung, daß Unberechenbarkeit (Unterwürfigkeit im Wechsel mit Aggressivität) Teil des natürliches Verhaltens der Tiere sei.[5] Das Phänomen, daß es durch übermäßige Züchtigung zu einer »Infantilisierung durch Angst« kommt und sich das Tier dadurch »Sicherheit bietenden Führungspersönlichkeiten in blindem Vertrauen« anschließt, wird nicht unter dem psychologischen Aspekt betrachtet. In all diesen Fällen handelt es sich nämlich stets um eine Angstbindung, bei der sich das selbstunsichere Individuum an den Mißhandler anklammert. Da zwischen sicherer und unsicherer Angstbindung nicht unterschieden wird, kann die Tatsache, daß geschlagene Tiere sich wie Kinder besonders eng an den Mißhandler anklammern, in ihrem psychologischen Kontext nicht verstanden werden. Das Ausmaß des Persönlichkeitszerfalls, der Verhinde-

166

rung stabiler Strukturen, bleibt unerkannt. Wenn eine Tiermutter in der freien Wildbahn ihr Junges für ein Fehlverhalten bestraft, ist dies nicht vergleichbar mit den kontextunabhängigen Züchtigungen durch Menschen.

Dort, wo man Tiere mordet

Foltern und Töten von Tieren sind Teil pubertärer Initiationsriten. Durch als Mutproben getarnte Tiermißhandlungen, die sich bei Satanskulten ebenso wie in der Schulung von Terroristen finden, werden sadistische Impulse befriedigt und die Unterwerfung unter Gruppennormen sichergestellt. Menschen stechen Tieren die Augen aus, quälen sie mit brennenden Zigaretten, schneiden ihnen Schwänze oder Gliedmaßen ab, verbrühen sie mit kochendem Wasser oder verfolgen sie mit einem kalten Wasserstrahl. Tiere werden in Pornofilmen sexuell mißbraucht oder dazu dressiert, Kinder zu mißbrauchen. Untersuchungen belegen den Zusammenhang von Tierquälerei in der Kindheit und späterer Gewalt gegen Menschen. Die Biographien vieler Serien- und Massenmörder zeigen, daß sie in der Kindheit sadistische Handlungen an Tieren vollzogen.[6]

Eine an der Yale-Universität durchgeführte Studie untersuchte den Zusammenhang von zerrütteten Familienverhältnissen, Kriminalität, Alkoholismus, Drogenmißbrauch und Mißhandlung von Tieren. Die Befragten berichteten, sie hätten als Kind Tieren den Hals umgedreht, Vögel erschossen und »eine Katze in einen Mikrowellenherd gesetzt... bis sie zerplatzte«, Tiere in der Badewanne oder in Waschmaschinen ertränkt, Katzen in Säcke gesteckt und vor Autos oder in einen Verbrennungsofen geworfen. Als »exzessive Straf- und Abrichtemethoden« wurden dokumentiert: Tieren Schießpulver ins Fressen geben, After, Hoden oder Vagina treten, mit elektrischen Stäben, brennenden Zigaretten, Stöcken durchbohren, sie mit Säure verletzen. Tierquäler fügten Haustieren absichtlich Schmerz zu, quälten wildlebende Tiere oder Vieh, indem sie es besonders langsam schlachteten, gefangenen wilden Tieren bei lebendigem Leib die Haut abzogen, Tiere steinigten oder erschlugen, sie in die Luft sprengten, absichtlich verwundeten, aus großer Höhe hinabwarfen, Vögeln die Flügel ausrissen, zwei Tiere mit dem Schwanz zusammenbanden, Tiere durch einen Stromschock töteten, verbrannten, ihnen die Augen ausstachen, die Gliedmaßen oder den Schwanz abschnitten, sie verstümmelten, erdrosselten, erhängten, ihnen die Knochen brachen, sie verhungern ließen oder mit chemischen Mitteln und Säuren übergossen.[7] Personen mit geringer Frustrationstoleranz und mangelnder Impulskontrolle, mit Drogenproblemen und Persönlichkeitsstörungen und Borderline-Persönlichkeiten, die bereits mit einem Bein in der Psychose stehen, neigen zu Mißhandlungen von Kindern oder Tieren.

Die Untersuchten ließen sich zwei Gruppen zuordnen: Eine Reihe der Befragten gab an, »infolge elterlicher Kränkungen, vor allem durch den Vater« ihre Wut auf das Tier übertragen zu haben. »Das Tier dient bei diesem familiären Umfeld als Ersatzobjekt für Rachehandlungen gegen die Eltern und wird zu einem Mittel zur Abreaktion von Zorn und Frustration, die durch die elterliche Mißhandlung ausgelöst werden.« Bei der zweiten Gruppe konnte das Motiv auf soziales Lernen zurückgeführt werden: Kinder ahmen gewalttätige Verhaltensweisen nach. Die Tierquälerei ist Teil des sozialen Lernprozesses in einem aggressiven Familienklima.[8] Viele Mißhandlungen sind wie die Yale-Studie zeigte, von unterschwelligem Haß auf einen übermächtigen Vater motiviert. Hinter dem Haß auf Katzen – dies zeigte ihre von der Kirche organisierte Verfolgung im Mittelalter – verbirgt sich vor allem der Haß auf die Mutter und die Abwehr der weiblichen Sexualität. Nicht in jedem Fall von zerrütteten familiären Verhältnissen mit Kindesmißhandlung kommt es zur Mißhandlung des Haustieres. Gleiches gilt umgekehrt. Kind oder Tier können sich als Sündenbock bei familiären Spannungen ablösen.

Viele Tierhalter mit Persönlichkeitsstörungen betrachten das Tier als Erweiterung ihres eigenen Selbst. Spontaneität und Eigeninitiative des Tieres werden erbarmungslos geahndet. Diese Dynamik bestimmt ebenfalls den Umgang des Perversen und Psychopathen mit dem Tier, seinem Opfer. Der Perverse wehrt durch die Manipulation des Tieres den Kontakt mit dem Tier, den Dialog der Gefühle ab. Neben der Verschiebung der Aggression auf das Tier, die zum symbolischen Triumph über die Eltern führt, tritt die Befriedigung narzißtischer Bedürfnisse. Tiermißhandler wollen vor Freunden angeben, andere die eigene »Intelligenz« bei der Erfindung neuer Folter- und Tötungsmethoden beweisen.[9]

Der Mißhandler kann sich zur Selbstrechtfertigung auf gesellschaftlich akzeptierte Mißhandlungen von Tieren berufen, jene »normalen« Umgangsweisen, Sportarten und Traditionen, bei denen Tiere routinemäßig zu Schaden kommen. Der Übergang zwischen Perversion und Normalität ist fließend: Military-Reiten, Wettfischen, die Methoden des Fischfangs mit Treibnetzen, der Mord an Singvögeln, Rituale, bei denen Tiere geköpft oder vom Kirchturm geworfen, Pferde zur Belustigung von hohen Türmen in ein Wasserbecken gestoßen werden, Hahnenkämpfe, Stierkämpfe, Hundekämpfe, Hetzjagden, Abrichten am lebendigen Tier. Dazu gehört nicht zuletzt das Jagen mit Schlagfallen und Schlingen, das Erschießen freilaufender Haustiere, der Einsatz von Tieren in Pornofilmen, das Abrichten und »Scharfmachen« von Hunden, schmerzhafte Methoden der Pferdedressur und exzessive Wettrennen.

Bei vielen Psychopathen löst die Angst vor einem Tier, etwa vor einem Pferd oder einer Schlange, Wut aus. Das zwanghafte Töten von Tieren einer bestimmten Tierart verschafft Angstfreiheit und Befriedigung: Tiere, denen Eigenschaften wie »falsch«, »verschlagen« oder »hinterhältig« zugeschrieben werden, können somit gequält und vernichtet werden, ohne Schuld zu empfinden. Im Gegenteil: Die Tat war ja »gut«, man hat ja »nur« eine Kakerlake zertreten... Zu den sozial schon fast normalen Verhaltensweisen gehören die Amputationen bei wirbellosen Tieren, die als »schmerzunempfindlich« gelten oder das Verjagen, Vergiften oder Erschießen von Tieren mißliebiger Nachbarn.

In seinem Erlebnisbericht erzählt ein iranischer Junge, der von seiner Mutter als Freiwilliger gemeldet wurde und für Ayatollah Chomeini in einem Kinderbataillon gegen den Irak kämpfen mußte, wie man ihn in seiner Kindheit auf die späteren Grausamkeiten vorbereitete. Mamad, der Scheikh des Dorfes, ein islamischer Würdenträger, demonstrierte den Kindern mit stillschweigender Billigung ihrer Eltern, wie mit schwachen Lebewesen zu verfahren sei. Die junge Katze Souski, die er heimlich und gegen den Willen der Mutter fütterte, lief in den Salon, wo seine Mutter und Mamad saßen: »Als Mutter die Katze sah, schrie sie auf. Sie mag keine Katzen, wie du weißt. Doch Souski ahnte nichts davon, daß man sie nicht mochte und näherte sich ihr zutraulich, um sie zu begrüßen ... Langsam erhob der Scheikh seine klobige Hand und tat so, als wolle er die Katze, die angefangen hatte zu schnurren, streicheln. Er hob sie am Nacken hoch. Souski hielt ganz still. Der Scheikh stand auf, blickte Mutter an und sagte ihr: ›Sieh dir gut an, was ich mit den dreckigen Viechern mache, die du nicht magst!‹ Er nahm Souski in die andere Hand und drückte ihr die Gurgel zu; er hielt die Katze ein oder zwei Minuten in dieser Stellung... Das Tier zappelte, schlug um sich, wollte loskommen und Mamad lächelte, war fröhlich und drückte immer fester zu.« Als der Junge dieses schreckliche Erlebnis später seinen Leidensgenossen im Bataillon der verlorenen, als Minenläufer fungierenden Kinder erzählte, erinnerten sie sich an einen anderen Mißhandler, der Tausende von Katzen erwürgt hatte und vom Revolutionsregime zum Henker befördert wurde.[10] Wie Gleichgültigkeit gegen Tiere Vorbote der Gleichgültigkeit gegen Menschen ist, die die Auflösung von Familien und Dorfgemeinschaften besiegelt, sah ich als Augenzeugin im Jahr 1992, als ich einen Film in den Kriegsgebieten des ehemaligen Jugoslawien drehte. Auf unserer Fahrt durch die zerbombten Dörfer in Ostslawonien lagen in den Straßengräben überfahrene Ziegen, Hühner, Katzen und Hunde, während auf den Felder von Fliegenschwärmen umkreiste verhungerte Kühe, Kälber und Rinder verwesten. Niemand kümmerte sich mehr um die Tiere, niemand vergrub ihre Kadaver. Die Menschen standen unterdessen in langen Schlangen vor den Lagern der Hilfsorganisationen, die von martialisch dreinblickenden, mit Maschinengewehren reichlich bestückten Helfershelfern in Militärkleidung und ihren Schäferhunden bewacht wurden. In Anlehnung an Heinrich Heines »Dort, wo man Bücher verbrennt, verbrennt man auch Menschen«, kann man ergänzen: Dort, wo man Tiere mordet, mordet man auch Menschen.

Mißhandler oder Opfer?

Die Überforderung des Tierhalters durch persönliche oder berufliche Belastungen geht oft Hand in Hand mit Fehlverhalten und chronifizierten Verhaltensstörungen des Tieres, die zumeist von falschen Erziehungspraktiken und Mißverständnissen zwischen Halter und Tier verschlimmert werden. Schließlich reißt die Geduld. Oft wird eine Spirale der Gewalt-Schuldgefühle-Wiedergutmachungsversuche, gefolgt von erneutem Mißhandeln, eröffnet, an deren Ende der Tod des Tieres oder im günstigsten Fall der Besuch eines Tierarztes steht. Dieser konzentriert sich jedoch meist auf das ihm präsentierte medizinische Problem; den Appell um Hilfe hört er nicht. Viele Tierhalter wären dankbar, endlich einmal über ihr Problem sprechen zu können. Andere reagieren feindselig und mit Abwehr. Sobald sich der Tierarzt aus dem veterinärmedizinischen Bereich herausbewegt und fragt, wie es zu den Verletzungen kam, ist er mit Schwierigkeiten konfrontiert, die von Verleugnung, Bagatellisierung, reumütigen Zusagen, die »Er-

ziehungsfehler« zu beheben, bis hin zu Drohungen reichen können.
Wie geht der Arzt also mit dem neurotischen Tierhalter um? Vorwürfe
oder der behutsame Rat, das Tier doch besser wegzugeben, da es ja
»so viele Probleme« verursache, stellen keine Lösung dar. Ein Mensch,
der gewohnheitsmäßig seine ungelösten Konflikte und Aggressionen
an einem Tier auslebt, wird sich bald wieder ein anderes beschaffen
oder den Tierarzt wechseln.

Daß ein geschlagenes Tier seinerseits Charakterabnormitäten zeigt,
eben »verschlagen« wird, ist ein in Tierasylen oft beobachtetes Phänomen, dem nur durch viel pädagogische Geduld beizukommen ist.
Tiere, bei denen der »Dialog« mit ihrem Menschen auf ein Befehle-
Empfangen und Befehle-Ausführen verkümmert ist, Tiere, die emotional eingeengt, motorisch in einem Korsett leben, zeigen hohe Gefühlsambivalenz dem Menschen gegenüber. Dies begünstigt über-
schießende Reaktionen und Aggressionsdurchbrüche. Das Ausmaß des
Traumas, das ein mißhandeltes Tier in seiner Vorgeschichte erlitten
hat, die jeweiligen »Auslöser«, die bei ihm zu Angst-Aggressionen
führen, kann der neue Tierhalter kaum vollständig überblicken.

Hysterische Inszenierungen: Die Gleichgültigen, die Besessenen und die Verlorenen

»Tierlieb oder menschenfeindlich?«, lautet die Fangfrage bei der Prüfung zum Erwachsenen. Und wer die Antwort »Menschenlieb und
tierfeindlich!« nicht auf Anhieb weiß, erhält kein Prädikat. Die übrigen
sind sowieso schon durchgefallen und dürfen bestenfalls im nächsten
Jahr nochmals antreten. Ich für meinen Teil konnte mich der Prüfung
bislang erfolgreich entziehen. In Zugzwang mag ich nicht geraten, mir
keine Entweder-Oder-Entscheidungen aufnötigen lassen. Tierliebe und
Menschenliebe sollen sich gegenseitig ausschließen? Eben nicht! Sie
ergänzen sich vielmehr. Zudem bin ich gar nicht darauf erpicht, in die
Riege der Erwachsenen aufgenommen zu werden. Wie hieß es so
treffend in einem Film-Dialog: »Erwachsen soll ich werden? Aus dem
Alter bin ich inzwischen raus.« Dennoch. Vor die Alternative gestellt,
wen würde ich mit auf die bewußte Insel nehmen, Tier oder Mensch?
Auf wen könnte ich zur Not verzichten? Da fallen mir eine ganze Reihe
von Menschen ein, auf die ich nicht nur in Notzeiten gerne verzichten

würde. Meine Katzen dagegen kämen als erste ins Reisegepäck. Es-
kapistische Neigungen lassen sich auch beim hysterischen Beziehungsmodus ausmachen. Womit wir beim Thema wären.

Hysterie, auf eine rastlose, »wandernde Gebärmutter« zurückgeführt,
die Modekrankheit des 19. Jahrhunderts, versetzte mit ihren dramatischen Symptomen die bürgerlichen Salons in Aufruhr. Hysterien waren begleitet von Blindheiten oder wirkungsvoll in Szene gesetzten
Ohnmachtsanfällen, von Lähmungen, die neurologisch nicht erklärt
werden konnten, da sie sich nicht an die Nervenleitungsbahnen hielten.
Die Hysterie war die erste harte Nuß, die von der Psychoanalyse
erfolgreich geknackt werden konnte. Unbewußte sexuelle Konflikte,
Ergebnis des atemberaubenden emotionalen Korsetts, in das sich die
Frauen hineinzwängen mußten, ihr tiefes, existentielles, aber auch
sexuelles Unbefriedigtsein – all dies verbarg sich hinter den hysterischen Symptomen.

Frauen wurden damals (in vielen Regionen der Welt noch heute) aus
der Abhängigkeit vom Vater direkt in die Ehe vermittelt, die von einem
zumeist wesentlich älteren, ebenso patriarchalischen Ehemann dominiert wurde. Außerhalb des Hauses hatten sie – im Gegensatz zum
Mann, der, sexuelle Eskapaden inbegriffen, ein reichhaltiges gesellschaftliches Leben führen konnte – nichts verloren. Sie blieben ihr
Leben lang festgezurrt in ihrer Rolle der braven Mutter und Hausfrau,
deren Sexualleben von einem wenig einfühlsamen Ehemann auf Spar-
flamme gehalten wurde. Wer aber meint, nur Frauen bedienten sich
hysterischer Umgangsformen, irrt. Es gibt ebenso viele hysterisch
strukturierte Männer. Denn was im 19. Jahrhundert als Nervenkrank-
heit der Frauen diagnostiziert wurde, da es in Zusammenhang gebracht
wurde mit der sozialen Chancenlosigkeit der Frauen (Kinder, Küche,
Kirche), zeigt sich geschlechterübergreifend.

Entscheidend bei hysterischen oder »demonstrativen« Persönlichkeiten, wie abgemildert der weniger belastete Fachbegriff lautet, sind
bestimmte Merkmale des Gefühlslebens, die mit einer Triebfixierung
in der letzten Phase der psychosexuellen Entwicklung, der genitalen
oder ödipalen, in Zusammenhang gebracht werden. Eine zu enge Bindung an den gegengeschlechtlichen Elternteil – für das Mädchen ist
es der Vater, für den Jungen die Mutter – führt dazu, daß der ödipale
Konflikt, die sexuelle Hinwendung zum andersgeschlechtlichen Elternteil, nicht gelöst wird. Freud wählte den Ödipus-Mythos, um die
charakteristische Versuchungs- und Schuld-Situation dieser Entwick-
lungsphase zu beschreiben: Ödipus, der von den Eltern verstoßene

Königssohn, wird von Adoptiveltern aufgezogen und macht sich schließlich auf die Suche nach seinem wahren Vater. Dabei tötet er ihn wider Willen. Nach Landessitte heiratet er die Königinwitwe Jokaste, seine Mutter. Das Unheil nimmt seinen Lauf, denn das Naturgesetz ist gebrochen.

Im Unterschied zum Mythos, in dem die inzestuöse Verbindung schließlich gelöst wird, bleibt ein ödipal fixiertes Kind sein Leben lang erotisch an den andersgeschlechtlichen Elternteil gebunden. Es kann seine Geschlechtsrolle, sich als Mädchen mit der Mutter, als Junge mit dem Vater zu identifizieren, nicht übernehmen. Die Mutter bleibt für den Jungen die Frau, die er sexuell begehrt; dies löst jedoch gleichzeitig Ängste aus, die mit Abwehr einhergehen. Der Frau/dem Mann (Mutter/Vater) zu nahe zu kommen, löst innere Verbote aus, denn diese Intimität wird unbewußt als inzestuös, als tabu erlebt. Mögliche Partnerinnen/Partner bringen diese innere Dynamik ins Rollen, und nicht selten zerbrechen die Partnerschaften, weil der/die Betreffende immer an dem inneren Bild der Mutter/des Vaters gemessen wird, das er nie erreichen kann.

Nicht nur Don Juanismus und Nymphomanie (das ruhelose Suchen nach einem Partner, der jedoch nie befriedigen, nie den Ansprüchen genügen kann), sondern auch Störungen des Körperselbstbildes (etwa bei der Anorexie oder Bulimie), werden mit Konfliktverarbeitungen »nach dem hysterischen Modus«, also mit hysterischen Persönlichkeitsstrukturen in Verbindung gebracht. Hysterische Charakterzüge, die keinen Krankheitswert haben, zeigen sich, wenn der Betreffende zu affektiv-betonten Verhaltensweisen neigt, gern in dramatischen Übertreibungen schwelgt, im Mittelpunkt stehen und sich in Szene setzen will. Verführerisches Verhalten ist ebenfalls ein Merkmal dieser Persönlichkeitsstruktur. Sexualität und Partnerschaft sind von zentraler Bedeutung. Da hysterische Persönlichkeiten noch beharrlicher als anderweitig Geprägte sind, befinden sie sich wegen ihrer inzestuös geprägten Bindungsangst stets auf der Suche nach dem idealen Partner.

Das Tier als Partner

Mit einem Tier im Haus wird der unerträgliche Zustand der ungelebten Liebe, in dem sich der Alleinlebende über kurz oder lang wiederfindet, beendet. Tiere kommen dem Menschen entgegen. Sie lassen sich nicht nur von ihm lieben, nein, sie fordern dies sogar und befreien den Menschen aus dem Dilemma, mit seiner Liebe zum Artgenossen permanent zu scheitern. Tiere verleihen Dauerhaftigkeit, die in anderen wichtigen Lebensbereichen längst abgeschrieben wurde, mit Menschen schon kaum mehr verwirklicht werden kann. Menschen lieben Tiere sogar noch, nachdem sie sich ihrer längst entledigt haben. Menschen lieben sie mit einer von Schuldgefühlen angefachten Nostalgie. Ein verklärter Blick, der Menschen, von denen man sich in bitteren Trennungsverhandlungen lossagte, längst nicht mehr gegönnt wird.

Das Tier ist die ideale Zwischenlösung, eine pflegeleichtere Partnervariante. Man wird intim und bleibt Mensch, wird nicht auf Biegen und Brechen in die höchst undankbare Geschlechtsrolle gezwängt. Man ist allein, aber doch nicht einsam, zu zweit, aber doch nicht belästigt von der Nähe eines Menschen, der allerlei Forderungen stellt, die nur mit Unbequemlichkeiten verbunden sind. Ein Tier wird nur selten zudringlich, und sogar dann bleibt es erträglich. Wenn nicht, läßt es sich leicht verscheuchen. Es ist selten nachtragend, spätestens beim nächsten Gang zum Eisschrank sitzt es wieder erwartungsvoll da. Ein Tier verkörpert die positiven Aspekte unserer Wünsche nach Symbiose und Verschmelzung, ohne die subtile Inzest-Angst aufzuwecken mit ihrer alles verschlingenden, aufsaugenden, die Eigenständigkeit nicht akzeptierenden, vereinnahmenden Version der Liebe.

Das Tier ist der ideale Partner, denn es erfüllt das Phantasma der Liebe, die das »ins Extreme gesteigerte Verlangen nach einer einzigen Identität für zwei, ... des Einsseins mit der Mutter [ist]. Ungleichheit, Unterschiedlichkeit und Asymmetrie verwandeln sich im Augenblick der Liebe in Zusammenfügung, in Gleichartigkeit und in die vollkommene Symmetrie des gegenseitigen Begehrens.«[11] »Wir verstehen uns ausgesprochen gut«, entdeckt der Hundehalter jeden Abend aufs neue, wenn Struppi angewackelt kommt, um ihm freudestrahlend die Pantoffeln zu bringen, und ihm auch sonst jeden Wunsch von den Lippen abliest. »Abends wartet der Kater, daß man ihm nochmals ›Gute Nacht‹ sagt. Jeden Abend steige ich aus dem Bett dafür. Und sofort erhebt er sich vom Stuhl und wirft sich mit Wucht in meinen Arm, schnurrend und glücklich, wenn ich ihm noch eine Gute-Nacht-Geschichte erzähle, von Taubenvögeln in der Karibik, von Rennmäusen in Algerien. Wir loben ihn oft und versichern ihm, daß er so schön sei wie eine Seidenraupe, stark wie Houdini und den großen Feldherren Nelson, Garibaldi und Napoleon in nichts nachstehe. Da bläht er sich förmlich auf.

Manchmal beißt er mich zärtlich in den Arm, und der Wonne-Geifer tröpfelt aus seinem Maul.«

Tiere kommen dem Wunsch nach Berührt-Werden entgegen. Sie berühren nicht nur die Haut, sondern vor allem die Seele. Sie erfüllen den Wunsch, zu pflegen und zu hegen, zu füttern und zu tränken, zu beschützen und zu umsorgen, zu verwöhnen und herauszuputzen.

Das Tier, das den Menschen in seiner einsilbigen Art und seiner reichen Gefühlssprache geradewegs in die Traum- und Märchenwelt entführt, in der ohne Worte alles verstanden wird, provoziert Gefühl. Dabei teilt es keine Noten aus, vergibt keine Prädikate. Es betrachtet seinen Menschen nicht mit dem abwägenden Blick eines zukünftigen Partners. Im Gegensatz zu den Treulosen vermittelt es seinem Menschen das beruhigende Gefühl, unersetzlich, unaustauschbar, einzig zu sein. Durch das Tier wird jeder Mensch ein Geliebter, wird jeder Mensch ein Gott. Der Mensch findet im Tier, was er bei seinen Artgenossen nicht mehr finden kann: vorbehaltlose Zuneigung. Im Gegenzug identifiziert er sich mit seinem Tier. »A dog lover is a dog in love with another dog.« (James Thurber)

Freilich hat diese Idylle ihre Abgründe. Nach Bruce Fogle kann das Tier ein Vehikel sein für die Erinnerung an das uneingeschränkte Geliebt-Werden der frühen Kindheit, wo Kindern noch verziehen wird. Doch das Tier ist mehr als Vehikel. Meiner Ansicht nach hilft es, den Mangel zu kitten, den Mangel der Kindheit ebenso wie jenen späteren, der chronisch wird. »Lieben bedeutet, bewußt das zu suchen, was uns gefehlt hat, und – meistens unbewußt – das wiederzufinden, was wir schon gekannt haben.«[12] Das Tier hat Teil am Phantasma des ozeanischen Gefühls, stumm doch stets die Lippen seines Menschen lesend, nichts Nützliches produzierend, doch stets Geschenke verteilend. Und vor allen Dingen stellt es keine Rechnung aus.

Das Tier und der Alleinlebende, mit oder ohne hysterische Züge, bilden eine harmonische Lebensgemeinschaft. Vom Standpunkt des aufgeklärten Partner-Trainers hat die Partnerschaft mit dem Tier zudem die ideale Kürze: Da das Tier im Durchschnitt nicht mehr als 20 Jahre alt wird, erfüllt es die Anforderungen, die an den modernen Lebensabschnitts-Partner gestellt werden, der sich beizeiten ausklinkt, um im Alter nicht lästig zu fallen. Taucht ein menschlicher Partner auf, ist das Tier kulanterweise sogar bereit, das Lager mit dem Neuankömmling zu teilen – vorausgesetzt er beachtet die Höflichkeitsregeln und drängt sich nicht mit eisernen Ellenbogen und dem Kampfruf »Ich oder das Vieh!« in die traute Zweisamkeit hinein.

175

Das Tier in meinem Bett

Die Mehrheit der Tierhalter schläft mit ihrem Tier im selben Bett. Während wir uns das von heranwachsenden Kindern oder zufälligen Gästen verbitten würden, erlauben wir es Tieren. Warum? Unsere artenüberschreitende Affäre ist ungefährlich, denn sie aktiviert nicht die Inzest-Angst, dargestellt von jener elterlichen Liebe, die vereinnahmt und damit den Weg ins eigene Leben verhindert. Im Gegenteil: Da Tiere uns in die prägenitalen symbiotischen Glückszustände der frühen Kindheit zurückführen, dürfen wir, unbelastet von genitaler Sexualität, Tieren gegenüber zärtlich sein.

Die Arglosigkeit, mit der Menschen in Intimitäten mit ihren Tieren schwelgen, ist bemerkenswert und hätte so manchen Freudianer, so er sich nur um das Tier als Bindungsfigur gekümmert hätte, in helle Aufregung versetzt. Eine junge Frau berichtete von ihrem Kater, der sich mit ihrem Freund im Ehebett zu einer ménage à trois bereitgefunden hat: »Er stupst mich mit seinem Kopf und will damit sagen, daß ich ihn streicheln soll. Wenn ich abends beim Fernsehen im Sessel sitze, stellt er sich mit den Vorderbeinen auf meine Brust und riecht im ganzen Gesicht rum oder leckt mit seiner rauhen Zunge an der Stirn. Dies sehe ich auch als Schmuserei an. Abends plaziert er sich im Bett so, daß sein Kopf immer auf meinem Arm liegt. Bei kaltem Wetter schläft er grundsätzlich in meiner Kniekehle. Er muß auf jeden Fall Hautkontakt haben. Selbst wenn mein Freund am Wochenende bei mir ist, schläft der Kater trotzdem bei mir und nicht bei ihm.«

Freilich kann es auch zu Eifersuchtsdramen kommen. Es bedarf einiger Umstellungen, wenn sich plötzlich ein Zweibeiner in das traute Glück der Mensch-Tier-Zweisamkeit einnistet. Die prästabilisierte Harmonie der Gefühle gerät gehörig durcheinander. Vom inneren Zirkel wird das Tier quasi über Nacht auf einen Außenposten der Liebe versetzt. Das kluge Tier weiß jedoch die Lücken geschickt für sich zu nutzen. Das Gefühlsband, das es sich mit seinem Menschen erarbeitet hat, hält einigen Stürmen stand. Und sobald sich die ersten Wolken am Himmel des jungen Glücks zeigen, weiß es, wo sein Platz ist: an der Seite seines Menschen, dem es bei jedem Streit mit dem »anderen« loyal zur Seite steht. Die Fronten wechseln? Undenkbar! Seine Zuneigung kann der Neuling sich nicht kaufen, und mag er das Tier noch so sehr umwerben. Seinen Magen kann er ruhig bestechen, nicht jedoch sein Herz. Das hält weiterhin seiner ersten Wahl die Stange.

Es ist schmeichelhaft und erschreckend zugleich, wenn Tiere auf den Dritten im Bunde eifersüchtig sind. Sie wollen ihren Menschen vor den Besitzansprüchen seines menschlichen Partners schützen. Nicht selten inszeniert das Tier dabei ungelöste Beziehungsprobleme der Partner. Im Auftrag seines Menschen demonstriert es dem Dritten die Mißlichkeiten des Ausgeschlossenwerdens. In seinem Verhalten bildet das Tier die latente Feindseligkeit ab, welche die Partner gegeneinander empfinden. Ein Mädchen, das sich von der Mutter abgelehnt fühlte, nahm dies am Verhalten des Meerschweinchens wahr. Das Kind fühlte sich im Vergleich zum Tier von der Mutter zurückgesetzt: »Ich mochte mein Meerschweinchen gern, aber mein Meerschweinchen mochte nur meine Mutter. Meine Mutter trumpfte dann auf und sagte: ›Es will eben nur bei mir sein.‹« Rivalisieren um die Gunst eines Tieres, dem die Rolle des Konkurrenten und Schiedsrichters zugeschoben wird, ist ein häufiges Problem, das sich für das Tier allerdings fatal auswirken kann. Mit dem Argument, es sei »aggressiv« oder verursache eine Allergie (der vermeintlich Ausgeschlossene reagiert nämlich im Gegenzug »allergisch« auf das Tier), wird es, um die Beziehung zu retten, abgeschoben. Die Partner suchen sich freilich bald einen anderen Sündenbock. Über kurz oder lang zerbricht die Beziehung, wenn sich die Partner nicht mit den Problemen auseinandersetzen, die sie miteinander haben.

Konflikte entstehen auch, wenn sich bei den Menschen Nachwuchs eingestellt hat und das Tier von einem Tag zum anderen aus seiner verhätschelten Position in die zweite Reihe gerät. Anklammerndes Verhalten und Panikattacken bei Trennung sind die Folge, die das Tier ja auch zeigt, wenn es um den Verlust seines Artgenossen trauert. Überstimulation durch übermäßiges Streicheln, intensive Bindung an das Tier, dem kein Freiraum für die eigene Entwicklung mehr gelassen wird und Sexualisierung der Beziehung zum Tier, gefolgt von einem plötzlichen Kontaktabbruch, sobald Schuldgefühle eintreten oder ein menschlicher Partner auftaucht, können ebenso zu Eifersucht und Trennungsaggressionen beim Tier führen.

In all diesen Fällen, bei denen das Tier durch eine zu enge Bindung an den Menschen, die plötzlich vom Menschen abgebrochen wurde, belastet wird, kann das Problem im Regelfall durch einige therapeutische Interventionen wieder aus der Welt geschafft werden. Von einer Lösung »auf amerikanische Art«, wie sie mir von einem Bekannten berichtet wurde, ist in jedem Fall abzuraten: Als die Mutter mit ihrem Neugeborenen zum ersten Mal ihrer Siamkatze, die sie bis dahin mit ihrer Liebe überschüttete, gegenüberstand, gab die verunsicherte Katze dem schreienden Kind eine Ohrfeige. Der Ehemann ging wortlos zum Gewehrschrank und erschoß die Katze, ohne auch nur zu versuchen, den Kontext zu verstehen und eine Gewöhnung des Tieres an das Kind in Erwägung zu ziehen. Sein Kommentar zeugt von der hinlänglich bekannten Dämonisierung des Tieres. Die Katze, die immer so freundlich war, habe nunmehr ihr »wahres Gesicht« gezeigt, sie sei »hinterlistig« und »falsch« gewesen. Mit der rational nachvollziehbaren Begründung, sein Kind zu schützen, handelte der Ehemann vermutlich aus latenter Eifersucht, denn das Tier war ja sein Vorgänger, vielleicht empfand er es sogar als Rivalen.

Kinder oder Tiere?

Eines der verbreitetsten Vorurteile Tierliebhabern gegenüber ist die Unterstellung »Wer Tiere liebt, haßt Menschen«. Tierliebe, so wird gemutmaßt, habe eine Kehrseite: Menschenverachtung. Damit wird sie zur Gefahr. Sie entzieht dem Menschen, was allein ihm zusteht: Liebe. Diese mechanistische Annahme wird insbesondere von der Psychoanalyse verbreitet. Kein Geringerer als Sigmund Freud vertrat die Meinung, daß es hinsichtlich der Qualität unserer »libidinösen Besetzungen« eine Hierarchie gibt, die sich über reif, differenziert, genital (und damit erwachsen) bis zu narzißtisch, infantil, regrediert (und damit primitiv) erstreckt.

Als Typus der »narzißtischen Objektwahl« bezeichnet Freud jene Art der Zuwendung, zu der Menschen gerade noch fähig sind, wenn sie eine seelische Erschütterung erlitten haben, die zum Verlust der realen Bezugsperson führte. Durch das seelische Trauma wird die libidinöse Energie unverzüglich auf das eigene Ich konzentriert. Er vergleicht den »Abzug« der Liebesenergien von undankbaren Partnern mit den Scheinfüßchen (Pseudopodien) der »Pantoffeltierchen«, die in ihren sicheren Heimathafen zurückschnellen. Dieses Zurückgehen auf eine weniger differenzierte, weil auf das eigene Ich konzentrierte Beziehungsform wird als Entwicklungsrückschritt betrachtet. Aus der Liebesbesetzung des Menschen wird eine narzißtisch getönte Liebe zum Tier, die nichts weiter als Liebe zum eigenen Selbst ist. Die zum Kindergebären bestimmte Frau, beschränkt sich aus Eigennutz und

Bequemlichkeit auf einen für die Gesellschaft nutzlosen Kinder-Ersatz, an dem sie ihre Pflegeinstinkte vergeudet: das Tier.

Daß das Halten eines Tieres »nur eine Notlösung« darstellt, weil der Kontakt zum Menschen belastet ist, wird in vielen abwertenden Einstellungen deutlich. In meiner Untersuchung fand ich eine Reihe von Tierhalterinnen, die einen unerfüllt gebliebenen Kinderwunsch als Auslöser dafür, »nun zumindest ein Tier versorgen zu können«, nannten. Allerdings – und hier weicht die Wirklichkeit vom Stereotyp »Ein Tier ist bei Frauen Ersatz für ein Kind« ab – handelt es sich hier doch um zwei emotional völlig verschiedene Beziehungsformen, die sich gegenseitig weder ausschließen, noch ersetzen können. Dies kam bei den Befragten zum Ausdruck. Zwar ist das Saubermachen, Hinterherräumen, Einkaufen für ein Tier durchaus mit dem Arbeitsaufwand für ein Kind vergleichbar, ein Tier mag beim Menschen wie ein Kind mütterliches Pflegeverhalten auslösen, seine Verdauung, sein Essen, seine Fellpflege werden überwacht wie die Versorgung eines Säuglings. Doch das emotionale Angebot eines Tieres unterscheidet sich erheblich von dem eines Kindes. Das Ausagieren des Kinderwunsches mit dem Tier, etwa in der Folge einer schuldhaft erlebten Fehlgeburt, beschränkt sich auf Einzelfälle und gehört nicht zu den typischen Beziehungsformen zwischen Mensch und Tier.

Für die Tierhaltung als Ersatz oder Notlösung haben indessen auch jene Mitmenschen, die der Tierhaltung ansonsten mit äußerstem Mißtrauen begegnen und hier unreife Gefühlsduselei, wenn nicht gar abnorme, ja perverse Gefühlsverirrung vermuten, vollstes Verständnis.

Misanthrop und Tierfeind

Unbewußte Phantasien tragen die Beziehung des Menschen zum Tier, die als Gefühlsübertragung immer mit einem Bein in der Irrealität, in der Vergangenheit, aber auch in schöpferischen, zukunftsweisenden Vorstellungen steckt. Denn die Beziehung zwischen Mensch und Tier ist gerade nicht der Spielplatz lebensflüchtiger Träumer. Wie jemand sich seinem Tier gegenüber verhält, gibt Auskunft darüber, wie er sich seinem Selbst gegenüber verhält. Unser Selbstwertgefühl wird genährt von Erfahrungen, die wir mit inneren Objekten sammeln: Das Tier tritt auf als gutes, idealisiertes Beziehungsobjekt oder wird gehaßt und als

»getretenes Tier« verachtet. Wer sein Tier quält, es zu sadistischen Experimenten mißbraucht, verletzt zugleich sein eigenes inneres Selbstobjekt. Der Tierhalter bringt also zum Ausdruck, wie verkümmert oder wie entwickelt seine Liebesfähigkeit ist, dem Tier, sich selbst und seinen Mitmenschen gegenüber.

Die Forderung, vom Tier bedingungslos geliebt zu werden, sich unter allen Umständen seiner ungeteilten Gefolgschaft und Aufmerksamkeit zu erfreuen, entspringt übersteigertem Narzißmus, der auf Herrschsucht, aber zugleich auf ein Gefühl der eigenen Minderwertigkeit zurückgeführt werden kann. Das Tier, seinerseits übermäßig abhängig vom Menschen, reagiert mit Angst, sobald sich dieser entfernt. Konflikte, unter denen der Halter im Kontakt Mensch:Mensch leidet, haben ihn in seiner Beziehung zum Tier eingeholt. Was zunächst wie eine geglückte Flucht in die »andere« Welt der Beziehung Mensch:Tier aussieht, entpuppt sich am Ende als das alte, ungelöste Problem.

Wie dramatisch dieser von Konflikten überschattete Umgang des Menschen mit seinem Tier geraten kann, beschreibt eindringlich Thomas Mann in seiner Erzählung »Tobias Mindernickel«. Darin schildert er einen Vereinsamten, auf den das Stereotyp »Misanthrop« zutrifft, einer, der nur noch seinen Hund zu ertragen vermag, aber den selbst sein Hund ziemlich unerträglich findet. Tobias Mindernickel hat sich von den Menschen verbittert zurückgezogen, doch seinen Haß nimmt er mit. »Mindernickel verläßt selten sein Haus«, heißt es. Läßt er sich blicken, wird er zum Gespött der Kinder, die ihn wegen seiner schäbigen, hageren Gestalt verhöhnen. Wird er verhöhnt, bleibt er passiv. Er läßt sich alles gefallen, geht »ohne sich zu wehren und scheu um sich blickend… und obgleich man ihm ins Gesicht lacht, grüßt er hie und da mit einer demütigen Höflichkeit…« Thomas Mann beschreibt Mindernickel als einen Menschen, der sich »einer jeden Erscheinung unterlegen fühlt« und »nicht mit erhobenem Kopfe gehen kann«, denn »seine haltlosen Augen müssen vor Mensch und Ding zu Boden kriechen«. Aufrichten kann er sich erst, als er sich um ein verletztes, blutendes Kind kümmert, das ihn eben noch verspottete. Als das Kind im Staub vor ihm liegt, beugt er sich nieder, tröstet es, zeigt »Erbarmen«, verhält sich so, wie er selbst von den anderen behandelt zu werden wünscht.

Schließlich kauft Tobias Mindernickel einen jungen Hund. »Du brauchst dich nicht vor mir zu fürchten, du Tier«, entpuppt sich als das, was er sich selbst einreden möchte, er, der nie Günstling des Glücks war, der von anderen als so ungeliebt und abschreckend erlebt wurde, daß sie ihn aus ihrer Mitte verstießen. Er nennt den Hund Esau und wählt damit den Namen des ungeliebten, um sein Erstgeburtsrecht betrogenen Sohnes, der stets im Schatten seines schönen, klugen, von der Mutter geliebten Bruders stand. In der Verschwiegenheit seiner Kammer unterzieht er, selbst Opfer grausamer Strafen durch seine Umwelt, seinen jungen Hund sadistischen Züchtigungen. Als Erziehung getarnt, quält und drangsaliert er das Tier, will sich seiner absoluten Gewalt über das Tier versichern. Mindernickel blickt nicht länger demütig auf den Boden, sondern funkelt seinen Hund herrisch mit maßlosem, unverhältnismäßigem und »tollen Zorn« an. Mindernickel inszeniert mit seinem Hund die Ungerechtigkeiten, die ihm selbst in der Gesellschaft der Menschen widerfahren sind und die er mit sich geschehen ließ. Im Gegensatz zu seinen wirklichen Erfahrungen mit einer Umwelt, die ihn ausgeschlossen hat, lebt er mit dem Hund die Phantasie, sich versöhnen zu können, denn zwischen den Züchtigungen rührt ihn das verängstigte, unterwürfige Tier: Er preßt es mit schmerzlicher Liebe an sich, seine Augen füllen sich mit Tränen, und ohne den Satz zu vollenden, wiederholt er mehrere Male mit erstickter Stimme: »Sieh, du bist ja mein einziger… mein einziger…« Mindernickels Verhalten Esau gegenüber bleibt ein Wechselbad von schuldbewußter Liebe und grausamen Prügelexzessen, eine Haßbindung, ein teuflischer Kreislauf von Strafe und Schuld, ein Wiedergutmachungsritual. Das Tier wird für ihn zum Anlaß, immer wieder dieselbe Szene zu durchleben und immer wieder dafür Buße zu tun. Das Tier ist Opfer seiner Aggressionen und zugleich Ziel seiner Bußrituale.

Die Bindung des Hundes ist deshalb unsicher, weil sein Mensch unberechenbar ist. Kaum hat er etwas gelernt, wird er bestraft. Mal wird er geschlagen, wenig später mit Zärtlichkeiten überschüttet. Der Hund weiß nicht, was er falsch macht und ist verwirrt. Er spürt, daß Mindernickel unglücklich ist, leidet aber unter den sadistischen Attacken. Als Esau einmal auf die Straße rennt und Anstalten macht davonzulaufen, prügelt ihn Mindernickel erbarmungslos. Er ist neidisch auf die Fröhlichkeit und Lebendigkeit des jungen Hundes. Wenn er ausgelassen in der Wohnung herumtobt und sich an seinem Leben freut, verkörpert er für Mindernickel all das, was ihm selbst fehlt und ihm in seiner eigenen Kindheit vermutlich nicht zugestanden wurde. Mindernickel ahnt, daß der Hund sich nicht aus Liebe, sondern aus Angst an ihn binden wird. Daher muß er ihn von sich abhängig machen, ihn daran hindern, seinen Herrn zu verlassen. Mit einem Küchenmesser sticht er auf Esau ein. »Erschrocken warf Tobias alles beiseite und beugte sich über den Verwundeten; plötzlich jedoch veränderte sich der Ausdruck seines Gesichtes, und es ist wahr, daß ein Schimmer von Erleichterung und Glück darüber hinging. Behutsam trug er den wimmernden Hund auf das Sofa, und niemand vermag auszudenken, mit welcher Hingebung er den Kranken zu pflegen begann… In dem Grade jedoch, in welchem Esau zu Kräften kam, fröhlicher wurde und genas, ward das Benehmen des Tobias unruhiger und unzufriedener.«

Nur wenn Mindernickel Mitleid üben darf, weil das Tier schwach und elend ist, schont er es; sobald der Hund wieder ausgelassen herumspringt, nicht mehr länger »armes Tier« ist, flackert der alte Haß empor. Mindernickel zerstört, was er nicht zu lieben, festzuhalten vermag – es erinnert ihn an seine eigenen, ihm aus dem Leib geprügelten Hoffnungen. Als der Hund gesund ist, erdolcht ihn Mindernickel. Nun bleibt er für immer sein »armes Tier«, um das er sein Leben lang trauern kann. Der Kreis ist geschlossen. Und während der Hund stirbt und Mindernickel »bitterlich weint«, klagt er: »Mein armes Tier! Mein armes Tier! Wie traurig alles ist! Wie traurig wir beide sind! Leidest du? Ja, ja, ich weiß, du leidest… wie kläglich du da vor mir liegst! Aber ich, ich bin bei dir! Ich tröste dich!«[13]

Die Sprache der Tiere

Die Gefühle der Tiere erinnern den Menschen an seine eigenen und daran, was er bei sich lieber unterdrücken würde: Wut, Neid, Eifersucht, den Wunsch nach Aufmerksamkeit und Zuwendung. Das Tier verhält sich so, wie sich der Mensch verhalten möchte, wäre er noch Kind. Das Tier ist mit Leib und Seele und allen seinen Fasern Gefühl. Sogar in Panik reagiert das Tier wie der Mensch: Es wird starr vor Angst, sein Wahrnehmungsraum zerfällt, sein Erleben zersplittert. Angst löscht Erinnerungsspuren aus. Das Tier wird – wie der Mensch – »blind vor Wut«, erkennt seinen Menschen nicht. Dissoziationsphänomene: Das ängstliche Tier zeigt Signale der Annäherung und des Wohlbehagens, kann jedoch in der nächsten Sekunde die Nähe wieder abwehren und schlägt zu. Doch diese Widersprüchlichkeit ist vertraut und findet sich bei Menschen unter starken Konflikten. Im Unterschied zum Menschen beruhigt die Berührung das Tier zumeist nicht, sondern versetzt es in noch größere Panik. Bei aufgeregten Katzen kann es geradezu ein Fehler sein, in solchen Situationen die »kritische Distanz« zu unterschreiten und das Tier durch Kraulen beruhigen zu wollen. Es ist wichtig, dem Tier nun Ruhe zu gönnen, damit es sich wieder reorganisieren, die Umwelt wieder angstfrei erkennen kann.

Kot und Urin gehören zum Ausdrucksrepertoire von Hund und Katze. Markieren grenzt nicht nur das Revier ab und drückt den Besitzstand aus, sondern gibt Hinweis auf Belastungen (etwa durch Veränderungen der Wohnungseinrichtung, die dem Tier die vertrauten Fluchtwege versperren). »Anpinkeln« kann Bestrafung bei Kämpfen sein und damit Selbstbehauptung zum Ausdruck bringen; der Hund bringt durch Urinieren dagegen seine Unterwürfigkeit zum Ausdruck. Zu der Vielfalt des Ausdrucksverhalten der Haustiere, die hier nicht annähernd beschrieben werden kann, gehört der Geruchssinn, mit dem das Tier die Stimmung des Artgenossen »riechen« kann. Pheromone enthalten Informationen über den Zyklus und sind bei kastrierten oder sterilisierten Tieren gleichfalls wirksam. Manches ist gewöhnungsbedürftig, etwa die Läufigkeit der Hündin oder das periodische Erbrechen der Katzen.

Hautkrankheiten, Ekzeme, Ausfall des Fells, hysterische Lähmungen, Hyperaktivität, Erbrechen unter Belastung, Scheinschwangerschaft, Ulcus-Leiden, hysterische Lähmungen, Bulimie, Asthma – es scheint kaum eine psychosomatische Reaktion zu geben, die Haustieren fremd ist. Und der zunehmende Einsatz von Tieren als Partner des Menschen dürfte in den nächsten Jahren zu einer Intensivierung der Forschung gerade der psychologischen und psychosomatischen Anteile bei Haustierkrankheiten führen. Sogar Persönlichkeitstypen, wie sie für Menschen beschrieben wurden, scheinen bei Tieren vertreten zu sein. Brouwers etwa berichtet von hysterischen Reaktionen bei Hündinnen, bei denen es durch übermäßige Bindung an ihren Menschen sogar zu »neurogenem Milchfluß« kam, wie er nach einem Wurf auftritt: »Wenn diese Genitalneurosen auftreten, handelt es sich meist um übermäßig abhängige Wohnungs-Hündinnen, die sogar das Ehebett ihrer neurotischen Besitzer teilen; Tag und Nacht werden sie mit Streicheleinheiten und Küssen überschüttet...«[14]

Zu den Trauerreaktionen bei Tieren gehört Nahrungsverweigerung, Apathie, Ausreißen von Fell oder Gefieder, ebenso Selbstverstümmelungen. Die Wut über das Verlassen-Werden wird hier gegen den eigenen Körper gerichtet. Nachahmen ist für Tiere eine Möglichkeit, Empathie zum Ausdruck zu bringen, zum Beispiel das Nachahmen des Humpelns bei einer Beinverletzung des Menschen oder das Sich-Übergeben, wenn der Mensch vom Brechreiz überwältigt wird. Desgleichen kann ein

Phänomen beobachtet werden, das sich bei Katzen manifestiert und als eine Art »Krankenwache« oder »Gesundbeten« beschrieben werden könnte. Nach einem kieferchirurgischen Eingriff, der mich vor Schmerzen einen Tag außer Gefecht zog, lagerten sich meine beiden Katzen, die sonst Abstand voneinander halten, unmittelbar neben meinen Kopf und harrten dort regungslos aus bis tief in die Nacht, ohne mich auch nur andeutungsweise an den Ausfall ihrer Mahlzeiten zu erinnern. Und während sie sich schnurrend um meinen schmerzenden Kopf wickelten, geriet ich in einen seltsam hypnagogen Zustand, ein gemeinsames Träumen, irgendwo im Grenzbereich zwischen Schlafen und Wachen, was meiner Genesung äußerst förderlich war.

Unkenntnis über die Sinneswahrnehmungen und Angstmuster der Haustiere sind die Hauptursache von Verhaltensstörungen, wenn medizinische Ursachen (unerkannte Krankheiten, Schmerzquellen, Hirntumore, Entzündungen oder genetisch mitbedingte Störungen und Aggressionen) ausgeschlossen werden konnten. Leider sind die Kenntnisse über die Wahrnehmungspsychologie der Tiere unter den Bedingungen der Mensch-Tier-Interaktion im natürlichen Umfeld – trotz der Vielzahl an Tierexperimenten in der Psychologie – immer noch sehr gering. Einer systematischen Erforschung unter standardisierten Bedingungen stellen sich dieselben methodologischen Schwierigkeiten in den Weg, die auch für die Humanpsychologie und Psychotherapie gelten, und dazu eine ganze Reihe weiterer! Schließlich kann man Haustieren ja keine Fragebögen oder Persönlichkeitstests vorlegen.

Wie sich Aggressionen durch Fehlverhalten gefährlich aufschaukeln können, erlebte ich bei meinen Katzen. Durch hormonelle Schwankungen nach ihrer Sterilisation griff die Katze den gleichfalls kastrierten Kater, der ihr körperlich überlegen war und dem sie zuvor auswich, an. Ich beobachtete nur den Kampf selbst, machte den Kater als Übeltäter aus und strafte ihn, indem ich ihn am Nacken in ein anderes Zimmer trug und beschimpfte. Dies versetzte das Tier in Panik, und als Ergebnis griff der Kater nun mich an. Alles Zureden half nichts, das Tier zitterte am ganzen Körper vor Erregung, der Schaum trat ihm aus dem Maul: Mein sanftmütiger Kater hatte sich in ein wutschäumende Bestie verwandelt! Ich zog mich vorsichtshalber erst einmal zurück. Im Laufe der nächsten Wochen wurde mir die Aggressionsdynamik zwischen den beiden Tieren klarer. Fast jede Nacht wurde ich nun von wilden Kämpfen geweckt. Die Tiere verletzten sich und pinkelten sich gegenseitig an, um das ganze Ausmaß ihres Hasses aufeinander zum Ausdruck zu bringen. Eine Trennung mit einem

Wasserstrahl, wie dies in einem Lehrbuch empfohlen wird, ist in solchen Fällen nicht angezeigt; das würde die Aggressivität noch verstärken. Obwohl ich beide Tiere nun wortlos voneinander trennte und in verschiedene Zimmer sperrte, um durch Entzug von menschlicher Zuwendung eine Änderung des Verhaltens zu erwirken, dauerte es noch viele Monate konsequenter Verhaltenstherapie, bis sich die eingefahrenen Gewohnheiten und Ängste wieder lösten – und ich wieder ungestört schlafen konnte. Gleichzeitig baute ich das Selbstvertrauen des Katers auf, der auf dem besten Wege gewesen war, zum Frauenhasser zu werden. Inzwischen verstehen sich beide Tiere wieder so gut, daß sie sich sogar gegenseitig putzen.

Da Katzen im Gegensatz zu Hunden ihr Sozialverhalten nicht entlang der Logik einer Hierarchie gestalten, können sie leicht zu Despoten werden und je nach Laune Artgenossen tyrannisieren. Ein penetrantes Anstarren etwa, wenn sich die eine gerade zum Schlafen hingelegt hat, bedeutet: »Aufstehen! Ich will jetzt da sitzen«. Hier siegt – wie auch bei Menschen – derjenige, der die stärkeren Nerven hat.

Tierliebe auf Abwegen

Wer im Münchner Englischen Garten zu Fuß geht, hat mehrere Möglichkeiten, zu Schaden zu kommen: Es kann ihn der Blitz erschlagen; ein Jäger, der seine Kontaktlinsen vergessen hat und ihn mit einem greisen Bobtail verwechselt, bringt ihn, um seine Rehe zu schützen, vorsichtshalber zur Strecke; er könnte von einem Rennradler angefahren werden. Womit er jedoch nicht rechnet, ist, von einem übergewichtigen Schwan, der sich nicht mehr in der Luft zu halten vermag und daher auf seinem Kopf eine Notlandung unternimmt, aus dem Verkehr gezogen zu werden. Dieses Unfallrisiko hat seit der Erfindung der Plastiktüten um etliche Prozent zugenommen. Denn sobald die Tage etwas kühler werden, strömen Legionen von älteren und nicht ganz so alten Herrschaften mit Plastiktüten voll Brot- und Plätzchenresten zum See, um der darbenden Kreatur beim Überleben beizustehen. An sonnigen Tagen mästet sich das Federvieh mit den Brez'n- und Kuchenabfällen der Biergartenbesucher.

Schwäne, Gänse und Enten, dick und fett gefüttert, paddeln, des Fliegens kaum mehr mächtig, auf den herbstlich kälteren Fluten herum und tragen mit ihrer reichlich produzierten Losung zur weiteren Verschlickung des Sees bei. Navigationsprobleme mißachtend, prischt von Zeit zu Zeit ein wagemutiger Wasservogel hervor, um die Versorgungslage in den benachbarten Lokalitäten zu erkunden. An einem frühen Wintertag ist die Idylle allerdings dahin. Sämtliche Verkehrsprobleme werden aus dem Weg geschafft, einschließlich der von den Frührentnern selbstlos vorfinanzierten Masterfolge. Vergeblich die Wänste, die dem kommenden Wintereinbruch rund und zuversichtlich entgegenblickten; ihnen wird nunmehr der Garaus gemacht. Die Bayerische Schlösser- und Seenverwaltung schickt im Morgengrauen still und heimlich ihre besten Schützen in die Naturidylle und läßt die liebevoll hochgepäppelten Wasservögel erbarmungslos abschießen. Wenn gegen zehn Uhr die ersten Plastiktüten-Tanten und -Onkel auftauchen und sich fragen, wo ihre pummeligen Lieblinge, die ihnen doch sonst immer geschäftig entgegenwatschelten, heute denn bleiben, sind deren Kadaver längst weggeschafft; die Jäger haben ihre Brotzeit eingenommen und ruhen als Bierleichen unter dem chinesischen Turm. Und der See liegt da, ruhig und voller Frieden, und niemand sieht ihm mehr an, daß er Jahr für Jahr zum Schauplatz eines blutigen Tiermassakers wird.

Die Jägerzunft läßt unterdessen über ihr Amt für Öffentlichkeitsarbeit und Schießakzeptanz verbreiten, daß die undankbaren, von deutschen Steuergeldern fett gewordenen Vogelparasiten sich bei Nacht und Nebel zur Entschlackungskur in ihre ferne Heimat abgesetzt haben, wo ihnen ein rauherer Wind um den Schnabel pfeift und sie flugs erfahren, was sie an Bayerns Brotzeiten verloren haben. Spätestens im nächsten Frühjahr werden sich die Überlebenden untergewichtig wieder vor den Toren des gastfreundlichen Freistaates zusammenrotten, um mit großer Klappe Asyl zu beantragen. Als Luftwirtschaftsflüchtlinge werden sie sich wieder einnisten und den Deutschen auf der Tasche liegen. Was dem einen überfressene, fliegende Ratten, die das Ökosystem durch ihre Kotduschen belasten, sind dem anderen herzige Tierlein, welche der Stadt bei der Bewältigung des reichlich anfallenden Nahrungsmittelsabfalls zur Hand gehen. Aus Todesschützen werden Naturpfleger. Die tierlieben Einheimischen ficht all dies nicht an. Sie werden das mörderische Finale ignorieren und – voller Stolz darauf, ein gutes Werk zustande gebracht zu haben, wo sie doch aus anderen sozialen Bezügen längst herauskomplimentiert wurden – weiterhin ihre Brotrinden und Reste zusammentragen, um wenigstens jene noch Ungeliebteren vor dem langen, einsamen Winter zu bewahren.

Zoophilie, Zoolatrie – tiersüchtig?

Schauplatz der Handlung: eine mit Katzen übervölkerte Wohnung der »Katzenmutter von Paris«. Der Besucher fragt: »Und Sie behalten alle diese Tiere?« »Oh, wo denken Sie hin!«, antwortet die Katzenmama. »Die meisten töte ich. Sie bekommen eine kleine Spritze – es ist ganz schmerzlos...« »Es herrschte eine leise, kaum wahrnehmbare Atmosphäre von Verrücktheit im Raum. Es lag nicht daran, daß die Dame all diese kleinen, verhungerten und verkommenen Tiere aufbewahrte und pflegte, hätschelte und hie und da mit Zyankali behandelte – es lag einfach in der Luft. Hier war etwas nicht in Ordnung – draußen war die Straße, Leute, die ihren Geschäften nachgingen, und eine Religion, die dem Tier keine Seele zusprach... weit davon abgerückt, ver-rückt saß die Katzenmutter da und betreute ihre Tiere mit einer Liebe, deren Farbe ganz leicht nach Anilin roch. Bete für sie, heiliger Freud.«[15]

Kann Liebe zum Tier zur Vergötzung führen, gar tier-süchtig machen? Sollte denn der Argwohn der Menge stimmen und der Haustierhaltung eine geheim gehaltene Perversion zugrunde liegen? »Die genaue Natur dieser Vorurteile (der Heimtierhaltung gegenüber) ist von Mensch zu Mensch unterschiedlich, aber allen liegt eigentlich eine vage Ahnung zugrunde, daß es etwas Ungewöhnliches, Perverses oder Verschwenderisches ist, wenn man eine gefühlsmäßige Bindung zu Tieren an den Tag legt.«[16] Das Phänomen der übermäßigen Bindung, ja Vergötterung eines Tieres tritt nicht selten auf, wenn Tier wie Mensch die Lebensform der kombinierten »Einzelhaltung« pflegen. Besonders allein lebende Frauen sind in Gefahr, sich übermäßig auf das Tier zu fixieren. Gelegentlich landet dabei das Tier noch vor seinem Menschen auf der Couch. Diagnose: Bindungsneurose. Auf die psychologischen Risiken anklammernder Bindung habe ich ja bereits aufmerksam gemacht.

Gustave Flaubert schildert in seiner Erzählung »Ein schlichtes Herz« den Fall der frommen, von ihrem Liebhaber verlassenen und vereinsamten Magd Félicité, die einen Papagei von ihrer Herrin übernimmt und »Lulu« nun mit ihrer ganzen ungelebten Liebe überschüttet: »Sie hatten Zwiegespräche, er, indem er bis zum Überdruß die drei Sätze seines Repertoires wiederholte, und sie, indem sie durch zusammenhanglose Reden antwortete, in denen jedoch ihr Herz überfloß. In ihrer Vereinsamung war Lulu ihr fast ein Sohn, ein Liebhaber. Er kletterte an ihren Fingern, schnäbelte an ihren Lippen, klammerte sich an ihr Busentuch; und wenn sie ihre Stirn neigte und dabei wie die Ammen

187

mit dem Kopf wackelte, dann schlugen die großen Flügel der Haube mit den Flügeln des Vogels zusammen.« Lulu stirbt und Félicité läßt ihn ausstopfen. Für diesen ausgestopften, zerfallenden Papagei baut sie einen Altar, vor dem sie nun tagein, tagaus ihre Andacht verrichtet und zum geliebten Verstorbenen betet. Und noch in ihrer Todesstunde ist Lulu ihr Gott, und sie glaubt,»in dem geöffneten Himmel einen riesigen Papagei zu sehen, der über ihrem Haupt schwebte«.[17]

Zu pathogenen Bindungsmustern zählt die emotionale Abhängigkeit vom Tier. Darin dominiert das Tier den Menschen, oder vielmehr: Der Mensch gestaltet seine Beziehung zum Tier so, daß er sich von ihm dominieren läßt. Hier sei sogar das Kriterium der »Sucht« erfüllt, meint Ira Slotkin und trägt einige Charakteristika der Tier-Sucht zusammen: Der Tiersüchtige zeichnet sich durch zunehmenden Realitätsverlust aus. Er oder sie meint, ohne das Tier schlechterdings nicht mehr überleben zu können, und steht dabei unter dem chronischen Zwang, unentwegt Tiere zu adoptieren, zu retten, anderen wegzunehmen, da sie ihrer Sorgfaltspflicht dem Tier gegenüber nicht nachkämen. Dabei stößt der Tiersüchtige an die Grenzen seiner materiellen, finanziellen und psychischen Belastbarkeit. Die zwanghafte Komponente ist daran erkennbar, daß die Selbstachtung von der Zahl der Tiere, um die der Betreffende sich gerade kümmert, abhängt. Der »Tier-Süchtige« zeigt dabei die klassischen Symptome des Suchtverhaltens: Zwangshandlungen, Wiederholungs- und Verleugnungsstrategien, verringerte Sorge um das eigene Wohl und schließlich ein Burn-Out-Syndrom. Wie bei anderen Abhängigkeiten können Phasen des Entzugs, der Entgiftung und Erholung mit Rückfällen abwechseln.

Ermöglicht wird das Suchtverhalten durch »gesellschaftliche Fehlfunktionen«: die leichte Verfügbarkeit von Tieren und die Bereitschaft von Institutionen, Raum und Mitarbeiter für deren Versorgung bereitzustellen. Eine Verhaltensänderung ist schwierig, da der Süchtige immer wieder ein Tier finden kann, um »sich einen weiteren Schuß« zu setzen. Parallel zu den Beratungs- und Supervisionsangeboten im Bereich Heilberufe und Sozialarbeit, empfiehlt Slotkin, Grenzen zu setzen ohne Schuldgefühle. Ziel ist, sich nicht »ausbrennen« zu lassen durch das unermeßliche Tierleid. Nur so könne die psychische Gesundheit der aktiven Tierschützer gewährleistet werden.[18]

Diese Thesen sind zwar nicht neu und bereits in der Beschreibung des »Helfer-Syndroms« enthalten, auf die Tierschutzbewegung wurden sie in dieser Form allerdings noch nicht angewendet. Dabei treffen sie den Nagel auf den Kopf, betrachtet man einmal die auffällige Diskrepanz zwischen Überemotionalisierung, medienwirksam inszenierter, öffentlicher Hysterie angesichts der Rettung einzelner Tiere bei gleichzeitiger Abwehr und Lethargie gegenüber der Misere von Millionen von Nutz- und Schlachttieren oder der Ausrottungsmentalität, wie sie von ganzen Wirtschaftszweigen billigend in Kauf genommen wird (genannt sei nur die Fleisch- und Holzindustrie, die jeden Tag zur Vernichtung des Regenwaldes und seiner Tierarten führt). Dem Suchtverhalten einzelner steht daher die Verdrängungsleistung der Gesellschaft gegenüber.

Unter Tabu: Zoerastie, Bestialität und Sodomie

Etwas angestaubt wirken die Erkenntnisse des einzigen psychoanalytischen Aufsatzes über Tierliebe, der mir in die Hände fiel. Während sich noch keiner der Herren über das Phänomen Gedanken machte, daß viele Schöpfungsmythen und die christliche Marienlegende mit einer Schwängerung durch ein Tier verknüpft sind, wurde Tierliebe von der Psychoanalyse ausnahmslos in ihrer pathologischen Variante – einhergehend mit Sadismus, Fetischismus und weiteren polymorphen Perversionen des Sexualverhaltens – beschrieben. Tierliebe würde demnach bei besonders triebhaften und primitiven Naturen auftreten, weil sie sich zu Tieren aus folgenden Gründen hingezogen fühlen: Tiere exhibieren nicht nur ihre Sexualorgane und entleeren sich vor aller Augen, sondern sie geben sich auch schamlos in aller Öffentlichkeit ihren geschlechtlichen Freuden hin und kopulieren ausgiebig – ein Urteil, das auf viele Tierarten übrigens nicht zutrifft!
Richard Krafft-Ebing prägte den Begriff der Zoerastie. Damit beschrieb er die Impotenz des Mannes beim Verkehr mit Frauen, der sich jedoch lustvoll entladen kann, sobald er es mit einem Tier zu tun hat. Bestialität definierte er als »tiefstehende Moralität« und »grossen geschlechtlichen Drang bei erschwerter naturgemässer Befriedigung«. Als Beispiel nannte er einen Wiener »Hendl-Herrn«, der wegen seines zu klein geratenen Penis' gerade mal Hühner penetrieren konnte. Irgendwann schien dieser jedoch den Spaß daran verloren zu haben, denn er endete als Prostituierten-Mörder.[19] Die Verbindung von Sadismus und Bestialität findet sich zwar in Tausenden von Polizeiberichten und Gerichtsakten, zur Behandlung gelangt sie jedoch selten.

Immerhin wagte sich Ernest A. Rappaport im Jahre 1968 an die Fachwelt und präsentierte – in Anknüpfung an Freuds Fallgeschichte der Pferdephobie des »kleinen Hans« – Fallgeschichten, bei denen Männer die »Urszene« (Geschlechtsverkehr zwischen Vater und Mutter, den sie durch ein Schlüsselloch beobachteten), zwanghaft mit Tieren in Szene zu setzen versuchten. Neben der Urszene hielt die Kindheit dieser Zoerasten noch weitere Mißlichkeiten bereit, etwa sexuelle Überstimulierung durch die Eltern. In einem Fall hatte ein Vater den kleinen Jungen zunächst dazu angehalten, auf seinem Rücken zu reiten, warf ihn jedoch recht unsanft zu Boden, als er bei sich ebenso wie bei seinem Sohn eine Erektion spürte. Dieses Erlebnis agierte der Junge daraufhin mit Katzen und Kaninchen aus, die er am Ende seiner Manipulationen zu Boden warf oder zu Tode quälte, indem er ihnen den Schwanz, die Gliedmaßen und das Rückgrat brach. Später ging er dann zu Hengsten über, die er zur Ejakulation bringen wollte. Als er verheiratet war, konnte er nur mit seiner Frau verkehren, wenn er das Schlafzimmer verdunkelte und sich vorstellte, sie sei eine Stute und er der Hengst. Leider hat sich der Psychoanalytiker nicht über den Erfolg seiner sicherlich recht mühevollen Behandlung geäußert, gab jedoch zu, daß der Patient ihn in der Übertragungsreaktion zeitweise selbst als Hengst behandeln wollte – eine Rolle, die Rappaport vermutlich entschieden zurückwies. In einer anderen Fallgeschichte bestrafte der Vater den Hund seines Sohnes (beide, Hund und Sohn masturbierten öfter) indem er das Tier mit eigener Hand kastrierte. Der Sohn wurde später impotent und agierte seine sadistischen, homosexuellen Impulse an Tieren aus. Rappaport stellte fest, daß der rhythmische Blutstrahl beim Ausbluten eines Tieres von seinem Patienten dabei wie eine Ejakulation lustvoll erlebt wurde.[20]

Nach Alfred Kinseys Sexualreport aus den Jahren 1948 und 1953 praktizieren 8 Prozent der männlichen und 3,6 Prozent der weiblichen Bevölkerung Sodomie. Auf dem Land erhöht sich die Zahl auf immerhin 17 Prozent. Je nach Definition – Masturbation oder Penetration – berichteten bis zu 50 Prozent der auf dem Land lebenden Bevölkerung von sexuellen Erlebnissen mit Tieren. Angaben über die Zustände in europäischen Ställen und Tierhaushalten fehlen. Die Zahlen haben die Behörden offenbar so verschreckt, daß in den letzten Jahrzehnten keine weiteren Vorstöße in diese Tabuzone der menschlichen Sexualität gewagt wurden. Denn obwohl die Daten demnächst immerhin ein halbes Jahrhundert alt sind, werden sie in den Neuauflagen der Psychopathologie-Lehrbücher noch zitiert.

Angesichts zunehmender Gewaltbereitschaft und bei jährlich über 100.000 Vergewaltigungen von Frauen und 350.000 Fällen sexuellen Mißbrauchs von Kindern in Deutschland kann mit Fug und Recht vermutet werden, daß die Sodomie nicht nur ein völlig unentdecktes Forschungsgebiet ist, sondern daß es sich hier um ein weitaus verbreiteteres Phänomen mit einer hohen Dunkelziffer handelt. Interessanterweise wurde in den USA parallel zum Begriff »womanizer«, der den sexuellen Machtmißbrauch an abhängigen Frauen beschreibt, der Begriff »animalizer« geprägt. Dagegen werden sodomistische Handlungen in unseren Breitengraden nur als Anekdote registriert. Ein Landtierarzt berichtete mir, daß eine Frau im Verlauf von Ehestreitigkeiten ihren Mann anzeigte, weil er mit seiner Schäferhündin Sodomie treiben würde. Der Tierarzt sollte einen Scheidenabstrich vornehmen, die Frau nahm ihre Anzeige jedoch wieder zurück. Als mehrere Kühe eines Bauers wegen Mastdarmverletzungen krank wurden, vermutete selbiger Arzt, daß an ihnen mit einem Stock perverse Handlungen vorgenommen worden seien. Zu einer Anzeige kam es nicht.

»Es wird gebeten, die Augen zuzudrücken«: Absturz in die Theorie

Moderne Psychotherapeuten machen, im Gegensatz zur triebtheoretischen Gründergeneration, einen Unterschied zwischen Zärtlichkeit und Sexualität. Der Übergang kann zuweilen jedoch fließend sein. Über die Verbreitung der Sodomie, der Sexualität mit Tieren, kann nur spekuliert werden. Ebenfalls über das Ausmaß des Sadismus' bei diesen erotischen Interaktionen.
Im Gegensatz zum Kind, das bei vorsichtigen, durch Spieltherapie aufgelockerten Befragungstechniken die Art des Mißbrauchs in Worten oder Szenen widerzugeben vermag, wird dies beim Tier nie möglich sein. Verhaltensabnormitäten des Tieres spiegeln das Verschwiegene indessen wider, sofern nicht bereits medizinische Hinweise auf Mißhandlungen an den Sexualorganen und am Körper des Tieres vorliegen. Dennoch sollte zwischen Zoophilie, emotionalem Mißbrauch und den in den Fallgeschichten geschilderten krankhaften und sadistischen sexuellen Folterritualen eine Grenze gezogen werden.

191

Die Sprache ist reich an Begriffen, die auf der Gleichstellung des Tieres mit einem Sexualpartner beruhen und die verschiedenen Stadien der menschlichen Triebentwicklung widerspiegeln. Redewendungen rund um das Tier decken die seelischen Verwachsungen des Menschen auf: »Du dumme Kuh«, gemeint ist die nährende Mutter, die Milch gibt und weil sie sich nicht wehrt, dumm ist, »gemolken« werden kann. »Du Dreck-Schwein« weist auf Koprophilie, die Liebe zu den Ausscheidungen hin, in denen sich das überaus reinliche Schwein angeblich unentwegt wälzt. »Du geiler Bock«, die Ziege als Teufels- und Sexualsymbol; »Du dreckiger Köter«, die anale Lust-Angst vor den verbotenen Kot- und Uringerüchen der Artgenossen. Die Sexualität der Hündin ist verachtenswert, die »läufige Hündin« ein Schimpfwort, gleiches gilt für den »Hundesohn«. Der »alte Sack« ist – in der Tierwelt zumindest – des Sackes bereits verlustig gegangen, er ist ein «Hornochse» und damit kastriert und darf hemmungslos betrogen werden.

Die Katze kommt dabei immer noch am besten weg. Immerhin wird sie schon als Seelenwesen erkannt, da sie ja »falsch« und »heimtückisch« sein soll. Zugleich versinnbildlicht sie die befreite Sexualität der Frau: Sie rollt sich und wälzt sich und schert sich nicht um die pikierten Blicke der anderen. Und wenn dann ein Kater auftaucht, haut sie ihm zuerst einmal eine herunter.

Intimität zwischen Mensch und Tier rührt an Tabus und wird daher abgewehrt. Dabei war und ist sie Teil des Lebensalltags. Das Tier befriedigt unsere sinnlichen Bedürfnisse nach Hautkontakt. Streicheln und Gestreichelt-Werden, dies ergaben physiologische Messungen, entspannt den Körper und lindert Angst. Das Streicheln eines Tieres kann daher mit der Umarmung eines Menschen verglichen werden. Das Tier trägt zu einer beruhigenden Erotisierung des Alltags bei: Katzen beziehen nicht nur den Menschen, sondern auch den Raum und seine Gegenstände in ihre Zärtlichkeiten mit ein, sie hüllen die Ecken und Kanten des Lebens ebenso wie des Mobiliars mit ihren Schmeicheleien ein.

Wer sein Tier liebt, fällt durch. Nicht nur als Erwachsener, als Anstandsbürger, sondern sogar als Liebender. Michael Balints Hypothese, nicht primärer Narzißmus, sondern »primäre Liebe« kennzeichne die früheste Stufe der psychischen Entwicklung des Menschen, erklärt diesen Wunsch vieler Tierhalter, durch das Tier wieder Zugang zur Welt des liebenden und geliebten Kindes zu erlangen.[21] Der Psychoanalytiker Otto Fenichel dagegen meint, hier handele es sich nur um

»Vorstadien der Liebe«, um »narzißtische Liebesobjekte« und »Pseu-do-Kontakte«. Als »frigide und pseudo-hyperemotionale Persönlich-keiten« seien Menschen mit Ersatzkontakten nicht zu echten Bindungen an andere Menschen fähig. Sie seien verantwortungslos und nur auf ihre eigene Bedürfnisbefriedigung aus, und zwar unverzüglich, ohne Aufschub, ohne Wartezeit, ohne Kompromisse. Sie fordern, ohne Geben zu wollen. Da ein solches Verhalten im Alltag nicht so gut ankommt, richten sie sich eine Nische in ihrem Leben ein, in der sie ihre Phantasien hemmungslos ausleben können, »sofort immer alles haben zu wollen«.[22]

In einer Welt, in der uns von Kindesbeinen an beigebracht wird, zwischen »wert« und »unwert« zu unterscheiden und Gefühle als »Gefühlsduselei« abzutun, untermauerte so mancher Beitrag der Psychoanalyse, stolz als Theorie herausgeputzt, diese schon bestehende Neigung des Menschen, nicht nur die Gefühle der anderen, sondern auch seine eigenen abzuwehren und ins Lächerliche zu ziehen. Es ist erschreckend, wie manche Tierhalter ihre Gefühle dem Tier gegenüber beurteilen. »Heute kann ich nur noch darüber lachen, wie ich mich damals aufgeführt habe, als mein Hund überfahren wurde.« Regressionen sind lediglich »im Dienste des Ich«, d.h. zur Wiederherstellung des lädierten Arbeits- oder Vermehrungsverhaltens erlaubt. Und noch in der Freizeitgesellschaft mit ihrem reichhaltigen Sport- und Vergnügungsangebot holt den Menschen sein eigenes Leistungsdenken ein. Das Spielerische – ohne Ziel, ohne Ergebnis, ohne Absichten – kann kaum mehr ausgelebt werden. Alles muß nützlich, sinn-voll sein. Der Umgang mit dem Tier, sofern es kein Dienst-, kein Gebrauchstier ist, trägt daher das Risiko, Schuldgefühle zu erzeugen: Man will seine Zeit nicht mit einem Tier vergeuden.

Das Tier aber ist die verdichtete Behaglichkeit, Sinnbild des Mütterlichen und befreit von eigenen Hemmungen durch seinen naturhaften Umgang mit der Körperlichkeit. Die Liebe zum Tier durchzieht den Alltag mit beruhigender Zuwendung, die nicht an Altersstufen und Rollen und Aufgaben gebunden ist – eine artenübergreifende Fürsorglichkeit, in der nicht Lüsternheit, Tabubruch zum Ausdruck kommt, sondern ein Austausch von Liebe.

Beziehungsmodi und die Wahl des Tieres

Ergeben sich aus den skizzierten Persönlichkeitszügen und Beziehungs-stilen praktische Konsequenzen für die Tierhaltung oder die zukünftige Wahl des Haustieres? Wichtig ist, daß sich der Tierhalter fragt, welche Erwartungen er an ein Haustier stellt. Ist er auf Dauer bereit, liebgewor-dene Gewohnheiten zu modifizieren oder gar aufzugeben? Um diese Fragen zu beantworten, ist eine gute Portion Selbsterkenntnis und Ana-lyse der eigenen Wünsche und Bedürfnisse erforderlich.

Entscheidend für die Wahl der Tierart ist, ob die Interessenschwer-punkte eher im häuslichen oder im Freizeitbereich gesucht werden. Während der Lebensspanne eines Haustieres können sich allerdings erhebliche Änderungen ergeben.

Welche Aktivität wird im Umgang mit dem Tier gesucht? Welches Beziehungs-, welches Erziehungsangebot will der Mensch dem Tier gegenüber einbringen?

Hat der Tierhalter pädagogischen Ehrgeiz, erwartet er von seinem Tier, daß es leicht lernt, sich dressieren läßt? Übungen, die für ein Nagetier, einen Papagei oder einen Hund eine interessante Abwechslung dar-stellen, würden einer Katze bald auf die Nerven gehen.

Wünscht der Mensch ein Tier, das ihn als Rudelführer anerkennt oder ist er bereit, als Gleichgestellter von seinem Tier akzeptiert zu werden? Nimmt er gerne selbst die Zügel in die Hand oder gibt er sich schon damit zufrieden, nicht dominiert zu werden?

In welcher Sinnesmodalität, in welchen Verhaltensbereich will er vom Tier angesprochen werden, über welchen Sinneskanal mit ihm in Kon-takt treten?

Ist er ein »Haut-« und »Berührungstyp«, oder legt er Wert auf akusti-sche Reize? Oder beobachtet er gerne, ohne sich in das Tierleben, das hinter der Scheibe des Aquariums oder Terrariums stattfindet, einmi-schen zu wollen?

Will er ein »Streicheltier« mit langem Fell haben, das er täglich pflegen muß oder einen Kameraden, mit dem er durch Wald und Wiesen streifen kann?

Oder findet er Freude daran, Tiere in ihren Sozialverbänden zu beob-achten und ihre unterschiedlichen Persönlichkeiten aus der Ferne zu erkennen?

Wünscht er intellektuelle Aufgaben, indem er Papageien (aber bitte keine importierten!) unterrichtet, oder sucht er einen Kumpanen, der mit ihm durch dick und dünn geht?

Oder zieht er das mütterliche Beziehungsangebot der Katzen vor, deren Bindung an den Menschen Ähnlichkeiten mit jenen Verschmelzungszuständen hat, die er als Kind bei seiner Mutter fand? Und ist er bereit, die Ambivalenz auszuhalten, die eine »zu enge« Bindung an ein Tier auslösen kann? Die ausgeglichenere Kameraderie im Wesen des Hundes ist anders als der abrupte Wechsel von mütterlichem Versorgen zu Jagdattacken, der typisch für das Verhalten der Katze ist.

Obwohl sich die Grundbedürfnisse der Tiere und Menschen gleichen, werden bei den Beziehungsformen, die sich beim Zusammenleben mit den verschiedenen Tierarten ergeben, jeweils andere Schwerpunkte gesetzt. Neben der Tierart ist das individuelle Tier mit seinem Temperament, seinen Charakterzügen, seinem Verhalten und den spezifischen Lernerfahrungen bedeutsam. Ungeachtet aller Persönlichkeitsunterschiede wird im Tier die Möglichkeit gesucht, sich mit einem Geschöpf einer anderen Art zu identifizieren. Dies erweitert den Erlebnisraum und bereichert das Gefühlsleben des Menschen. Die Bindung an das Tier ist eine Beziehung von Wert, unabhängig von all den Alternativen, die Menschen Menschen bieten, und sie ist mehr als ein Ersatz, wenn der Mensch den Weg zu einer engen Gefühlsbeziehung zu Seinesgleichen nicht findet.

VII Das Tier im Labor

Wieviel Hybris, blinder Wissenschaftsglaube und Pseudowis-
senschaftlichkeit sich auch in ihrem wirklichen Handeln offen-
barte: Sie glaubten sich in vollkommenem Einklang mit der
Wissenschaft ihrer Zeit.

Robert Jay Lifton
Ärzte im Dritten Reich

Sie erblicken die Sonne nicht. Ihr kurzes, qualvolles Leben lang sind
sie in winzige Drahtboxen eingesperrt, die in hell gekachelten Abstell-
räumen stehen. Zugang erhalten zu diesen Räumen nur jene, die ihre
Magnetstreifenkarte durch einen Schlitz neben der Tür schieben und
den periodisch wechselnden Code eingeben. Wie im Tresorraum der
Bank ist das Labor elektronisch gesichert. Unbefugten ist der Zutritt
strengstens verboten. Bewaffnete Sicherheitskräfte patrollieren im Ge-
lände, wenn die Tierpfleger längst im Wochenendurlaub sind.

Ver-rückungen: Es war nur ein geringfügiger, kleiner Eingriff an der
Schleimhaut der Zunge des Syrischen Goldhamsters. Für das Tier ist
es der Mittelpunkt seiner Welterfahrung. Seine Kontaktorgane, Zähne
wie Geschmacksknospen, sind zu fremden Orten geworden. Sein Maul
ist eine wuchernde, aufgequollene, schmerzende Wunde. Wie ein Kne-
bel, der ihm jederzeit die Luft rauben kann, bestimmt sie nun sein
Leben. Für den »unerheblichen« Eingriff ist eine Beobachtungszeit
von 18 Tagen veranschlagt, dann werden die Tiere »schmerzlos« getötet. Daß während des Wochenendes mehrere Syrische Goldhamster
eingehen und unter Kot und Futterresten im Streu verwesen, kümmert
weder den Sicherheitsdienst noch die Putzkolonne. Die Bodenkacheln
sind einwandfrei sauber.

Im übernächsten Haus sind die Hunde untergebracht: Beagles, eigens
für Tierversuche gezüchtet. Sie gelten als anpassungsbereit und gutmütig. Die Hunde stehen in den Drahtboxen, die aus Platzgründen

mehrere Stockwerke übereinander gestapelt sind. Der Kot fällt nach unten durch und wird von den Versuchstierpflegern einmal täglich entfernt. Wenn die Hunde gegen den Draht urinieren, wird ihr Käfignachbar getroffen; hin und wieder beißt dieser sich wütend am Gitter fest, ohne jedoch den Übeltäter erreichen zu können. Die Käfige sind trist und leer. Spielmaterial fehlt. Als Folge des verkrüppelten Sozialverhaltens und der mangelnden Abwechslung zeigen viele Tiere autoaggressive Verhaltensweisen: Sie beißen sich Teile des Schwanzes und der Pfoten ab, lecken sich die Flanken wund, reißen sich das Fell aus. Verstümmelungen, die der Mensch noch überbieten wird. Die Tiere fristen ihr Dasein unter künstlichem Licht und einem automatisch eingestellten Belüftungssystem, das eine stickige Atmosphäre verbreitet. Der Geruchsraum, der sich den Hundenasen hier bietet, ist Teil ihrer Folter. Die Laute der Hunde sind heiser vom hoffnungslosen Gebell, auf das niemand mehr aufmerksam wird. Tagein, tagaus ein Schritt vor, eine Wendung an der Gitterfront, ein Schritt zurück – ein Leben, in dem die einzige Abwechslung aus den täglichen Untersuchungen, den Injektionen, den Operationen besteht. Aus der letzten Narkose werden sie nicht mehr erwachen. Während der Woche werden die Hunde, solange sie noch nicht im Tierversuch sind, von den Tierpflegern einmal täglich – sofern hoher Krankenstand oder Urlaub dies nicht vereitelt – unter strengen Auflagen, die verhindern sollen, daß sich ihr mikrobiologischer Status verändert und sie für den Versuch unbrauchbar werden, in einen größeren überdachten Raum gebracht, wo sie einige Runden drehen dürfen. Während des Auslaufs kann man das Bellen der deprivierten Tiere mit ihren hysterischen, sich überschlagenden Stimmen sogar noch bis in die Kantine hören, die weiter entfernt, im Zentrum des Institutsgeländes liegt. Das Versuchslabor gehört zu den Vorzeigeeinrichtungen der deutschen biomedizinischen Forschung, von denen es allein in München an die 100 gibt. Den Hunden, Ratten, Hamstern, Kaninchen, Meerschweinchen und Affen fehle es an nichts, verlautbart die Institutsleitung. Nach Geschlechtern getrennt, werden die Nager in Gruppen von fünf bis sechs Tieren gehalten, das Futter aus den Fütterungsautomaten ist ausgewogen, die Tränken werden regelmäßig mit frischem Wasser aufgefüllt. Sitzgitter und Kotblech werden wöchentlich gewechselt. Treten Machtkämpfe auf, werden die Gruppen aufgelöst und die Tiere einzeln gehalten. Die ärztliche Überwachung ist passabel. Der Tierschutzbeauftragte weist nicht ohne Stolz darauf hin, daß sich die Tierpfleger unter hohem persönlichen Einsatz um die Tiere kümmern.

Auf jedes, unter solchen »optimalen Bedingungen« gehaltenes Tier kommen Hunderttausende, die hierzulande oder im Ausland in düsteren Verschlägen oder verrosteten Käfigen dahinvegetieren, nur unregelmäßig mit Nahrung und Wasser versorgt, ohne jegliche postoperative Schmerzstillung, unter Wundinfektionen und Deprivation wahnsinnig vor Angst und Schmerzen. Schließlich werden sie mit stümperhaft-brutalen Methoden erschlagen und, nicht mehr lebendig, noch nicht tot, mit anderen Leidensgenossen in den Müllsack für biologische Abfälle gesteckt, um dort, in Blut, Kot, Urin, unter all den anderen mit Krankheitskeimen infizierten, aufgeschnittenen und sterbenden Tieren zu ersticken. Mit Lizenz und unter Aufsicht des Staates bieten Versuchstierzüchter in ihren Katalogen »voroperierte Tiere« an, die in der Handhabung für Wissenschaftler bequemer sind und für die Betreuer eine geringere emotionale Belastung darstellen: Stimmbänder oder Augen sind bereits zerstört. Im Morgengrauen wird dann der Nachschub für die Universitätsinstitute angeliefert. Viele Tiere kommen noch immer aus dubiosen Quellen und sind nicht eigens für Tierversuche gezüchtet, sondern wurden illegal beschafft, stammen aus dem Pool entlaufener oder entführter Haustiere oder wurden aus den Ländern des ehemaligen Ostblocks importiert.

Schmerzlos töten: Vom Nutztier zum Tiermodell

Bekämpft und verteidigt: der Tierversuch. Am Tier wird getan, was am Menschen noch nicht getan werden darf. Mit Ausnahme der Grundlagenforschung, die keine klinische Umsetzbarkeit vorsieht, ist es das Ziel der Tierversuche, die am Tier erprobte Substanz, das getestete Medikament, das neue Operationsverfahren, die neue Untersuchungsmethode, das neue Gerät, das neue Hilfsmittel, die Prothese, den Zahnersatz, kurzum: alles, was neu erforscht und erfunden wird, später ausschließlich am Menschen anzuwenden. Menschenversuche gehören aus diesem Grund nach wie vor zur Wirklichkeit, auch wenn in vernebelnden Debatten von Tierversuchsbefürwortern so getan wird, als sei es bereits ein Zeichen niederer Gesinnung, diesen Tatbestand ins Gedächtnis zu rufen. Das Versuchs-Tier wird als wesentlicher Bestandteil des medizinischen Fortschritts und des Wohlergehens der Menschheit dargestellt. Jährlich werden schätzungsweise 200 Millionen Versuchstiere in den Laboratorien getötet. Die Geschichte der Irrtümer, die als Folge der Übertragung von in Tierversuchen erzielen Ergebnissen auf den Menschen entstanden, wird großzügig außer acht gelassen.

Jeder Mensch steht auf einer Pyramide von Tierleichen. Das Tier wird gehäutet und seziert, injiziert und amputiert und in ungewöhnlicher Kombination experimentell wieder zusammengenäht. Selbstverständlichkeiten, wie das Anbieten von »Futter und Wasser in ausreichendem Umfang«, werden zum Gegenstand behördlich empfohlener Mindestanforderungen. Vorzeichen unendlich: Hunderttausende von Fragestellungen über Substanzen und deren Kombinationen, Genfragmente und deren Funktionen, einzeln und in beliebigen Verbindungen, warten noch darauf, von erfindungsreichen Wissenschaftlern gestellt zu werden. Die Natur und ihre Veränderungsmöglichkeiten sind grenzenlos. Und am Ende der Kette, die im Reagenzglas, in-vitro, begann, stets das einzelne, zum Leben geborene, stattdessen namenlos zur in-vivo-Inspektion verbrauchte Tier. Das Tier wird zum Medium, dessen »Variabilität auf ein Minimum reduziert« wird. Alles Individuelle seiner Existenz muß vom Untersucher eliminiert werden, andernfalls könnte es die Ergebnisse kontaminieren. Das Tier wird zum Tiermodell, an dem Krankheiten des Menschen simuliert werden; als Klon wird es mit identischem Genmaterial ausgestattet, wird optimales statistisches Modell.

»Jedes Tier«, heißt es in Artikel 5 des Europäischen Übereinkommens vom 18. März 1986 zum Schutz der für Versuche und andere wissenschaftliche Zwecke verwendeten Wirbeltiere, »das in einem Verfahren verwendet wird oder zur Verwendung in einem Verfahren bestimmt ist, muß in einer seiner Gesundheit und seinem Wohlbefinden entsprechenden Weise unter geeigneten Umweltbedingungen und unter Wahrung von zumindest einer gewissen Bewegungsfreiheit untergebracht werden und entsprechend Futter, Wasser und Pflege erhalten. Die Möglichkeiten eines Tieres, seine physiologischen und ethologischen Bedürfnisse zu befriedigen, dürfen nicht mehr als nötig eingeschränkt werden.«[1] Mit seinen auslegbaren Formulierungen wie »zumindest«, »nicht mehr als nötig« oder »gewissen« wird ein Unterlaufen dieser Bestimmung geradezu suggeriert. Das hindert bestimmte Institute jedoch nicht daran, sich bei jeder Gelegenheit damit zu brüsten, jeder Qualitätskontrolle der Tierhaltung zu genügen und sich sogar freiwillig den internationalen Anforderungen für Labortierhaltung zu unterstellen. Die hier demonstrierte Selbstgerechtigkeit wird in ihrem Kontext verständlich, unter Anbetracht jener Tatsache nämlich, daß es den Versuchstieren in anderen Forschungseinrichtungen noch schlechter ergeht, ganz zu schweigen von den Staaten des ehemaligen Ostblocks, einem Dorado für Tierversuchsvorhaben.

Der Biorhythmus der nachtaktiven Nager wird durch künstliches Licht an die Arbeitszeit der Untersucher angepaßt. Größe und Höhe der übereinander gestapelten Käfige richten sich nach dem für die Tierart bestimmten Standardgewicht der Tiere. Für Kaninchen wird ein »Lebensraum« von 3600 cm^2 und eine Mindestkäfighöhe von 400 mm vorgeschrieben. Daß die Tiere sich aus der hockenden Position einmal aufrichten möchten, ist nicht vorgesehen. Affen von 5 bis 7 kg Körpergewicht wird eine Grundfläche von 0,5 m^2 und eine »Lebensraumhöhe« von 0,7 m zugestanden. Da inzwischen zumindest einige Schweizer Zoologen zugeben, daß eine solche Minizelle das Tier seiner Bewegungsmöglichkeiten beraubt und wohl schwerlich einer »artgerechten« Haltung entspricht, schlagen sie eine Erweiterung des Lebensraums um einige Zentimeter vor, was jedoch unter den deutschen Forschungsinstituten zu einem Proteststurm geführt hat. Denn jenes Geld, das in die Modernisierung und Vergrößerung der Käfige investiert wird, geht den Wissenschaftlern von ihrem Forschungsbudget ab.

Die Mindestkäfighöhe wird unterschritten, die Käfige sind überbelegt. Allein durch die technischen Mängel der Versuchstiereinrichtungen hinsichtlich Belüftung und Futter und durch mangelhafte veterinärmedizinische Versorgung seitens angelernter, unterqualifizierter und überforderter Tierpfleger kommt es bereits im Vorfeld der Experimente zu hohen Tierverlusten, die durch »buchhalterische Fehlleistungen« sodann stillschweigend aus den Tierbestandsbüchern eliminiert werden.[2] Eine Tierschützerin schrieb in einem Leserbrief: »Niemand drang vor 1984 hinter die meist fensterlosen, dicken Mauern der Tierversuchs-Anstalten der Uni-Kliniken. Wir waren wohl die ersten Außenstehenden, die dorthin gelangten. Was wir vorfanden, übertraf allerdings alles, was wir uns versucht hatten vorzustellen: Ratten, die so aneinander- und aufeinandergepfercht waren, daß sie sich noch nicht einmal aufzurichten vermochten. Tote Tiere lagen neben den lebenden (Uni-Klinik Kiel). Katzen mit ausgebrochenen Zähnen und Vergiftungen der inneren Organe (Uni-Klinik Hamburg-Eppendorf). Auf bloßem Zement liegende, zum Teil querschnittsgelähmte Katzen und abgemagerte, auf nacktem Boden liegende Hunde, die in ihren eigenen Exkrementen standen und denen das Fell büschelweise ausging, als wir sie anfaßten. Einige von ihnen mußten in die Autos getragen werden, weil sie nicht in der Lage waren, selbst zu laufen (Uni-Klinik Göttingen). Ganz offensichtlich gestohlene Rassehunde wie Afghanen, Boxer, Bernhardiner und Schäferhunde (Uni-Klinik Münster). Das Schlimmste allerdings erwartete uns in einem fensterlosen Raum, in dem uns aus engen Käfigen, in denen sie durch Knopfdruck an die Gitter gepreßt und unbeweglich gemacht werden konnten, verängstigte Affengesichter entgegensahen. Ihre Körper waren übersät mit großen roten Narben. Im Kopf einiger Affen befanden sich Elektroden (Max-Planck-Institut Münster). In den Abfallbehältern und Tiefkühltruhen der Institute fanden wir ganz und halb tote Tiere.«[3]

Daß Mißstände zwischenzeitlich nicht nur von Tierschützern, sondern auch von engagierten Tierschutzbeauftragten und Amtstierärzten offen angesprochen werden, ist ein Zeichen für einen langsam eintretenden Bewußtseinswandel einiger weniger. Doch dies ist lediglich der vielbemühte »Tropfen auf den heißen Stein«. Erst wenn die Wissenschaftler ihr Handeln an einer grundlegend anderen Ethik der Mensch-Tier-Beziehung orientieren, werden solche Bemühungen mehr sein als nur Kosmetik und Alibi, um das eigene schlechte Gewissen ruhigzustellen.

Tierexperiment, Menschenversuch und Völkermord: Stadien einer destruktiven Entwicklung

Tierschutz und Menschenschutz schließen sich nicht gegenseitig aus. Im Gegenteil: Der Tierversuch ersetzt nicht, wie vielfach behauptet wird, den Menschenversuch, sondern senkt die Schwelle dafür, auch Menschen nur als biologisches Material zu betrachten.

Während das Tier im Alltag der Städte ein zeitlich begrenztes Luxusleben führt, mehr oder minder an den Menschen gebunden ist und daher seine keineswegs immer artgerechte Haltung leidlich gut übersteht, fristen wenige Kilometer entfernt, in den Außenbezirken der Städte, in dunklen Ställen oder unter Kunstlicht Hunderttausende von Nutztieren ihr erbärmliches Leben. Wer im Sommer durch das Voralpenlandes streift, mag sich darüber wundern, nur Rinder und Kälber auf den Weiden anzutreffen. Ist der weibliche Teil des Hornviehs etwa ausgestorben? Das Rätsel ist bald gelöst. Nähert man sich den Stallanlagen, hört man aus dem dumpfen, stickigen Innern das Stöhnen der hier angeketten Kühe. Als Milchproduzentinnen werden sie zur Arbeitserleichterung der Bauern in den Ställen belassen, damit ihre Euter dort zweimal täglich mit elektrischen Saugmaschinen entleert werden können. Sonne erblicken diese glücklosen Tiere längst nicht mehr. Ihnen bleibt – anders als es die Werbung vorgaukelt – verwehrt, im Sommerregen an würzigen Almgräsern zu zupfen. Sie bleiben im Dunkel bis sie zur letzten Reise auf den Viehtransporter getrieben werden, zum Bolzen des Schlächters. Schweinen und Hühnern in ihren Mast- bzw. Legefabriken ergeht es nicht besser. Zeit ist Geld, und eine artgerechte Tierhaltung ist ein Kostenfaktor, an dem gespart werden kann. Jeder Zentimeter zusätzlicher Bewegungsraum mindert den Profit. Daß diese Zustände immer noch die Regel sind, daß aller Protest der Tierschützer und der ökologisch-bewußten Landwirte und Tierzüchter nicht fruchtete, weist jenseits der Festreden über das »Mitgeschöpf Tier« auf die Wirklichkeit dieser Gesellschaft hin.

Nach dem Jagdtier, Schlachtroß, Minenpferd der Übergang zum Nutztier, das keinen Namen mehr trägt. Das Tier, das nicht den Pflug zieht, Lasten trägt, für den Menschen mit Krankheitskeimen infiziert wird und stirbt, bleibt wild und feindselig. Unter den Tieren wählen die Menschen nur wenige aus, die sie zum Träger ihrer Gefühle befördern. Doch hinter jedem verhätschelten Heimtier stehen Millionen andere, um deren Schicksal sich niemand kümmert – es sei denn unter dem Blickwinkel der Produktivitätssteigerung. Ein Tier, das nicht im Dienst des Menschen steht, sich nicht als Schlacht- oder Heimtier nützlich macht, wird verfolgt. Getrieben von einer beispiellosen Ausrottungsmentalität werden die Wölfe in Alaska ebenso »ausgemerzt« wie die Wildpferde in Australien. Was sich der Kontrolle entzieht oder den eigenen Profit mindert, will man unschädlich machen. Die globale Vernichtungspraxis, das Artensterben, die Zerstückelung des Lebendigen im Labor sind Teil des destruktiven, seiner eigenen Lebendigkeit entfremdeten Bewußtseins. Wegbereitend für dieses wie selbstverständliche Benutzen des zum Automatenteil, zum Bioreaktor erklärten Tieres war ein Ver-rücken der ethischen Normen.

Immanuel Kant (1724 – 1804) betrachtete die Achtung des Tierlebens gleichsam als eine pädagogische Trockenübung für den Menschen. Den Tieren gegenüber, meinte Kant, hätten die Menschen keine direkten Pflichten. Da Tiere nicht selbst-bewußt seien, seien sie lediglich Mittel zum Zweck. Ihren Zweck könne der Mensch festlegen, ihn an seinen eigenen Zielsetzungen orientieren. Wenn ein Mann zum Beispiel seinen Hund erschießt, weil er ihm wegen Krankheit oder Gebrechlichkeit nicht mehr dienen kann, so scheitere der Mann nicht in seiner Pflicht dem Hund gegenüber, denn der Hund besitze ja kein Urteilsvermögen, sondern der Mensch scheitere vielmehr sich selbst gegenüber. Durch seine Handlungsweise beschädige er seine eigene Menschlichkeit und jene Normen, die er anderen Menschen gegenüber einzuhalten verpflichtet sei. Grausamkeit Tieren gegenüber sei lediglich deswegen abzulehnen, weil sie die Schwelle für Grausamkeiten Menschen gegenüber herabsetze und eine Gefühlsverrohung des Menschen begünstige. Die Forderung des Philosophen und Tierliebhabers Arthur Schopenhauer (1788 – 1860), dem Tier nicht Mitleid und Erbarmen, sondern vielmehr Gerechtigkeit entgegenzubringen, blieb bis zum heutigen Tage unerfüllt.

Ethik dem Tier gegenüber wird statt dessen zum Luxus erklärt, den man nach Belieben ausleben kann. Sie ist nicht Pflicht, sondern Sentimentalität. Eine Stufenethik entsteht, die zwischen den Arten und Rassen unterscheidet, eine Ethik der »Sachzwänge« und »Not der Stunde«. Nicht nur »Notfallmaßnahmen« erlauben, alle zuvor festgelegten Vertragsgrundlagen zwischen Mensch und Tier außer Kraft zu setzen, alle Skrupel über Bord zu werfen. Wir leben eine Ethik der »Unverzichtbarkeiten« und der »Unerläßlichkeiten«, die unter Bedingungen wirksam ist, die beliebig ausgesetzt und aufgehoben werden können. Zuvor universell gültige Gebote und Bestimmungen werden als flexibel erklärt und an die wechselnde Prioritäten- und Interessenlage der Menschen angepaßt.

In dieser auch im Tierschutzgesetz von 1986 verankerten Logik kommt eine doppelte Botschaft zum Ausdruck: ein »Ja« zum Tierschutz, sofern er nicht die Interessen von Menschen tangiert. Damit ergibt sich ein Hin- und Herpendeln zwischen Sentimentalität und Indifferenz – eine grandiose Anpassungsleistung an eine Gesellschaft, die sich ethisch nicht mehr in die Pflicht nehmen lassen will und hinter vermeintlicher Liberalität (hier: Forschungsfreiheit) ihr zutiefst inhumanes Gesicht verbirgt. Die zeitgemäß flexible Handhabung des Tierschutzgedankens wirkt wie eine eingebaute Automatik, mit der sich Gesetzgeber und Behörden jederzeit selbst den Boden unter den Füßen wegziehen können. Aus der Verpflichtung, die Verordnungen zum Schutz von Labor- und Nutztieren durchzusetzen, kann sich jeder jederzeit problemlos herauswinden.

Die höhere Empfindsamkeit für Struppi oder Waldi paart sich mit eleganter Begründungsakrobatik, sobald es um Millionen von Versuchstieren geht und Ärzte und Wissenschaftler-Lobby auf ihre Unverzichtbarkeitsdoktrin pochen. Mit der Aufweichung der ethischen Normen begann eine Entwicklung, deren einstweiliger Höhepunkt die industrielle Vernichtung von Menschenleben ist. Denn was am Tier eingeübt wurde, kann am Menschen perfektioniert werden. Dies bezieht sich nicht nur auf die von den Wissenschaftlern postulierte »Übertragbarkeit« der an Tieren ermittelten physiologischen Parameter auf den Menschen, sondern zugleich auf die Technologie und Psychologie der Vernichtung des Lebens selbst. Daß letzteres von den heute mit Tieren experimentierenden Wissenschaftler nicht bewußt intendiert wird, ändert nichts an der Möglichkeit, die Vernichtungstechnologie jederzeit auf den Menschen zu erweitern. Daß das Bewußtsein, das solches gebar, immer noch fruchtbar ist, kann aus den unvermindert virulenten Abwehrkonstellationen erschlossen werden, die zugleich psychologische Vorbedingungen von Holocaust und Genozid darstellen.

Da Tiere nur begrenzt belastbar sind, werden sie zu Automaten erklärt, bevor sie von Automaten abgelöst werden. Das Bewußtsein übt sich weiterhin im Wegsehen, im Trennen zwischen Pflicht und Neigung, Vernunft und Gefühl. Die systematische Vernichtung von Leben feiert hier ihre Premiere: auf den Seziertischen, in lichtlosen Kellern, in den blutverschmierten Käfigen der bei lebendigem Leib verstümmelten Tiere, deren Geheul unerhört bleibt. Vivisektion. Der Mangel an Mit-Gefühl führt direkt ins Verderben. Die Sachlichkeit der Wissenschaftler und Militärs zielt, nach Auschwitz und Babi Jar, unverändert auf Gaskammern zur industriellen Menschenvernichtung. Sie ist das Kainsmal der Geschichte. Hans Wollschläger nennt dies zu Recht das »Potential Mengele«. Es ist noch immer ungebrochen.

So wie man Tieren mit großer Selbstverständlichkeit alles nimmt, was zu ihnen gehört: ihre Hörner, ihr Fell, ihr Plasma und ihre Organe, ihre Haut, ihr Fleisch, ihr Leben, ebenso das ungeborene, ohne das Recht des Tieres auf sein eigenes Leben, auf Körpersphäre, auf Lebensraum auch nur zu reflektieren, ebenso nahmen und nehmen selbsternannte Herrenmenschen alles von jenen, die sie zu Untermenschen erklären. Tiere sind beliebig verwendbar. Zur Hetzjagd, wie zur Sportfischerei, zu Wett- und Schaukämpfen. Sie können zu Tode gepeitscht, stellvertretend getötet, gedopt, ertränkt und gentechnologisch manipuliert werden. Niemand fragt mehr, unter welchen Qualen eine »Turbo-Kuh« zur Steigerung ihrer Milchleistung gebracht wird, wie ein Huhn in einer Legebatterie lebt, wie die Organernte bei transgenen, zu Transplantationszwecken gezüchteten Schweinen oder die Dressurleistung der gemischten Raubtiernummer im Zirkus erreicht wurde. Im Laboratorium bleibt das Tier amorphe Masse. Es trägt keinen Namen. Nur durch die Spaltung in verhätscheltes Haus-Tier und brauchbares Versuchs-Tier, das lediglich »Biomaterial« ist, gelingt diese Beugung der Moralvorstellungen, durch die tierisches Leben aus dem allgemeinen Gebot des Lebensschutzes herausgenommen werden kann. Mensch und Tier befinden sich jedoch an verschiedenen Positionen eines Kontinuums. Dies gilt nicht nur für ihre psychischen und emotionalen Eigenschaften, sondern auch auf der sozialpsychologischen Ebene. Das Ausmaß an Verleugnung, das wir dem Leiden des Tieres gegenüber aufzubringen bereit sind, kann ebensogut dem Leiden des Menschen gegenüber eingesetzt werden. Gefühlsroheit und Abstumpfung, Gleichgültigkeit und Wirklichkeitsverkennung versus Rücksichtnahme und Einfühlungsfähigkeit für diese anderen, nicht in der Sprache der Menschen kommunizierenden Lebewesen stellen das Fundament unseres Verhaltens dem Menschen gegenüber dar.

Ramponiertes Image: Der Versuchstierpfleger

Engagierte Fachtierpfleger, die dem einstigen negativen Berufsbild nicht länger entsprechen wollen und mehr Mitbestimmungsrecht bei der Gestaltung der Tierversuche fordern, um ihr Wissen über die Durchführbarkeit des Experiments an der jeweiligen Tierart einzubringen, stoßen bald an ihre Grenzen. Sie müssen erkennen, daß viele Institute nicht an Fachkräften interessiert sind. »Angelernte Pflegekräfte sind erstens billiger und zweitens angenehmer in der Handhabung... Sie machen sich über ihr Tun keine großen Gedanken.«[4] Hohe Fluktuation und die Neigung zum Alkoholmißbrauch zeigen, wie belastend die Arbeit im Tierlabor ist, zu der ja nicht nur die Versorgung der operierten Tiere, sondern auch die Tötung des Tieres gehört. Nager werden durch »zervikale Dislokation«, also durch Strecken des Körpers mit Genickbruch getötet oder durch Dekapitation: Der Kopf des Tieres wird mittels einer Mini-Guillotine abgeschnitten. Verbreitet sind »Tötungskammern«, in denen die Tiere durch Kohlendioxid sterben. Bei Kaninchen wird meist ein »Betäubungsschlag mit anschließendem Entbluten« angewendet. Zu den Methoden, die sogar von ungeübtem Personal ausgeführt werden, gehört das Töten mit Äther und die Injektion von Barbituraten.

Um das Leiden der Versuchstiere gering zu halten, muß der Tierpfleger erkennen, wann das Tier Schmerzen hat. Da sich das Tier in einem künstlichen Lebensraum befindet, kann sich sein natürliches Verhalten nicht entfalten. Zudem ist das Labortier nicht an den Menschen gebunden; kaum ein Pfleger wird sich je um ein Tier als Individuum kümmern können und erkennen, wann es von seinem Normalverhalten abweicht. Die persönliche Distanz zwischen Pfleger und Tier ist psychologisch gesehen vor allem eine Strategie des Selbstschutzes. Ein an das Tier gebundener Pfleger wird leiden, wenn das Tier in den Versuch genommen wird, sich nach stereotaktischen Eingriffen im Käfig unermüdlich dreht und dreht und nach zahllosen quälenden Eingriffen von ihm getötet werden muß. Ein Tierpfleger, der sich dem Risiko einer Bindung aussetzt, wird seinen Beruf vermutlich bald wechseln. Der Versuchstierpfleger wird daher versuchen, seine Einfühlungsfähigkeit abzuwehren und Trauer nicht zuzulassen. Dies hindert ihn jedoch nicht daran, seine Arbeit zu rechtfertigen mit dem Hinweis, er trage indirekt ja zum »realistischen« Tierschutz bei, da er helfe, Versuche an anderen Tieren einzusparen, die notwendig wären, wenn durch schlampige Versuchsdurchführung und unpräzise Dokumentation eine Wiederholung des Versuchs und damit eine Verdopplung der verbrauchten Tierzahl notwendig wäre. Hier wird eine Spaltung erkennbar zwischen dem Idealbild, zum Schutz der Labortiere beizutragen, und der Wirklichkeit, genau in jenem Arbeitsbereich tätig zu sein, der von Tierschützern als tierfeindlich angeprangert wird.

Die Verteidigung eines Ideals, das sich weit von der Berufswirklichkeit entfernt hat, ist eine Methode, das eigene Selbstwertgefühl zu stabilisieren und die berufliche Identität, die durch ihr prekäres Image chronisch unter Druck steht, zu sichern. Die Verdrängung der Individualität des Tieres steht hier im Dienste der seelischen Gesundheit und ist Vorbedingung dafür, überhaupt im Labor arbeiten zu können. Erst bei massiven körperlichen Symptomen wird das Leiden des Labortiers überhaupt wahrgenommen und dokumentiert: gekrümmter Rücken, Zittern, Lethargie, Nahrungsverweigerung, eine blutige Schnauze, Krämpfe. Rotationsbewegungen, ein gestörter Gleichgewichtssinn, Schnappatmung, Rücken- oder Bauchlage, blutiger und schleimiger Kot, eingefallene Flanken und Haarausfall gelten lediglich als »Beeinträchtigungen«. Subtile Verhaltensänderungen werden gar nicht erst wahrgenommen. Äußerungen von Mißbefinden, Furcht und Panik werden fehlgedeutet. Das Schreien und Zappeln des Syrischen Goldhamsters, der mit seiner »Rückenhautkammer«, die die Mikrozirkulation dokumentierte, in einer Plexiglasröhre fixiert wurde, veranlaßte den beteiligten Wissenschaftler zum Kommentar, hier handele es sich um ein zum artgemäßen Verhaltensrepertoire gehörendes Kriechen in einen Tunnel. Der entscheidende Unterschied, daß der Aufenthalt im Tunnel hier unter Zwang und mit massiver Behinderung durch einen Gleichgewicht und Mobilität erheblich einschränkenden, Schmerzen verursachenden Fremdkörper geschah, der sich über die gesamte Rückenfläche des Tieres ausbreitete, wurde einfach geleugnet. Diese Wahrnehmungsabwehr, die sich bis zum völligen Verkennen der Wirklichkeit steigern kann, begegnet dem Beobachter von Tierversuchen auf Schritt und Tritt.

Psychogramm eines Experimentators

Vollkommene Abwehr. Das Erschütternde ist die stillschweigende Kollaboration der Experten, jener exzellent ausgebildeten Wissenschaftler, denen die Einsicht für die erbärmlichen Haltungsbedingungen ihrer Versuchstiere fehlt. Diese Experten, deren einziges Interesse die reibungslose Durchführung ihrer eigenen Forschungsinteressen ist, müssen sogar von den Behörden, denen gewiß kein Übereifer im Engagement für den Tierschutz nachgesagt werden kann, mühsam und oft nur unter Androhung »terminaler Konsequenzen für die Tierhaltung« zur Verbesserung der Haltungsbedingungen ihrer Versuchstiere angehalten werden.

»Der Stärkere«, meinte Friedrich Nietzsche, »muß nicht der Bessere sein«. Doch der Stärkere, kann man hinzufügen, setzt sich mit seinen Begründungen, die er als die »besten« und »richtigen« tituliert, durch. Das, was sich durchsetzt, sei es ein Verhalten, sei es eine Theorie, gilt nicht nur als legitim, sondern zugleich als Fortschritt, als der Ort, wohin alle gehen wollen, und den die Gesellschaft, den Experten sei Dank, mit voller Kraft anstrebt. Dies trifft für den medizinisch-industriellen Komplex mehr zu als für andere, die es, unter anderer Flagge, eher in den Nischen der Gesellschaft umtreibt. Einige Menschen, meinte George Bernard Shaw, sehen die Welt so wie sie ist und fragen: »Warum?«, er jedoch ziehe es vor, sich die Welt vorzustellen, wie sie sein könnte, und zu fragen: »Warum nicht?«

Es ist davon abzuraten, Tierexperimentatoren pauschal sadistische Impulse zu unterstellen, Wissenschaftler als von Ehrgeiz und Machtstreben verblendete Ungeheuer darzustellen und Tierlaboratorien in eine Reihe mit den Gaskammern der Nationalsozialisten zu stellen. Diese Dämonisierung des Tierexperimentatoren schadet den Intentionen des Tierschutzes. Es kann jedoch andererseits nicht geleugnet werden, daß dieses Arbeitsfeld für die Beteiligten mit erheblichen emotionalen Belastungen einhergeht und sie nicht nur unter chronischen Selbstrechtfertigungsdruck geraten, sobald sie sich offen über ihre Arbeit äußern, sondern ihnen darüber hinaus Lagerdenken und »Gut«-versus »Böse«-Zuschreibungen aufnötigt. Um eine solche Arbeitssituation freiwillig auf sich zu nehmen und die nachfolgenden Belastungen zu bewältigen, sind spezifische Persönlichkeitsmerkmale und Abwehrkonstellationen von Nutzen. Die Arbeit in Tierversuchseinrichtungen erfordert eine spezifische psychische Abwehrstruktur. Geht sie in die Brüche, sucht sich der Betreffende über kurz oder lang einen anderen Arbeitsbereich.

Eine Reihe von Experimentatoren leben im Bewußtsein, daß ihnen eine historische Aufgabe, ja Mission aufgetragen sei, die sie – Widerstände mißachtend – zu erfüllen haben. Ausgeprägte Abenteuerlust und der Pioniergeist, die sich gerade bei Forschern, die in expandierenden Bereichen der Wissenschaften arbeiten, einstellen, erzeugen eine Mentalität, die auch heftigste Kritik von der Umwelt auszuhalten bereit ist. Die Mehrheit der Wissenschaftler definiert ihre Aufgaben als notwendig für die Rettung der Kranken vor heimtückischen Krankheiten, für die noch keine Therapie gefunden worden ist. Sie betonen, daß sie ihre Versuche als Methode betrachteten, in Zukunft Tierversuche einzusparen, daß sie die Tierexperimente gegen erhebliche innere Widerstände »durchzögen« und ihre Emotionen mit Blick auf das Ziel, das sie verwirklichen wollen, heldenhaft unterdrückten.

Betrachten wir das Knäuel der Persönlichkeitsmerkmale genauer, so fallen die zugrundeliegenden Allmachtsgefühle auf. Vom Wissenschaftler, der Tierversuche durchführt, wird tagein, tagaus die Entscheidung über Leben und Tod gefordert. In seinen Händen, unter Skalpell und Injektionsnadel, sind die Tiere wie eine formbare, gefügige Masse. Alles scheint machbar; der Entdeckerlust und Neugierde sind keine Grenzen gesetzt. Das Tier ist stumm und kann Protest nicht geltend machen, sein Recht auf Leben und Unversehrtheit des Körpers nicht einfordern. Da der Forscher sich nicht mit dem Tier auseinandersetzen will, wehrt er die Wahrnehmung der nicht auswechselbaren, individuellen Existenz des Tieres ab. Er hört die Schmerzensschreie des Tieres nicht, erkennt nicht dessen Panik. Nur wenigen gelingt es, dieses Abwehrsystem, das zugleich schützt, zu unterlaufen. Während die Tierversuche als gesellschaftliches Reizthema zum Austragungsort heftiger Gefühle werden, erscheint das Arbeitsfeld des in Tierversuchen engagierten Wissenschaftlers demgegenüber wie eine Insel der Ruhe. Der Forscher lebt und arbeitet wie unter einem Schutzschild, durch das nur wenig nach außen dringt – ein Leben in der Defensive, unter einem Panzer, in der Festung, die Belastung, aber auch Sicherheit bedeutet. Dies geht bis zur Errichtung einer Pseudo-Berufsidentität, um vom eigentlichen Tätigkeitsfeld abzulenken. Das eigene Arbeitsgebiet wird vage umschrieben, oder die Tätigkeit wird bagatellisiert, etwa mit dem Hinweis »nur in Ausnahmefällen« mit einigen wenigen Ratten zu experimentieren. Der Experimentator offenbart sich nur insgeheim über die psychischen Belastungen seiner Arbeit. Wenn er sich äußert, vermittelt er das Gefühl heftigen Unwillens, sogar Scham und gerät rasch in eine defensive Position. Er beruft sich auf die Notwendigkeit von Tierversuchen, auf die Vielzahl von wichtigen, für die Menschheit sogar überlebenswichtigen Substanzen, die, an Tieren erprobt, zu unverzichtbaren Heilmitteln wurden. Wenn ein Mensch sein Leben, seine Karriere, seine Zukunft auf Tierversuchen aufgebaut hat, ist Verteidigungsbereitschaft das A und O des Überlebens.

Der Experimentator hat die Wahl zwischen zwei Berufsrollen: Optimist oder Verdränger. Er steckt einfach zu tief drin. Sie alle verbindet gezielte Wahrnehmungsabwehr. Denn es sind ja unbescholtene Familienväter, Wissenschaftler, die sich um die Gesundheit ihrer Patienten sorgen und das Schreckensbild von »Menschenversuchen« verhindern wollen. Nach dem Grundsatz »Was nicht sein darf, kann nicht sein« verfährt der Wissenschaftler wie die berühmten drei Affen von Nikko: »Nicht sehen, nicht Hören, nicht Sagen«. Nicht glauben wollen, die Augen bedecken vor der Tötungsroutine im Labor. Denn Töten als Teil des Alltags beschädigt die Moral, bricht Tabus, ignoriert die Grenzen des ethisch Vertretbaren, die nun durchlässig geworden sind und offen für andere Einbrüche. Die Austauschbarkeit des Lebens hat die Einzigartigkeit jedes zum Leben Geborenen okkupiert. Welchen Schaden der Mensch hier nimmt, zeigt die Vergangenheit. Die Experimentatoren haben ein Dickicht von Selbstrechtfertigungen um sich errichtet: pseudophilosophische, pseudotheologische Ergüsse fehlen da nicht. Für das Tier hat das Überleben an sich keinen Wert, da es seinem Leben ja keinen metaphysischen Sinn beimessen kann wie der

Mensch, heißt es da, deshalb leidet es unter seinem eigenen Tod auch nicht so wie der Mensch. Der Tod sei für das Tier unerheblich, da er sinn-los bleibt.

Ebenso wie in der Pädiatrie jahrhundertelang Säugling und Kleinkind als schmerzunempfindlich galten, sprechen viele Mediziner auch dem Tier Schmerzempfindlichkeit ab. Die Experimentatoren leugnen, daß der Eingriff schmerzhaft ist oder bezeichnen ihn als »im Vergleich zum Menschen geringfügig«. Postoperativer Wundschmerz? »Unerheblich.« Streß bei Ergreifen und Untersuchen? Liegt nicht vor; das Tier sei durch vorhergehendes »Handling« ja bereits vorbereitet. Operationsfehler? Nein, es handelt sich um bestens geübte Routine-Eingriffe. Belastung des Tieres durch die beengten und monotonen Haltungsbedingungen im Labor? Nein, das Tier kennt ja nichts anderes, wurde ja eigens als »Labortier« gezüchtet. Als ob dieser Status die Verwendbarkeit des Tieres erleichtern würde! Diese Erklärungen beschwichtigen und lindern nur etwaige Gewissenspein.

Daß Tiere das ganze Kaleidoskop der auch beim Menschen anzutreffenden Schmerzäußerungen und Stimmungen zeigen können, weiß jeder Haustierhalter. Und dies gilt nicht nur für domestizierte Tiere. Die Erfahrungen in Zoologischen Gärten bestätigen, daß auch Wildtiere, von denen man erwarten könnte, daß sie über ein optimales Schmerzmanagement verfügen, unter Schmerzzuständen leiden. Schon vor der Erfindung des Narkosegewehrs und des Blasrohrs bemerkten Tierpfleger seine durch Schmerzen veränderte Gemütslage und wußten sich zu schützen. Viele zunächst unbegreifliche Verhaltensabnormitäten von Tieren gehen auf unerkannte Schmerzquellen zurück.[5] Die Behauptung, Tiere leiden keine Schmerzen, kann daher als Schutzmechanismus der mit Versuchstieren hantierenden Menschen verstanden werden. Daß hier allmählich ein Umdenken stattfindet, beweist der Raum, den heute die Diskussion über Methoden einer effizienten Narkose und Schmerztherapie bei Versuchstieren in den »Ethik-Kommissionen« einnimmt. Daran wird zugleich eine Ersatzhandlung deutlich: Wenn man schon nicht den Versuch selbst verhindern kann, so soll er wenigstens unter strengen Auflagen und mit postoperativer Schmerzbehandlung geschehen. Also wird inzwischen schon routinemäßig empfohlen, den Tieren Schmerzmittel ins Trinkwasser zu geben, sofern dies nicht das Untersuchungsziel gefährde.

Eine andere wirksame Methode der Wahrnehmungsabwehr wird von Arnold B. Arluke berichtet, der als Sozialwissenschaftler in den USA das in diesen Breitengraden kaum vorstellbare Privileg hatte, Tierexperimente und deren Durchführung »vor Ort« zu begleiten. Arluke bestätigt, daß die Wissenschaftler das Tier als lebendiges Geschöpf systematisch ausblenden. Durch eine strikte Trennung von Pflege und Experiment wird das Tier den Wissenschaftlern erst präsentiert, wenn es bereits narkotisiert und mit Tüchern abgedeckt ist. Wenn dieses ausgetüftelte Zeitmanagement nicht gelingt und die Forscher mit wachen Versuchstieren konfrontiert werden, beachten sie die Tiere einfach nicht. Nur unerfahrene Neulinge nehmen Kontakt zu den Tieren auf und streicheln sie so, als ob es Haustiere wären. Während der Kontakt zu den Tieren versachlicht ist, die Tiere lediglich als Registriernummern geführt werden, neigen Forscher dazu, die Apparate zu vermenschlichen. So gab es in einigen Labors »künstliche Hundemaschinen« oder einen »Rattenapparat«.[6] Die Ambivalenz, die aus dem Kontakt mit dem Tier entsteht, das »Sache« bleibt und getötet wird, gleichzeitig jedoch Bindungsbereitschaft zeigt, wie dies bei Primaten, Hunden oder Schweinen der Fall ist, die sich sogar ihrem Peiniger vertrauensvoll nähern, kann aufgelöst werden, wenn der Forscher sich ein Tier herausgreift und es zum Haustier (pet) erklärt. Die Wände der Tierlabors seien vollgepflastert mit neckischen Tierfotos, Urlaubsgrüßen mit dem Tier auf dem Schoß, berichtet Arluke. Um von den namenlosen Tieropfern abzulenken, werde hier an einigen Maskottchen stellvertretend Tierliebe zelebriert. Bei Langzeit-Experimenten, die 24 Stunden Beobachtungszeiten erfordern, könnte die zunächst abgewehrte Beziehung zum Versuchstier kaum mehr umgangen werden. Die Pfleger treffe es besonders hart: Werden »ihre« Tiere am Versuchsende getötet, werden diese zu Märtyrern erklärt.

Eine psychologische Voraussetzung, um das Tötungstabu routinemäßig zu brechen, ist die Spaltung in professionelles und privates Selbst, in Experimentator und Tierfreund. Der Tierfreund tätschelt seinen Hund; der Experimentator vernichtet ihn. Diese Spaltung dient zugleich als Strategie, um die eigene Gefühlsambivalenz zu bewältigen. Damit gleicht der Experimentator dem Nazi-Arzt. Beide verbindet diese Verdopplung des Ich. Beide stellen ihr Handeln in einen ideologischen Legitimationszusammenhang. Beide betrachten ihre Taten als ethisch notwendig, als Mittel des biologischen Überlebens. Trotz der historischen Divergenzen teilen beide eine vergleichbare psychische Struktur. Es ist dies die Struktur von Holocaust und Genozid. Der Speziezismus, der Schutz und die Höherbewertung der Spezies Mensch zu ungunsten anderer, nicht-menschlicher Arten, hat die Rassenbiologie abgelöst.

211

Voraussetzung dafür, Tiere für tödlich endende Versuche einzusetzen, ist deren Bestimmung als minderwertiges Geschöpf, das kein eigenes Lebensrecht besitzt. Um den Fortschritt der Wissenschaft zu gewährleisten, müssen »notwendige Opfer« gebracht werden. Das Tier gehört dazu. Durch diese Rationalisierung, die Abtrennung des Affekts vom Erleben des eigenen Tuns, kann die Ambivalenz, die aus dem widersprüchlichen Verhalten entsteht, gleichermaßen Tierfreund und Tierhenker zu sein, gelöst werden. Die Lizenz zum Töten der Tiere wird abgeleitet aus ihrem Vergleich mit austauschbarem Biomaterial. Das Tier wird ent-individualisiert, ist Teil eines Kollektivs. Damit entsteht eine gefühlsmäßige Distanz zwischen dem Forscher und seinem Forschungsobjekt. Dies findet eine Parallele in der Dyade Übermensch:Untermensch, wertvolles und minderwertiges Leben. Die Zuschreibung von lebenswert und lebensunwert steht gestern wie heute am Beginn der Ausrottung, die sich auf Völker, Rassen, Tierarten oder sogenanntes Unkraut beziehen kann. Die Vernichtung von Versuchstieren ist nur ein Glied in der Kette der globalen Vernichtungsideologien. Sie wird möglich durch eine Kombination von psychischen Abwehrmechanismen: der Trias von Spaltung, Abstumpfung und Verrohung. Die Vorbereitung der Vernichtung beginnt bei der Spaltung, der Aufteilung in Gut und Böse, bedrohten Patienten und frei verfügbaren Tieren, zudem der Spaltung des eigenen Selbst und der Entwicklung eines zweiten »Experimentatoren-Selbst«. Es ermöglicht, sich Tieren gegenüber völlig entgegengesetzt zu verhalten. Der Mensch versachlicht seine Arbeitswelt, und er versachlicht damit auch sein Ich. Er trennt die Vernunft, die Pflicht vom Affekt und selektiert seine Fähigkeit zum Mitgefühl. Im Fachjargon bezieht er sich nicht auf ein »Tier«, sondern auf »Gewebe«, »Funktionen« oder »Reaktionen« einer Registriernummer unter vielen anderen Registriernummern, die ihm wissenschaftliche Daten liefert. Das Tier wird als Datenträger behandelt.

Auch hier findet sich eine Parallele zum Vernichtungspotential der Nazi-Ärzte und der Militärs, trägt doch der einzelne Forscher kaum mehr persönliche Verantwortung für sein Tun: Im Ernstfall kann er die Verantwortung an die Institution, an diffuse gesellschaftliche und forschungsstrategische Sachzwänge delegieren. So können politische Argumente, »im internationalen Wettbewerb wissenschaftlich und wirtschaftlich nicht zum Schlußlicht zu werden« oder »keine Arbeitsplätze zu gefährden« ebenso angeführt werden wie medizinische, »schnell einen Impfstoff zu finden, um das Leben von Hunderttausenden zu retten«. Daß der Politiker unter Erfolgszwang steht und wiedergewählt werden will, davon profitiert der Wissenschaftler, wie an den Kampagnen um die Liberalisierung der gentechnologischen Forschung deutlich wird. Angesichts der allgemeinen Unsicherheit und Lebensangst sind weite Kreise der Bevölkerung bereit, den medizinisch-industriellen Komplex gewähren zu lassen. Dessen Propaganda erzeugt ein Gefühl des unmittelbaren Bedrohtseins und liefert zugleich das Rezept, der Gefahr für Leben und Gesundheit zu entkommen. Dafür ist man gerne bereit, Tiere zu opfern. Kritik wird mundtot gemacht durch den Hinweis, daß der Kritiker die medizinischen Zusammenhänge nicht durchschaue, und seine Einstellung lediglich zeige, daß er selbst (noch) nicht betroffen sei. Stillhalten und Anpassung wird allemal als Zeichen reiferer Urteilsbildung bewertet.

Kaum etwas dringt aus den Laboratorien an die Öffentlichkeit. Die hier Tätigen verbindet ein Bündnis des Verleugnens und Schweigens. Vernichten freilich bewegt sich im Rhythmus eines perpetuum mobile: Eine Fortsetzung des Tötens ist notwendig, um das Vorangegangene zu rechtfertigen. Diese Ausrottungsmentalität findet sich in vielen Bereichen der Gesellschaft. Sie lebt vom Wegsehen, Verleugnen, Nicht-Wahrhaben-Wollen. Erst wenn der Mensch seine Sensibilität und seine Verantwortung nicht nur für sein unmittelbares Gegenüber, seine Schutzbefohlenen, seine Familie, seine Gruppe, seine Volks- oder Religionsgemeinschaft, sondern auch für seine Mitmenschen in anderen Völkern und Kontinenten, schließlich für die ihn umgebende und von ihm entfernte Natur, die Pflanzen und die Tiere anerkennt und zur Grundlage seines Handeln macht, erst dann wird das Morden, Töten und Gewährenlassen der Vernichtung ein Ende finden, erst dann wird auch längerfristig das Überleben der Menschheit möglich sein.

Neues aus dem »Wörterbuch des Unmenschen«

Von Interesse ist, mit welchen Taktiken sich Bewußtseinsstrukturen fortsetzen, die ihr destruktives Potential ebenfalls an Menschen entfalten. Sprache gestaltet und formt Wirklichkeit. Zugleich bildet sie das Bewußtsein der Sprachakteure ebenso ab wie deren Intentionen.

Bereits in der Formulierung des Tierschutzgesetzes und der Verordnung zu dessen Umsetzung fällt der affirmative, stets die Genehmigung und nicht die Möglichkeit einer Ablehnung des Versuchsvorhabens befürwortende Sprachduktus auf. Sogar die Regierung hat sich ein »Ja« auf das Banner geschrieben, setzte sie doch eine »Genehmigungsbehörde« und nicht ein »Beurteilungs- oder Prüfungsamt für Tierversuche« ein. Dies setzt sich bis in die Diskussionen der Kommissionen fort. Werden im Versuchsantrag Unstimmigkeiten und Mängel erkennbar, ist es Ziel der Kommissionsmehrheit, diese zu beheben, dem Antragssteller durch Nachfragen und der Bitte, sein Projekt persönlich vorzustellen, gezielte Hilfestellungen zu geben, um seinen Antrag besser formulieren zu können. Auch die Logik der Genehmigung widerspricht jeglichem prozeßorientierten Denken und folgt dem Muster: »Wer A sagt, muß auch B sagen.« Wenn eine Kommission bereits den Erstantrag genehmigte – selbst wenn dies zu einem anderen Zeitpunkt und unter völlig anderen Rahmenbedingungen geschah –, dann darf die nachfolgende Kommission den Antrag nicht ablehnen, sondern höchstens Rückfragen zur Antragsverbesserung stellen. Sobald diese, unabhängig von inhaltlichen Bedenken, formal beantwortet wurden, führen sie »automatisch« zur Genehmigung des Tierversuchvorhabens.

Der Sprachkritiker fährt reiche Ernte ein, denn die Anträge sind in einem Stil verfaßt, der alle Durchführungs- und Beinhaltungs- Bürokraten vor Neid erblassen ließe. Das »Wörterbuch der Unmenschlichkeit«, wie die Autoren Sternberger und Süskind diesen Sprachstil einst nannten, kommt hier zu neuen Ehren. Es ist eine Sprache des Schaltens und Waltens, in deren Mittelpunkt eine Mentalität steht, durch die Leben zur austauschbaren Ziffer wird: »Antragsmäßig ist die Belastung des Tiermodells als geringgradig zu veranschlagen, und die Schmerzerzeugung durch ›Applikation und Punktion mit oder ohne Erzielen von Krankheitszuständen‹ liegt erfahrungsgemäß im unteren Bereich, wenn nicht gleich ganz außerhalb der Skala. Im Ausnahmefall kann es durch physikalische Einwirkung bei Durchführung mehrfacher Eingriffe im Sinne von Bestrahlung oder Vornahme von Elektroschocks an ein und demselben Tier zu einer minimalen, nicht schmerzmittelbedürftigen, verbrennungs- und traumatisierungsbedingten Schleimhautbeschädigung kommen, die allerdings erwartungsgemäß nicht zu einer Verhaltensbeeinträchtigung des Tieres führt. Nach präoperativer Futter- und Wasserdeprivation ist eine Laparatomie und Organentnahme durchzuführen. Nach Ablauf der Beobachtungszeit ist das Tier schmerzlos zu töten. Zu erwartende Belastung: Keine.« Ergebnis: »Genehmigung entsprechend der Antragstellung.« Schmerzmittel dürfen nicht verabreicht werden, wenn sie den zu untersuchenden Vorgang beeinflussen. In solchen Fällen heißt es: »Das Vorgehen ist so gewählt, daß übermäßige Schmerzbelastungen nicht auftreten, zumal keine besonderen Maßnahmen zur Schmerzlinderung vorgesehen sind, da analgetisch wirkende Pharmaka entweder direkt oder indirekt das zu untersuchende endogene Transmittersystem beeinflussen.«

Formulierungen wie »Die Belastung der Tiere durch das Modell ist als geringfügig einzustufen« oder »Keine Belastung, da der Schmerz nach Ablauf von maximal einem Tag abklingt« entlarven die perverse Logik dieser am menschlichen Zeitbegriff orientierten Trias von Macht, Ausführung und Durchgreifen. Es ist das alte Reich blinden Befehlens und Gehorchens, in dem Proteste erstickt oder als Tabuverletzungen gebrandmarkt werden. Wie anders ist es zu verstehen, daß sogar der »Tierschutzbeauftragte« nicht darauf aufmerksam macht, daß es für ein im Hier und Jetzt lebendes Tier keinen Trost gibt wie »Morgen wird erfahrungsgemäß dein Schmerz schon wieder nachlassen« oder »Versuch' doch mal, den Schmerz kognitiv zu verarbeiten. Lenk' dich ab und sieh' dir den Krimi ›Tod eines Experimentellen Chirurgen‹ an.«

Die Erfindung des Maskottchens

Ein verletztes Reh flüchtet sich zu einem Menschen. Seine Schulter ist von einem Pfeil durchbohrt. Doch unter dem Pfeil liegt die Hand des Menschen, der den Pfeil abfangen wollte. Nun ist sie durchbohrt wie die Schulter des Rehs, an den sterbenden Leib des Tieres gefesselt, für immer mit ihm verbunden. Sanctus Aegidius steht am Rand der Plakette mit diesem rührenden Motiv über die Loyalität eines Wildtieres zu einem Menschen – eine Arglosigkeit, ein Vertrauen, das so weit reicht, das sich das Tier, von Menschen und deren Waffen verfolgt, zu einem Menschen flüchtet, von dem es sich Schutz und Frieden erhofft. Ein Symbol der Liebe zwischen Mensch und Tier, einer Liebe, welche die Schranken der Angst, der Scheu des Tieres vor dem Menschen zu überwinden vermag. Die Plakette zierte die Festschrift zum 200jährigen Bestehen der Tierärztlichen Fakultät der Universität München im Jahre 1990.

Das auserwählte Tier. Aus der Masse der Namenlosen greift der Mensch sich ein Tier heraus. Es ist ein Delegierter, es empfängt all die brachliegende Bereitschaft nach Zuwendung, zieht magisch Gefühle an sich. Auch die Reue darüber, diese Gefühle den anderen, Gequälten, vorzuenthalten. Ein Maskottchen, ein Glücksbringer, das Unheil abwenden soll. Es lindert Schuld. Das Kokettieren mit Tierliebe ist Bestandteil der Tiervernichtung. Stellvertretend wird eines, das die Selektion überlebte, verhätschelt.

»Commander« hieß der Hund, der aus einem Tierasyl zu einem Transplantationsexperiment überführt wurde. Als einziger der Versuchsreihe überlebte er. Der Chirurg brachte es nicht fertig, das Tier »nach Ablauf der Beobachtungszeit« zu töten und adoptierte es. Einer von Hunderten wurde gerettet. Commander und sein Herrchen machten Medizingeschichte.[7]

Aus der Masse der Versuchstiere nimmt der Mensch sich eines. Er preßt es an sich, rettet es vor der Tötungsmaschinerie. Er gibt dem Tier einen Namen. Mit dem Namen verbindet er Persönliches. Stille Affinitäten, über die er in aufgeräumter Laune herzlich lacht, wenn er über den Großonkel, den Freund berichtet, der das Gesicht eines Mäuserichs hatte. Er gewinnt die Sympathie derer, die ihm zuhören. Sie loben ihn wegen seiner guten Beobachtungsgabe. Er betrachtet sein Tier. Unter seinen Augen wächst es heran. Er bemerkt, daß auch er vom Tier mit dem Namen wahrgenommen wird. Mit jedem Tag wächst das Band zwischen ihnen. Das Tier wird Teil seines Lebens. Er fotografiert das Tier und bemerkt, das es sich in Pose stellt, sich aufrichtet, in die Kamera lächelt. Das Tier erkennt ihn, wenn er es anspricht.

Er kauft für das Tier einen geräumigen Käfig. Der Käfig hat allerlei Vorrichtungen. Spielzeuge. Er stattet den Käfig mit massiven Hölzern aus, Zweigen, Ästen, die er schräg durch den Käfig legt, damit sich das Tier in seiner Abwesenheit beschäftigen kann. Er kauft dem Tier Futter, sogar von der teureren Sorte. Zuweilen mischt er Fleisch unter die Nahrung, um den Bedürfnissen der Art gerecht zu werden. Am Abend, wenn er es auf seinem Ärmel laufen läßt, füttert er es mit Nüssen und streicht ihm über das Fell. Er denkt sogar daran, dem Tier einen Partner zu bringen. Malt sich den Nachwuchs aus, der dann aus seinem Tier hervorgekrochen kommt. Doch da wird ihm plötzlich übel, und er erkennt, daß er die vielen kleinen Tiere dann verwenden müßte, zurückbringen in den Käfig, wo die anderen mit den gekrümmten Rücken liegen, die er jeden Montagmorgen tot vom Käfigboden aufsammelt. Er verwirft jegliche Familienplanung.

Sein Tier zeigt sich durchaus zufrieden. Morgens begrüßt es ihn und blickt ihn, vor seinem Futtertrog stehend, erwartungsvoll an. Dabei legt es den Kopf zur Seite und schließt die Augen genußvoll, wenn er es am Hinterkopf krault. Das Tier lernt, auf seinen Namen zu hören. Dann hebt es den Kopf und blickt ihm zielbewußt in die Augen. Wenn er in den Käfig greift, klettert es ohne Scheu auf seine geöffnete Handfläche, setzt seinen Erkundungsgang auf seinem Arm fort über die Schulter und findet schließlich die Brusttasche, in der es sich zusammenrollt. Die Tasche beult sich durch den Körper des Tieres aus. Schlafend oder plötzliches Einnicken nur simulierend, kann es über weite Strecken transportiert werden, durch die Wohnung, in den Keller, zuweilen zu einem Laden. Wenn es sich dann in der Tasche bewegt, gar den spitzen Kopf hervorstreckt, werden die Menschen, die um ihn herumstehen, unruhig. Mit einem Scherz zerstreut er ihre Befürchtungen. Ein befreiendes Lachen. Nun ist Zeit, Fragen zu beantworten, über sich und das Tier Auskunft zu geben. Er gibt kleine Anekdoten zum besten und bemerkt, daß ihn mit dem Tier bereits Geschichte verbindet. Ein Stück seines Lebens, eine Kammer in seiner Vergangenheit.

Zuweilen läßt er das Tier frei. Wenn es auf dem Boden herumläuft, hält er Ausschau, damit er nicht auf das Tier tritt. Er legt Fäden aus und Aluminiumkügelchen, mit dem das Tier Jagen spielt. Das Tier lernt, das Spielzeug mit der Nase in seine Richtung zu stoßen, wenn er mit den Fingern auf dem Boden trommelt. Sein Tier ist klug. Eines Abends vermißt er es. Es ist hinter einem schweren Eichenschrank verschwunden. Nach einiger Zeit hört er, wie es an den Holzwänden kratzt. Er beruhigt das Tier und verspricht, ihm zu Hilfe zu kommen. Mit großer Vorsicht, damit das Tier nicht zerquetscht oder eingeklemmt wird, rückt er den Schrank nach vorne. Es gelingt ihm schließlich, das Tier zu befreien. Er ist gerührt.

Als er an einem Abend vergißt, die Käfigtür zu verschließen, bleibt sein Tier verschwunden. Alles Suchen hilft nichts. Tagelang rückt er Möbel herum und blickt unter Schränke, unter Teppiche. Geräusche, ein Wispern, ein Kratzen, ein Hauch, alles erinnert ihn an das Tier. Und wieder setzt er die Suche fort. Doch sie bleibt vergeblich. Das Tier ist verschwunden. Er vermißt das Tier, denkt wehmütig an die gemeinsamen Abenteuer zurück. Noch lange erinnert er sich an die Sprague-Dawley-Ratte mit der Registriernummer V343970, der er einen Namen gab. Eine Ratte, weiß wie die anderen, aus einem Inzuchtstamm, ein Krebsmodell, das er einmal, aus einer ihm nicht mehr nachvollziehbaren Laune heraus, aus dem Tierversuchslabor mit zu sich nach Hause genommen hatte.

217

Doch wenn er, nach Vorschrift, am Ende der Beobachtungszeit die anderen aus der Familie der Sprague Dawleys tötet, wenn er aus ihren kranken Körpern Gewebeproben entnimmt, wenn er sie unter dem Elektronenmikroskop betrachtet, um all die Veränderungen durch Stahl, Strahl oder Chemie zu dokumentieren, weiß er: Fortan will er kein Tier mehr retten, keines mehr zu sich nach Hause nehmen. Er wird keiner Ratte mehr einen Namen geben, keine mehr auswählen, um sein Tier unter all den anderen namenlosen, nichtssagenden, wiederzuerkennen. Und bald schon hat er sich seine Meinung gebildet. Das mit dem Tier war doch nur eine lächerliche Gefühlsduselei.

Wie man Illusionen züchtet:
Die Ohnmacht der Tierschützer

Kommissionen zur Unterstützung der Genehmigungsbehörden heißen sie im Amtsdeutsch der »Allgemeinen Verwaltungsvorschrift zur Durchführung des Tierschutzgesetzes« in der Fassung vom 1. Juli 1988.[8] Diese »Ethik-Kommissionen« bestehen zu zwei Dritteln aus Vertretern der Tierversuche beantragenden Institute und einem Drittel aus Vertretern des Tierschutzes. Die Mehrheit der Kommissionsmitglieder verfügt nicht nur über die in § 15 Abs. 1 angeordneten »für die Beurteilung von Tierversuchen erforderlichen Fachkenntnisse der Veterinärmedizin, der Medizin oder einer naturwissenschaftlichen Fachrichtung«, sondern bestreitet ihren Lebensunterhalt aus der Mitarbeit an Forschungsinstituten, die direkt mit der Durchführung von Tierversuchen zu tun haben. Im Klartext: Kollegen entscheiden über die Anträge von Kollegen. Befangenheit? Die existiert unter neutralen Wissenschaftlern selbstverständlich nicht! Eine Situation, die vom Sprichwort »Eine Krähe hackt der anderen kein Auge aus« trefflich beschrieben wird.
Obwohl die Genehmigungsbehörde bei den Tierversuchsanträgen vorschriftsmäßig personenbezogene Daten unkenntlich macht, um eine Identifizierung der Einrichtung, in der das »Versuchsvorhaben durchgeführt werden soll«, zu verhindern, ist es für Kommissionsmitglieder bereits nach kurzer Zeit durch Schriftbild und Sprachduktus, ganz zu schweigen von Forschungsschwerpunkten, die nicht nur Insidern rasch zur Kenntnis gelangen, erkennbar, wer bei dem jeweiligen Antrag

federführend war. Kommentare wie »Ach, da will der Werner wieder mal was mit Fischen machen« oder »Der Alzheimer Ede schlägt heute ja mal wieder kräftig mit den Ratten zu« sind an der Tagesordnung (da ich mich unter Androhung von Strafverfolgung zum Stillschweigen über kommissionsbezogene Daten verpflichtete, sind selbstverständlich alle hier wiedergegebenen Anekdoten verändert).

Nichtsdestoweniger dürften die Mehrheitsverhältnisse deutlich werden. Dies umso mehr, als die Stimme des Vorsitzenden gleich doppelt zählt. Galanterweise verzichten hin und wieder die Herren Vorsitzenden auf ihr Privileg. Wer soviel Oberhand behält, kann es sich leisten, großzügig auf die Zusatzstimme zu verzichten, um bei dieser ungleichen Kräfteübung zwischen Wissenschaft, Pharma- und Geräteindustrie und Tierschutz wenigstens noch den Anschein einer demokratischen Abstimmung zu wahren. Denn wie man es auch dreht und wendet, das Stimmenverhältnis bleibt stets zu ungunsten des Tierschutzes. Die Stimmenmehrheit befindet sich auf der Seite der Tierversuchsbefürworter.

Der Tierschützer verpflichtete sich zur Arbeit in den beratenden Kommissionen mit der Absicht, zur Reduzierung von Tierversuchen beitragen zu können. Schon bald erkennt er, daß seine Anwesenheit lediglich als Alibi dient. Er sieht sich in Engagement und Arbeitskraft mißbraucht. Die Niederlage des Tierschutzes in den Kommissionen findet auf mehreren Ebenen gleichzeitig statt: Überfordert von den Versuchsanträgen, die sogar für medizinisch einigermaßen versierte Kommissionsmitglieder durch ihren hohen Grad an Spezialisierung – die Vorhaben beziehen sich auf alle Bereiche der Grundlagen- und Klinischen Forschung – nur schwer verständlich sind und deren Lektüre einen enormen Zeitaufwand erfordert, sieht sich der Tierschützer schon im Vorfeld hoffnungslos überfordert. Ganz zu schweigen von der Belastung, die selbst für Hartgesottene entsteht, wenn er sich bei der Lektüre die praktische Durchführung der Tierversuche vorstellt. Seine Hauptaufgabe bei der Vorbereitung der Kommissionssitzung ist, vor dem Hintergrund des jeweiligen medizinischen Spezialgebiets eine fundierte Kritik an dem vorgestellten Versuchsvorhaben zu leisten, eine Kritik, die nicht nur die Vertreter der Genehmigungsbehörden überzeugt und ihnen gegebenenfalls Argumente zur Ablehnung des Antrags an die Hand gibt, sondern zugleich zeigt, daß das Versuchsvorhaben nicht dem letzten Stand der Wissenschaft entspricht, keine neue Fragestellung untersuchen will, sondern bereits durchgeführte Vorhaben und bekannte Verfahren lediglich wiederholt.

Dem Tierschützer soll also der Spagat zwischen lückenlosem Verstehen der Forschungsziele des Antragsstellers und einer wissenschaftlich fundierten Kritik gelingen. Ihm werden Verbesserungsvorschläge abverlangt, mit denen er nachweisen soll, daß das Vorhaben eigentlich überflüssig ist. Das Kommissionsmitglied soll, mit anderen Worten, der bessere Antragsteller sein. Er darf auf keinen Fall bei Argumentationen stehenbleiben, die sich auf »meinen« und »glauben« beschränken. Auch das Argument, daß die Versuchstiere durch die Eingriffe, deren Unverzichtbarkeit für den Menschen »nicht einsehbar«, »nicht nachvollziehbar« sei, unverhältnismäßig Schmerzen und Schäden erleiden müßten, greift nicht, denn im Rahmen der Grundlagenforschung werden selbst abseitige Fragestellungen, deren klinischer Nutzen nicht erkennbar ist und die ganz offensichtlich nur der Neugierde und Manipulationslust der Forscher dienen, genehmigt.

Wer nun heftige Debatten erwartet, sieht sich getäuscht. Setzt doch vielmehr eine stille Verbitterung, ein leiser Rückzug der Tierschützer ein. Ihr fehlt die Dramatik, die sie bei öffentlichen Veranstaltungen hat. Kleingruppen von sechs und weniger Teilnehmern verfügen über eine Psychodynamik, der sich der einzelne nur schwer entgegenstemmen kann. »Egal wie unterschiedlich unsere Positionen sind, bemühen wir uns doch um Konsens«, kommentierte ein Kommissionsmitglied die Stimmung zwischen den beiden »Lagern«. Man schüttelt sich die Hände und lächelt, sitzt sich gegenüber und tauscht Freundlichkeiten aus. In aufgeräumtem Zustand macht von Zeit zu Zeit ein Scherz die Runde. Man blickt in Gesichter, die gezeichnet sind von akademischen »Ochsentouren« und so mancher Anpassungsleistung im Dienste der Karriere. Experimentelle Chirurgen oder Neurophysiologen, Genetiker oder Mikrobiologen, denen man nicht mit psychologischen Spitzfindigkeiten kommen kann.

Doch auch die Tierschützer unterliegen dem Bedürfnis zu gefallen und nicht immer nur in Ecken herumzustehen oder in Fettnäpfchen zu treten. Konsens, Harmonie, und Kopfnicken und »Ade, bis zum nächsten Versuch« liegen da recht nahe beieinander. Psychologen nennen das mangelnde Konfliktfähigkeit. Dem Sog, der von ihr ausgeht, nicht zu erliegen, erfordert erhebliche Hartnäckigkeit. Wer als einziger beim »Nein« bleibt, verzweifelt oder wird zum Helden. Oder ihm fehlt angeblich der Durchblick. Die Vergeblichkeit des eigenen »Nein« wird bald erkannt, schon rettet man sich ins »trotzdem«, will das eigene Wirken fortan nur noch als Teil einer Symbolhandlung verstehen, flüchtet sich in Hilfskonstruktionen wie: »Über den Schutz der Labortiere reden sensibilisiert vielleicht die Tierversuchsbefürworter. Längerfristig wird sich das Bewußtsein schon ändern.« Doch eigentlich zogen die Tierschützer in die Kommissionen, weil sie im Hier und Jetzt, für die noch lebenden Tiere etwas bewirken wollten. Ohne Zweifel wollten sie mit ihren Aktivitäten die Ebene des Symbolischen übersteigen, ihrem Votum Geltung verschaffen. Diese Aspirationen werden bald als optimistische Höhenflüge erkennbar, denen jederzeit die Luft ausgehen kann. Die Fraktion der Tierschutzvertreter bröckelt daher stetig ab. Austritte sind an der Tagesordnung, manchmal unter Protest, doch häufig stillschweigend, deprimierte Nachrufe auf das eigene Scheitern hinterlassend.

Dieser Vorgang des Stummwerdens, der Anpassung, des Sich-Arrangierens findet seine Parallele in der Situation der Tierschutzbeauftragten an den Instituten und Kliniken. Diese sind gleichfalls in den Alltag ihrer Institution integriert, kennen all die Ausflüchte und Entschuldigungsgründe, die Argumentationsweisen und persönlichen Karriereerwartungen, wissen aus eigener Erfahrung, warum ihre Vorgesetzten sich so und nicht anders den Versuchstieren gegenüber verhalten und warum Verbesserungen mit dem derzeitigen Budget nicht möglich sind. Er kennt die Antragssteller und deren Familien zumeist persönlich und will Doktor X., Habilitand Y oder Cand. med. Z schließlich nicht die Zukunft verbauen. Laut Verordnung wird der Tierschutzbeauftragte zwar als eine unabhängige Instanz definiert, der sich in seiner Urteilsbildung keinerlei Pressionen zu beugen hat, doch daß ein Betriebsmitarbeiter – zumal dann, wenn er keine einflußreiche, eigene Interessen verfechtende Lobby im Rücken hat (wie dies etwa durch Personalrat oder Gewerkschaften der Fall ist) – sich wegen Mißständen im Versuchstierbereich unentwegt und im Alleingang Konflikte auflädt, das widerspricht nicht nur dem gesunden Menschenverstand, sondern zugleich allen sozialpsychologischen Erkenntnissen. Die persönliche und institutionelle Verflechtung von Tierschutzbeauftragtem, Forschungsinstitut und Antragsstellern schiebt Protesten und kritischen Kontrollen der Haltungsbedingungen in den Tierlabors einen »natürlichen« Riegel vor aus Selbsterhaltung und Eigennutz. Schließlich will man sich ja nicht wegen einiger Ratten die Zukunft für sich und seine Familie verbauen.

Der Tierschützer lernt, daß im Zweifel stets der Antragssteller recht erhält. Dies umso mehr, als die Kostenfrage ja bereits im Vorfeld durch Forschungsgemeinschaften, Stiftungen und Sponsoren geklärt ist. Wenn also Geld da ist, das Arbeitsplätze und Material-Umsatz sicherstellt, warum sollte es dann nicht verbraucht werden? Selbst Ausfallraten von über 50 Prozent oder Experimente mit »teuren« Primaten sind kein Ablehnungsgrund. Schließlich muß der Übungseffekt mitberücksichtigt werden. Wo, wenn nicht am Tier, sollen neue Operationstechniken geübt werden? Mit Schlachttieren oder Computersimulationen allein ist es da nicht getan. Weitere Versuchsvorhaben müssen daher geschaltet werden. Daß die eigene Lebendigkeit für das Tier einen Wert hat, ist gänzlich aus dem Bewußtsein gerückt und den Tierversuchsbefürwortern keineswegs vermittelbar. Die setzen stattdessen ihr nachsichtig-mitleidiges Lächeln auf und feixen selbstgefällig über die Uneinsichtigen, Sentimentalen, die sich wieder einmal hoffnungslos verrannt haben.

Erleichterung daher, wenn es den Vertretern des Tierschutzes endlich einmal gelingt, die anderen Kommissionsmitglieder von ihrem negativen Votum zu überzeugen und die Kommission der Genehmigungsbehörde einstimmig rät, den Antrag abzulehnen. Dies tritt in den seltenen Fällen ein, wenn der Antrag in krassem Mißverhältnis zu den Genehmigungskriterien steht und durch ungeschickte Formulierungen dies auch noch zu erkennen gibt. Sogar die Vertreter der Institute können sich nun einem negativen Votum nicht länger entziehen. Kommentar: »Das hat wohl ein Diplomand zusammengeschrieben.« Tierschutz und Wissenschaft sind erleichtert darüber, daß endlich einmal der Konsens gelungen ist. Doch während in den Kommissionen um Entscheidungen gerungen wird, sind die eigentlichen Entscheidungen hinter den Kulissen längst gefallen.

Das lehrt die Statistik über die genehmigten und abgelehnten Tierversuchsvorhaben. Für das Engagement der Vertreter des Tierschutzes ist sie vernichtend. So wurden von der Genehmigungsbehörde der Regierung von Oberbayern lediglich 1,6 Prozent der von einer Kommission mit negativem Votum beschiedenen Anträge schließlich abgelehnt. Für andere Kommissionen ist das Ergebnis noch kläglicher. Hier wurden nämlich Null Prozent respektive 0,7 Prozent aller mit negativem Votum von der Kommission »abgelehnten« Tierversuchsanträge schließlich von der Regierung abgelehnt. Während allerorten von einem Rückgang der Tierversuche gesprochen wird, geht de facto aus der den Kommissionen zugänglichen Tierversuchsstatistik eindeutig hervor, daß es in den Jahren 1990 und 1991 im Gegensatz zu den Vorjahren zu einem Anstieg von nahezu 20 Prozent der beantragten und genehmigten Tierversuchsvorhaben gekommen ist.[9] Die Regierung setzt sich damit eindeutig über die »Beratung« durch die vom Tierschutzgesetz § 15 angeordneten »Ethik-Kommissionen« hinweg und »degradiert die Vertreter des Tierschutzes zu Statisten«.

Fazit: Wer bei der Regierung von Oberbayern Tierversuche beantragt, und seien es Wiederholungsversuche oder ethisch nicht vertretbare, grausame Versuche, die zu sinnlosen Experimenten an Primaten, Hunden oder Katzen führen, ganz zu schweigen von den Unmengen an »billigen« Nagetieren, hat zu fast 100 Prozent die Gewißheit, daß sein Antrag genehmigt wird. »Genehmigung entsprechend der Antragstellung«, heißt es lakonisch in den Mitteilungen der Genehmigungsbehörde. Die vom Gesetz vorgesehene Beschränkung auf »unerläßliche« Tierversuche wird ignoriert und von Institutsleitern sogar offen mit zynischen Kommentaren ad absurdum geführt. Das Tierschutzgesetz, zumal der Wille zur Überwachung der Institute fehlt, hindert also niemanden daran, weiterhin nach eigenem Gutdünken mit den Versuchstieren zu verfahren. Auch die Panik der Entscheidungsträger in Wissenschaft, Wirtschaft und Politik, den Zug zur Gentechnologie zu verpassen und womöglich zum Schlußlicht zu werden, spielt dieser Politik des Wegsehens und Zugestehens in die Hände. Die Genehmigungsbehörden haben sich längst dem konzertierten Druck von Antragstellern und Industrie gebeugt. Ein weiterer Beweis der Sinnlosigkeit dieser vom Tierschutzgesetz verordneten Kommissionen in der zum gegenwärtigen Zeitpunkt praktizierten Form erübrigt sich.

Hier lehrt die Erfahrung, daß man sich bei Streitfällen in der Mitte nur selten treffen kann und daß, wo Kompromisse so selbstgerecht und routinemäßig unterlaufen werden, nur noch Maximallösungen realistisch sind. Der Deutsche Tierschutzbund stellte daher im Februar 1992 eine Vorschlagsliste zur Novellierung des Tierschutzgesetzes von 1986 zusammen, in der neben einem »grundsätzlichen Verbot von Tierversuchen« (das nur in Ausnahmefällen, wenn »der Tierversuch nachweislich Lebewesen retten kann und wenn mit dem Versuch für das Tier weder erhebliche noch länger anhaltende Schmerzen, Leiden oder Schäden verbunden sind«) auch das Verbot enthalten ist, »ein Tier, das einmal im Tierversuch war, erneut für Tierversuche zu verwenden«. Zudem weist der Deutsche Tierschutzbund darauf hin, wie notwendig die »Bestellung unabhängiger Tierschutzbeauftragter für alle Tierversuchseinrichtungen [ist], die für alle dort gehaltenen Tiere verantwortlich und selbst nicht an Tierversuchen beteiligt sein dürfen.«[10]

VIII Das Tier und die Utopie

Im Imaginären ist eine klare Linie zwischen
Mensch und Tier nicht zu ziehen.
Elisabeth Lenk
Die unbewußte Gesellschaft

Die Zukunft gehört den Chimären

Energisch stopft sich der diensthabende Arzt das vor Fett triefende
Frühstückswürstchen in den Mund. Der kroß gebratene Schinken-
speck hat auf seinem Teller eine gelbliche Fettlache hinterlassen, die
er nun mit einem Brocken Toastbrot sorgfältig zusammenwischt und
ebenfalls im Mund deponiert. Im Addenbrooke's Hospital in Cambridge beginnt der Tag, der Landessitte gemäß, mit einer Kampfan-
sage an den Fettstoffwechsel. Um bei solcher Kost zu bestehen, ist
eine robuste Natur und ein ebensolcher Magen vonnöten. Während
die Allgemeinheit auf dem Kontinent erst zu ausgeschlafenerer Stunde
das große Schweine-Vertilgen in Angriff nimmt, ist auf der Insel so
manches Wammerl bereits zwischen 6 Uhr 30 und 8 Uhr eingespei-
chelt und verdaut worden. Tierschutzbeflissene Vegetarier, saft- und
kraftlose Gesundheitsapostel, die sich von Zeit zu Zeit zusammenrotten, um ihre vergeblichen Treibjagden zu veranstalten, haben keine
Chance. Von Cholesterin-Hochrechnungen unbeeindruckt, hält man
unbeirrt an der bewährten britischen Frühstückstradition fest. Noch
nicht einmal im Ärzte-Casino will man sich den Appetit auf Gekoch-
tes und Geräuchertes aus der Familie der Paarhufer vergällen lassen.
Dem Askese predigenden Zeitgeist abhold, sitzt daher wie eh und je
Meister Wutz samt kunstfertig tranchierter Hinterbacken auf seinem

Ehrenplatz an der Frühstückstafel und harrt der ärztlichen Verdauungssäfte. Und da der Engländer feinsinnig zwischen der lebendigen und der verzehrbereiten Zustandsform der Schweine-Existenz, zwischen »pig« und »porc« unterscheidet, steht einer großzügig auch ausgefallenere Wünsche berücksichtigenden Zubereitung des Borstenviehs nichts mehr im Wege.

Schweinernes der etwas anderen Art, jedoch keineswegs leichter verdaulich, wird unterdessen einige Häuserblocks weiter entfernt, im Biomedizinischen Forschungslabor des Addenbrooke's Hospitals zur allgemeinen Verwendung aufbereitet. Cambridge hat gute Chancen, in Zukunft das Eldorado der Xenotransplantation, der artenübergreifenden Verpflanzung von Organen, zu werden. Die Universitätsstadt mit ihren vielen Colleges beherbergt nicht nur die Crème de la Crème der Immunologen, Biochemiker und Molekularbiologen und das Europäische Zentrum für Bioinformatik, sondern bietet darüber hinaus eine exzellente Infrastruktur. Hier investieren die großen Pharmakonzerne ohne lange zu fackeln. In den Weilern und Gehöften der ländlichen Umgebung haben sich Dutzende von Forschungslabors eingenistet, die unter oft abenteuerlichen Namen ihr Know-how in den Dienst der Entwicklung genetisch besser ausgestatteter Tiere stellen. Neben Bäumen, die von fern so aussehen, als habe ein Gigant sie gerade nachlässig in die Erde gesteckt, neben sturmzerzausten, bizarr verwachsenen Vogelscheuchen, die gedankenverloren über der Frühjahrssaat klappern, bemüht sich eine »Pig Improvement Company« noch recht bieder um Schweineverbesserung im Dienste der Landwirtschaft. Untadelig der Ruf der Royal Veterinary Clinic. Londoner scheuen den weiten Weg nicht, ihre Haustiere hierher zur Behandlung zu bringen. Unter dem melancholischen Blick von Kälbern, die mit Dauerkathetern im blutverschmierten Fell in den Tierversuchsanlagen der Universität auf die nächsten Injektionen warten, wird sogar für das seelische Wohl von Tieren und deren Menschen gesorgt. Eine Arbeitsgruppe erforscht, wie die positive Wirkung des Haustieres auf das Gemüt seines menschlichen Begleiters optimiert werden kann.

In diesem verschlafenen Biotop der Teetrinker und Wetterphilosophen liegt noch manch unerfüllte Abenteuerlust brach. Zu Grenzen vorstoßen, Tabus brechen, neue Territorien erobern – unter dieser Losung zwang man hier einst Weltmeere in die Knie. Heute zieht den Wagemutigen die Medizin in ihren Bann.

Das Biomedizinische Forschungslabor, an der mit Villen und altem Baumbestand reichen Trumpington Road gelegen, die vom Stadtzentrum zur Schnellstraße nach London führt, wird in die Medizinge-schichte eingehen, denn hier ist der Arbeitsplatz des Transplantations-immunologen und Schweineliebhabers David J. White, Direktor von IMUTRAN Ltd. Hier oder an einem geheimeren Ort könnte bereits in wenigen Jahren eine Farm für Spenderorgane vom Schwein entstehen. White ist ein Wegbereiter der Xenotransplantation; sein Vorgesetzter Sir Roy Calne leitet hier seit den 60er Jahren, als er die ersten Nieren- und Lebertransplantationen wagte, ein mit jährlich über fünf Millionen Pfund gefördertes Lebertransplantationsprogramm. Pioniertaten sind hier an der Tagesordnung. Die letzte geschah im Dezember 1992, als Sir Calne die Grenzen der Chirurgie erneut überschritt. Mit Unterstüt-zung des neuen Medikaments FK 506 verpflanzte er ein dicht mit Bakterien besiedeltes Organ, bei dem besonders heftige Abwehrreak-tionen zu erwarten sind: einen Darmabschnitt.

Bombenattentaten und Telefonterror von radikalen Tierbefreiern zum Trotz, entwirft White unterdessen den idealen Organspender: das gen-technologisch manipulierte, transgene Schwein. Dem Wissenschaftler (der den Schweineorganismus inzwischen von der Schwarte bis zum Knorpel, vom Endothel, dem einschichtigen Gewebe, das Herz und Gefäße auskleidet, bis zur DNS, den Bausteinen des Erbmaterials kennt) gelang, wovon andere nicht zu träumen wagten. Eine neue Schöpfung, ein Golem der Biotechnik, gebildet nicht aus Lehm, son-dern aus der befruchteten Eizelle der Sau und einigen aus DNS-Strän-gen herausgeschnittenen menschlichen Genpartikeln, die durch Mikro-Injektion in das Ei befördert wurden und sich nun mit ihren Informa-tionen an der Zelloberfläche des Schweines einnisten. Erstes Etappen-ziel: die Verpflanzung eines Schweineherzens auf den Menschen. Während White und sein Team fieberhaft daran arbeiten, eine Zucht-linie transgener Schweine zu etablieren, sitzt im Papworth-Hospital im Nachbarort Huntingdon bereits das Chirurgenteam unter der Leitung des Herzchirurgen John Wallwork in den Startlöchern. Sie alle verbin-det der Ehrgeiz, Europas erste Verpflanzung eines transgenen Tierher-zens auf den Menschen zu erreichen. In weniger als zehn Jahren könnte dann die erste Schweinelunge übertragen werden. Auf ihren Lungen-bläschen werden menschliche Proteine wachsen, die eine Art geneti-scher Mimikry bilden und die Immunabwehr des Empfängers täu-schen. Dieses Manöver ist notwendig, denn aller vordergründigen Ähnlichkeit in Physiognomie und Wesen ungeachtet, ist der Mensch mit dem Schwein keineswegs so nahe verwandt, daß die immunolo-gische Abwehr nicht von sich aus zusammenbrechen würde, sobald ein Schweineorgan nicht mit Messer und Gabel, sondern mit Nadel und Faden dem menschlichen Körper zugeführt wird. Obgleich manche Zeitgenossen bereits so agieren, als sei ihnen die Zwitterexistenz von Humanem und Schweinernem längst in Fleisch und Blut übergegangen, gelingt es dank wissenschaftlicher Intervention, daß zu guter Letzt auch zusammenwächst, was zusammengehört.

Warum überhaupt Xenotransplantation? Die Schere zwischen Bedarf und Verfügbarkeit von Spenderorganen klafft immer weiter auseinander. Allein in den USA wird im Jahr 20.000mal die Indikation zur Herztransplantation gestellt; dem stehen jedoch nur 2.000 tatsächlich ausgeführte Herzverpflanzungen gegenüber. Selbst wenn die Bereitschaft, im Falle eines Unfalls oder plötzlichen Todes die eigenen Organe zu spenden, wachsen würde, blieben geeignete Spenderorgane, die gesund und mit dem Gewebe des Empfängers gut übereinstimmen müssen, knapp. Der Boom der Transplantationschirurgie, die in den letzten zehn Jahren noch Zuwachsraten bis um den Faktor 200 verzeichnen konnte, ist dahin. Mit ihren gigantischen Kosten, die sich bei einem Patienten nach Abstoßung und erneuter Transplantation leicht auf bis zu einer Million Mark belaufen können, zwingt sie die Gesellschaft, sich mit ihren knapper werdenden Ressourcen auseinanderzusetzen. Nicht nur mangelnde Spendebereitschaft, auch der Pflegekräftenotstand und die Knappheit an Betten auf Intensivstationen haben zu Stagnation und Rückgang der Organverpflanzungen beigetragen. Dagegen blüht der Handel mit Organen in den unterentwickelten Ländern der sogenannten Dritten Welt. Um Organe zu entnehmen, werden von der gut organisierten Organ-Mafia gesunde Menschen, Arme oder obdachlose Straßenkinder, verstümmelt und getötet.

Was liegt da näher, als nach nicht-menschlichen Organquellen zu suchen, mit denen zwar nicht die Kosten, jedoch zumindest die Organknappheit und der moralische Druck, eine Selektion zwischen den Patienten vorzunehmen, gelindert werden könnte? Ohne jegliche Skrupel oder zwischenartliche Berührungsängste werden schon heute Organteile des Tieres in den Menschen verpflanzt. Herzklappen vom Schwein wechseln ebenso wie die Schweinehaut, die Hornhaut des Auges und Inselzellen ihren Besitzer. Komplikationen, die auf Gewebeunverträglichkeit zurückgehen, sind bei diesen einfachen Gewebestrukturen gering.

Wenn aus der Geschichte der Medizin eine Lehre gezogen werden kann, dann die, daß es nicht nur keine Grenzen für die Phantasie gibt, sondern längst keine Grenzen mehr für das, was technisch machbar ist. Was heute noch Kopfschütteln hervorruft und den Überbringer der Nachricht als armen Spinner oder verkannten Science-Fiction-Autoren erscheinen läßt, gehört morgen schon zum Inventar der seriösen Schulmedizin. Grenzen zu überschreiten ist das Wesen der Wissenschaft. Vom Herzkatheter bis zur Atheroskopie, von den bildgebenden Verfahren bis zur Minimal Invasiven Chirurgie, die mit Kamera und Trokar bis in die verborgensten Winkel des Körpers vorzudringen vermag, scheinen – außer den Beschränkungen der finanziellen Mittel und der keineswegs grenzenlosen Belastbarkeit des menschlichen und tierischen Organismus' – für die Medizin keine Grenzen mehr zu existieren. Ein abfälliger Kommentar »Mit so was können Sie im Zirkus auftreten«, wie ihn vor 80 Jahren Ferdinand Sauerbruch von seinem Lehrer zu hören bekam (er stellte diesem seine neue Erfindung, die Unterdruckkammer, vor; durch sie wurde Sauerbruch schließlich zum Pionier der Chirurgie am offenen Brustraum), kommt heute so leicht keinem Arzt mehr über die Lippen. In diesem Berufsstand hat man längst gelernt, das Unvorstellbare, die Ausnahmesituation als die eigentliche Wirklichkeit zu akzeptieren. Und leider gilt ebenfalls: kein Horrorszenario, entworfen von einem Skrupellosen oder Besessenen, das nicht eines Tages Wirklichkeit geworden wäre. Nicht umsonst meinen Kritiker bereits heute, wer sein Leben mit einer Transplantation verlängert, nähme den Tod in Kauf. Für die Zukunft könnte das bedeuten, das nicht kalkulierbare Risiko einer Kettenreaktion in der menschlichen Erbsubstanz in Kauf zu nehmen. Freilich arbeiten die Wissenschaftler im Auftrag einer Gesellschaft, die bereit ist, alles Machbare einzuklagen, wenn es ihr nicht aus freien Stücken gewährt wird, auch wenn sie sich wegen der zahllosen Opfer moralisch entrüstet. Viele Betroffene setzen die Ärzte unter Druck und fordern ein Organ, egal, woher es kommt, was es kostet oder wer dafür sterben mußte. Von den negativen Folgen haben sich die Auftraggeber noch immer distanziert und zeigten, gestern wie heute, wenig Bereitschaft, die Verantwortung für ihr Handeln zu übernehmen.

Die Träume der Chirurgen: Xenotransplantation

Die Geschichte der wissenschaftlichen Xenotransplantation, der Verpflanzung von Tierorganen auf Menschen, begann bereits Anfang dieses Jahrhunderts. 1905 verpflanzte der französische Chirurg M. Princeteau eine Kaninchenniere auf ein Kind im Endstadium der Niereninsuffizienz. »Die unmittelbaren Ergebnisse waren ausgezeichnet. Das Urinvolumen stieg an, das Kind hörte auf zu erbrechen«, berichtete der Chirurg voller Stolz. Daß das Kind immerhin noch 16 Tage mit der Kaninchenniere lebte, bevor es an einer Lungenstauung starb, mochte damit zusammenhängen, daß die Immunabwehr in der Kindheit – ebenso wie im hohen Lebensalter – nicht so heftig reagiert wie bei Erwachsenen. Der deutsche Chirurg Ernst Unger verpflanzte 1918 die Niere einer Makakke, eines Schweineaffen. Doch der Patient verstarb 32 Stunden nach der Operation an einer Thrombose. 1923 verpflanzte H. Neuhof die Niere eines Schafes in einen Patienten mit tödlicher Quecksilbervergiftung. Der Patient starb nach neun Tagen. Erst ein halbes Jahrhundert später kam es zur zweiten Welle von Xenotransplantationen. 1963 verpflanzte Keith Reemtsma von der Tulane Universität in New Orleans Schimpansennieren auf Menschen mit lebensbedrohlichen Nierenkrankheiten. Obwohl Schimpansen mit dem Menschen nahe verwandt sind und neben den Blutgruppen A und Null auch ihre Nierenfunktionen mit denen des Menschen große Ähnlichkeit zeigen, überlebte keiner der Patienten aus dieser Versuchsgruppe. Doch weil die medikamentöse Unterdrückung der Immunabwehr in diesen Jahren noch in den Kinderschuhen steckte, kann es als Erfolg gelten, daß ein Patient immerhin neun Monate mit der Schimpansenniere überlebte, bevor er an einer Infektion starb.

Bis zu Peter Medawars – er erhielt dafür den Nobel-Preis – und Roy Calnes legendärer Entdeckung der Rolle der biochemischen Immunabwehr bei der Transplantatabstoßungsreaktion glaubten die Chirurgen nämlich, es nur mit einem mechanischen Problem zu tun zu haben: War das Organ groß genug, um die durch die Explantation des kranken Organs entstandene Körperhöhle zu füllen, waren die Gefäße, die Blut- und Nervenbahnen, die Muskeln präzise angeschlossen? Über Tod und Leben entschied dagegen die hyperakute und die chronische Abstoßung: Das Spenderorgan wird entweder in Sekunden dahingerafft und von Gangrän zerfressen, oder es sieht nach einem schleichenden Gewebe- und Gefäßzerfall aus wie ein »entlaubter Baum« und stirbt langsam ab. Je enger die genetische Verwandtschaft, desto schwächer und verzögerter tritt die Transplantatabstoßung ein. Verhindern läßt sie sich jedoch sogar bei Artengleichheit, etwa von Hund zu Hund oder Mensch zu Mensch, nicht.

Claus Hammer vom Institut für Experimentelle Chirurgie der Universität München in Großhadern konnte die Überlebenszeit der Tiere nach konkordanten Transplantationen (zwischen Arten, die sich genetisch nahe stehen) verlängern. Wenn Nieren und Herz von Füchsen auf Hunde transplantiert wurden, überlebten die Hunde bis zu drei Wochen. Innerhalb weniger Minuten, ja Sekunden dagegen zerfällt das Organ nach diskordanten Transplantationen, etwa zwischen Wolf und Schaf. Der Münchner Wissenschaftler will es nicht bei der Verpflanzung von Organen belassen. Er will auch Gliedmaßen, vorzugsweise von Primaten, verpflanzen. Utopisches Denken im Zeitalter der Gentechnik: Sieht denn ein Gorilla- oder Schimpansenarm am Rumpf eines Amputierten nicht besser aus als eine High-Tech-Prothese? Aus Symmetriegründen empfiehlt es sich allerdings, auch den gesunden Arm des Menschen zu ersetzen. Vielleicht könnten sich Fitnessbegeisterte sogar aus ästhetischen Gründen zu diesem Eingriff durchringen. Diese artenüberschreitende Korrektur könnte in Zukunft zwar nicht das Klavierspielen, wohl aber das Bergsteigen erleichtern. Die Grenze zwischen Science und Science Fiction ist hier aufgeweicht.

Manche der chirurgischen Experimente scheinen direkt dem Horrorkabinett eines Dr. Frankenstein entsprungen zu sein. Noch bis vor wenigen Jahren konnten – jenseits aller tierschutzrechtlichen und ethischen Skrupel – Forscher ungehemmt ihre Phantasien ausleben und, von Neugierde und Manipulationslust getrieben, alles ausprobieren, was nur irgend möglich war: Tieren wurden Köpfe und Gliedmaßen verpflanzt, und es wurde probiert, wie der aufrechte Gang des Menschen bei einem Tier chirurgisch hergestellt werden kann. Da wurde am lebenden Tier geforscht, als würde es sich um ein gefühlloses Uhrwerk handeln. Unter dem Etikett »Grundlagenforschung« wurde oft nur eine sadistisch eingefärbte wissenschaftliche Neugierde befriedigt, die sich selbst mit verwegener Begründungsakrobatik frei sprach. Das Argument, es handele sich um einen für die Gesundheit des Menschen unabdingbaren Erkenntnisgewinn wurde und wird mißbraucht. Viele abwegige, ja perverse Experimente haben die Disziplin der Xenotransplantation mit ihrem extrem hohen Tierverbrauch in Mißkredit gebracht.

Auch der Fall »Baby Fae« ramponierte den Ruf. 1984 verpflanzte Leonard Bailey vom Linda Loma Krankenhaus in Kalifornien ein Pavianherz auf ein neugeborenes Kind mit einem angeborenen Herzfehler. Das Baby starb nach 20 Tagen. Was als Überbrückungsmaßnahme begründet wurde, bis ein geeignetes menschliches Organ gefunden war, erschien der Öffentlichkeit als ethisch nicht vertretbarer Menschenversuch. Nicht alles medizinisch Machbare dürfe auch gemacht werden, hieß es erstmals.

Doch die Wissenschaftler begannen, ihre Aktivitäten weltweit zu koordinieren und riefen 1988 einen »Club Xeno« ins Leben. Im August 1991 veranstaltete die interdisziplinäre Arbeitsgruppe den Ersten Internationalen Kongreß der Xenotransplantation in Minneapolis. 1992 schlitterte die Erfolgsgeschichte der Xenotransplantation dann ihrem vorläufig letzten Höhepunkt entgegen:

Organspender wider Willen

Thomas Starzl, der 1963 als erster Chirurg eine Leber von Mensch zu Mensch verpflanzte, wollte fast drei Jahrzehnte später noch einmal Nägel mit Köpfen machen. Am 28. Juni 1992 verpflanzte er die Leber eines Pavians. Der Spender, dessen Name ungenannt blieb, war ein 15 Jahre alter, 26 Kilo schwerer, stattlicher Pavianherr in seinen besten Jahren, der für das finale Unternehmen eigens aus dem sonnigen San Antonio ins Presbyterianische Krankenhaus nach Pittsburgh eingeflogen wurde. Der menschliche Empfänger war 35 Jahre alt und unheilbar krank, infiziert nicht nur mit dem Hepatitis-B-Virus, sondern auch noch mit dem Aids-Erreger. Es lohnte nicht, ihm eine Leber vom Menschen zu transplantieren. Binnen kurzem wäre sie von den Hepatitis-B-Viren wieder zerstört worden. Der Pavian hatte das Pech, diesen für den Menschen gefährlichen Viren gegenüber resistent zu sein. Über seine Meinung hinsichtlich der ihm aufgenötigten Spendebereitschaft kann nur spekuliert werden. Die Meinung des Empfängers dagegen wurde eingeholt; dieser hatte freilich kaum eine andere Wahl. Empfänger und Spender verband ein ähnliches Schicksal: Von Freiwilligkeit im herkömmlichen Sinn konnte bei keinem der beiden die Rede sein.

Elf Stunden lang operierten 25 Ärzte in zwei Teams an den beiden. An die Stelle seiner drei Pfund schweren, von Viren zerstörten Leber erhielt der Mensch die nur 600 Gramm schwere, dafür aber gesunde Leber des Pavians. »Die Leber sieht aus, wie die eines 13jährigen Jungen«, meinte ein Chirurg, bevor er sein Besteck zur Seite legte. Der Patient hatte dennoch den besseren Tausch gemacht, denn der Pavian starb. Das Tierorgan gedieh im zerrütteten Körper des Menschen und war nach vier Wochen so groß wie eine Menschenleber. Kritiker lästerten, hier habe es sich lediglich um eine Leberschwellung im Verlauf der Abstoßung gehandelt. Immerhin erholte sich der Patient unter 14 Bluttransfusionen und massivem Geschütz von immunsupprimierenden Medikamenten kurzfristig. Er gewöhnte sich sogar daran, daß seine Leber auf Affenniveau arbeitete. Sein täglicher Cocktail bestand in diesen trüben Tagen aus so exotischen Ingredienzien wie dem japanischen FK 506, dem Steroid Prednison, Cyclophosphamid, das Tumorwachstum unterdrückt, und Prostaglandinen gegen die Entzündung. Wenig Trost mochte er zu diesem Zeitpunkt daraus ziehen, daß sogar Hamsterlebern, auf Ratten transplantiert, diese Tortur überlebten, bis sie nach Ablauf der eingeplanten Beobachtungszeit durch Dekapitation (Kopf ab) getötet wurden.

»Transplantation gelungen – Patient tot«, mußten die Ärzte am 6. September feststellen. Der Patient war an einem Gehirnschlag, ausgelöst von einer die Gefäße angreifenden Schimmelpilzinfektion gestorben. Der Optimismus der Ärzte war jedoch ungebrochen. Immerhin hatte ihr Patient seinen Spender um 70 Tage überlebt. »Die Pavianleber wenigstens hat das einigermaßen gut überstanden und sieht noch ganz frisch aus«, meinte der Pathologe Anthony J. Demetris bei der Autopsie. Auch Starzl fand: »Die Pavianleber hatte die Chance zu überleben und war keineswegs völlig ruiniert, sondern kam am Ende des Tunnels in einer ziemlich guten Kondition heraus.« Dennoch wagte Starzl sich nicht mehr in den Tunnel und schöpfte die vier Paviane, die ihm von der Klinik noch genehmigt wurden, nicht aus. Nach einem zweiten Versuch, der ebenfalls mit dem Tod des Patienten endete, wurde es still in Pittsburgh.

Rudolf Pichlmayr, der Papst der deutschen Transplantationsmedizin, der an der Medizinischen Hochschule Hannover dem Sonderforschungsbereich mit dem unverfänglichen Namen »Immunreaktionen und Pathomechanismen bei Organtransplantationen« vorsteht (dieser Bereich wird unter der Projektnummer 265 von der Deutschen Forschungsgemeinschaft jährlich mit zwei Millionen Mark finanziert), orakelt mit kritischer Vorsicht: »Ich würde das zur Zeit nicht machen. Die klinischen Versuche sind nicht gut gegangen, obwohl sie natürlich sehr viel an Wissensvermehrung gebracht haben. Im Moment sollte man das nicht tun, wenn man nicht ein ausgesprochen klares Forschungsprojekt damit verbindet und die Ethikkommission das in einem spezifischen Fall legitimiert. Aber dennoch ist die Xenotransplantation ein Gebiet mit Zukunft. Und es könnte alles auch einmal sehr schnell gehen.« Auch White glaubt, daß die amerikanischen Chirurgen mit der Wahl von Primaten als Organspender auf das falsche Pferd gesetzt haben. Obwohl es sich hier um konkordante Transplantationen zwischen nahen Verwandten handelt, bestehen doch erhebliche, nicht überbrückbare Probleme auf Grund der unzureichenden Organgröße. Eigentlich sollten Primatenorgane nur auf Kinder transplantiert werden. Zudem sei bei Primaten kaum eine Akzeptanz der Öffentlichkeit zu erreichen. Schimpansen stehen unter Artenschutz, und auch eine Organernte unter Pavianen würde den Menschen vermutlich ziemlich an die Nieren gehen. Das Schwein hingegen ist billig, leicht zu halten und vermehrungsfreudig. Zudem können Schweineorgane in allen Größen gezüchtet werden. »Da niemand wegen der ethischen Vertretbarkeit des Verzehrs von Schweineschnitzeln eine Debatte vom Zaun brechen wird, hätten auch die Tierschützer wenig Argumente«, betont White. Immerhin werden allein in den USA im Jahr 90 Millionen Schweine geschlachtet, um den Nachschub an Hamburgern und Frankfurtern zu sichern. Die 200.000 Schweine, die für die Xenotransplantation und deren Erforschung veranschlagt werden, fallen da kaum mehr ins Gewicht. Erst wenn die Bevölkerung das Schwein als anhängliches, reinliches und intelligentes Haustier entdeckt, könnte die Entwicklung noch aufgehalten werden.

Der Xenotransplantation stellen sich viele Hürden in den Weg. Die erste ist die Immunabwehr. Bei diskordanter Transplantation entsteht ein Faß ohne Boden. Ist ein Problem gelöst, brechen neue Probleme auf. Die Arbeit des Transplantationsimmunologen ist daher wie die Arbeit des Sisyphos. Der Grund: Die biologische Abwehr fährt mehrgleisig und besteht aus einer spezifischen und unspezifischen humoralen und zellulären Abwehr. Sie ist wie ein gigantisches, aus Millionen von Bausteinen bestehendes Spinnennetz, dessen einziges Ziel es ist, den Organismus vor Eindringlingen zu schützen. Angeborene natürliche Antikörper gegen Schweinezellen sind ständig auf der Pirsch, um den Feind aufzuspüren und zu vernichten. Wie viele angeborene natürliche Antikörper einer Art gegen eine andere produzieren kann, hängt vom phylogenetischen Stammbaum ab: Im Unterschied zu Zebra und Ziege produziert der Mensch zwar weniger, aber immer noch so viele natürliche Antikörper gegen die Endothelzellen des Schweines, daß eine tödliche Abstoßungsreaktion in Gang gesetzt wird.

Um die Transplantation eines Schweineherzens auf einen Menschen am Tiermodell zu simulieren, werden Schweineherzen auf Paviane verpflanzt: Sofort setzen sich natürliche Antikörper an die Oberfläche des Endothelgewebes und aktivieren das Komplementsystem. Komplemente sind 11 Gruppen von Eiweißkörpern, die im Blutplasma des Menschen und vieler Tiere schwimmen. Sobald eine fremde Zelle auftaucht, wird das Komplementsystem durch den Antigen-Antikörper-Komplex aktiviert und vernichtet den Eindringling. In der Folge einer Enzymkaskade entstehen Thrombosen und Gefäßinfarkte an den Gefäßen des Herzens. Das Organ zerfällt in einer hyperakuten Abwehrreaktion oft in Sekunden unter den Augen des Chirurgen.

Bei konkordanten Transplantationen fehlt diese hyperakute Abstoßung. Hier steht die chronische Abstoßung im Mittelpunkt, die mit Medikamenten, freilich um den Preis ernster Nebenwirkungen, wie der Gefahr des Tumorwachstums, unterdrückt werden kann. Mit Immunsupressiva gelingt es, die Überlebenszeit des Transplantats zu verlängern und dem Patienten eine zweite Transplantation zu ersparen. Doch die medikamentöse Unterdrückung einer Abstoßung ist immer nur ein Waffenstillstand auf Zeit und keineswegs vergleichbar mit einem friedlichen Zusammenleben von Empfängerorganismus und Spenderorgan. Unzählige Antikörper zirkulieren weiterhin im Kreislauf, immer nach einer verdächtigen Zelle Ausschau haltend, die das Abstoßungsgeschehen wieder mit voller Wucht in Gang setzt. Einen Durchbruch brachte noch nicht einmal das als »japanische Wunderwaffe« gefeierte Medikament FK 506. Vergleiche mit den herkömmlichen Immunsuppressiva wie Cyclosporin A ergaben, daß die vermeintliche Waffe stumpf ist. FK 506 schnitt keineswegs besser ab. Der einzige Unterschied liegt im extrem hohen Preis und seiner schlechteren Verfügbarkeit.

Die medikamentöse Immununterdrückung würde sich erübrigen, wenn der Empfänger »lernen« könnte, das neue Organ immunologisch zu tolerieren. Dies ist allerdings erst im Tierversuch erfolgreich. S.G. Tullius aus Boston verpflanzte Nieren auf Ratten, entnahm sie dann wieder, konservierte sie außerhalb des Körpers der Ratte und re-implantierte sie dann zum zweiten Mal. Dadurch gelang es ihm, die Kaskade der Abwehrvorgänge zwischen Empfängerorganismus und Spenderorgan zum Stillstand zu bringen. Experten befürchten, daß diese »am Rattenmodell« geübte Operationsmethode nicht ohne weiteres auf den Menschen übertragbar ist. Wer würde sich schon freiwillig dieser Prozedur unterwerfen?

Ein anderes Verfahren, die Toleranz zwischen Spender und Empfänger zu fördern, ist, dem späteren Empfänger Knochenmark des Spenders zu injizieren, dem zuvor durch Bestrahlung und Absaugtechniken alle aggressiven T-Zellen entzogen worden sind. Im Knochenmark des Empfängers entsteht daraufhin ein Chimärismus: Spender- und Empfängerzellen wachsen einträchtig nebeneinander. Die neuen Zellen speichern nun zwei Identitäten und greifen nach der Transplantation das Spenderorgan nicht mehr an. Mit dieser Methode konnte die Zeit bis zur Organabstoßung bei konkordanten experimentellen Xenotransplantation zwischen Maus und Ratte verlängert werden. Sogar bei diskordanten Transplantationen überlebten die Nieren eines Schweines, die auf einen Affen übertragen wurden, noch neun Tage lang.

Bei einer weiteren Methode wird die hyperakute Abstoßung des Tranplantats verhindert, indem die natürlichen Antikörper des Empfängers eliminiert werden. Mittels Plasmapharese wird das Blut des Empfängers durch eine Maschine geleitet, wodurch alle Antikörper, wie der »Sofort-Antikörper« IgM (Immunglobulin M), herausgewaschen werden. IgM kann übrigens auch entfernt werden, wenn man das Blut des Empfängers durch ein Organ des Spenders, etwa eine Schweineniere, zirkulieren läßt. Dadurch verbinden sich die Antikörper mit den Endothelzellen der Schweineniere.

Die Antikörperproduktion kann zudem durch Medikamente oder monoklonale Antikörper gegen IgM unterbunden werden. In all diesen Fällen währt der Erfolg jedoch nur kurz. Nach mehreren Tagen oder Wochen ist der Antikörper-Spiegel wieder auf dem ursprünglichen Niveau.

Erst wenn die Erbanlagen selbst durch gentechnologische Manipulation verändert werden, um das Gewebe des Spenders mit dem des Empfängers genetisch in Übereinstimmung zu bringen, ist das Übel an der Wurzel gepackt.

Erzmutter der anderen Art: Astrids unbefleckte Empfängnis

Der Gentransfer kann vielen Herren dienen. Dazu gehört die Züchtung von Tieren, die Krankheiten gegenüber widerstandsfähig sind. Diese genetische Immunisierung gelang auch andernorts: Gottfried Brem vom Institut für Molekulare Tierzucht der Universität München schaffte es bereits vor einigen Jahren, einen in der Maus identifizierten, für das Grippevirus zuständigen Genabschnitt in die Ribonukleinsäure (RNA) des Schweines einzubauen und damit ein transgenes gripperesistentes Schwein zu züchten. »Doch dann mußte ich die Tiere zur Tierverwertung geben«, klagt er. Sein Projekt fiel der »deutschen Gen-Bürokratie« zum Opfer. Brem will nach Österreich emigrieren.

White hatte mehr Glück. Allerdings fing er klein an: Sein erstes Modell war die Maus. Er wollte menschliche Komplemente in die DNS der Maus einbauen. Schließlich gelang ihm die Übertragung des menschlichen DAF-Gens (Decay Accelerating Factor). Dieses Gen steuert die Funktionen des Komplementsystems, das bei der »Transplantat gegen Wirt«-Reaktion die Fäden zieht. Ein Mausorgan, daß diese Zellinformationen trägt, wäre folglich im Falle einer Verpflanzung auf den Menschen davor geschützt, von der Immunabwehr des Menschen erkannt und zerstört zu werden. White prüfte seinen transgenen Nager nun auf Herz und Nieren und stellte ernüchtert fest, daß dieser auch als Mega-Maus etwa mit eingebautem menschlichem Größenwachtums-Gen, einem Hominiden nie das Wasser, geschweige denn das Herz würde reichen können. »Da es eher unwahrscheinlich ist, daß wir jemals ein Mäuseherz auf den Menschen verpflanzen, mußte ich wohl oder übel auf eine größere Spezies umsteigen.« Vor die Wahl gestellt, nun die experimentelle »Ochsentour« zu absolvieren, zog er es vor, einige Stufen auf der Evolutionsleiter zu überspringen. So kam White auf das Schwein.

White wählte einen robusten Bastard zwischen der englischen Landrasse und der Large-White-Rasse. Er befruchtete nun eine jungfräuliche Sau und versetzte das befruchtete Ei zusätzlich mit einem menschlichen Gen-Cocktail. Nach etlichen Versuch-und-Irrtum-Runden geschah das transgene Wunder. Am symbolträchtigem Vorabend des 24. Dezember 1992, dem Heiligen Abend der Gentechnologie, erblickte es das Licht der Welt: ein transgenes, weibliches Ferkel. Eine Erzmutter der anderen Art, durch In-Vitro-Fertilisation, ohne die sonst auch unter Schweinen üblichen befleckenden Empfängnisaktivitäten gezeugt, das weibliche Pendant eines anderen Erlösers, der vor 2.000 Jahren versuchte, die Welt zu retten. »Ich habe den Himmel an diesem Abend sofort nach Sternen abgesucht«, schwärmt White. Halley ließ sich jedoch nicht blicken. Um das Ereignis zu feiern, griff White tief in die Tasche und spendierte seinen Mitarbeitern etliche Flaschen erstklassigen Champagners. Als erste ihrer Art sollte das Schwein neben der Registriernummer einen Namen erhalten. Alpha, Almuthe, Asterix? Bereits beschwipst, einigte man sich auf »Astrid«.

White ist begeisterungsfähig. Und er hat ein Herz für München. Dazu fällt ihm zwar, wie der Mehrheit seiner weniger intelligenten Landsleute, ebenfalls nur »Oktoberfest« und »Weißwurst« ein, doch er ist aufrichtig irritiert, als ich ihn darauf aufmerksam mache, daß die

Weißwurst nun gerade nicht aus Schweinefleisch gemacht wird. Mitfühlend bringe ich die Schweinswurst ins Spiel, die sich ja ebenfalls großer Beliebtheit erfreut, und White findet seinen Faden wieder: »Das Schwein ist der ideale Organspender der Zukunft. Es ähnelt dem Menschen nicht nur in vielen Enzymaktivitäten, sondern auch anatomisch.« Gewicht und Organgröße stimmen. Während den 70 Kilo Körpergewicht des Menschen nur 16 Kilo des Pavians gegenüberstehen, herrscht zwischen Mensch und Schwein ein beruhigendes Gleichgewicht. Das Organwachstum eines verfressenen Schweines geht mitunter recht schnell vonstatten, was für den potentiellen Empfänger äußerst nützlich werden könnte. Wie der Mensch, neigt das Schwein allerdings zu Ernährungssünden, Übergewicht und Kreislaufschwäche. Diese könnte sich als Pferdefuß erweisen. Was wäre, wenn transgene Schweine sich irritierbar, herzschwach, ja hypochondrisch gebärdeten? Der wichtigste Pluspunkt: Das Schwein erfreut sich hoher Akzeptanz. Schließlich ist es Bestandteil der Nahrung. Für den Aufschrei der Tierschützer hat White kein Verständnis. Der Mensch hat sich schon immer an der Natur bedient, ohne an die Folgen zu denken. »Dann müßte man sogar Schnitzel verbieten«, schiebt er bissig nach.

Im Gegensatz zu ihren Brüdern und Schwestern in den Massenzuchtbetrieben sind Astrid und ihre Nachkommen privilegiert. Als unersetzbares Biomaterial werden sie gehütet wie ein rohes Ei. Der Schweine-Adel mit den besonderen Erbanlagen darf sich nicht auf verseuchtem Naturboden unter ozonverstrahltem Himmel austoben, sondern lebt bei ausgewogener Diät auf Spezial-Einstreu in einem sterilen Fünf-Sterne-Gefängnis. Das Labor mit seinen auf Schweinemaß zugeschnittenen Operationstischen ist gekachelt und wird täglich desinfiziert. Als Organspender müssen die Schweine weitgehend keim- und krankheitsfrei sein. Nur so werden ihre Innereien für den späteren Empfänger nicht zum tödlichen Infektionsherd. Hochsensiblen Missiles in Beton-Silos gleich, werden die wertvollen Versuchstiere von einem Versteck zum anderen verschoben, denn radikale Tierschützer haben sich an ihre Fersen geheftet: Wie der Teufel hinter der armen Seele sind sie hinter allem her, was genetisch nicht rasserein ist.

Ihr kurzes, durch zahllose Narkosen, Blut- und Gewebe-Entnahmen punktiertes Versuchsleben lang bleiben die Schweine gefährdet und gefährlich zugleich. »Wir erlauben Astrid sogar, die Geschlechtsreife zu erreichen«, betont White. Das dauert bis zu 16 Monaten. Dann wird die Dame mit einem bürgerlichen Schwein gekreuzt, indem ihre Eier künstlich befruchtet werden. Nach der Trächtigkeit von drei Monaten, drei Wochen und drei Tagen, die auch von einer Leihmuttersau erledigt werden kann, züchten die Forscher streng nach Mendels Vererbungsgesetzen mit ihren transgenen Nachkommen weiter, bis eine stabile transgene Zuchtlinie etabliert ist. Zu diesem Zeitpunkt ist Astrid freilich längst geschlachtet, pardon, explantiert worden.

In der letzten Verwertungsstufe werden Astrids Organe experimentell transplantiert, um mehr über die Mechanismen der Immunabstoßung zu erfahren. Die Checkliste der Wissenschaftler ist noch lang. Da nicht alle Ferkel eines Wurfs die menschlichen Genpartikel mit ihren Erbinformationen in ihren Erbanlagen zum Ausdruck bringen, sind Kreuzungen über mehrere Generationen nötig, um die eingeschleusten menschlichen Erbinformationen in mehreren, nicht zu eng miteinander verwandten Schweinen wiederzufinden und mit ihnen eine Zuchtlinie zu etablieren. Trotz der Mehrlingsgeburten ist dies ein zeitaufwendiges Unterfangen. Zudem müssen die Tiere noch Hunderten von Tests und experimentellen Transplantationen unterzogen werden, bis ihre Organe erstmals auf den Menschen verpflanzt werden können. Die Schweinezucht in den britischen Labors schreitet inzwischen munter voran. White und seinem Team gelang es mit der bereits bei Astrid erprobten Methode, weitere transgene Ferkel zu produzieren. »In drei bis fünf Jahren können wir mit den klinischen Versuchen am Menschen beginnen«, tönt es hoffnungsvoll aus Cambridge.

Unvorhergesehene Notfälle, ein couragierter Chirurg, der ein Leben retten will und glaubt, dies nur mit einem Schweineherzen zu vermögen, könnte Whites Zeitplan allerdings über den Haufen werfen. Der will nämlich die Erbanlage der Schweine nacheinander mit allen 11 Eiweißkörpern des menschlichen Komplementsystems, die über die Gewebeverträglichkeit entscheiden, ausstatten. Whites Hypothese: Ein Schweineorgan, das mit Erkennungsmolekülen des menschlichen Gewebes ausgestattet ist, kann vom menschlichen Immunsystem nicht mehr als fremd erkannt werden. Stattdessen wird es wie ein menschliches Organ toleriert. Dadurch würden zwei Fliegen mit einer Klappe geschlagen: Die hyperakute Abstoßung bleibt aus und der Organempfänger kann darauf verzichten, lebenslang Medikamente einzunehmen. »Wir versuchen nichts anderes, als das Immunsystem auszutricksen«, betont White. »Wir wissen jetzt, daß wir transgene Schweine machen können, die das menschliche Komplementsystem unterlaufen könnten.«

Ob dieses Täuschungsmanöver auf Dauer gelingt, ist fraglich. Das Abwehrsystem hat nämlich das Gedächtnis eines Elefanten. Schon Kinder wissen, daß das Spiel mit Masken und Verkleidungen einen natürlichen

Feind hat: die Beobachtungsgabe und das Lernvermögen. Ein-, zwei-, dreimal läßt sich der Mitspieler an der Nase herumführen. Doch sehr schnell kennt er die Masken. Und während das Spiel von der Ambivalenz lebt, jener Spannung, die entsteht, wenn der Betrug geahnt, aber dennoch lustvoll fortgesetzt wird, akzeptieren Antikörper solche Spitzfindigkeiten nicht. Hier gilt: Alles oder Nichts. Dieses Schwarz-Weiß-Denken des Immunsystems scheint auch dessen Erforscher zu infizieren: Das mechanistische Weltbild feiert unter dem Vorzeichen der Gentechnologie gerade seine Auferstehung. Die Gen-Ingenieure erinnern sich nicht mehr an die nützliche Erkenntnis, daß das Ganze mehr ist als die Summe seiner Teile und schieben mit kindlicher Lust Genpartikel wie Mosaiksteinchen hin und her, multiplizieren sie, erzeugen Klone, in der Hoffnung, das Fundament der Biologie, jenes eherne Naturgesetz, die Unterscheidung zwischen fremd und eigen zu sprengen und die Immunabwehr zu übertölpeln. Unterschätzen die Bio-Ingenieure das Immunsystem? Ahnen sie nicht, daß eine Vielzahl von Faktoren den einmal erreichten Burgfrieden wieder gefährden können, wie dies bei Infektionskrankheiten der Fall ist?

Ein anderer Wissenschaftler hat darauf eine Antwort parat. Fritz Bach, der am Sandoz-Forschungszentrum für Immunbiologie in Wien arbeitet und als Speedy Gonzales der Wissenschaft einmal im Monat an seinen zweiten Arbeitsplatz, an die Harvard Medical School in Boston jettet, hofft auf die Fähigkeit des Immunsystems, sich an das fremde Organ unter der Tarnkappe zu gewöhnen. »Wird demnächst ein transgener Schweinejüngling aus der ehemaligen K.u.K.-Monarchie zum Begattungsakte gen Cambridge lustwandeln oder vielmehr als Asservat per Luftfracht zur jungfräulichen britischen Sau verbracht?« Die Chancen des Ebers stünden nicht schlecht, denn zumindest Versuchstieren werden die rigiden britischen Quarantäne-Bestimmungen erspart. Aber nein: Bach hat das Experimentieren mit transgenen Tieren derzeit eingestellt und untersucht stattdessen die Frage der Toleranz.

Bach beobachtete, daß sich ein Organismus, hat er erst einmal die ersten Wochen mit dem fremden Organ überstanden, auch ohne Krücken (medikamentöse Immunsuppression und Eliminieren der Antikörper) mit dem fremden Organ überleben kann. Und wenn die Zahl der Antikörper in seinem Organismus langsam wieder steigt, geschieht das Erstaunliche: Sie scheinen sich mit dem fremden Organ zufriedenzugeben, bekämpfen es nicht länger. Allerdings geschieht dies nicht zwangsläufig. Bach, der Spiritus rector der Xenotransplantation, will die Frage beantworten, von welchen Faktoren diese Gewöhnung abhängt. Er setzt dabei auf das Endothelgewebe. Hier, an der untersten Stufe der Immunkaskade, am Gewebe, das durch Gerinnungsstörungen, Bildung von Zellgiften und Ödemen zerstört wird und in sich zerfällt, ist schließlich der Tatort der Transplantat-Abstoßung. »Entscheidend ist zu verstehen, wie die Endothelzellen aktiviert werden, und diesen Vorgang dann ganz oder teilweise zu blockieren.« Bach entwarf ein Modell, um die Aufgaben und Arbeitsweisen der Endothelzelle im Ruhezustand zu skizzieren. Sein nächstes Ziel ist, Skizzen derselben Endothelzelle unter den von einer Transplantation ausgelösten Aktivitätsstürmen anzufertigen. Seine Fortschritte fließen direkt ein in das Design neuer Medikamente. Hand in Hand mit der Erzeugung transgener Tiere könnte dies einen Durchbruch bedeuten.

Goldgräberstimmung in der Xenotransplantation? Die Forschungsgelder fließen üppig. Nicht nur Regierungen, auch potente Pharmakonzerne partizipieren am Boom. In Wien, vor den Toren des ehemaligen Ostblocks mit seinen Ländern der unbegrenzten Möglichkeiten und rechtsfreien Räume, beginnt der Ferne Osten. Der Tierschutzgedanke liegt hier noch im Dornröschenschlaf, und ethische Skrupel weichen der Gier nach dem schnellen Geld. Viele Wissenschaftler, denen die liberalen USA zu weit entfernt sind, haben sich unter Österreichs östlichen Nachbarn Dependancen eingerichtet, um dorthin mit andernorts nicht genehmigungsfähigen Tierversuchen auszuweichen. Skeptische Forscher schließen unterdessen nicht aus, daß sich die Verpflanzung von tierischen Organen in den menschlichen Organismus als Holzweg erweisen könnte. »Die entscheidenden Fragen sind wahrscheinlich noch gar nicht gestellt«, vermutet Bach. Dennoch gibt er sich optimistisch: »In jedem Fall werden wir mit einem immensen Wissensgewinn belohnt.«

Am Vorabend des genetischen GAU?

Wie groß das Gefahrenpotential werden könnte, wird daran erkennbar, daß viele Experten bereits heute das einstige Ziel, tierische Organe als Überbrückung einzusetzen, bis ein geeignetes Organ vom Menschen gefunden ist, aufgegeben haben. Die Zellveränderungen dürften sich als immunologischer Bumerang erweisen. Zu groß ist die Gefahr, daß der Empfänger durch immunologische Veränderungen während der Überbrückungszeit sensibilisiert wird und ihm daher gerade ein menschliches Organ zum Verhängnis werden könnte.

Sind die genetischen Risiken, die Chimären in sich bergen, nur ein kleineres Übel, das die Menschheit auf ihrem Weg in die Zukunft in Kauf nehmen muß? Einst bizarre Fabelwesen, erscheinen Chimären heute nicht weniger gespenstisch, wenngleich dies auf den ersten Blick und ohne Elektronenmikroskop nicht mehr erkennbar ist. An der Frage des Chimärismus tritt zudem der Interessenkonflikt, in dem sich die Xenotransplantationsmedizin befindet, zutage: Der Chimärismus, das Aneinanderwachsen von Zellen unterschiedlicher Arten, ist erwünscht, denn er garantiert die Toleranz der beiden gegensätzlichen Organismen und damit das Überleben des Individuums. Der Chimärismus ist zugleich unerwünscht, denn die zellbiologische Nähe könnte ungeplante Interaktionen mit den Erbanlagen, aber auch mit Viren und Retroviren zur Folge haben und damit eine biologische und genetische Kettenreaktion im Organismus, in der Art, ja in der gesamten Natur in Gang setzen, die einen nuklearen GAU weit in den Schatten stellen würde.

Faszinierend ist dieses neue Forschungsgebiet allemal, bietet es doch ein reiches Spekulationsfeld. Mit der Aufhebung des Naturgesetzes der Immunabwehr, der Trennung von körpereigenen und körperfremden Zellen, mit dem Ziel, Chimären zu erzeugen und eine friedliche Koexistenz von tierischen und menschlichen Zellen zu erreichen, rückt, ohne daß dies von den Akteuren beabsichtigt, geschweige denn reflektiert worden wäre, die Verwirklichung einer Utopie in greifbare Nähe. Ungleich der utopischen Vorstellungen früherer Tage, die sich auf das Zusammenleben der Menschen und Gesellschaften, auf die ökonomischen Bedürfnisse des Menschen, auf den Dialog zwischen Mensch und Natur bezogen, verwirklicht sich die utopische Potenz unserer Tage fast unbemerkt auf der Ebene der biochemischen Kommunikation zwischen Zellen und Genen. Ein großer Entwurf, der sich seiner selbst nicht mehr bewußt ist.

Und so schließt sich demnächst der Kreis: Was gut für den Bauch, ist auch gut für den Herzmuskel. Der Schlemmer, dessen Herz, in der Folge der im Übermaß verzehrten Spanferkel und Eisbeine den Dienst verweigert, läßt sich zur Behebung des Schadens ein Schweineherz einsetzen. Dem Mehrzweckschwein werden vermutlich keine Privilegien daraus erwachsen, wenn es dem Menschen der Zukunft so sehr ans Herz wächst, daß dieser sich anstelle des altmodischen Herzens aus Gold ein Herz aus Schwein einpflanzen läßt. Daß dem transgenen Schwein als wohl ungewöhnlichste Variante in der großen Familie der Suidae, in der schon immer viele Rassen und Charaktere vertreten

241

waren, eine großartige Zukunft bevorstehen dürfte, darüber sind sich Experten auch bei vorsichtigen Schätzungen einig. Dank des immensen Bedarfs der Gesellschaft an Spendeorganen für irreparabel geschädigte Organe, könnten sich die Skrupel der Ethiker und zartbesaiteten Kritiker der Gentechnologie rasch verflüchtigen. Und je mehr die Gesellschaft von Schweineorganen durchsetzt ist, das Schweinerne somit zur zweiten Natur des Menschen wird und sich kraft des Schweine-Implantates endlich das gesündere, ja bessere Wesen des Menschen verwirklichen darf, desto größer dürfte vermutlich die Akzeptanz werden – in Ergänzung zu Leber gegrillt oder abgebräunt mit Zwiebelringen, Nierchen in Burgunder oder Trüffeln, vom Schweinerüssel ausgegraben –, sich auch Schweinernem vom Feinsten, der Roh-Leber, des »Herzens naturel« und der Nierchen im eigenen Sud zu bedienen. Sogar sprachlich werden Anpassungen nötig: »Schwein haben« wird sich demnächst auch körperlich auswirken, der »innere Schweinehund« als Charakterschweinsorgan definiert. Hat das transgene Schwein nunmehr nicht nur sein Herz, sondern bereits seinen Fuß in der Tür zum Menschen? Gegen die naive Unterstellung, das transgene Schwein trage einen Humanisierungsfaktor und könnte womöglich eines Tages, zur Chimäre im Einreiher hochgepäppelt, durch stille Zwiesprache mit den Forschern stimuliert, das Reden anfangen, setzt White sich heftig zur Wehr. Er erinnert sich noch an die unsägliche Schlagzeile der *Cambridge Evening News*. »Halb-Schwein«, »Halb-Mensch« hieß es da, und sein Haus wurde demoliert. »Das ist Unsinn«, bricht es aus White hervor, »Schwein bleibt Schwein. Wir verändern nur einige Aminosäuren. Ich wünschte, ich könnte ein Schwein zum Menschen werden lassen, doch das übersteigt meine Kompetenz.« Hat nicht alles einmal mit einigen Aminosäuren angefangen?

Plädoyer für den Tiermenschen

Echidna, halb Frau, halb Schlange, Stamm-Mutter aller Mischwesen, in sich das Schöne wie das Kraftvoll-Zerstörerische vereinigend, gebar Zerberus, den vielköpfigen Hund, Hüter der Unterwelt, gebar Hydra, die vielköpfige Wasserschlange, deren Köpfe, einmal abgeschlagen, sich immer wieder erneuern. Echidna gebar die geflügelte Sphinx, halb Jungfrau, halb Löwe, Herrscherin über die Luft und die

242

Wüste und die Menschen; sie gebar die feuerspeiende Chimäre, in deren Körper sich Löwe, Ziege und Schlange vereinigten, Feuer und Erde und Wasser.

Die Gorgonen waren die Schwestern der drei Grazien. Wer in ihr Antlitz blickte, erstarrte zu Stein. Sie besaßen goldene Flügel, doch mit ihren »ehernen Händen« konnten sie vernichten und zermalmen, und Schlangen wanden sich schützend um ihren Kopf und ihren Leib. Jugend und Alter, das Häßliche, Fürchterliche und die Anmutigen, Weisen waren miteinander verwandt. Die Harpyen, die »Raffenden«, mit dem Gesicht der alten Frau, einem gebogenen Schnabel, mit den Geierklauen und ausgemergelten Brüsten, die niemanden mehr zu nähren vermochten, standen den Erinyen zur Seite. Sie verteidigten, selbst unerschlossen, unbefruchtet, jungfräulich geblieben, die Mütter, doch fehlte ihnen die Kraft des Schöpferischen. Sie zehrten von der dunklen Macht der Verbitterung, die dem Neid, dem Wunsch nach Vergeltung, der Rachehaltung der verschmähten Frau entspringt.

Die Giganten der Schöpfung, biblische Mutanten, Leviathan, Behemoth, das im Buch Hiob beschriebene Urtier, das vervielfältigte Tier, versinnbildlichen den Fluch, der über fehlgeleiteter, ungezähmter Kraft liegt. Das Wilde, so die Botschaft, muß gebunden werden. Nichts anderes beinhaltet der Topos der Zähmung, als die Aufforderung, die Schranken, die inneren wie die äußeren, zu überwinden, um die vielen Sprachen der Seele und ihrer Verkörperungen zu verstehen, um sie zähmend zu binden, um auf der unbeschriebenen Tafel Gesetze, Erinnerungen zu überliefern. Zähmen ist nicht Unterwerfen oder Bändigen, sondern Erkennen, Verstehen, Integrieren des Anderen, das uns in der inneren wie äußeren Natur entgegentritt. Zähmen ist in den Dialog treten, mit dem, der scheu die Flucht ergriff. Zähmen, Kern der Entwicklungsaufgabe des Menschen, setzt Respekt vor dem anderen voraus. Damit unterscheidet er sich von der Verschmelzung, dargestellt an den Chimären, den Mischwesen, die ihrer Einzelwesen beraubt wurden.

Doch den Fusionen wird magische Kraft zugesprochen: Das Geheimnis der Wiedererneuerung zeichnete die Mensch-Tier-Mischwesen seit der Antike aus. In dieser Fusion zwischen Tier und Mensch und dem Göttlichen wurde der niemals versiegende Quell des Lebens erkannt, ein Leben, bei dem Geburt und Zerstörung, Schönheit und Ungeheuerlichkeit, Mut und Verruchtheit in einer Gestalt vereinigt waren. Eine frühe Integration von Selbst und Schatten, die Versöhnung des Idealisierten mit der Schuld. Durch die Konstruktion dieser archaischen

Mischwesen gelang die Synthese der in sich zerfallenden Psyche, noch bevor sie sich ihrer Existenz überhaupt bewußt geworden war: Die Mischwesen geben sich als materialisierte Verarbeitungen menschlicher Grundkonflikte zu erkennen. Freud mochte dies geahnt haben, als er begann, antike Figuren zu sammeln und sie in seinem Arbeitszimmer wie einen Schutzwall um sich aufzustellen, Amuletten gleich, magischen Kraftspendern, die ihn nährten mit der Energie bereits gelungener Konfliktlösungen, die ihn umgaben wie Zinnsoldaten, Relikte archaischer Schlachten, psychoenergetische Asservate, nicht in Formalin, aber mit der konservierenden, Unsterblichkeit verleihenden Patina der Archäologie.

Die Angst vor dem Tod, die Gier nach Wiedergeburt, nach ewiger Jugend, nach dem Ersatz kranker Organe und ebensolcher Seelenkräfte beflügelt einst wie heute die Phantasien, die sich an der Verschmelzung von Mensch und Tier entzünden. Die Phantasie, allmächtig zu sein, Zerstörung und Wiedergeburt manipulieren zu können, das Leben aus seiner Endlichkeit zu befreien, den Platz des Schöpfers, des Herrschers über Leben und Tod einzunehmen, begleitet die Phantasie bis zum heutigen Tag. Der Mutant ist ein Geschöpf, an den sich die Erwartung knüpft, die eigene Sterblichkeit überwinden und zugleich die Folgen der Selbstvernichtung, die, selbstverursacht, der Verantwortung des Menschen anzulasten sind, rückgängig machen zu können. Der Gentechniker, der an DNS-Fusionen arbeitet, steht in der Tradition des Primitiven, der sich mit machtvollen Mischwesen umgab, die zu Fall gebracht und reanimiert werden konnten. Durch sie gelang es ihm, seine eigene Verwundbarkeit wenigstens auf der Ebene der Phantasie, in der Gestalt seines imaginären, fabelhaften Stellvertreters, zu überwinden. Der wahre Mensch steckte zu allen Zeiten im Froschkönig, der sich häuten wollte, um aus seiner Verworfenheit zum Thron aufzusteigen, um nach einer gigantischen Geste, die zugleich Wiederbelebung wie Läuterung war, aus dem Verwunschensein, dem Zustand des abstoßend Ausgestoßenen erlöst zu werden, um die irdische Macht zu übernehmen. Sein Erwachsenwerden – auch hier bleibt der Mythos der psychischen Wirklichkeit treu – geht mit dem Erreichen der genitalen Stufe einher: Der Entzauberte trifft den Fremden im anderen Geschlecht.

In der Phantasie der Träumer und Seher, der Dichter und Philosophen ist sie längst vollzogen, Dr. Whites Vision des transgenen Tieres. Doch im Unterschied zu den Weiten der Imagination, den Kontinenten des »Noch-Nicht«, der unerfüllten Möglichkeiten, hat der Medizintechnokrat mit seinem nüchternen Pragmatismus den utopischen Entwurf in die Enge des Reagenzglases verbannt. Nach der Schöpfung des Vogelmenschen, der ersten dokumentierten Xenotransplantation der Geschichte, die nach einem vielversprechenden Höhenflug in einem gigantischen Absturz endete (weil Ikaros, der Sohn des mythischen Daedalos, sich Vogelschwingen mit Wachs implantierte, die jedoch dahinschmolzen, als er der Sonne zu nahe kam), nach all den vielen Hundsköpfigen und Katzengestalten, nach den Affenmenschen und Meerjungfrauen, steht die menschliche Zivilisation heute an der Schwelle zum Schweinemenschen. Grass begnügt sich in seiner skurillen Zukunftsvision *Die Rättin* noch mit dem Rattenmenschen, doch könnte der Ablauf beim Schweinemenschen ähnlich vonstatten gehen. Am Anfang war der züchterische Erfolg, der Schritt hin zum vollkommenen Wesen, das die Überlebensfähigkeit und Intelligenz der Kanalratten und die Potenz der Pestratten in sich vereinigt. Und endlich die Befreiung. Die Scheiben des Forschungsinstituts für Gentechnologie splittern, die Käfige öffnen sich und sie strömen in die Freiheit, all die Laborratten, teilweise noch bandagiert, am Tropf hängend, mit Kanülen gespickt. »Neues, zuvor nie geahntes Getier tritt hervor, darunter endlich die säugenden Schmeißfliegen… Die Natur regeneriert sich, denn sie ist endlich menschenfrei.«[1] Eine schöne neue Rattenwelt.

Berühren erwünscht

Nachdem die Menschen damit aufgehört haben, unter dem Vergrößerungsglas nach der Seele des Tieres zu suchen, könnten sie endlich beginnen, von ihm zu lernen.
Das Tabu der Berührung ist vielen Haustieren gegenüber aufgehoben. Von C.G. Jung ist die Meinung übermittelt, daß der Primitive das Tier in sich selbst zähmen muß, damit es sein hilfreicher Gefährte werde, während der Zivilisierte das Tier in sich selbst heilen und zu seinem Freund gewinnen muß.
Tiere haben ihre Utopien vermutlich längst verwirklicht. Ist nicht ein Termitenbau, ein Ameisenstaat, eine Bienensozietät, eine perfekte utopische Gesellschaftsform, die sich mit den von Menschen auf dem Reißbrett konstruierten Utopien messen könnte, sofern sie ihr nicht gar überlegen sind? Der Ameisenstaat, die ideale Coporate Identity,

die utopische Gemeinschaft, das Netz, in dem die Ideen eines einzelnen verwirklicht scheinen. Sind diese perfekt aufeinander abgestimmten Produktionsweisen, in der jedes Mitglied eine Aufgabe hat und nach Maßgabe des Sollplanes seine »Bedürfnisse« erfüllt, nicht bereits verwirklichte effektive Gesellschaftsformen, wie sie sich Futurologen für den Menschen nur wünschen könnten? Haben manche Tierarten wie Ratten und Kakerlaken nicht in erschreckender Weise bereits das Anliegen vieler Militärstrategen verwirklicht, unter allen Umständen – und seien es die lebensfeindlichsten – überlebensfähig zu sein? Und sind nicht sogar die Tötungsmethoden mancher Raubtiere äußerst »human«, da sie wie die Spinne das Beutetier vor dem Akt der Zerstörung in Narkose versetzen?

Doch diese Insektenstaaten, deren Ähnlichkeit mit utopischen Staatsentwürfen auf der Hand liegt, eignen sich, da hier das Individuum dem Ganzen völlig untergeordnet ist und mit dem Ganzen einen Kollektivkörper gebildet hat, nicht für den Nachweis, daß auch das Tier eine »Person« ist. Dies ist erst auf der Stufe der Säugetiere möglich. Sie erfüllen viele der Bestimmungen, die in die psychologische Beschreibung der »Person« eingehen: Das Tier zeigt konstante und dauerhafte Eigenschaften, entwickelt sich durch Reifung und durch Lernerfahrungen. Das Tier empfindet, beurteilt die Situation, in der es sich befindet, reagiert, sucht sich neue Situationen und Umwelten, handelt nach vorgegebenen Handlungszielen, und es leidet, wenn es an diesen scheitert. Tiere entwickeln wie Menschen auf der Grundlage ihrer Lernerfahrungen ein »subjektives Universum« (von Uexküll) und konstruieren ihre Umwelt nach subjektiven Kriterien. Ihre Vergesellschaftung zeigt, daß sie gleichermaßen fähig sind, diese subjektiven Erfahrungen mit anderen zu teilen, mit ihnen in einer Umwelt zu leben, die von gegenseitigem Erfahrungs- und Gefühlsaustausch gekennzeichnet ist. Diese eigenständigen Entwicklungslinien der Tiere, ihre eigenen Lebensabsichten gilt es anzuerkennen, gerade vor dem Hintergrund der in dieser Darstellung betonten Rolle des Haustieres als Bindungsfigur des Menschen und der Neigung des Menschen, das Tier als Bildschirm eigener Projektionen zu »nutzen«. Das Tier als Gegenüber hat die Stufe des Animismus und Totemismus, als es lediglich der Abwehr menschlicher Ängste diente, damit zu einer nützlichen Schöpfung aus dem Kopf und aus dem Bauch des Menschen wurde, hinter sich gelassen.

Das Tier ist mehr als die Summe der vom Menschen auf das Tier übertragenen Gefühle und Eigenschaften. Doch angesichts der Lücken unserer empirischen Kenntnisse der Wahrnehmungs- und Gefühlswelten der Tiere an unserer Seite, kann diese Forderung erst durch intensivere Forschungsbemühungen und Wissenszuwachs über unsere tierischen Weggefährten erfüllt werden.

Im Gegensatz zum »Ich-Es«-Grundmodell, Buber nennt es das »Grundwort«, welche die Welt als Erfahrung erschließt, manifestiert sich im »Ich-Du« die Welt der Beziehung. Martin Buber bezieht die Ich-Du-Kommunikation, Vorbild der Kommunikation zwischen Mensch und Mensch, auch auf die Begegnung zwischen Mensch und Tier: »Der Mensch hat einst Tiere ›gezähmt‹, und er ist jetzt noch fähig, diese eigentümliche Wirkung auszuüben. Er zieht Tiere in seine Atmosphäre und bewegt sie dazu, ihn, den Fremden, auf eine elementare Weise anzunehmen, und ›auf ihn einzugehen‹. Er erlangt von ihnen eine, oft erstaunliche, aktive Erwiderung auf seine Annäherung, auf seine Anrede, und zwar im allgemeinen eine um so stärkere und direktere Erwiderung, je mehr sein Verhältnis ein echtes Du-Sagen ist. Tiere wissen ja nicht selten, wie Kinder, eine geheuchelte Zärtlichkeit zu durchschauen. Aber auch außerhalb des Zähmungsbezirks findet zuweilen ein ähnlicher Kontakt zwischen Menschen und Tieren statt: Es handelt sich da um Menschen, die eine potentielle Partnerschaft zum Tier im Grunde ihres Wesens tragen – vorwiegend übrigens nicht etwa ›animalische‹, sondern eher naturhaft geistige Personen.«[2]

Die Kommunikation mit dem Tier hat immer diese beiden Aspekte: das Handhaben des Tieres, das benutzt wird als Projektionsschirm für eigene Empfindungen und Einstellungen (in diesem Sinne ist es ein Sich-Einverleiben der Natur), oder eine Ich-Ausweitung mit dem Ziel der Introjektion, des nicht Unterscheidens, nicht Trennens zwischen Ich und Nicht-Ich, Ich und Tier. Dies ist auch die Bewegung, die beim quantitativen Erfassen, beim Wiegen und Zählen der Tiere vonstatten geht. Denn auch hier handelt es sich ja nur um ein Ich:Es, ein Dienstbarmachen der Natur. Erst wenn das Tier als »Du« erkannt wird, erhält es eine vom Menschen getrennte Identität mit eigenen Rechten und Absichten.

Das Tier als Wunderblock

Zu den von Freud genannten drei großen Kränkungen, welche die Eigenliebe der Menschen erdulden mußte – die Entdeckung der Physiker und Astronomen, daß die Erde nicht der Mittelpunkt des Weltalls ist, eine Erkenntnis, die in Europa mit dem Namen Nikolaus Kopernikus verknüpft ist; die Entdeckung der Biologen und Anthropologen, allen voran Charles Darwin, daß die Abstammung den Menschen mit dem Tierreich verbindet und die dritte Kränkung, die Freud selbst beibrachte, als er nachwies, daß das Ich noch nicht einmal »Herr ist im eigenen Hause«, sondern von unbewußten Kräften gelenkt und geführt wird – tritt am Ende des zweiten Jahrtausend eine vierte: Der Artgenosse Mensch, ihm als Gefährte beigesellt, steht zur Partnerschaft nicht mehr in vollem Umfang zur Disposition. Die Liebe der Romantiker war in der Schöpfung nicht vorgesehen. Sie tritt erst mit dem Lied der Lieder, dem Hohelied Salomos auf den Plan. Doch scheinen sich nicht einmal mehr Zweckgemeinschaften zwischen Mensch und Mensch, von Verbänden und Staatengemeinschaften ganz zu schweigen, einer wie auch immer begrenzten Dauer zu erfreuen. Das Band der Solidarität, das einst zumindest Stammesgenossen verband, ist zerrissen. An seine Stelle treten Vereine, die Beiträge erheben und denen man jederzeit aufkündigen kann. Der Mensch als Gegenüber versagt. So entdeckt der Mensch das Tier, das ihn mit Gefühlen versorgt, die er einst nur im Menschen zu finden glaubte.

Der Herrenmensch, der Erde und Weltall als gigantisches Abfallager benutzt, der Tierwelt und Natur zum eigenen, kurzfristigen Nutzen ausbeutet, der sich das Bewußtsein, das eigene wie das fremde, in weltumspannenden Manipulations- und Bilderfabriken dienstbar macht, entdeckt die Gefühlsechtheit des Haustieres, die ihm in seiner Umwelt abhanden gekommen ist. Die Verformungen seiner inneren Bilderwelt nimmt er freilich mit: Sie bilden sich in seinem Umgang mit dem Tier ab – sogar Tierverhaltensforscher versteigen sich in abstruse Manipulationsbegehren. Das Haustier soll zu einem psychologischen Automaten mutieren, um dem Wunsch des Menschen nach verläßlicher Gefolgschaft zu entsprechen.

Ein Forscher schlägt vor, Tiere zu züchten, die den Bedürfnissen der Behinderten besser entgegen kommen. Durch Implantation von Elektroden in das Gehirn der Tiere könne zudem der Dienst der Tiere effizienter gestaltet werden. Mit elektrischen Stimulationen der jeweiligen Hirnareale könnten diese Tiere gelenkt und bestraft werden –

und funktionieren wie auf Knopfdruck. Sogar Zwitter, etwa Hund-Katze-Kombinationen könnten entwickelt werden, um sich die Vorteile beider Arten zu sichern. Im Jahr 2000 könnten Kinderlose Kinderersatz-Tiere erhalten, die ihr Leben in den Wohnungen verbringen und besonders unterwürfig und nicht aggressiv gezüchtet sind. Jede Wohnung könnte eigene Toilettenvorrichtungen haben, damit die Tiere ihre Notdurft nicht mehr auf öffentlichen Gehsteigen verrichten. Spezielle Trainingsgeräte könnten entwickelt werden, damit die Halter, etwa Kranke und Alte, nicht mehr mit ihren Tieren spazierengehen müssen. Um Kindern und erwachsenen Tierhaltern Trauer um ein totes Tier zu ersparen, könnten die Tiere vor dem Altwerden eliminiert werden und durch identische jüngere, durch Klonierung gewonnene Duplikate ersetzt werden. Man könnte einen Tierverleih-Dienst organisieren für emotional Gestörte, Alte und Retardierte. Rezept-Ausstellung und Terminplanung könnten selbstverständlich von einer Computerzentrale aus erledigt werden. Tiere könnten auch auf Weltraummissionen Menschen ersetzen und als Minensucher, Todesschwadrone und für Kamikaze-Einsätze trainiert werden.[3]

Je brüchiger, interessengeleiteter und zweckbestimmter die Beziehungen der Menschen untereinander werden, je öfter Sachzwänge das Menschliche wegrationalisieren, desto weniger gelingt der Umgang mit dem Tier. Je größer die Kluft zwischen den Menschen, desto wichtiger wird die Gefühlsechtheit, die er im Umgang mit dem Tier finden kann. Der Mensch sucht einen Freiraum von seinen sozialen Rollen, ihren aufgesetzten blasierten Fassaden, ihrem animierten Geschunkele, das im Nichts endet. Der Infantilisierung der Erwachsenenwelt mit ihren künstlichen Bedürfnissen und gespielten Gefühlen, der Welt der Professionellen und der verbissenen Freizeitsportler, der Animateure mit ihren künstlich induzierten Spielen, ihrer verkrampften Lockerheit, die den Bürger mit ihren lächerlichen abendlichen Erwachsenenspielen überfallen, steht das persönliche Wachstum gegenüber.

Das Tier ist jedem zugänglich, der einmal die Kunst des richtigen Umgangs mit ihm gelernt hat. Schwer ist sie wie jede Kunst, vor allem für den seelisch Verformten, in perversen Sozialisationen verbogenen Menschen. Der richtige Umgang mit dem Tier, der die Gefühle des Menschen wie die des Tieres gleichermaßen berücksichtigt, ist ihm nicht in die Wiege gelegt worden. Ebenso wie den Umgang mit seinem Artgenossen muß der Mensch den natürlichen Bezug zum Tier, jenseits des Mißbrauchs oder der Mißhandlung, jenseits der Egozentrik, erst lernen. Die Schwierigkeiten, mit zunehmender beruflicher und sozialer Vereinzelung überhaupt noch Menschen zu finden, die nicht nur per Telefon oder per Fax, sondern im selben Lebensumfeld Freunde sind, die nicht nur flüchtige, interessenbestimmte Stückwerk-Beziehungen einzugehen vermögen und mehr als nur »Lebensabschnittspartner« zu werden wünschen, die hohe Rate von Scheidungen und Trennungen, die vielen unerträglichen persönlichen Katastrophen, all dies treibt den Menschen zum Tier mit seinem intensiven und sehr persönlichen Bindungswunsch. Die Bindung an das Haustier hat daher im ausgehenden 20. Jahrhundert eine Bedeutung erlangt, wie sie zuvor nicht denkbar schien, als das Tier Begleiter bei der Jagd, als es Nutztier war. Oder Dekorationstier neben Zwergen und exotischen Sklaven.

Das Tier ist nicht nur zum imaginären Freund geworden, wie dies in der Literatur ausgiebig beschrieben worden ist, sondern zum Freund, dessen Freundschaft ohne Worte an die frühe Kindheit erinnert.

Meine Gespräche über Tiere zeigten, daß das Tier für viele Menschen bereits heute zum stabilsten und verläßlichsten Partner geworden ist und sogar Lebensabschnitte mit ihren wechselnden Vorzeichen zu überstehen vermag. Ein Partner, der zwar launisch, jedoch nicht unberechenbar, zwar anspruchsvoll, jedoch nicht unzuverlässig, der zuweilen umtriebig, jedoch nie treulos und hinterhältig wird, wie dies unter den Artgenossen des Menschen verbreitet ist.

Dem Lamento über die Vereinzelung in den Metropolen ist daher ein Lob des Tieres entgegenzusetzen und eine Aufforderung, durch verfeinerte Wahrnehmung seiner Gefühle und Bedürfnisse auch die eigenen besser erkennen zu können. Eine herkulische Arbeit, diese Verbesserung der Kommunikation zwischen Mensch und Natur, Fauna und Flora, dieses Gewahrwerden der vielen, unerkannten Zusammenhänge.

Fremde Räume, fremde Körper

Da die Insel der Seligen nicht mehr greifbar ist – als sie es noch war, wurde sie zum nuklearen Testgebiet erklärt –, und da sich unsere oralen Phantasien vom Schlaraffenland bereits an der Kasse des Supermarkts verwirklichen lassen und sich anale Phantasiewelten, in totalitären Staaten vorweggenommen, als unbekömmlich erwiesen, da sogar die genitalen Orgien längst dem Immundefizienz-Virus gewichen sind und sich mit Drogen und Bewußtseinserweiterung kein Staat mehr machen läßt, zieht sich der bedürfnisreiche Zeitgenosse vom weltlichen Treiben wohlweislich zurück. Was bleibt, ist die Welt der Phantasie jenseits künstlich induzierter Rausch-, jenseits animierter Freizeitwelten.

Der Fremde, ohne Wurzeln, frei schwebend, ohne festgelegt zu sein, nicht mehr determiniert – es sei denn auf die Bedürfnisse des Körpers – wählt Utopia, den Nicht-Ort, das Elend. Bei den Utopisten hatte das Tier allerdings einen schlechten Stand. Thomas Morus widmete dem Tier in seinem *Utopia* keine Zeile, außer in der Form von Rationalisierungsmaßnahmen, die er den Utopiern bei der Schafzucht empfahl. Tommasso Campanella lobt im *Sonnenstaat* die Reiterei und nicht das Pferd, das er seiner Funktion unterordnete, und deren taktischen Einsatz als Kriegsinstrument. Die Flucht vor der Wirklichkeit, wie sie in allen Utopien, jenen Träumen von einer gerechteren Weltordnung enthalten ist, löste zumeist eine Übersteigerung der Nützlichkeitsaspekte der Wirklichkeit aus.

Mit der Erfindung der Psychologie wurde die Utopie, der Nicht-Ort, in das eigene Wohnzimmer (oder sollte man vielmehr sagen: in das Schlafzimmer) verlagert. Das Unbewußte ist zur Utopie geworden, zum Kontinent, den es zu entdecken gilt, ein Veränderungsraum, ein Territorium, das besiedelt werden kann. Freuds Formel für das utopische Verlangen der Psychologie lautete: »Wo Es war, soll Ich werden.« Die Eroberung des »Möglichkeitsraums« (M. Khan), das Hervorholen des Verborgenen, Verkapselten und seine Belebung. Im Verein mit der Medizin, die ihren Kampf gegen die genetisch-vermittelten Irregularitäten des Natürlichen aufgenommen hat, könnte man die Utopie nun von zwei Seiten einkreisen: als Aufdeckung des Seelischen und als Bremsen der körperlichen Verschleißerscheinungen, die sich dem Utopischen immer so starrsinnig widersetzten, da, kaum war deren Essenz entdeckt, der Körper seine Kooperation aufkündigte und der Utopier sang- und klanglos, seine Pläne und Zeichnungen zurücklassend, verschied. Der physischen Endlichkeit des menschlichen Körpers haben nun die Utopisten der Medizin endlich den Kampf angesagt, und ihre Chancen stehen dabei gar nicht so schlecht. Doch im Gegensatz zu den Träumen der Gentechnologie lautet die Forderung der Psychologie: Bewußtseinswandel. Kein neues genetisches Design, andere Umgangsformen.

Bereits Louise Michel, als »rote Jungfrau« bekannte Sozialistin, spekulierte in der zweiten Hälfte des 19. Jahrhunderts über eine »vollständige biologische Veränderung der menschlichen Art. Seit die Menschheit mit zusammengelegten Flügeln am Boden liegt, sind neue Sinne entstanden: der neue Mensch wird uns nicht einmal physisch mehr ähneln.«[4] Doch welche Rolle kommt dabei dem Tier zu, das künstlich befruchtet, zu Klonen vervielfältigt, transgen aufgemischt wird? Was bedeutet die artenübergreifende Bindung, Stiefkind der Forschung, ignoriert vom utopischen Denken?

Das Traumtier kann zum verborgenen Möglichkeitsraum des Menschen werden. Es wird Chance zum persönlichen Wachstum, zur Energiequelle. Jeder Mensch kann Dichter sein. Das Tier weist auf die Verwundungen der menschlichen Seele hin, auf deren Bindungslosigkeit, auf das Fehlen des anderen Menschen. Die Utopie ist vom Kopf, den Topographien der Zukunft, wieder auf die Füße gestellt. Utopie im Zeitalter der Umweltzerstörung und globalen Genozide und Artenvernichtung ist die Überwindung der Destruktivität in der menschlichen Natur und im gesellschaftlichen Umgang, ist das Erlernen des Zusammenlebens von Mensch und Natur. Auf der individuellen Ebene hat die Wirklichkeit das Utopische in mancher Hinsicht schon eingeholt: Für Hunderttausende von Menschen, darunter nicht nur Alte, Kranke und Alleinlebende oder Vereinsamte, sondern ebenso Menschen in Familien, die im Partner nicht mehr die Zuwendung und Aufmerksamkeit erhalten, die sie zur Aufrechterhaltung ihres emotionalen und seelischen Gleichgewichts brauchen, gilt: Das Tier ist bereits heute zum unersetzlichen Partner, zum affektiven Gegenüber geworden.

Das Verschwiegene, Verborgene, Ungelebte existiert nicht mehr nur im Geheimen. Mit dem Tier will es aus dem Privaten heraustreten. Die Tiere, die keinen Unterschied machen zwischen alt und jung, attraktiv und heruntergekommen, reich und bedürftig, sind die Hoffnungsträger in einer Welt, die arm an Menschen geworden ist. In einer Gesellschaft, in der die Destruktivität das gesellschaftliche wie das private Leben beherrscht, wird das Tier zur privaten Utopie:

»Im Grunde muß ich zugeben, daß ich lieber ein anderes Leben führen wollte«, meint eine verheiratete Lehrerin. »Das macht mich traurig. Ich bin gerne draußen in Wald und Flur, mache mit meinem Hund lange Spaziergänge, fernab von Wegen und Häusern. Diese Art von Einsamkeit ist sehr kraftschöpfend. In meiner Phantasie reite ich auf einem schwarzen Pferd ohne Sattel, gefolgt von einem Hund zeitlos durch die Natur. Bald habe ich alles vergessen…nur Ruhe und Stille der Natur… man kommt dann zu einer Hütte, macht Feuer, kocht Tee und hüllt sich in ein Fell… sieht wie die Sonne untergeht. Und morgens in aller Frühe sitzt man auf seinem Pferd, und der Hund freut sich, daß es der Sonne entgegengeht.«

»Meine Beziehung zu den Tieren hat mich vieles gelehrt. Mich fasziniert der Wolf als Ursprung des Hundes ebenso wie alle Greifvögel. Mir wird warm ums Herz, wenn ich einen Bussard über unserem Tal sehe. Wehmütig bin ich, wenn sein Ruf erschallt. Dann kribbelt es in mir, und ich möchte mein Traumpferd nehmen und meinen Traumhund rufen, und dem Ruf des Bussards folgend meine Seele schweben lassen.«

»Ich träume davon, auf einem weißen Pferd über die Wellen zu reiten, der Abendsonne entgegen; ich werde eins mit dem Orange… dem Wind… den sanften Wellen der See. Ich entscheide mich für die Tiere. Ich will in der Natur mit den Tieren leben. Sie sind wie Gedichte, wie Musik, die ewige Musik des Lebens. Ich lasse die Stadt zurück, diesen Koloß der Zivilisation, der alles auffrißt, dessen Berührungen aus Metall sind und schmerzen. Ich gehe auf die Insel. Ich will ein anderes Leben, ein Leben der wahren Gefühle, der Aufrichtigkeit. Ich weiß, daß ich es mit den Menschen, von denen ich umgeben bin, nicht verwirklichen kann. Ich bleibe lieber allein, als meine Träume aufzugeben; ich entscheide mich für die Tiere. Das ist mir lieber als die graue Wirklichkeit.«

Ein Tiger ist immer ein Tiger, eine Schlange immer eine Schlange, ein Rind immer ein Rind, eine Ziege immer eine Ziege, dein Hund immer ein Hund? Vermag niemand das Individuelle am Tier zu erkennen? Dem Hund geben wir Namen, zuweilen auch dem Schaf, seltener dem Tiger. Die Namen sind Schilder, Orientierungspunkte in der Landschaft der Seele. Entfernungen. Das Tier stellt die Konstanz der Liebe dar. Das Tier, das immer da sein wird, auf uns wartet. Das Tier, das immer bereit ist, uns zu lieben, wenn wir ihm mit Respekt und Zuneigung begegnen. Das Tier stellt den zyklischen Wandel der Natur ebenso dar wie den Strom unseres Lebens. Diese Konstanz unseres Liebesobjekts im Tier ist das außergewöhnliche, einzigartige Geschenk, das Tiere Menschen übermitteln. Durch das Tier wird immer jemand da sein, der uns Liebe entgegenbringt und der uns lieben läßt. Ein nie endender Austausch der Zuwendung. Eine duale Sicht von Dauer und Wandlung. Aaron Katcher[5] erkennt darin, vielleicht ein bißchen pathetisch, das Geheimnis der Schöpfung. Bei der Trauer um ein Tier, dem Verlust dieses einen Individuums, mag seine weise, verzichtende Haltung freilich trösten. Zugleich weist sie auf einen Aspekt der Realität, der von Haustierhaltern so gerne verdrängt wird:

Die Mehrheit der von Menschen aufgezogenen Tiere wird von ihren Menschen, die sich so gerne in der Illusion wiegen, »schmerzlos« töten zu können, getötet.

Am Ende des Jahrhunderts der Genozide und der Umweltvernichtung bekennt sich der Mensch zu seinem Dialog mit dem Tier, den er lange verleugnete. Das Tier tritt aus dem Schatten, der Traumwelt hervor; mit seiner Fähigkeit zur affektiven Bindung wird das Tier zum Partner des Menschen. Die Visionen der Tiermenschen, stehen sie vor ihrer Verwirklichung?

L'Amour fou: Die Umarmung Fauns

Das Tier ist der Wunderblock, auf dem die unsichtbare Geheimschrift der Liebe noch sichtbar werden darf. Die wahnsinnige, ver-rückte Liebe, wie sie die Surrealisten erträumten, die alle Grenzen, alle Schranken überschreitende Liebe zwischen den Menschen ist ausgestorben. Ihre Nachrufe sind nachzulesen in den Gerichtsakten. Perversionen sind mit Menschen leichter zu verwirklichen als Bindungen. Sie machen weniger angst. Was bleibt, ist die ungeheuerliche Liebe, artenüberschreitend. Sie ist der einzige Fluchtpunkt.

Romantikern und anderen, welche die Unverbindlichkeiten des Sexualkonsums verweigern und sich von den austauschbaren Zeitvertrei-ben angewidert abwenden, bleibt nur die Alternative, allein zu sein oder sich in eine Traumwelt zu flüchten. Diese rettet das Tier, eine lebendige Bezugsperson ohne die Ängste und taktischen Berechnungen der Menschen. Menschen vergessen rasch. Versprechen, Zusagen, Erinnerungen. Sie entschwinden so leicht. Das Tier hingegen nährt den Verlassenen, facht Wärme an. Es ist Sedativ des Lebensflüchtigen, des unrettbar verlorenen Philanthropen, der seine Liebe nicht leben durfte. »Die größte Hoffnung, die, sage ich, die alle anderen in sich enthält, ist, daß dies für alle sei und daß dies daure für alle. Daß die unbedingte Hingabe eines Menschen an einen anderen, die ohne dessen ebenso unbedingte Gegengabe nicht möglich ist, in aller Augen der einzige natürliche und übernatürliche Steg sei, der über das Leben hinweg-führt… Immer aufs neue werde ich dich für mich erfinden, wie es mich danach verlangt, die Poesie und das Leben sich unaufhörlich aufs neue erschaffen zu sehen.«[6]

Das Tier wird zum Schirm, zur Wolke, zur verfallenen Mauer, bei deren Betrachtung sie für jeden einzelnen sein Eigenstes abbildet. In Buchstaben der Begierde geschrieben, die ihn gleichwohl über die Begierde hinaustragen. Das Tier ist, und dies unterscheidet es von der Mauer, der Wolke, ein lebendiges Wesen, von dem kein Echo, sondern eine Antwort, eine Frage zurückhallt. Der heimliche Krieg, den die Welt gegen die Liebe führt, hat sich noch nicht in das Territorium der Tiere vorgearbeitet, um hier sein vernichtendes Werk fortzusetzen. Die Liebe zum Partner Tier ist der Skandal der Moderne, denn sie verweist darauf, daß die Liebe zum Menschen kaum mehr möglich ist. Die Tiere entlarven, was den Menschen fehlt. Das Manifest des tausendköpfigen Mangels in einer Welt, die im eigenen Überfluß erstickt.

Das Tier ist die Utopie der Gegenwart, ein Schritt auf dem Weg, »das verborgene Selbst mit dem Anderen zu teilen«,[7] den anderen durch ein Nicht-Mensch-Wesen zu erfahren. Das Tier wird zur »freiwillig wiedergefundenen Kindheit«, wie sie die Surrealisten und nach ihnen die Psychoanalytiker forderten. Das Tier kann das Geheimnis sein, zu dem noch niemandem Zugang gewährt wurde – ein Geheimnis, das nicht Leblosigkeit und Stagnation bedeutet, sondern ein Weiterwachsen im Vergrabenen. Alles Aufbewahrte erweist sich als fruchtbar für die Imagination, denn im Aufbewahren wird es zum Bild.

Charles Baudelaire beschreibt eine Katze, die ihm zum alter ego wird: »Sie ist der Hausgeist hier; sie richtet, herrscht, begeistert alle Dinge in ihrem Reich; vielleicht ist sie eine Fee, ist sie ein Gott. Wenn meine Augen, die diese geliebte Katze magnetisch auf sich lenkt, gehorsam sich wenden und ich dann nach innen blicke, so seh ich mit Erstaunen das Feuer ihrer bleichen Augensterne – Leuchtzeichen, lebende Opale –, die mich anschaun unverwandt.«[8]

Ohne Traumbilder, ohne die Utopie, die Hoffnung, sich einmal dem Garten Eden nähern zu können – und sei es auch nur, um einen Blick über den Zaun zu werfen –, ist zwar Existenz, jedoch nicht Leben möglich. Tiere haben sich uns an die Fersen geheftet auf unserem Weg durch wechselhaft erträgliche Wirklichkeiten, obwohl sie außer Lasten und einigen übriggebliebenen Essensresten kaum je etwas von Menschen zu erwarten hatten. Tiere erinnern an alles, was verloren ging, aber wiedergefunden werden könnte. Sie sind Brücke in die Vergangenheit und tragen in die Zukunft. Sie sind wie wir, die Geretteten. Sie überlebten, jedes nach seiner Art. Tiere gehören zum Leben wie Musik und Poesie. Ihre Lieder werden Inspiration, Echo. Und in der Dämmerung verwandeln sie sich, schlüpfen in ihre andere Gestalt, werden Märchengestalten, Besucher von fernen Welten. Sie sind noch nicht eingelöste Versprechen, Träume, die ihrer Verwirklichung harren.

Dem Traum aus Stein, an dem sich die Seelen der Träumer, die Seelen der Dichter aufreiben und schließlich verstummen, stellt sich der Traum aus Fleisch und Blut, das Tier, entgegen. Das weiche Fell, in das sich der Träumende tief eingraben kann, um den Atem, den Rhythmus, den Puls der Erde und des Himmels zu spüren, eins zu werden mit der Schönheit, dem Schmerz, der Wildheit und der Vergänglichkeit der Natur. Das Tier hat nicht wie der Marmor, Schönheitsideal der Kunst, ein Herz aus Stein. Das Tier ist Mitfühlen, Neugierde, Scheu. Es will festgehalten, gebunden werden. Das Tier weist den Weg in Freiräume, die wir nicht mehr erwartet haben. Anders als die Gesellschaft, heißt uns das Tier willkommen. Mensch und Tier kommen sich entgegen, treffen sich auf der Hälfte der Wegstrecke. Denn auch das Tier wünscht, angenommen zu werden. Mensch und Tier teilen ein Schicksal: Ihr Leben ist begrenzt, beide werden von Krankheit und Tod aus dem Leben gerissen. Im Tier findet das Gefühl seinen Ort, in seinen Augen das nie Verwirklichte, Unausgesprochene, Gewünschte, das über Grenzen hinausführt. Der Ausgang ist ungewiß. Brücken schlagen: der Wunsch des Kindes nach Verschmelzung; die lebenslange Suche des Künstlers nach Selbstausdruck; die nie erreichte Annäherung. Im Tier ist sie möglich. Das Tier ist die Brücke zur Kindheit, die einzige, wenn alle andren längst abgerissen sind. Das Tier ist ein Abgesandter des Paradieses, jenseits der Kriege und Totengräben, jenseits der Nacht.

Damit ist das Tier die Verkörperung der großen Utopie eines unmöglichen Dialogs, den jeder verwirklichen kann, eines Dialogs über das einst unbewohnbare Niemandsland, über die Artenschranke hinweg.

Anhang

Anmerkungen

I Verschwiegene Gefährten

1 Kurt Tucholsky: *Gesammelte Werke*, Band 4, S. 280
2 Bierens de Haan:»The interpretation of Animal Behaviour«. In: *Science Progress*, 118, Oktober 1935. Zitiert nach David Katz: *Mensch und Tier*, S. 77

II Das Bestiarium im Wohnzimmer

1 Laut Mitteilungen des Industrieverbands Heimtierbedarf vom 1.2.1993
2 Mit Ausnahme der mit * gekennzeichneten Angabe nach Maurice Burton u.a. (Hrsg.): *Tier-Lexikon in Farbe*, S. 22
3 Boris M. Levinson:»The Future of Research Into Relationships Between People and Their Animal Companions«. In: Bruce Fogle (Hrsg): *Interrelations Between People and Pets*, S. 537
4 Vgl. Aaron H. Katcher: *New Perspectives on Our Lives with Companion Animals*
5 Max Scheler. Zitiert nach David Katz: *Mensch und Tier*, S. 78

III Zwischen Annäherung und Unterwerfung

1 I.A. Ben Yosef:»Das Judentum und die Frage der Ökologie«. In: *Jüdische Rundschau*, Nr. 23, Basel 1992
2 Diese beiden Erzählungen aus dem Midrasch werden zitiert von Michael Landmann: *Das Tier in der jüdischen Weisung*, S. 93
3 Moses ben Maimon: *Führer der Unschlüssigen*, Band III, S. 313

4 Vgl. Michael Landmann: *Das Tier in der jüdischen Weisung*

5 ebd., S. 19

6 ebd., S. 32

7 Gerschom Scholem: *Von der mystischen Gestalt der Gottheit. Studien zu den Grundbegriffen der Kabbala*, S. 223

8 Eine Darstellung der jüdischen Tierschutz-Tradition, ohne das Schächten zu erwähnen, wäre unvollständig. Daher möchte ich zu dieser unsäglichen Debatte zumindest in einer Anmerkung Stellung beziehen. Schächten als Tötungsmethode macht die unerbittliche Härte des Tötens von Tieren deutlich, die durch den Transport, die Angst des Tieres angesichts seiner getöteten Artgenossen usw. auch beim Töten nach einer Betäubung mittels eines Elektrobolzens – vom Außenstehenden jedoch als »Narkose« bagatellisiert – gegeben ist. Diese Härte, ja Grausamkeit anzuerkennen, die darin liegt, ein Tier zu töten, um es essen zu können, ist – neben der Technik des Ausblutens und Verhinderns von Todesangst beim Tier – die Botschaft, die in den Vorschriften zum Schächten liegt. Durch das Schächten soll das Leiden des Schlachttieres begrenzt werden. Dies scheint mir allerdings unter den modernen, halb-automatisierten Bedingungen des Schächtens (Fixieren und Wenden des schwergewichtigen Tieres in einem Metallrahmen, um mit dem Kopf nach unten auszubluten) nicht mehr mit dem vom Alten Testament vorgeschriebenen Geboten des Schächtens einzelner Tiere (ohne mechanische und apparative Hilfsmittel) vereinbar zu sein. Die Belastung des Tieres, seine Todesangst, in eine völlig unnatürlich Position gedreht zu werden, ist vermutlich dem Töten durch Elektrobolzen vergleichbar, das als Folge des Wunsches, die Augen vor der Wirklichkeit zu verschließen, als »schonende«, ja »schmerzlose« Schlachtmethode vorgestellt wird. Daher ziehe ich als Jüdin eine vorwiegend vegetarische Lebensweise vor. Dennoch scheint mir die Erregung der Tierschützer über das Schächten maßlos überzogen. Zudem lenkt sie ab von Massenzucht, Massenhaltung, Intensivmast, Erzeugung von Turbo- und Mega-Tieren, Transport und Schlachten mit dem einzigen Zweck, den täglichen Fleischkonsum – ein Luxus angesichts der Versorgungslage in der Welt – zu sichern. Fazit: »Solange es Schlachthäuser gibt, gibt es auch Schlachtfelder.« (Leo Tolstoi)

9 Wolfgang Stechow: *Breugel*, S. 76. Zitiert nach Christiane Luz: *Das Exotische Tier in der Europäischen Kunst*, S. 132

10 Ernst Kantorowicz: *Kaiser Friedrich der Zweite*, S. 136. Zitiert nach Christiane Lutz: *Das exotische Tier in der Europäischen Kunst*, S. 15

11 Francois Marie Arouet de Voltaire: *Candide*. Zitiert nach Jean Meyer: *Sklavenhandel*, S. 138

12 Voltaire: *Dictionnaire philosophique*. Zitiert nach Hans Ruesch: *Nackte Herrscherin*, S. 46

13 Yi-Fu Tuan: *Dominance and Affection*, S. 84

14 ebd., S. 83

15 ebd., S. 83

IV Tabu-Tier und Tier-Tabu: Das Tier in der Psychologie

1 Friedrich Dorsch: *Psychologisches Wörterbuch*, S. 614
2 Wie sich das in Gut und Böse aufgespaltene Tierbild in deutschen Illustrierten widerspiegelt, beschreibt Einhard Bezzel in *Liebes böses Tier. Die falsch verstandene Kreatur*, S. 14.
3 Vgl. David Katz, *Mensch und Tier*, S. 31
4 Donald W. Griffin: *Wie Tiere denken*, S. 179
5 Volker Sommer: *Lob der Lüge*, S. 110 f.
6 Vgl. Sigmund Freud:»Totem und Tabu«
7 Sigmund Freud: *Briefwechsel mit Wilhelm Fließ 1887 – 1901*, S. 235
8 Sigmund Freud: *Zur Einführung des Narzißmus*, Studienausgabe, Band III, S. 55
9 Lynn Gamwell/Richard Wells (Hrsg.): *Sigmund Freud and Art*, S. 58
10 Sigmund Freud: *Die Traumdeutung*, S. 475
11 ebd.: Gemeint ist die Deutung der Schnabelköpfe als Sexualsymbol. Damit komme der Wunsch des Kindes nach Penetration der Vagina der schlafenden, passiven Mutter zum Ausdruck.
12 Sigmund Freud: *Vorlesungen zur Einführung in die Psychoanalyse. Neue Folge*, Studienausgabe, Band I, S. 514
    Vgl. auch Sigmund Freud: *Das Ich und das Es*, Studienausgabe, Band III, S. 294
13 Auf einer vergilbten Ansichtskarte, die er am 2. Dezember 1885 aus Paris an seine Verlobte Martha Bernays schickt, sind Gargoylen und Chimären, mächtige Raubtiere mit dem Unterkörper eines Menschen abgebildet, die ihre Löwenköpfe über die Balustraden der Kathedrale Notre Dame hängen, auf das schutzlos unter ihnen liegende Paris hinabblicken, so als ob es ihr Territorium sei, über das sie Wache hielten. Freud schreibt:»Ich glaube sie alle [Bewohner von Paris] [sind] von tausend Dämonen besessen.« Paris vergleicht er mit »einer riesenhaften, geputzten Sphinx, welche die Fremden frißt, die ihre Rätsel nicht lösen können.«
14 Hanna Rheinz: *Oedipus oder der gewundene Pfad der Psychoanalyse*, S. 157 f. Die drei Fragen der Sphinx lauteten: Welches Tier hat am Morgen vier Füße, am Mittag zwei und am Abend drei? Die Antwort, heute wie damals: Der Mensch! Der Mensch läuft in der frühen Kindheit auf allen Vieren, im Erwachsenenalter steht er aufrecht auf seinen zwei Beinen und im Greisenalter geht er an einem Stock.
    Zur Interpretation in der neueren feministischen psychoanalytischen Literatur vgl. Christa Rhode-Dachser (Hrsg.): *Expedition in den dunklen Kontinent*, S. 278
15 Lou Andreas-Salomé: *In der Schule bei Freud. Tagebuch eines Jahres 1912/1913*, S. 88
    »Sonntag Nachmittag bis abends bei Freud. Diesmal unter viel persönlicheren Gesprächen, bei denen er von seinem Lebensgang erzählte und ich das nächste Mal Photographien mitzubringen versprach. Am allerpersönlichsten mutete

mich dennoch die reizende Erzählung von der ›narzißtischen Katze‹ an. Als
Freud seine Arbeitsräume noch im Parterre hatte, war sie zum offnen Fenster
hineingestiegen und weckte in ihm, der sich aus Katzen und Hunden, aus
Tieren nichts machte, anfangs sehr gemischte Gefühle – besonders da sie vom
Sofa herabstieg, auf dem sie es sich bequem gemacht [hatte], und seine provisorisch auf dem Fußboden aufgestellten Antiquitäten eingehend zu mustern
begann, während er Angst haben mußte, sie von dort zu verjagen, d.h. sie zu
ungestümen Bewegungen inmitten dieser geliebten Schätze zu veranlassen.
Als die Katze aber fortfuhr, schnurrend ihr archäologisches Wohlgefallen
kundzutun, ohne in ihrer anschmiegsamen Grazie den geringsten Schaden zu
verursachen, da schmolz sein Herz, und er ließ sogar Milch bringen. Von da
ab erhob sie täglich Anspruch auf Sofaplatz, Antiquitätenmusterung und
Milchtopf. Dabei nahm sie jedoch von ihm selbst trotz seiner steigenden Liebe
und Bewunderung durchaus keine Notiz, richtete ihre grünen Augen mit den
schiefen Pupillen kaltsinnig auf ihn wie auf einen beliebigen Gegenstand, und
wenn er auch nur für einen Augenblick mehr von ihr wollte als ihr egoistisch-
narzißtisches Schnurren, dann mußte er den Fuß vom bequemen Liegestuhl
heruntertun und mit den erfinderisch bezauberndsten Bewegungen der Stiefel-
spitze um ihre Aufmerksamkeit werben. Endlich, nachdem dies ungleiche
Verhältnis lange gedauert und sich nie verändert hatte, fand er die Katze eines
Tages fieberheiß und keuchend auf ihrem Sofa; und ob[wohl] auch sofort die
sorgsamste Behandlung einsetzte, erlag sie doch einer Pneumonie – nichts von
sich zurücklassend als ein Sinnbild aller friedvoll-spielerischen Anmut des
wahren Egoismus.«

16 Sigmund Freud: *Briefwechsel Freud-Salomé*, S. 205
17 Sigmund Freud: *Psychologie des Unbewußten*, Studienausgabe, Band III, S. 365
   »Es erscheint nämlich deutlich erkennbar, daß der Narzißmus einer Person eine
   große Anziehung auf diejenigen anderen entfaltete, welche sich des vollen Ausmaßes ihres eigenen Narzißmus begeben haben und sich in der Werbung um die
   Objektliebe befinden; der Reiz des Kindes beruht zum guten Teil auf dessen Narzißmus, seiner Selbstgenügsamkeit und Unzugänglichkeit, ebenso der Reiz gewisser Tiere, die sich um uns nicht zu kümmern scheinen, wie der Katzen und
   großen Raubtiere, ja selbst der große Verbrecher und der Humorist zwingen in
   der poetischen Darstellung unser Interesse durch die narzißtische Konsequenz,
   mit welcher sie alles ihr Ich Verkleinernde von ihm fernzuhalten wissen. Es ist
   so, als beneideten wir sie um die Erhaltung eines seligen psychischen Zustandes,
   einer unangreifbaren Libidoposition, die wir selbst seither aufgegeben haben.«
18 Marie Bonaparte: *Topsy, der goldhaarige Chow*
19 Max Schur: »The Medical Case History of Sigmund Freud, dat, 27. Februar
   1954«. In: *Max Schur Papers*. Zitiert nach Peter Gay: *Freud*, S. 731
20 Brief von Freud an Marie Bonaparte. In: Max Schur: *Sigmund Freud. Leben
   und Sterben*, S. 674
21 Sigmund Freud: *Bemerkungen über einen Fall von Zwangsneurose*, Studienausgabe, Band VII, S. 78

22 ebd., S. 57

23 ebd., S. 102

24 ebd., S. 78

25 Sigmund Freud: *Aus der Geschichte einer infantilen Neurose*, Studienausgabe, Band VII, S. 149

26 ebd., S. 157

27 Über dies koprophilen Phantasien schreibt Freud an Ferenczi am 13. Februar 1910: Der Patient »gestand mir folgende Übertragungen: jüdischer Schwindler, er möchte mich von hinten gebrauchen und mir auf den Kopf scheißen.« Freud-Ferenczi Correspondence. Freud Collection LC. Zitiert nach Peter Gay: *Freud*, S. 325

28 Muriel Gardiner (Hrsg.): *Der Wolfsmann vom Wolfsmann* Karin Obholzer: *Gespräche mit dem Wolfsmann*

29 Vgl. Sigmund Freud: *Analyse der Phobie eines fünfjährigen Knaben (»Der kleine Hans«)*, Studienausgabe, Band VIII

30 ebd., S. 248

V Idealisierung und Abwehr: Beziehungsformen zwischen Mensch und Tier

1 Vgl. John Bowlby: *Verlust, Trauer und Depression*

2 Reinhold Bergler: *Mensch und Hund*, S. 13 und S. 185 f.

3 Reinhold Bergler: *Mensch und Katze*, S. 114 f.

4 Heini Hediger: *Tierpsychologie im Zoo und im Zirkus*, S. 180

5 Abraham Maslow stellte eine Bedüfnishierarchie auf, die in ihren unteren Bereichen auch auf Tiere bezogen werden kann. Damit ein Mensch sich wohl fühlt, müssen folgende Bedürfnisse erfüllt sein:
1. Die vitalen Bedürfnisse wie Nahrung, Schlaf, Sexualität, Schutz gegen Kälte.
2. Der Bereich der sozialen Geborgenheit: der Wunsch nach Liebe, Ermutigung und Versorgt-Werden.
3. Der Bereich der Sicherheit: Schutz vor Angriff, Maßnahmen gegen Krankheiten und Not.
4. Die Wertschätzung: das Bedürfnis nach Anerkennung, Achtung, Erfolg, Kompetenz.
5. Der Bereich der Selbstverwirklichung: das Ziel, Selbstachtung zu erlangen, geistig unabhängig zu werden, die Freiheit zu bewahren oder zu erlangen und schöpferisch zu leben.

6 John Bowlby: *Das Glück und die Trauer*, S. 162

7 Heini Hediger: *Tierpsychologie im Zoo und im Zirkus*, S. 249

8 Fernando Pessoa: *Das Buch der Unruhe des Hilfsbuchhalters Bernardo Soares*, S. 169

9 Frances Tustin: *Autistische Zustände bei Kindern*

10 Aus empirischen Untersuchungen wissen wir allerdings, daß es für attraktive Menschen keineswegs leichter ist, stabile Partnerschaften aufzubauen. Gerade weil Attraktive immer an jene geraten, die sich von ihrem Äußeren angezogen fühlen, jedoch wenig Interesse an ihrer Person haben, während sie selbst, als Folge der ständigen Übergriffe, nicht mehr unverkrampft und aktiv auf jene zugehen können, die charakterlich für eine stabile Beziehung geeignet wären.

11 Wer ein Tier verloren hat, kehrt in ein leeres Haus zurück. Niemand wartet auf ihn, niemand stützt ihn. Gerade für Alleinlebende eine Prüfung. Selbsthilfegruppen, wie in Großbritannien und den USA verbreitet, in denen Menschen über den Verlust ihres Tieres sprechen können und ihre Gefühle ernst genommen werden, sind eine Alternative zur Vereinsamung.

12 Es kann auch gesundheitlich sehr gefährlich sein, unmittelbar nach dem an einer Infektionskrankheit gestorbenen Tier ein neues aufzunehmen. Dies wird am Fall einer Katzenhalterin deutlich, deren Katze an Leukämie starb und die gegen den Rat der Tierärztin sofort wieder eine neue Katze zu sich nahm, weil sie »nicht allein bleiben« konnte. Sie wollte nicht abwarten, bis die Wohnung wieder frei von Krankheitserregern war. Auf diese Weise starben alle jungen Katzen, die sie nacheinander zu sich nahm, weil sie sich in der Wohnung infiziert hatten.

13 Der Mensch ist ein »Er«, desgleichen »der Charakter« und »der Persönlichkeitstypus«. Die Sprache zwingt mir ihr Geschlecht auf. Da ich die sprachlichen Kompromisse der Gleichberechtigung (»erIn«) äußerst unästhetisch finde, nehme ich mir die Freiheit, von Zeit zu Zeit in die weibliche Form zu fallen. Das bedeutet freilich nicht, daß nicht auch der Mann ein Ängstlicher sein kann!

14 Ernst Aeppli: *Der Traum und seine Deutung*, S. 358

15 ebd., S. 359

16 Alice Miller: *Das Drama des begabten Kindes*

17 S.O. Hoffmann: *Charakter und Neurose*, S. 167

18 Kurt Tucholsky: *Gesammelte Werke*, Band 9, S. 254

19 Sigmund Freud: *Nachtrag zu einem autobiographisch beschriebenen Fall von Paranoia*, Studienausgabe, Band VII, S. 202

20 Sigmund Freud: *Zur Einführung des Narzißmus*, Studienausgabe, Band III, S. 55

21 Stavros Mentzos. Zitiert nach S.O. Hoffmann: *Charakter und Neurose*, S. 245

22 Franz Kafka: *Brief an den Vater*, S. 54

23 Guy de Maupassant: »Pierrot«. In: *Meisternovellen*, S. 369 f.

24 Ludwig Zukowsky: *Tiere um große Männer*, S. 42

25 Vgl. Georg Riederle: *Der Blindenführhund. Hilfsmittel mit Seele*
Der Autor ist selbst erblindet und schildert seine Erfahrungen mit Blindenführhunden. Zudem stellt er die Situation der Blindenführhund-Ausbildung dar und informiert über die Rechtslage.

26 Ein Loblied auf den nationalsozialistischen Tierschutzgedanken singt Ludwig Zukowsky. Zum Reichstierschutzgesetz bemerkt er: »Es ist eine wenig bekannte, aber beachtliche Tatsache, daß das Mitgefühl für die Tiere, einer der

hervorstechendsten Wesenzüge der Germanen, als wertvolles Erbteil sich bis in unsere Geschichte erhalten hat. So liegt dem Germanen die Verbundenheit und Liebe für das Tier in Blut und Wesen, und es ist daher auch leicht erklärlich, daß alle Bewegungen und Bestrebungen, die darauf bedacht sind, dem Geschöpf ein würdigeres Dasein zu bieten, von den Völkern des germanischen Kulturkreises ihren Ausgang nahmen.«
Ludwig Zukowsky: *Tiere um große Männer*, S. 17

27 Tierwelt nach Maß. Wie Stubenvögel menschlichen Vorstellungen angepaßt werden und nach festgelegtem Schema singen müssen, beschreibt Zukowsky nach dem Zusammenbruch des Reiches und seiner großen Männer in einem anderen Elaborat: »So ist der Gesang unseres Vogels auch als ausgesprochen züchterisches Ergebnis zu werten. Was der Wildling an bescheidenen Liedchen zu Gehör brachte, wurde vervollkommnet und durch ständige Schulung und Ausmerzung auf die beachtliche Höhe des heutigen Gesangs gebracht... Während der gemeine deutsche Vogel ähnlich wie ein Baumpieper, oft sogar viel schlechter singt und durch die Eintönigkeit seines Liedes und die schrillen, gellenden Töne nur zu oft unausstehlich wird, erinnert der Gesang des edlen Vogels vielmehr an die schönsten Töne der Nachtigall... Der Vogel soll mit einer edlen, leisen Rolle beginnen und dieselbe, wenn möglich, anschwellen lassen.«
Ludwig Zukowsky: *Tiere als Hausgenossen*, S. 161

28 Die Animosität zwischen Katzen- und Hundehaltern mit ihren Stereotypen »Jeder Hund ist ein geborener Befehlempfänger« versus »Der Freiheitsdrang der Katze ist nicht zu zähmen« beschreibt Gudrun Beckmann, die mit dem Geist der von der autoritären Persönlichkeit geprägten Erziehung des Hundes aufräumen will.
Gudrun Beckmann: *Der große Hunde-Knigge*, S. 43

29 Daß auch Hunde »Charaktermenschen« sind, weiß jeder respektvolle Hundehalter. Daher sei, um die Kritik am Hundedrill wieder ins rechte Lot zu bringen (zum Trost für jene humanen Hundehalter, die sich hier ungerechterweise an den Pranger gestellt sehen), wenigstens ein literarisches Beispiel für einen freisinnigen Hund angeführt: »Schnick« entzog sich erfolgreich den zwanghaften Erwartungen, die er an sich gerichtet sah. »Man sah ihn dahinwandeln, Wolken, Stein und Gräser prüfend, Sinn und Zusammenhang witternd. Er konnte stundenlang ruhig liegen, und es schien dann, als ob er nachdenke.« Als »redliches Tier« entschloß er sich, »das Zusammengeschnüffelte für sich zu behalten.« »Er war ein Charakter. Er gehörte nicht zu jener Rasse, die die dreckigste Hand leckt, wenn sie nur krault. Keinem bellte er nach dem Mund, und das Aufwarten, Apportieren, Stockspringen, womit sich seine Artgenossen in besseren bürgerlichen Kreisen so beliebt machen, lernte er nie.«
Alfred Polgar: *An den Rand geschrieben*, S. 169 f. Zitiert nach Helmut Brackert/Cora van Kleffens: *Von Hunden und Menschen*, S. 264

VI Tiere auf der Couch

1 Die Tierart ist entscheidend. Denn viele Tiere reagieren mißtrauisch auf psychisch Kranke, weil sie ihre emotionale Unberechenbarkeit ahnen. Das kann katastrophale Folgen für den Kranken haben, der sich nun auch vom Tier abgelehnt und verfolgt fühlt. Bruce Fogle berichtet von den Mißerfolgen des Einsatzes von Tieren bei der Betreuung von Pflegebedürftigen: Einige Tierarten haben sich als ungeeignet herausgestellt. So hätten sich Kapuzineräffchen häufig als aggressiv erwiesen. Den Äffchen mußten die Zähne entfernt werden, um zu verhindern, daß sie ihren Pflegling beißen, und mit einem Elektroschock bestraft werden, wenn ihre Angriffe unkontrollierbar wurden. Der Begriff »Tier auf Rezept« ist daher unsinnig. Einem psychisch Labilen ohne psychotherapeutische Hilfsangebote ein Tier zu »verschreiben« im naiven Glauben, seine Probleme würden sich durch das Tier schon irgendwie bessern, kann für den Menschen, aber auch für das Tier zu einem Desaster führen. Einem Suchtkranken kann ebenfalls nur in Verbindung mit einer Entzugsbehandlung zu einem Tier geraten werden.

2 Stavros Mentzos: *Der Krieg und seine psychosozialen Funktionen*

3 In der Festschrift *150 Jahre Tierschutzverein München* wird unter der Überschrift »Urdeutscher Wesenszug« die Tierliebe der »Kulturschande« kritisch gegenübergestellt: Ein Foto zeigt eine »Pferdefürsorgerin«, die Transportzeiten der Schlachtpferde an einem Transportzettel auf dem Viehwagon überprüft. »In den gleichen Viehwagen wurden wenig später Hunderttausende von Menschen aus ganz Europa in die Konzentrationslager gebracht.«
150 Jahre Tierschutzverein München, München 1992, S. 52

4 Leserbrief zum Artikel »Nein zur Tierschutz-Initiative«. In: *Jüdische Rundschau*, 13.2.1992

5 Diese Argumente referiert Irenäus Eibl-Eibesfeldt in *Die Biologie menschlichen Verhaltens* auf S. 106.

6 »Ein Massenmörder in Kalifornien wurde in den Zeitungen (*Los Angeles Times*, 4. November 1973) als einer beschrieben, der in seinem bisherigen Leben Hunde und Katzen gequält hat. Die *Washington Post* (25. April 1975) berichtet von einem anderen Massenmörder, der als Kind Katzen in einen Behälter mit Batteriesäure getaucht hatte. Albert de Salvo, der berüchtigte Würger von Boston, fing laut Zeitungsberichten (*S. Fucini*, 1978) Katzen und Hunde in Fallen, sperrte sie in Obstkisten ein und beschoß diese dann mit Pfeilen. Ein junger Mann, der in New York kürzlich gestand, ›aus Spaß getötet‹ zu haben, hat laut einem Zeitungsbericht (*Lowell Sun*, 1982) in der Kindheit Tiere gequält und Ammoniak in ein Aquarium geschüttet, um zu beobachten, wie sich die Schildkröten weiß verfärbten.«
Stephen R. Kellert/Alan R. Felthous: »Tierquälerei im Kindesalter bei Kriminellen und Nichtkriminellen«. In: *The Human-Pet Relationship*, S. 77

7 ebd., S. 83 f.

8 ebd., S. 87

9 Stephan R. Kellert nahm eine Klassifikation der Motive zur Tierquälerei vor. Es zeige sich der Wunsch, das Tier zu beherrschen; die Vergeltung an einem Menschen oder an einem Tier; ein Vorurteil gegenüber einer Tiergattung oder Tierart abreagieren; Aggression gegenüber einer anderen Person durch ein Tier ausleben; die eigene Aggressivität stimulieren; Schockieren von anderen zum Spaß; sich an jemandem rächen; Feindschaft von einem Menschen auf sein Tier verschieben und dort ausleben.
   In: *The Human-Pet Relationship*, S. 87 f.
10 Reza Behrouzi: *Je n'ai plus de larmes pour pleurer*, S. 77 f.
11 Christiane Olivier: *Jokastes Kinder. Die Psyche der Frau im Schatten der Mutter*, S. 112
12 ebd., S. 111
13 Thomas Mann: »Tobias Mindernickel«. In: *Der Wille zum Glück und andere Erzählungen*, S. 137 f.
14 Zitiert nach J.P. Schmidt: »Psychosomatics in Veterinary Medicine«. In: J.D. Keehn: *Psychopathology in Animal Research and Clinical Implications*, S. 384
15 Im Gegensatz zu seinem Kollegen Karl Kraus ahnte Tucholsky nicht, daß Freud der Krankheit, die er hier hätte behandeln sollen, selbst verfallen war... Kurt Tucholsky: »Die Katzenmutter von Paris«. In: *Gesammelte Werke*, Band 4, S. 552
16 James Serpell: *Das Tier und wir*, S. 7
17 Gustave Flaubert: »Ein schlichtes Herz«. In: *Drei Geschichten*, S. 7 f.
18 Ira Slotkin: »Animals as Addiction«, Auszug aus einem Vortrag auf der 6th International Conference Animals & Us, S. 29
19 Richard Krafft-Ebing: *Psychopathia sexualis*, S. 421
20 Ernest A. Rappaport: »Zoophily and Zoerasty«. In: *Psychoanalytic Quarterely*, Vol. 37, 1968, S. 595 f.
21 Balint unterscheidet drei Formen der »primitiven Beziehung«. Neben der »harmonischen Verschränkung«, bei der ein Mensch »wie ein Fisch im Wasser« lebt wie der Fötus im Mutterleib, zeichnet sich die »Oknophilie« durch ein Anklammern an die Objekte aus. Jede Trennung löst beim Oknophilen das Gefühl aus, verloren zu sein. Durch diese Unsicherheit orientiert sich der Oknophile am Liebesobjekt und nicht an seinen eigenen Bedürfnissen. Übertragen auf das Tier könnte dies bedeuten: Das Tier wird zum Fetisch. Bei der dritten Form dagegen, dem »Philobatismus« sind die eigenen Ich-Funktionen überbesetzt; der Mensch glaubt, ganz ohne »Objekte« (andere Menschen) in völliger Selbstgenügsamkeit, aber auch aus sich schöpfend, leben zu können. »Zum Meidenkönnen aber muß der Philobat, das heißt sein Ich, eine gewisse Geschicklichkeit und Gewandtheit erwerben, die ihm Bewegungsfreiheit – und damit Harmonie – in jenen objektlosen Weiten verschafft, als da sind Gebirge, Wüste, See und Luft... die Objektbeziehungen des Philobaten [können] verkümmern.«
   Michael Balint: *Die Urformen der Liebe und die Technik der Psychoanalyse*, S. 86
22 Otto Fenichel: *The Psychoanalytic Theory of Neuroses*

VII Das Tier im Labor

1 *Der Tierschutzbeauftragte*, hrsg. vom Arbeitskreis der Tierschutzbeauftragten in Bayern, S. 4

2 Hinweis im Tagungsbericht von Veterinäroberrat Winfried Ueckert vom Städtischen Veterinäramt Würzburg. In: *Der Tierschutzbeauftragte*, S. 9

3 Leserbrief in *Die Zeit*, Nr. 16, vom 10.2.1992

4 Alois Pauli: »Anforderungen des § 2 des Tierschutzgesetzes an die Pflege und die medizinische Versorgung von kleinen Labortieren«. In: *Der Tierschutzbeauftragte*, S. 31

5 Vgl. Benjamin L. Hart/Lynette A. Hart: *Verhaltenstherapie bei Hund und Katze*

6 Arnold B. Arluke: »Sacrificial Symbolism in Animal Experimentation: Object or Pet?«. In: *Anthrozöos*, Vol. II, Nr. 2, 1988, S. 98 f.

7 *JAMA*, Vol. 260, Nr. 9, 1988, S. 1460

8 Dort heißt es im Wortlaut:
Die Kommissionen haben die zuständigen Behörden bei der Entscheidung über die Genehmigung von Tierversuchen zu unterstützen; sie sollen sich in ihrer Stellungnahme insbesondere dazu äußern, ob
- die in dem beantragten Versuchsvorhaben vorgesehenen Tierversuche nach dem jeweiligen Stand der wissenschaftlichen Erkenntnisse zu den in § 7 Abs. 2 aufgeführten Zwecken unerläßlich sind;
- der verfolgte Zweck nicht durch andere Methoden oder Verfahren erreicht werden kann;
- die bei den beabsichtigten Tierversuchen zu erwartenden Schmerzen, Leiden oder Schäden im Hinblick auf den Versuchszweck ethisch vertretbar sind;
- die angestrebten Ergebnisse der beabsichtigten Tierversuche, sofern diese zu länger anhaltenden oder sich wiederholenden erheblichen Schmerzen oder Leiden führen, vermuten lassen, daß sie für wesentliche Bedürfnisse von Mensch und Tier einschließlich der Lösung wissenschaftlicher Probleme von hervorragender Bedeutung sein werden;
- andere, sinnesphysiologisch niedriger entwickelte Tierarten als die im Antrag angegebenen für das Versuchsvorhaben ausreichen würden (§ 9 Abs. 2 Nr. 1);
- bei der Planung des Versuchsvorhabens nicht mehr Tiere vorgesehen werden, als für die Beantwortung der Fragestellung unter Berücksichtigung biometrischer Verfahren unerläßlich ist (§ 9 Abs. 2 Nr. 2) und
- Schmerzen, Leiden oder Schäden den Tieren nur in dem Maße zugefügt werden, als es für den verfolgten Zweck unerläßlich ist (§ 9 Abs. 2 Nr. 3).

9 Auswertung der von der Regierung von Oberbayern geführten Statistik der genehmigten Tierversuchsvorhaben. In: *Rundbrief der Arbeitsgemeinschaft Tierschutz der »Ethik-Kommissionen« in Bayern vom 23.5.1993*

10 Vorschlagsliste zur Novellierung des Tierschutzgesetzes von 1986. Quelle: Deutscher Tierschutzbund, Bonn

VIII Das Tier und die Utopie

1 Günter Grass: *Die Rättin*, S. 455
2 Martin Buber: *Ich und Du*, S. 147 f.
3 R.S. Anderson: *Pet Animals and Society*, S. 21 f.
4 Irma Boyer: *Louise Michel*, S. 159. Zitiert nach Arnhelm Neusüss: *Utopie*, S. 418
5 Aaron Katcher: »Man and the Living Environment: An Excursion into Cyclical Time«. In: A.H. Katcher/A.M. Beck: *New Perspectives in Our Lives with Companion Animals*, S. 531
6 André Breton: *L'Amour fou*, S. 103 und 106
7 R. Khan: *Erfahrungen im Möglichkeitsraum*, S. 15
8 Charles Baudelaire: »Die Katze«. In: *Die Blumen des Bösen*, S. 91

Literatur

Aeppli, Ernst: *Der Traum und seine Deutung*, Eugen Rentsch Verlag, Zürich 1943

Altman, Leon L.: *Praxis der Traumdeutung*, Suhrkamp, Frankfurt 1992

Anderson, R.S.: *Pet Animals and Society*, Baillière Tindall, London 1974

Andreas-Salomé, Lou: *In der Schule bei Freud. Tagebuch eines Jahres 1912/1913*, Ullstein, Frankfurt 1983

Arluke, Arnold B.: »Sacrificial Symbolism in Animal Experimentation: Object or Pet?«. In: *Anthrozöos*, Vol. II, Nr. 2, 1988

Balint, Michael: *Die Urformen der Liebe und die Technik der Psychoanalyse*, Ullstein, Frankfurt 1981

Baudelaire, Charles: *Die Blumen des Bösen*, Fischer, Frankfurt 1966

Beckmann, Gudrun: *Der große Hunde-Knigge*, Kynos-Verlag, Mürlenbach/Eifel 1987

Behrouzi, Reza: *Je n'ai plus de larmes pour pleurer*, Paris 1985

Bergler, Reinhold: *Mensch und Hund*, Bonn 1986

ders.: *Mensch und Katze*, Köln 1989

Bezzel, Einhard: *Liebes böses Tier. Die falsch verstandene Kreatur*, Artemis und Winkler, München 1992

Bonaparte, Marie: *Topsy, der goldhaarige Chow*, Allert de Lange, Amsterdam 1939

Bowlby, John: *Verlust, Trauer und Depression*, Fischer, Frankfurt 1983

ders.: *Das Glück und die Trauer*, Fischer, Frankfurt 1983

Boyer, Irma: *Louise Michel*, Delpeuch, Paris 1927

Brackert, Helmut/van Kleffens, Cora: *Von Hunden und Menschen*, Beck-Verlag, München 1989

Breton, André: *L'Amour fou*, Suhrkamp, Frankfurt 1989

Buber, Martin: *Ich und Du*, Lambert Schneider, Heidelberg 1979

Burton, Maurice u.a. (Hrsg.): *Tier-Lexikon in Farbe,* Vehling Verlag, Werl 1987

Burton, Robert: *Anatomie der Melancholie*, Artemis, Zürich 1988

Cocteau, Jean: *Die Schöne und das Tier*, (Drehbuch zum Film), Fischer, Frankfurt 1988

Daum, Ahron: »Moderner Tierschutzgedanke von Anfang an«. In: *Jüdische Rundschau*, Nr. 11, Basel 1990

Dorsch, Friedrich: *Psychologisches Wörterbuch*, Hans Huber Verlag, Stuttgart 1976

Eibl-Eibesfeldt, Irenäus: *Die Biologie menschlichen Verhaltens*, Piper, München 1984

Feddersen-Petersen, Dorit: *Hunde und ihre Menschen*, Franck-Kosmos, Stuttgart 1992

Fenichel, Otto: *The Psychoanalytic Theory of Neuroses*, Norton, New York 1945

Flaubert, Gustave: *Drei Geschichten*, Diogenes, Zürich 1979

Fogle, Bruce (Hrsg.): *Interrelations Between People and Pets*, Springfield 1981

Freud, Sigmund: Briefwechsel Freud – Marie Bonaparte, nachzulesen bei M. Bonaparte und M. Schur

ders.: *Briefwechsel Freud – Salomé*, Fischer, Frankfurt 1966

ders.: *Briefwechsel mit Wilhelm Fließ 1887 – 1901*, Fischer, Frankfurt 1986

ders.: *Gesammelte Werke*, Studienausgabe, Fischer, Frankfurt 1972

ders.: *Traumdeutung*, Fischer, Frankfurt 1961

Gamwell, Lynn/Wells, Richard (Hrsg.): *Sigmund Freud and Art*, State University Press, New York 1989

Gardiner, Muriel (Hrsg.): *Der Wolfsmann über den Wolfsmann*, Fischer, Frankfurt 1972

Gay, Peter: *Freud*, Fischer, Frankfurt 1989

Grass, Günter: *Die Rättin*, Rowohlt, Hamburg 1991

Griffin, Donald R.: *Wie Tiere denken*, Deutscher Taschenbuch Verlag, München 1990

Harlow, H.F./Harlow, M.K.: »Social Deprivation in Monkeys«. In: *Scientific American*, 207, 1962

Hart, Benjamin L./Hart, Lynette A.: *Verhaltenstherapie bei Hund und Katze*, Enke, Stuttgart 1991

Hediger, Heini: *Tierpsychologie im Zoo und im Zirkus*, Basel 1961

Helmchen/Hanfried/Winau (Hrsg.): *Versuche mit Menschen in Medizin, Humanwissenschaft und Politik*, Walter de Gruyter, Berlin 1986

Hoffmann, S.O.: *Charakter und Neurose*, Suhrkamp, Frankfurt 1984

The Human-Pet Relationship – Proceedings of the International Symposion on the Occasion of the 80th Birthday on Nobel Prize Winner Prof. Dr. Konrad Lorenz, Institut for Interdisciplinary Research of the Human-Pet Relationship, Wien 1989

Ingold, Tim (Hrsg.): *What is an Animal?*, Allen & Unwin, London 1988

Jüdisches Lexikon, Jüdischer Verlag bei Athenäum, Frankfurt 1987

Kafka, Franz: *Brief an den Vater*, Fischer, Frankfurt 1975

Katcher, A.H./Beck, A.M.: *New Perspectives in Our Lives with Companion Animals*, Pennsylvania University Press, Philadelphia 1983

Katz, David: *Mensch und Tier*, Zürich 1948

Keehn, J.D.: *Psychopathology in Animal Research and Clinical Implications*, Academic Press, New York 1985

Kerényi, Karl: *Die Mythologie der Griechen*, Band I, Deutscher Taschenbuch Verlag, München 1976

Krafft-Ebing, Richard: *Psychopathia sexualis*, Matthes und Seitz, München 1984

Landmann, Michael: *Das Tier in der jüdischen Weisung*, Heidelberg 1959

Lerner, Richard M.: *Final Solutions. Biology, Prejudice and Genocide*, Pennsylvania State University Press, Pennsylvania 1992

Levinson, Boris M.: »The Future of Research Into Relationships Between People and Their Animal Companions«. In: Levinson, Boris M. (Hrsg.): *Pets and Human Development*, Springfield 1972

Lifton, Robert Jay: *Ärzte im Dritten Reich*, Klett-Cotta, Stuttgart 1988

269

ders./Markusen, Eric: *Die Psychologie des Völkermordes*, Klett-Cotta, Stuttgart 1992

Luz, Christiane: *Das Exotische Tier in der Europäischen Kunst*, Edition Cantz, Stuttgart 1987

ben Maimon, Moses: *Führer der Unschlüssigen*, Felix Meiner Verlag, Hamburg 1972

Mann, Thomas: *Der Wille zum Glück und andere Erzählungen*, Fischer, Frankfurt 1991

Masud, M./Khan, R.: *Erfahrungen im Möglichkeitsraum*, Suhrkamp, Frankfurt 1993

de Maupassant, Guy: »Pierrot«. In: *Meisternovellen*, Insel Verlag, Darmstadt 1963

Megged, Aharon: *Das fliegende Kamel mit dem goldenen Höcker*, Hanser-Verlag, München 1991

Mentzos, Stavros: *Der Krieg und seine psychosozialen Funktionen*, Fischer, Frankfurt 1993

ders.: *Neurotische Konfliktverarbeitung*, Fischer, Frankfurt 1984

Meyer, Jean: *Sklavenhandel*, o.O.u.J.

Miller, Alice: *Das Drama des begabten Kindes*, Suhrkamp, Frankfurt 1983

Müller, Ernst (Hrsg.): *Der Sohar – Das Heilige Buch der Kabbala. Nach dem Urtext ausgewählt, übertragen und herausgegeben von Ernst Müller*, Wien 1932

Neusüss, Arnhelm (Hrsg.): *Utopie – Begriff und Phänomen des Utopischen*, Campus, Frankfurt 1986

Obholzer, Karin: *Gespräche mit dem Wolfsmann*, Rowohlt, Hamburg 1980

Olivier, Christiane: *Jokastes Kinder. Die Psyche der Frau im Schatten der Mutter*, Deutscher Taschenbuch Verlag, München 1989

Oz, Amos: *Der dritte Zustand*, Insel Verlag, Frankfurt 1991

Pessoa, Fernando: *Das Buch der Unruhe des Hilfsbuchhalters Bernardo Soares*, Fischer, Frankfurt 1992

Platon: *Politeia*, Rowohlt, Hamburg 1967

Pongratz, Ludwig: *Lehrbuch der Klinischen Psychologie*, Verlag für Psychologie, Göttingen 1975

Rappaport, Ernest A.: »Zoophily and Zoerasty«. In: *Psychoanalytic Quarterely*, Vol. 37, 1968

Ready, Dee: *A Cat's Life – Dulcy's Story*, Crown Publishers, Inc., New York 1992

Rheinz, Hanna: *Oedipus oder der gewundene Pfad der Psychoanalyse*, Peter Lang, Frankfurt 1988

dies.: Auswertung einer Fragebogen-Erhebung über die Mensch-Tier- Interaktion aus dem Jahr 1991 bis 1992, unveröffentlichtes Manuskript

Rhode-Dachser, Christa (Hrsg.): *Expedition in den dunklen Kontinent*, Springer, Heidelberg 1992

Riederle, Georg: *Der Blindenführhund. Hilfsmittel mit Seele*, Reha-Verlag, Bonn 1991

Rudolph, Ebermut: »Das ›Andere Ich‹ des Menschen im Tiere«. In: *Zeitschrift für Ethnologie*, Band 107, Heft 1, Berlin 1982

Ruesch, Hans: *Nackte Herrscherin*, Hirthammer, München 1978

Scholem, Gerschom: *Von der mystischen Gestalt der Gottheit. Studien zu den Grundbegriffen der Kabbala*, Suhrkamp, Frankfurt 1977

Schur, Max: *Sigmund Freud. Leben und Sterben*, Suhrkamp, Frankfurt 1973

Schurig, Volker: *Naturgeschichte des Psychischen*, Campus, Frankfurt 1975

Serpell, James: *Das Tier und wir*, Albert Müller Verlag, Zürich 1990

Singer, Jerome L. (Hrsg.): *Repression and Dissociation*, The University of Chicago Press, Chicago 1990

Singer, Peter: *Verteidigt die Tiere*, Paul Neff Verlag, Wien 1985

Slotkin, Ira: »Animals as Addiction«, Auszug aus einem Vortrag auf der 6th International Conference Animals & Us, Montreal 1992

Sommer, Volker: *Lob der Lüge. Täuschung und Selbstbetrug bei Mensch und Tier*, Beck-Verlag, München 1992

Sulloway, Frank J.: *Freud – Biologe der Seele*, Hohenheim-Verlag, Köln 1982

Sutter, Alex: *Göttliche Maschinen*, Athenäum, Frankfurt 1988

Der Tierschutzbeauftragte, 1/92, hrsg. vom Arbeitskreis der Tierschutzbeauftragten in Bayern, Denner Verlag, München 1992

Tuan, Yi-Fu: *Dominance and Affection*, Yale University, New York 1984

Tucholsky, Kurt: *Gesammelte Werke*, Rowohlt, Hamburg 1975

Tustin, Frances: *Autistische Zustände bei Kindern*, Klett-Cotta, Stuttgart 1989

Wolpe, J.: »Experimental Neuroses as Learned Behavior«. In: *British Journal of Psychology*, Vol. 43, 1952

ben Yosef, I.A.: »Das Judentum und die Frage der Ökologie«. In: *Jüdische Rundschau*, Nr. 23, Basel 1992

Zippelius, Hanna-Maria: *Die vermessene Theorie*, Vieweg, Wiesbaden 1992

Zukowsky, Ludwig: *Tiere als Hausgenossen*, München 1956

ders: *Tiere um große Männer*, Frankfurt 1938

ILSE E. PLATTNER

Zeitstreß

Für einen anderen Umgang mit der Zeit

173 Seiten. Abb. Kartoniert

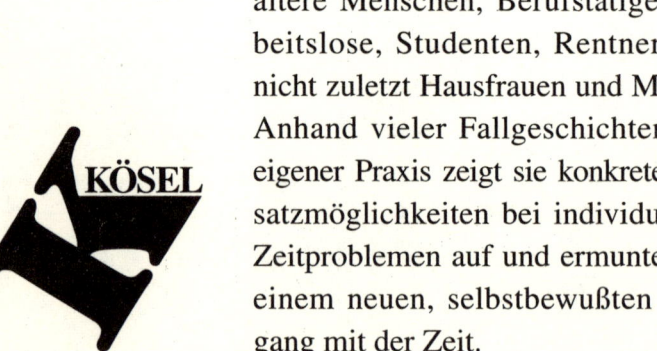

Fortschritt heißt heute vor allem Schnelligkeit. Der Preis dafür ist jedoch hoch: Hektik in Beruf und Freizeit, keine Zeit für Familie, Freunde und eigene Interessen bis hin zu innerer Unruhe, Nervosität und Krankheit.

Mit ihrer langjährigen wissenschaftlichen und praktischen Erfahrung wendet sich Ilse E. Plattner an alle, die unter Zeitstreß leiden: junge und ältere Menschen, Berufstätige, Arbeitslose, Studenten, Rentner und nicht zuletzt Hausfrauen und Mütter. Anhand vieler Fallgeschichten aus eigener Praxis zeigt sie konkrete Ansatzmöglichkeiten bei individuellen Zeitproblemen auf und ermuntert zu einem neuen, selbstbewußten Umgang mit der Zeit.

KÖSEL